GARDIEN 1864

CATALOGUE

DES MONNAIES ET DES MÉDAILLES,

COMPOSANT LE CABINET NUMISMATIQUE DE FEU

Mr. GUSTAVE DANIEL DE LORICHS.

CATALOGUE

DES MONNAIES ET DES MÉDAILLES ANTIQUES

DU MOYEN AGE ET DES TEMPS MODERNES,

EN OR, EN ARGENT ET EN BRONZE,

COMPOSANT LE CABINET NUMISMATIQUE DE FEU

Mr. GUSTAVE DANIEL DE LORICHS,

CHAMBELLAN ET ANCIEN CHARGÉ D'AFFAIRES DE S. M. LE ROI DE SUÈDE ET DE NORWÈGE EN ESPAGNE,

RÉDIGÉ

PAR D. ANTONIO DELGADO,

MEMBRE DE L'ACADÉMIE ROYALE DE L'HISTOIRE A MADRID, ET CORRESPONDANT DE PLUSIEURS AUTRES SOCIÉTÉS SAVANTES.

MADRID,
TYPOGRAPHIE ET STÉRÉOTYPIE DE M. RIVADENEYRA,
rue de la Madera Baja, n.° 8.
1857.

La Collection que nous allons décrire a été recueillie en Espagne par les soins de notre bon et savant ami, Mr. Gustave Daniel de Lorichs, chambellan et ancien chargé d'affaires de S. M. le Roi de Suède et de Norwège, qui se livra à cette tâche du moment où il fixa sa résidence à Madrid, en 1814. Elle provient principalement d'autres collections réunies antérieurement par Mr. Lanzuela, de Madrid; MM. Banqueri y Zayas, de Séville; un chanoine d'Osma, et d'autres personnes domiciliées en différentes villes. Les monnaies grecques sont d'Athènes; la plus grande partie des impériales, en or, furent achetées par Mr. de Lorichs, à Séville, en 1823, et avaient été découvertes en 1817, à Constantine, en plantant une vigne; enfin, un grand nombre, appartenant à l'époque des Goths, tirent leur origine d'une collection de Saragosse, réunie par un moine.

Mr. de Lorichs s'étant dédié long-temps à l'étude des anciennes monnaies espagnoles, pour préparer la publication, en 1852, du premier volume de ses *Recherches numismatiques*, le seul qu'il fît paraître, négligea complètement la classification des diverses collections qu'il avait réunies. Aussi, quand nous nous sommes chargés de ce travail, nous avons trouvé tout dans le plus grand désordre: c'est là ce qui l'a rendu difficile et laborieux. Les bons offices de Mr. Gaspar de Sensi nous aidèrent les premiers jours à séparer les monnaies utiles de celles qui ne l'étaient pas, et à les diviser en séries; ensuite, des circonstances spéciales dans l'exécution du testament nous forcèrent à presser la fin de l'inventaire et de la classification, qui furent faits en six mois, période trop courte et de nature à excuser nos inexactitudes.

Nous nous sommes attachés à faire un catalogue de vente, et non pas une description minutieuse de ce Cabinet. Ainsi l'on pourra trouver sous un même numéro des monnaies fort curieuses, mais qui n'ont point été décrites, parce que le temps employé à ce travail et les frais de l'impression auraient dépassé la valeur de l'objet.

Nous suivons la méthode ordinaire dans la distribution en séries et la classification des monnaies que chacune embrasse, en nous arrêtant surtout aux monnaies anciennes espagnoles et en y faisant quelques modifications, que nos lecteurs trouveront dans les notes; mais nous avons jugé convenable d'ajouter les observations suivantes :

Les études faites jusqu'à ce jour sur l'interprétation des caractères appelés *ibériques* et *celtibériques*, ainsi que sur l'attribution des monnaies, où on les trouve, à des villes connues de l'Espagne antique, sont certainement dignes de tout éloge. Les savantes conjectures de MM. Saulcy et Boudard, surtout, nous semblent se rapprocher, plus que toutes autres, de la vérité; et cependant nous ne sommes pas toujours d'accord avec leur opinion. Ainsi donc, nous croyons devoir donner un léger aperçu de notre système à ce sujet, résultat d'une étude comparative de plusieurs années.

Nous croyons d'abord que les dites monnaies ont toutes été frappées dans des villes où l'on a parlé différentes langues ou dialectes. Nous soutenons, qu'il existe plusieurs alphabets, les uns d'origine phénicienne, les autres grecs ou latins, et que les dialectes mêmes ont subi dans chaque localité de grandes altérations, selon les époques ; que sur ces monnaies inconnues, comme on les dénomine jusqu'à ce jour, on lit presque toujours les noms des tribus et des villes par lesquelles elles furent frappées; qu'elles appartiennent exclusivement à l'Est et au Nord-est de l'Espagne, et en aucune manière aux Provinces dites *ulteriores*, et moins encore à la Galice.

C'est en partant de cette hypothèse que nous avons formé une série spéciale des monnaies portant des légendes ibériques et celtibériques, tout en indiquant, par des notes placées à chaque article, le nom de la ville ou tribu auxquelles, selon nous, elles doivent être rapportées, quoiqu'avec la réserve indispensable dans une matière aussi difficile et peu connue.

En général, il est permis d'assurer que ce cabinet renferme des pièces de beaucoup de mérite et d'une grande valeur. On remarquera particulièrement la collection d'anciennes monnaies de la Grèce, celles en or du temps des Visigoths, et des Arabes-espagnols.

Antonio Delgado.

ABRÉVIATIONS.

A. B. C.	Aussi de bonne conservation.	Min. Br.	Moyen bronze.
Ar.	Argent.	Milim.	Milimètre.
Æ.	Bronze.	M. Br.	Moyen bronze.
B. C.	Bonne conservation.	Mod.	Module.
C. O.	Conservation ordinaire.	M. C.	Mauvaise conservation.
Centig.	Centigramme.	M. B. C.	Moins bonne conservation.
dr.	Droite.	P. Br.	Petit bronze.
Ex.	Exemplaire.	Pl.	Plomb.
g.	Gauche.	Pot.	Potin ou billon.
Gr.	Gramme.	R*.	Revers.
G. Br.	Grand bronze.	T. B. C.	Très bonne conservation.
Lég.	Légende.	Var.	Variante ou variété.
Méd.	Médaille.		

Tableau des légendes phoeniciennes et inconnues, et des contremarques qui se trouvent sur monnaies antiques du cabinet monétaire de Mr. Gustave D. Daniel de Lorichs.

Légendes phoeniciennes et inconnues.

1. ᒉ ᑫ 9 o .   2. / ʔ ʔ ʔ o   3. / ʔ ʔ ʔ o   4. ᒉ I ʔ
5. ᒉ E /   6. ᒉ ʔ ʔ ʔ ʔ ʔ   7. ʔ ʔ ʔ ʔ   8. ʔ ʔ ʔ ʔ
9. ʔ ʔ ʔ ⋆   10. ʔo)ʔ   11. ⋆   12. ʔ
13. ʔʔʔʔ   14. ʔ ʔ ʔ ʔ ʔ .   15. ⋆ʔʔ⋆   16. ⋆ʔʔʔ⋆
17. ⋆ × ʔ   18. (×   19. ʔʔʔʔ   20. ʔo) ×
21. ʔ ʔ ʔ   22. ʔ ʔ ʔ (o) ×   23. ʔ   24. ʔʔʔʔʔ
25. ⋆ʔʔʔ   26. ⋆ʔʔʔ   27. ...ʔʔ×   28. ʔ)ʔ
29. QVDAVIE·SISCRF   30. ...ʔʔʔ   31. HVA...
32. ʔʔʔ⋆   33.)HH   34. ⋆ʔʔ⋆   35. ʔʔHʔʔcʔ
36. ʔʔʔ   37. ⋆ʔ   38. ⋆ʔʔʔʔ

Contremarques.

1. [C·R]   9. [CAPL]   17. [DD]   25. [VR]
2. [D]   10. [VA]   18. (N)   26. (H)
3. [REC]   11. [IS]   19. [LA]   27. [EG]
4. (LAS)   12. [M]   20. [AK]   28. [X]
5. [VR]   13. [C]   21. [PR]   29. [TIA]
6. [T]   14. [CAS]   22. [TI]   30. [RT]
7. [ADI]   15. [Æ]   23. [GR]   31. [NCAPR]
8. [AT]   16. [R]   24. [SE]   32. [S·P·Q·R]
                33. [BON]

PREMIÈRE SÉRIE.

MONNAIES DE PEUPLES, DE VILLES ET DE ROIS.

HISPANIA ULTERIOR (1).

ABDERA. (*Conventus cordubensis.*)

1 Temple tétrastyle. R*. Deux thons tournés à gauche; au milieu est la légende phénicienne n.° 1, pl. I.
<small>(2) Mod. 25 milim. C. O.</small>

2 Autre semblable. C. O.
3 Trois autres.
4 Tête casquée à gauche. R*. Deux dauphins, au milieu desquels est la légende phénicienne n.° 2, pl. I.
<small>Mod. 21 milim. B. C. Rare.</small>

5 Autre avec la tête tournée à droite. M. B. C.

---

(1) Les numismates modernes divisent les monnaies antiques espagnoles en trois sections, savoir : celles de la *Lusitania*, celles de la *Bætica* et celles de la *Tarraconensis*; qu'il nous soit permis de ne pas partager entièrement leur opinion. Selon nous, on peut les diviser bien plus naturellement en deux grandes sections : *Hispania citerior* et *Hispania ulterior*, dont les limites géographiques nous sont parfaitement connus. C'est ainsi que nous mettons dans la première toutes les monnaies de la *Bætica* et de la *Lusitania*, et dans la seconde celles qui furent frappées dans la *Tarraconensis*. Cette opinion à nous est fondée sur le fait, aujourd'hui bien constaté, que la plupart de ces monnaies, et principalement les *autonomes*, ont été frappées à une époque où la dite division existait encore. Du reste il nous a semblé qu'en adoptant la dite division on en faciliterait considérablement l'étude.

Mais comme le rapport entre les villes anciennes et les villes modernes est souvent incertain, nous avons en tous cas préféré l'indication du *Conventus juridicus*, auquel elles ont dû appartenir pendant la domination romaine, selon la classification faite par Mr. Cean Bermudez, dans son excellent ouvrage intitulé *Sumario de las antigüedades romanas que hay en España*. Madrid, 1832, fol.

(2) Comme la plupart des monnaies frappées en Espagne sont en bronce, nous omettons dans la description de chacune d'elles le signe Æ, qui caractérise ce métal. Nous aurons, cependant, soin d'indiquer par des signes spéciaux celles qui seront en argent ou en quelqu'autre métal).

6   TI. CAESAR · DIVI · AVG · F · AVGVSTVS. Tête laurée de Tibère à droite. R*. A-B-D-E-R-A. Temple tétrastyle; deux thons placés perpendiculairement et en sens contraire, figurent deux colonnes; sur le fronton du temple est l'inscription phénicienne n.° 3, pl. I.
    Mod. 27 milim. C. O.

7   Autre variée; sur le fronton du temple une étoile.
    Mod. 25 milim. C. O.

8   Autre; au milieu du temple un disque.
    Mod. 24 milim. C. O.

9   Autre semblable au n.° 7. C. O.

ACINIPO. (*Conventus astigitanus.*)

10 Grappe de raisin. R*. ACINIPO, entre deux épis.
    Mod. 25 milim. T. B. C.

11 Grappe de raisin entre quatre étoiles. R*. ACINIPO entre deux épis.
    Mod. 22 milim. B. C.

12 Autre variée; dessous de la grappe, la lettre S (*semis*). B. C.
13 Deux autres également variées.
14 Deux autres semblables.
15 Trois autres variées.
16 Deux autres.
17 Autre surfrappée sur une médaille d'Obulco.
    Mod. 28 milim. C. O.

18 Autre qui paraît aussi surfrappée sur une monnaie de Carteya.
    Mod. 22 milim. C. O.

19 Grappe de raisin; autour L· FOLCE-AEDILE; au dessus, étoile. R*. ACINIPO, entre deux épis, à droite.
    Mod. 22 milim. B. C., patine noire.

20 Autre. T. B. C.
21 Autre semblable. M. B. C.

ARIA. (*Conventus hispalensis.*)

22 Tête à droite; devant, un rameau; derrière, S. R*. Poisson à droite; au-dessus, CVNB.; dessous, ARIA.
    Mod. 28 milim., flanc épais. C. O.

23 Tête à droite; derrière, S. R*. Poisson à droite et même lég.
    Mod. 28 milim. T. B. C.

24 Autre. M. B. C.
25 Deux autres.
26 Autre avec le poisson tourné à gauche. B. C.
27 Deux autres semblables.

ASIDO. (*Conventus gaditanus.*)

28 Tête d'Hercule, de face, recouverte avec la peau d'un lion. R*. Deux thons à gauche; au milieu, la lég. phénicienne n.° 4.
Mod. 20 milim. T. B. C.

29 Autre semblable. B. C.

30 R*. Deux thons à droite; au-dessus la lég. phénicienne n.° 5.
Mod. 21 milim. B. C.

31 Autre. M. B. C.

32 Taureau à droite; au-dessus, une étoile. R*. Dauphin à droite; au-dessus, croissant renversé sur un point; dessous, la lég. phénicienne n.° 6.
Mod. 22 milim. B. C.

33 Autre. A. B. C.

34 Deux autres. C. O.

35 Tête virile diadémée à droite; devant, ASIDO. R*. Taureau en carrière, vers la droite; au-dessus, croissant surmonté d'une croix; dessous, la lég. phénicienne n.° 7.
Mod. 27 milim., flanc épais. T. B. C. Très-rare.

BAILO. (*Conventus gaditanus.*)

36 Taureau à gauche; au-dessus, étoile et croissant. R*. Epi horizontal à gauche; dessous, BAILO.
Mod. 23 milim. C. O.

37 R*. Epi à gauche; au-dessus FAT-AID· L-A☉.
Mod. 20 milim. T. B. C., patine.

38 Autre. M. B. C.

39 Deux autres. C. O.

BORA. (*Conventus cordubensis.*)

40 Buste voilé de Cérès, à gauche, avec une couronne d'épis, tenant une torche allumée. R*. Taureau à gauche; au-dessus, BORA.
Mod. 35 milim. B. C., patine.

41 Autre du même module; le flanc beaucoup plus épais, et la lég. n'est pas lisible.

42 Autre. Module 26.

CALLET. (*Conventus astigitanus.*)

43 Tête d'Hercule à droite, couverte d'une peau de lion. R*. CALLET, entre deux lignes et deux épis, à droite.
Mod. 24 milim. B. C. Rarissime.

CARBULA. (*Conventus cordubensis.*)

44 Tête d'Apollon, à droite; devant, un serpent; derrière, X. R*. CARBVLA. Lyre de sept cordes, de forme grossière.
    Mod. 35 milim. B. C.
45 Autre. M. B. C.
46 Tête d'Apollon diadémée; devant, un serpent ou ligne tortueuse. R*. CARBVLA. Lyre de huit cordes.
    Mod. 28 milim. B. C.
47 Autre variée; elle a derrière de la tête le signe X.
    Mod. 28 milim. B. C.
48 Deux autres. M. B. C.

CARMO. (*Conventus hispalensis.*)

49 Tête de Mars tournée à droite, dans une couronne de myrthe. R*. CARMO, entre deux lignes et deux épis transversalement placées vers la droite.
    Mod. 34 milim., flanc épais. T. B. C., patine.
50 Autre de fabrique plus belle; la lég. CARM⊙. sic. B. C., patine.
51 Autre semblable au n.° 49. C. O.
52 Une autre semblable au n.° 50.
53 Deux autres.
54 Deux autres.
    Mod. 32 milim.
55 Deux autres.
56 Une autre de fabrique barbare.
    Mod. 35 milim., flanc plus mince.
57 Tête de Pallas à gauche, formant le casque un bonnet phrigien; le tout dans une couronne de myrthe. R*. CARMO, entre épis. Deux exemplaires.
    Mod. 35 milim. Inédit.
58 Tête casquée et ailée à droite, peut-être de Rome. R*. comme les antérieures.
    Mod. 34 milim., mal marquée.
59 Tête de Mercure à droite; devant, le caducée. R*. CARMO.
    Mod. 34 milim.
60 Autre. Mod. irrégulier.
61 Tête d'Hercule couverte de la peau d'un lion. R*. CARMO, entre épis.
    Mod. 28 milim. B. C.
62 Une autre. B. C.
63 Une autre. Mod. irrégulier.
64 Tête virile à droite; derrière, un dauphin. R*. CARMO, entre épis.
    Mod. 26 milim. B. C.

65 Autre. B. C. Mod. irrégulier.
66 Deux autres.
67 Tête virile à droite. R*. CARMO, entre deux lignes et deux épis, à gauche.
    Mod. 24 milim. B. C., patine noire.
68 Une autre semblable.
69 Deux autres.
70 Tête de Mercure. R*. Caducée; dans le champ ... et un croissant *anépigraphe*.
    Mod. 17 milim. C. O.
71 Une autre semblable.

CAURA. (*Conventus hispalensis.*)

72 Tête de Mars casquée à droite; derrière, X. R*. Alose à droite; dessous, entre lignes, CAVRA-A et un croissant.
    Mod. 25 milim. B. C. Très-rare.
73 Une autre semblable.

CARISA. (*Conventus gaditanus.*)

74 Tête nue à droite. R*. Cavalier galopant à gauche, armé d'un bouclier, la lance en arrêt; dessous, CARIS.
    Mod. 27 milim. C. O. Cette médaille est rare pour son module.
75 Quatre monnaies de Carisa en petit module, frappées la plupart sur autres monnaies de peuples de la Bética. Mod. variés.
76 Autres cinq. C. O.

CARTEYA. (*Conventus gaditanus.*)

77 Tête de Neptune barbue, à gauche; devant, S. R*. Un dauphin à droite; au-dessus, un croissant; dessous, CART; dans le champ, Q-S.
    Mod. 24 milim. B. C.
78 Deux autres.
79 Tête virile à gauche; devant, CARTEIA. R*. Un dauphin à gauche; au-dessus, ♄; dessous, P. IVLI; dans le champ, Q.
    Mod. 22 milim., flanc épais. C. O.
80 Une autre.
81 Tête de Jupiter laurée, à gauche. R*. Un dauphin à gauche; au-dessus, C.VIB.AID; dessous, KARTEIA.
    Mod. 25 milim. B. C.
82 Deux autres. M. B. C.
83 Tête virile diadémée à gauche; devant, CARTEIA. R*. Proue de navire; au-dessus, AED·CN·AIMI; dessous, L·ARG.; derrière de la proue, S.
    Mod. 25 milim. B. C., patine verte.

84 Tête virile à droite; devant, CARTEIA; derrière, S. R·. Comme celui de la monnaie antérieure.
Mod. 22 milim. T. B. C.

85 Une autre semblable.

86 Tête de Jupiter laurée à droite; devant, CARTEIA; derrière, S. R·. Proue de navire; au-dessus, CES-L.RAI; dessous, L.AGRI; dans le champ, S.
Mod. 24 milim., B. C. patine noire. Très-rare.

87 Tête de Jupiter à d.; devant, S. R·. Un dauphin à gauche; dessous, CARTE.
Mod. 20 milim., flanc épais. C. O.

88 Tête de Jupiter laurée à droite; derrière, S. R·. Un dauphin à droite; au-dessus, C·OM·N; dessous, CARTEIA.
Mod. 25 milim. C. O.

89 Tête de Jupiter laurée à droite; derrière, S. R·. Proue de navire; au-dessus, L. MARC.; dessous, CARTEIA; dans le champ, S.
Mod. 25 milim. B. C.

90 Une autre. B. C.

91 R·. Un dauphin; au-dessus, L. MARCI; dessous, CARTEIA.
Mod. 24 milim. T. B. C.

92 Tête de Jupiter laurée à droite. R·. Proue de navire; au-dessus, Q. PEDEC; dans le champ, S.
Mod. 21 milim. B. C.

93 Une autre. B. C.

94 Tête de Jupiter à droite; derrière, S. R·. Un dauphin à la droite; au-dessus, Q. PEDECAI; dessous, CARTEIA.
Mod. 22 milim. C. O.

95 Deux autres semblables.

96 Tête de Jupiter laurée à droite; devant, CARTEIA. R·. Corne d'abondance sur un foudre transversé; dessous, Q. CVRVI; dans le champ, Q.
Mod. 22 milim. B. C., patine noire.

97 Deux autres semblables. M. B. C.

98 Tête de Jupiter à droite; derrière, S. R·. Foudre transversé; au-dessus, CES.; dessous, CAR.
Mod. 20 milim. C. O.

99 Deux autres. M. B. C., si bien d'un module un peu plus étendu.

100 Tête de Jupiter à droite; derrière, S. R·. Proue de navire; au-dessus, Q·OPS; dessous, CARTEIA.
Mod. 22 milim. B. C.

101 Tête de Jupiter à droite. R·. Proue de navire; au-dessus, ..NINI; dessous, CARTEIA; dans le champ, S.
Mod. 25 milim. B. C.

102 Tête de Jupiter à droite; derrière, S. R'. Proue de navire; au-dessus, CARTEIA; dessous, L. AR. M. CVR.
    Mod. 21 milim. B. C.
103 Une autre variée.
104 Tête de Neptune à droite; derrière, un trident; devant, IIII.VIR.ITER. R*. Un dauphin à droite; au-dessus, CARTEIA; dessous, C. MINI. Q. F.
    Mod. 19 milim. B. C., patine noire.
105 Deux autres variées.
106 Trois autres, aussi variées.
107 Tête virile à droite. R*. Proue de navire; au-dessus, M. SEP.; dessous, KAR.; dans le champ, S.
    Mod. 23 milim. B. C.
108 Trois autres semblables, variées.
109 Tête de Mercure à droite; derrière, un caducée. R*. Foudre transversé; au-dessus ...; dessous, entre deux lignes, CARTEIA.
    Mod. 19 milim. Inédit. C. O.
110 Tête d'Hercule, couverte d'une peau de lion, à droite. R*. Proue de navire; au-dessus, CARTE; dans le champ, S. Imitation du *triens* romain.
    Mod. 16 milim. C. O.
111 Tête de Pallas à dr.; devant, S. R*. Proue de navire; au-dessus, ..ARCI; dessous, CARTEIA; dans le champ, S.
    Mod. 20 milim. C. O.
112 Tête de femme tourrrelée à droite; devant, CARTEIA. R*. D. D. Neptune debout, armé du trident tenant un dauphin dans la main droite, le pied droit sur un rocher.
    Mod. 22 milim. B. C.
113 Trois autres variées. B. C.
114 R*. Un homme assis sur un rocher pêchant à la ligne; à son côté il a un pannier; dans le champ, D. D.
    Mod. 24 milim. B. C., patine verte.
115 Une autre. B. C.
116 Autre semblable.
117 Une autre avec le pêcheur regardant à la droite.
    Mod. 22 milim. C. O.
118 Tête de femme tourrelée à dr.; derrière, un trident; devant, CARTEIA. R*. Cupidon assis sur un dauphin, vers la droite; au-dessus, IIII.VIR.; dessous, EX·D·D.
    Mod. 17 milim. C. O., patine rouge.
119 Deux autres variées.
120 Deux autres variées.
121 Tête tourrelée à droite; derrière, un trident; devant, CARTEIA.

R*. C.MINI.IIII.VIR-IV-C·VIBIVS·IIII·VIR-ITER. Gouvernail.
Mod. 22 milim. C. O.

122 Deux autres variées. C. O.
123 Deux autres variées. C. O.
124 Tête de femme tourrelée à droite; derrière, trident; devant, CARTEIA.
R*. C.MAIVS.C.F-POLLIO.IIII.VIR, caducée.
Mod. 21 milim. C. O.
125 Deux autres.
126 R*. P.FALCIDI... massue, gouvernail et proue de navire. C. O.
Mod. 20 milim. Très-rare.
127 Dauphin et trident placés transversalement; dessous, CARTEIA.
R*. IIII·VIR. Gouvernail.
Mod. 18 milim. B. C., patine noire.
128 Trois autres. B. C.
129 GERMANICO. ET. DRVSO. Tête de femme tourrelée à droite.
R*. CAESARIBVS-IIII-VIR.CART. Gouvernail.
Mod. 20 milim. B. C.
130 Trois autres. B. C.

CERET. (*Conventus gadilanus.*)

131 Tête de femme tourrelée à droite. R*. ⊏ER✢.; écrit entre deux épis.
Mod. 20 milim. M. C. Rare.
132 Autre.
133 Tête de femme à d. R*. ⊏ERE, placé entre deux épis ou rameaux de pin.
Mod. 19 milim. B. C. patine. Très-rare.

COLONIA PATRICIA CORDUBA.

134 Tête de Vénus à dr.; devant, CORD. R*. Cupidon debout, nu et ailé, tenant de la main droite un flambeau, et de la gauche une corne d'abondance.
Mod. 19 milim. C. O., patine. Inédit.
135 GN.IVLI.L.F.Q. Tête de Vénus comme l'antérieure. R*. Cupidon debout, semblable aussi à l'antérieur; CORDVBA; devant, ...
Mod. 20 milim. B. C.
136 Trois autres variées.
137 Trois autres.
138 Trois autres.
139 Autre de flanc plus épais, derrière du Cupidon. BAL.
140 PERMISSV. CAESARIS. AVGVSTI. Tête d'Augustus, nue, à gauche. R*. COLONIA PATRICIA. Aigle légionnaire entre deux enseignes militaires.
Mod. 31 milim. B. C. patine.

141 Deux autres.
142 Trois autres.
143 PERM. CAES. AVG. Tête nue d'Augustus à gauche. R*. COLONIA PATRICIA, écrit en deux lignes, au milieu d'une couronne civique.
Mod. 25 milim. T. B. C., patine noire.
144 Deux autres.
145 Deux autres.
146 Trois autres.
147 Autre avec la contre-marque n.° 1 au revers.
148 Autre semblable.
149 Autre avec la contre-marque n.° 2 au revers.
150 PERM. CAES. AVG. Tête d'Augustus, nue, à gauche. R*. COLONIA PATRICIA. Le *simpulum* et *l'apex*.
Mod. 21 milim. B. C., patine noire.
151 Deux autres. B. C.
152 Trois autres. B. C.
153 PER.CAE.AVG. Tête nue d'Augustus à gauche. R.* COLONIA.PATRICIA., *aspergillum*, *præfericulum*, *lituus et patera*.
Mod. 16 milim. B. C., patine noire.
154 Deux autres.
155 Deux autres.

DIPONE. (*Conventus hispalensis*.) (1)

156 Tête très-barbare, nue, à la droite. R*. Corne d'abondance ornée de feuilles, peut-être d'olive; au côté, au milieu d'un carré, OꟼIᗡ.
G. Br. Mod. 33. milim. C. O. Inédite.

EBORA. (*Conventus emeritensis*.)

157 PERM. CAES. AVG. P. M. Tête nue à gauche. R*. LIBERALITATIS. IVLIAE. EBOR., écrit en quatre lignes au milieu d'une couronne. Deux exemplaires.
Mod. 27 milim. B. C.
158 Deux autres. M. B. C.

---

(1) En comparant le type de la monnaie que nous allons décrire avec celle que Sestin a attribué à Coero, il sera facile de connaître que ce sont les mêmes, et que le savant numismate a été induit en erreur par quelque pièce mal conservée. Nous avons devant nous des médailles entièrement semblables, sur lesquelles on lit au centre d'un carré le mot *Dipon*, écrit de gauche à droite et en autres de droite à gauche. Il existait jadis une ville de ce nom dans la *Bæturia Celtica*, territoire aujourd'hui connu sous le nom de *Baja Extremadura*.

EMERITA. (*Colonia Augusta.*)

159 IMP·CAESAR. AVGVSTVS. Tête d'Augustus nue à dr. R*. P. CARISIVS. LEG. PRO. PR. Porte d'Émérita ; sur le fronton on lit EMERITA.
    Ar. denarius. B. C.

160 AVGVSTA EMERITA. Prêtre traçant les limites de la colonie, avec une charrue attelée de deux bœufs, vers la droite.
    Mod. 28 milim. B. C., patine.

161 Autre avec le prêtre et les bœufs à gauche.
    Mod. 30 milim. C. O.

162 CAESAR. AVGVST. TRIB. POTEST. Tête d'Augustus, nue, à gauche. R*. P. CARISIVS-LEG.-AVGVSTI., écrit dans le champ.
    Mod. 27 milim. T. B. C.

163 Deux autres variées.
164 Trois autres variées.
165 Trois autres variées.
166 PERMISSV. CAESARIS. AVGVSTI. Tête barbue, de face, qui peut-être du fleuve *Anas*. Sur la barbe elle a une urne transversée versant de l'eau. R*. AVGVSTA EMERITA. Prêtre *ut supra*, vers la gauche.
    Mod. 28 milim. B. C.

167 Autre semblable. B. C.
168 Autre B. C., patine.
169 Deux autres.
170 PERM. IMP. CAESARIS AVG. P. M. Tête laurée d'Augustus à droite. R*. AVGVSTA EMERITA. Prêtre *ut supra*, vers la droite.
    Mod. 24 milim. B. C., patine noire.

171 Autre. B. C.
172 Deux autres.
173 PERM. CAES. AVG. Tête laurée à gauche. R*. Aigle légionnaire entre deux enseignes militaires ; dans le champ, LE. VX ; au-dessus, C.A.E.
    Mod. 22 milim. B. C., patine.

174 Autre avec la tête à droite. B. C.
175 Deux autres.
176 Trois autres.
177 PER. CAE. AVG. Tête d'Augustus laurée à droite. R*. C.A.E. *Patera, lituus et præfericulum*.
    Mod. 15 milim. C. O. Inédite.

178 DIVVS. AVGVSTVS. PATER. Tête radiée d'Augustus à gauche. R*. Porte de la ville ; sur le fronton on lit en deux lignes AVGVSTA EMERITA.
    G. Br. Mod. 37 milim. B. C., perforée.

179 Autre. M. B. C.
180 Autre.
    G. Br. Mod. 30 milim. B. C., patine.
181 Autre. C. O.
182 Deux autres variées.
183 Autre de fabrique barbare.
    G. Br. Mod. 31 milim., flanc mince.
184 Autre; sur la tête d'Augustus une étoile; devant, foudre.
    G. Br. Mod. 34 milim. C. O. Belle fabrique.
185 DIVVS. AVGVSTVS. PATER. Tête nue d'Augustus à gauche. R*. COL. AVGVSTA EMERITA. Porte de la ville.
    Mod. 27 milim. B. C., patine.
186 Autre; la tête radiée. B. C.
187 Deux autres.
188 Autre; devant la tête un foudre; au-dessus, une étoile.
    Mod. 27 milim. B. C., patine verte.
189 Autre. M. B. C.
190 DIVVS AVGVSTVS PATER. Tête d'Augustus radiée à gauche. R*. AETERNITATI AVGVSTAE. Temple tétrastyle:
    Mod. 27 milim. B. C., patine.
191 Autre. M. B. C.
192 DIVVS. AVG. PATER. C.A.E. Tête radiée à gauche. R*. PROVIDENT. PERMI. AVG. Autel.
    Mod. 27 milim. B. C.
193 Deux autres. B. C.
194 Trois autres. M. B. C.
195 SALVS. AVGVSTA. PERM. AVGVSTI. Tête de Julia à droite. R*. C. A. E. Julie assise à droite.
    G. Br. Mod. 34 milim. T. B. C.
196 Autre.
    Mod. 35 milim. B. C.
197 Autre. M. B. C.
198 TI. CAESAR. AVGVSTVS. PON. MAX. IMP. Tête laurée de Tiberius à gauche. R*. IVLIA AVGVSTA.-C. A. E. Tête de Julia à droite.
    Mod. 27 milim. B. C.
199 Autre. B. C.
200 Autre. B. C.
201 TI. CAESAR. AVGVSTVS. PON. MAX. IMP. Tête laurée de Tiberius à gauche. R*. Porte de la ville; sur le fronton, AVGVSTA EMERITA.
    G. Br. Mod. 34 milim. C. O.
202 Autre.

203 Autre variée.
G. Br. Mod. 33 milim., flanc plus mince.

204 Deux autres semblables au n.° 201.

205 TI. CAESAR. AVG. PON. MAX. IMP. Tête de Tiberius laurée à droite. R*. AETERNITATI. AVGVSTAE-C. A. E. Temple tétrastyle.
Mod. 27 milim. T. B. C.

206 Autre. M. B. C.

207 TI. CAESAR. AVG. PON. MAX. IMP. Tête de Tiberius laurée à gauche. R*. COL. AVGVSTA· EMERITA. Porte de la ville.
Mod. 30 milim. B. C., flanc mince.

208 Autre semblable.

209 TI.-CAESAR· AVGVS. PON. MAX. IMP. Tête de Tiberius laurée à gauche. R*. COL. AUGVSTA. EMERITA. Porte de la ville.
Mod. 27 milim. B. C.

210 Trois autres. M. B. C.

GADES.

211 [1.] Tête d'Hercule couverte d'une peau de lion, à la gauche; derrière de la tête on voit la grosseur de la massue comme si il la portait à l'épaule. R*. Un thon à la droite; au-dessus, la lég. phénicienne n.° 8; dessous, la lég. n.° 9.
Ar. poids 2, 13 gr. Mod. 16 milim. B. C., patine. Inédite.

211 [2.] Tête d'Hercule couverte d'une peau de lion, à gauche. R*. Un thon.
Ar. Mod. 8 milim., perforée. Inédite.

212 Tête d'Hercule couverte d'une peau de lion, à gauche ; sur l'épaule, une massue. R*. Deux thons à gauche; au-dessus, la lég. phénicienne n.° 10; dessous, la lég. n.° 9; dans le champ, croissant avec un point et le caractère phénicien n.° 11, transversé.
Mod. 25 milim. B. C., patine noire.

213 Deux autres. B. C.

214 Deux autres. B. C.

215 Autre.
Mod. 23 milim., flanc épais. B. C.

216 Autre; sur les poissons la contre-marque n.° 3.
Mod. 25 milim. C. O.

217 Autre avec un dauphin pour contre-marque.

218 Deux autres avec la même contre-marque.

219 Trois autres avec la même contre-marque.

220 Une autre avec un croissant et un trident entre les thons.
Mod. 28 milim. B. C.

221 Autre. M. B. C.

222 Autre avec un croissant et un caducée entre les deux thons.
   Mod. 27 milim. T. B. C.
223 Autre. B. C.
224 Tête d'Hercule couverte d'une peau de lion, à gauche; devant, une massue. R'. Deux thons à gauche et les mêmes lég. phéniciennes n.° 9 et 10.
   Mod. 21 milim. B. C., patine.
225 Deux autres. B. C.
226 Trois autres. M. B. C.
227 Tête d'Hercule couverte d'une peau de lion, à gauche. R'. Deux thons sans épigraphe.
   Mod. 18 milim. B. C.
228 Autre semblable.
229 Deux autres.
230 Tête d'Hercule couverte d'une peau de lion, vue de face. R'. Deux thons, sans épigraphe.
   Mod. 21 milim., flanc mince. C. O.
231 Autre semblable. C. O.
232 Autre; sur les thons la lég. phénicienne n.° 10; dessous, la lég. n.° 9.
233 Tête de la lune, de face. R'. Deux thons, sans épigraphe.
   T. B. C. Belle fabrique.
234 Deux autres.
235 Trois autres.
236 Tête d'Hercule couverte d'une peau de lion; sur l'épaule une massue. R'. Un thon à la g.; au-dessus, la lég. phénic. n.° 10; dessous, la lég. n.° 9.
   Mod. 20 milim. B. C., patine. Belle fabrique.
237 Deux autres. B. C.
238 Autres quatres. B. C.
239 Tête d'Hercule couverte d'une peau de lion; sur l'épaule une massue. R'. Un thon á gauche; au-dessus, le caractère phénicien n.° 12; dessous, le caractère n.° 11.
   Mod. 14 milim. B. C.
240 Autre.
241 Tête de la lune, de face. R'. Un thon à gauche, et les deux caractères phéniciens décrits ci-dessous.
   Mod. 14 milim. B. C.
242 Autre avec le caractère n.° 11.
   Mod. 12 milim. T. B. C.
243 Tête d'Hercule couverte d'une peau de lion; sur l'épaule une massue. R'. Un dauphin percé d'un trident; au-dessus, la lég. n.° 10 renversée; dessous, la n.° 13.
   Mod. 18 milim. T. B. C., patine. Belle fabrique.

244 Deux autres. B. C.
245 Autres quatres.
246 Autres quatres.
247 Deux autres sans le trident.
248 Deux autres avec la lég. dans la forme ordinaire.
   Mod. 13 milim.
249 Trois autres.
250 Tête de la lune, de face. R*. Un dauphin percé d'un trident; au-dessus, lég. n.° 10¦; dessous, la du n.° 9.
   Mod. 13 milim. B. C.
251 Autre semblable.
252 Tête d'Hercule couverte d'une peau de lion, à gauche; sur l'épaule, une massue. R*. Deux thons à gauche; au-dessus, croissant renversé; au milieu, écrit dans un carré, GADES.
   Mod. 25 milim. B. C. Monnaie suspecte. Il paraît que la lég. latine a été levée en relief dans nos temps sur les caractères phéniciens d'une monnaie antique de *Sexsi*.
253 Tête d'Hercule couverte d'une peau de lion; sur l'épaule, une massue. R*. BALBUS. PONT. Hache, couteau et *simpulum*.
   Médaillon. Mod. 57 milim., flanc épais. C. O., patine rouge.
254 Autre semblable.
255 Autre avec le bord un peu cassé.
   Mod. 36 milim., flanc plus mince.
256 Autre suspecte.
257 Autre légitime.
   Mod. 32 milim. B. C.
258 Autre semblable. C. O.
259 Tête d'Hercule couverte d'une peau de lion. R*. AVGVSTVS. DIVI. F.. Foudre posé horizontalement.
   G. Br. Mod. 30 milim. B. C.
260 Autre semblable, avec le foudre ailé et la lég. circulaire.
   Mod. 31 milim. C. O.
261 Autre.
   Mod. 35 milim. M. C.
262 Tête d'Agrippa avec couronne rostrale, à gauche; derrière, AGRIPPA. R*. MVNICIPI · PARENS. *Acrostolium*.
   Mod. 30 milim., flanc mince. C. O.
263 Tête d'Hercule couverte de la dépouille d'un lion, et avec la massue au col. R*....... MVNICIPI · PAR..... *Acrostolium*.
   Mod. 30 milim., flanc plus mince. M. C.
264 Tête d'Agrippa, nue, à d.; lég. effacée. R*..... PATRONVS. Type effacé.
   Mod. 37 milim. M. C.

265 Autre semblable.
266 Tête de Tiberius Claudius, nue, à gauche; devant, NERO. R*. TI. CLAV-
DIVS. *Simpulum.*
    Médaillon. Mod. 38 milim. B. C., patine verte.
267 Tête d'Hercule couverte d'une peau de lion; sur l'épaule la massue; à gauche, R*. TI · CLAVDIVS. *Simpulum.*
    G. Br. Mod. 31 milim. C. O.
268 Autre semblable.
269 Autre; lég. variée TI. CLAVDIVS · NERO.
    Mod. 29 milim. C. O.
270 NERO. Tête de Tiberius Claudius, laurée, à gauche. R*. TI. CLAVDIUS.
Simpulum.
    G. Br. Mod. 31 milim. C. O.
271 Autre semblable.

    ILIBERIS (*Conventus Cordubensis.*)

272 Tête barbare casquée tournée à droite; devant, une palme recourbée. R*.
Trinacria, ayant au centre une tête, de face, et autour, ᛘ ᛚ ᛉ ᛘ ᛉ
    Mod. 28 milim. B. C. (1)
273 Autre M. C. avec les caractères ibériens lisibles.
274 Autre. M. C.
275 Tête virile nue, à droite. R*. Sphinx ailé marchant à gauche; au-dessous,
ᛘ ᛚ ᛉ ᛘ
    Mod. 28 milim., flanc épais. B. C.
276 Autres deux avec le Sphinx marchant à droite. M. C.
277 Tête virile, nue, à gauche; derrière, X . R*. Sphinx; dessous, . ᛚ ᛉ ᛘ
B. C., quoique la lég. est un peu effacée.

(1) Les monnaies portant cette légende ibérique, avec les types de la *Trinacria,* de la Victoire et du Sphinx, ont été attribuées par Sestini et autres à *Ipagro,* ville ancienne de l'*Hispania ulterior;* par ce que sur une de ces médailles, avec type de la Victoire, ils ont cru devoir lire le nom de cette ville antique. Cette supposition est pourtant erronée; car la monnaie en question a été visiblement altérée. D'autres numismates ont cru qu'elles appartenaient aux îles Baleares, parce qu'ils ont trouvé dans l'ouvrage de Mr. de Lorichs une médaille de la même forme et style, et portant la même *trinacria,* sur laquelle notre respectable ami crût devoir lire le nom de *Pollentia,* ancienne ville d'une de ces îles. Nous doutons bien de l'exactitud de ce fait (voyez le n.º 1,031 de notre Catalogue), et nous attribuons sans hésiter à *Iliberis,* toutes les monnaies qui portent la lég. ibérique ci-dessous figurée, puis que nous y lisons le mot EL-ÁBER., dont l'étymologie s'accorde avec le nom antique de cette ville. Nous ferons toutefois observer que ces monnaies se trouvent à Grenade ou dans ses environs, et que la forme et type de celles qui ont Sphinx avec lég. ibérique, sont semblables en tout à celles sur lesquelles on lit le nom d'*Iliberis,* écrit en latin.

278 Tête barbare casquée, tournée à droite; devant... Λ ♀ Ш, R'. Victoire marchant à droite pour couronner un trophé; derrière, une palme recourbée.
:::
Mod. 17 milim., flanc épais. C. O.
:::

279 Tête virile, nue, à droite; derrière, X. R'. Sphinx marchant à droite; dessous, ILIB.
:::
Mod. 26 milim. C. O.
:::

ILIPA MAGNA. (*Conventus hispalensis.*)

280 Alose à droite; au-dessus, un astre et un croissant; dessous, entre deux lignes, ILIPENSE. R'. Epis; dans le champ, deux petits caducées.
:::
Médaillon. Mod. 55 milim. R. C.
:::

281 Autre.
:::
Mod. 54 milim. C. O.
:::

282 Alose à droite; dessus, un croissant; dessous, ILIPENSE.
:::
Mod. 50 milim. T. B. C., patine.
:::

283 Autre semblable. M. B. C.
284 Autre.
285 Autre; dessous de ILIPENSE la lettre A.
:::
Mod. 50 milim. T. B. C.
:::

286 Autre.
287 Autre.
288 Autre.
289 Autre.
290 Deux autres.
291 Deux autres.
292 Alose à gauche; dessous, ILSE.; plus bas, A. R'. Epis, et au côté un astre et un croissant.
:::
Mod. 30 milim., flanc mince. M. C.
:::

293 Alose à droite; dessous, entre lignes, ILIPENSE. R'. Un épi.
:::
Mod. 26 milim., flanc épais. R. C.
:::

294 Autre semblable.
:::
Mod. 22 milim., flanc épais.
:::

295 Autre.
:::
Mod. 18 milim.
:::

296 Tête de femme coiffée; collier et pendants d'oreilles. R'. Epis à droite; dessous, entre lignes, ILIPENSE.
:::
Mod. 19 milim. B. C.
:::

297 Autre. M. B. C.

ILIPLA. (*Conventus hispalensis.*)

298 Cavalier avec lance, galopant à la droite; dessous, A et un croissant. R*. Deux épis à gauche; au milieu, entre deux lignes, ILIPLA.
   Mod. 33 milim. B. C. Très-rare.
299 Autre. C. O.
300 Autre; la lég. effacée.

ILIPULA. (*Conventus cordubensis.*)

301 Tête de Mercure à droite; derrière, caducée; devant, VALER. R*. Sanglier à droite; au-dessus, un croissant et ILIPV.; dessous, HALOS.
   Mod. 30 milim. B. C., patine noire. Rare.

ILITURGI. (*Conventus cordubensis.*)

302 Tête laurée, á gauche; devant, croissant. R*. ILITUR.-ESNEG. Epi posé horizontalement.
   Mod. 24 milim. M. C.

ILURCO. (*Conventus Cordubensis.*)

303 Tête virile, nue, á droite; devant, ILVRCON. R*. Une autre tête virile, nue, à droite.
   Mod. 27 milim. B. C. Rare.
304 Autre avec patine.
305 Autre. M. B. C.

IPORA. (*Conventus Cordubensis.*)

306 Tête virile, nue, à droite; devant, IPORA. R*. Un bœuf couché; devant une autel.
   Mod. 33 milim., flanc épais. B. C. Très-rare.

IRIPPO. (*Localité inconnue.*)

307 Tête nue, à droite; devant, IRIPPO. R*. Femme assise, tenant de la droite un *strobilus* et de la gauche une corne d'abondance. Le tout dans une couronne.
   Mod. 27 milim. B. C.
308 Autre. B. C.
309 Autre. B. C.
310 Deux autres.
311 Deux autres.
312 Autre avec la tête à gauche, et devant la légende.
313 Autre.

ITALICA. (*Conventus hispalensis.*)

314. PERM. AVG. DIVVS · AVGVSTVS · PATER. Tête radiée d'Augustus à gauche, au-dessus de laquelle est un astre; devant, un foudre. R*. IVLIA AVGVSTA. MVN. ITALIC, Julie assise à gauche; tenant une lance de la main gauche, et dans la droite une patère ou une fleur.
Médaillon. Mod. 35 milim., flanc épais. B. C.

315 Autre. M. B. C.
316 PERM. AVG. MVNIC. ITALIC. Tête nue d'Augustus à droite. R*. Un soldat debout, appuyé sur une lance; derrière un bouclier; devant, ROMA.
Mod. 27 milim. B. C., patine noire.

317 Autre. M. B. C.
318 R*. GEN. POP. ROM. Figure debout vêtue de la toge, à ses pieds un globe.
Mod. 27 milim. B. C.

319 Autre. B. C.
320 Autre.
321 PERM. CAES. AVG. Tête d'Augustus à gauche. R*. MVNIC. ITALIC. Louve allaitant à Rémus et Romulus.
Mod. 25 milim. B. C. Très-rare.

322 TI. CAESAR · AVGVSTVS. PONT. MAX. IMP. Tête nue de Tiberius à droite. R*. PERM. DIVI · AVG. MVNIC. ITALIC. Autel, au milieu duquel est écrit PROVIDE-NTIAE-AVGVSTI.
Mod. 28 milim. B. C.

323 Autre semblable. B. C.
324 Deux autres. M. B. C.
325 Deux autres. M. B. C.
326 PERM · AVG. Tête d'Augustus à gauche. R*. MVNIC-ITALIC. Corne d'abondance.
Mod. 20 milim. C. O.

327 GERMANICVS. CAESAR · TI. AVG. F. Tête de Germanicus, nue, à gauche. R*. MVNIC.-ITALIC. PER. AVG. Aigle légionnaire entre deux enseignes militaires.
Mod. 25 milim. B. C., patine. Autre exemplaire. M. B. C.

328 DRVSVS. CAESAR. TI. AVG. F. Tête de Drusus. R*. Comme celui de la précédente.
Mod. 22 milim. B. C. Autre exemplaire. M. B. C.

ITUGI, *ou* ITUCI. (*Conventus hispalensis.*)

329 Cavalier avec lance et bouclier galopant à gauche; dessous, ITVGI. R*. Deux épis; entre elles, astre et croissant.
Mod. 30 milim., flanc mince. C. O.

330 Autre semblable ; mais avec le nom du peuple effacé.
331 Cavalier avec javelots et bouclier galopant à la gauche. R'. Deux épis; au-dessus, un croissant ; dans le champ, trois points; dessous, ITUCI.
   Mod. 22 milim. B. C., patine.
332 Deux autres variées. M. B. C.
333 Trois autres.
334 Cheval marin à gauche. R.* Deux épis ; au côté, ☽ *Cette attribution est douteuse* (1).
   P. br. Mod. 22 milim. C. O.

LAELIA. (*Conventus hispalensis.*)

335 Cavalier avec lance à droite. R'. LAELIA ; au-dessus, un épi; dessous, une rame de pin.
   Mod. 28 milim., flanc mince, fabrique barbare. C. O.
336 Cavalier avec lance à droite R.* LAELIA, entre deux rames de palmier.
   Mod. 25 milim., fabrique ordinaire. C. O.
337 Autre semblable. B. C.
338 Deux autres.
339 Tête casquée à droite. R*. Branche de pin; dessous, LAELIA.
   Mod. 22 milim., flanc épais. B. C., patine.
340 Autre semblable. A. B. C.
341 Autre.
342 Deux autres. M. B. C.

LASCUT. (*Conventus gaditanus.*)

343 Tête d'Hercule couverte d'une peau de lion, à droite; devant, LASCVT. R*. Un éléphant à droite; dessous, la lég. phénicienne n.° 14.
   Mod. 24 milim. B. C.
344 Tête d'Hercule couverte d'une peau de lion ; devant, massue. R'. Comme celui de l'antérieure.
   Mod. 22 milim. B. C.
345 Autre. M. B. C.
346 Deux autres. C. O.

LASTIGI. (*Conventus hispalensis.*)

347 Tête casquée à droite, au milieu d'une couronne. R.* LASTIGI entre deux lignes et deux épis, à la droite.
   Mod. 25 milim. B. C., patine.

(1) Nous avons vu d'autres égales à celles de cette numération, et sur quelques unes on voit une légende latine, au-dessous du cheval marin, qui commence par les lettres IT..., et que l'on peut croire être le nom d'*Ituci*.

348 Autre avec les épis à gauche.
   Mod. 25 milim. C. O.
349 Autre semblable au n.° 347. C. O.
350 Tête casquée à droite dans une couronne de myrthe. R*. LAS. dans une autre couronne de myrthe.
   Mod. 20 milim. B. C., patine.
351 Autre semblable.
   Mod. 21 milim. B. C.
352 Trois autres variées. M. B. C.

MALACA. (*Conventus astigitanus.*)

353 Tête de Vulcain à gauche; derrière, tenailles et la lég. phénicienne n.° 15; le tout dans une couronne. R*. Tête de Vénus radiée, de face.
   Mod. 24 milim. T. B. C.
354 Autre avec la lég. phénicienne n.° 16.
   Mod. 24 milim. B. C.
355 Deux autres. M. B. C.
356 Deux autres.
357 Autre avec la tête de Vulcain à droite; derrière, tenailles et la même lég. phénicienne n.° 16.
   Mod. 24 milim. B. C.
358 Deux autres. M. B. C.
359 Autre avec la lég. phénicienne n.° 16, devant de la tête de Vulcain.
   Mod. 24 milim. B. C.
360 Autre.
   T. B. C., patine.
361 Autre. B. C.
362 Autre de fabrique barbare.
   Mod. 23 milim. T. B. C.
363 Tête de Vulcain á droite; derriere, tenailles et la lég. phénicienne n.° 16. R*. Une étoile avec huit rayons dans une couronne de myrthe.
   Mod. 22 milim. T. B. C., patine.
364 Deux autres. B. C.
365 Autres quatre.
366 Autres cinq. B. C.
367 Autre avec la lég. phénicienne n.° 16, devant de la tête.
   Mod. 19 milim. B. C., patine.
368 Autre de meilleur fabrique, ayant l'étoile douze rayons, dans une couronne de myrthe.
   Mod. 22 milim. C. O.
369 Deux têtes de *Cabirus* regardant en direction opposée. R*. Une étoile de

— 21 —

huit rayons dans une couronne de feuilles petites.
<small>Mod. irrégulier de 18 à 23 milim. C. O.</small>

370 Autre semblable au n.° 363; la tête regardant à la gauche.
<small>Mod. 18 milim. C. O.</small>

371 Tête de Vulcain à droite; derrière, trace des mêmes caractères phéniciens n.° 16. R*. Une étoile de seize rayons.
<small>Mod. 14 milim. B. C.</small>

372 Autre.

373 Autre.
<small>Mod. 10 milim., irrégulier. C. O.</small>

374 Tête de Vulcain à droite; devant, tenailles; derrière, la lég. phénicienne n.° 16. R*. Temple tétrastyle; dessous, la lég. n.° 17.
<small>Mod. 17 milim., flanc épais. B. C.</small>

375 Autre. T. B. C.

376 Deux autres variées.

377 Autre; devant la tête le caractère phénicien n.° 18; derrière, tenailles; sans épigraphe.
<small>Mod. 20 milim. B. C.</small>

378 Un disque et un croissant; dessous, la lég. phénicienne n.° 16. R*. Une étoile de huit rayons.
<small>Mod. 16 milim. B. C.</small>

OBULCO. (*Conventus cordubensis.*)

379 Tête de femme coiffée à droite; devant, OBVLCO; dessous, un croissant. R*. Charrue et un épi; dessous, ᐱᒥIIIᙏ.
<small>Médaillon. Mod. 39 milim. C. O.</small>

380 Autre.

381 Tête de femme coiffée à droite; devant, OBVLCO; le tout, dans une couronne de myrte. R*. Charrue et un épi; dessous, en deux lignes, la lég. ibérienne ᐱᙏ1ᛥ↑ᙏM = 1ᙏᐱᛝ.
<small>Mod. 35 milim. T. B. C., patine.</small>

382 Autre.
<small>Mod. 34 milim. T. B. C.</small>

383 Autre.
<small>Mod. 35 milim. T. B. C.</small>

384 Autre.
<small>Mod. 34 milim. B. C.</small>

385 Tête de femme coiffée à droite; devant, OBVLCO. R*. Entre deux lignes la lég. ibérienne ᙡᙏ⊕ᛝᛥᐱᐱᙏᐱ = ᙏᛞᐱᐱᙡ.; au-dessus, charrue; dessous, épi.
<small>Mod. 30 milim. B. C.</small>

586 Deux autres. B. C.
387 Trois autres. M. C.
388 Tête de femme coiffée à droite, devant, OBVLCO. R*. La lég. ibérienne entre deux lignes ᚷᚹᛉᚨᛃᛈᛇᚨ = ᚨᚨᛁᛪᚨᛃᚨ; au-dessus, charrue; dessous, épi.
   Mod. 29 milim. B. C.
389 Autre. B. C.
390 Deux autres. M. B. C.
391 Tête de femme coiffée à droite; devant, OBVLCO. R*. Entre une charrue et une épi, la lég. ibérienne ᚨᛁᚨᚨᛃᚺ = ᛪᚨᛁᛜᛇᛞᚷᚨ; au pied de l'épi, X.
   Mod. 28 milim. B. C., patine.
392 Trois autres. B. C.
393 Autres quatre. M. B. C.
394 Autres quatre. C. O.
395 Autre avec la lég. ibérienne ᛪᚨᛁᛜᛇᛞᚷᚨ = ᚨᛁᚨᚨᛃᚺ.
396 Autre avec la lég. ᛉᛞᛪᛖ = ᛗᛪᛁᛞᛪ, entre une charrue et un épi, qui a un X au bout.
   Mod. 29 milim. B. C.
397 Trois autres. B. C.
398 Autre avec la lég. ᛗᛪᛁᛞᛪ = ᛉᛞᛪᛖ. B. C., patine.
399 Autre avec la lettre O sur la charrue.
400 Autres quatre semblables au n.° 398. M. B. C.
401 Tête de femme coiffée à droite; devant, OBVLCO. R*. La lég. ibérienne ᚨᚨᚨᚺᛇ = ᛗᚨᛃᛈᛪᛇ; au-dessus, épi et charrue.
   Mod. 28 milim. B. C.
402 Autre semblable. M. B. C.
403 Tête de femme coiffée à droite; devant, OBVLCO. R*. La lég. ibérienne ᚷᚨᛉᚨᛃᛞᛁᚨ = ᚷᚨᛇᛁᛪ; au-dessus, charrue; dessous, épi.
   Mod. 28 milim. B. C., patine.
404 Tête de femme coiffée à droite; devant, OBVLCO. R*. Entre charrue et epi la lég. ibérienne ᚨᛁᛁᛁᚨ.
   Mod. 29 milim., flanc épais. B. C., patine.
405 Autre B. C., flanc régulier.
406 Trois autres. M. B. C.
407 Tête de femme coiffée à droite; devant, OBVLCO.
   R*. L-AlMIL-M·IVNI-AID. en deux lignes; au-dessus, une charrue; dessous, un épi.
   Mod. 28 milim. B. C.
408 Autre; mais variée la direction de la lég.
409 Trois autres comme le n.° 407. B. C.

440 Autres quatre. B. C.
441 Tête de femme à droite; devant, OBVLCO; derrière, C. X.
R*. L· AIMIL-M. IVNI-AID. en dessus un épi, dessous, charrue. B. C.
412 Un autre semblable. B. C.
413 Autre avec la même lég. antérieure, variée parcequ'au-dessus est la charrue et dessous l'épi.
Mod. 27 milim. B. C.
414 Trois autres. B. C.
415 Autre avec la lég. Γ·AIWIΓ—W.IV.
Mod. 28 milim. B. C.
416 Tête de femme coiffée à droite. R*. Une charrue et un épi; dessous, OBVLCO, dans un carré.
Mod. 28 milim. C. B., patine.
417 Tête d'Apolo laurée à droite; derrière, NIG; devant, OBVL. R*. Une charrue, un épi et un joug.
Mod. 25 milim. B. C.
418 Autre semblable. B. C.
419 Tête de femme coiffée à droite; devant, ILNO; le tout dans une couronne de myrthe. R*. Cavalier avec une lance, galopant, à droite; autour, OBVLCO. ⋈Æ⇆.
Mod. 25 milim. T. B. C.
420 Autres deux. M. B. C.
421 Tête de femme coiffée à droite; autour, OBVLCO; le tout dans une couronne de myrthe. R*. Cavalier avec une lance galopant à droite, aussi dans une couronne.
Mod. 24 milim. B. C.
422 Deux autres. M. B. C.
423 Taureau courant à d.; dessous, OBVLCO. R*. Aigle avec les ailes ouvertes.
Mod. 21 milim. B. C., patine verte.
424 Taureau allant à droite; au-dessus, OBVLCO. R*. Aigle avec les ailes déployées; au-dessus, un croissant.
Mod. 21 milim. B. C.
425 Trois autres. A. B. C.
426 Taureau allant à droite; dessus, R⋏4IA; dessous, OBVLCO. R*. Aigle avec les ailes étendues; dessus, BOBILCO.
Mod. 22 milim. B. C.
427 Autre semblable.
Mod. 22 milim. B. C.
428 Autre. M. B. C.
429 Taureau à gauche; dessus, PIZHAM. R*. Aigle avec les ailes déployées.
Mod. 21 milim. B. C.

430 Autre semblable.
431 Tête de cheval à droite; dessous, OBVLCO. R*. Sanglier à gauche.
Mod. 18 milim. B. C.
432 Tête laurée d'Apolo à droite; derrière, NIC; devant, OBVL. R*. Taureau allant à droite; dessus, croissant.
Mod. 22 milim. B. C.
433 Autres huit monnaies comme l'antérieure avec très-petites différences. B. C.

OLONTIGI. (*Conventus hispalensis.*)

434 Tête barbare, nue, à droite. R*. Cavalier galopant à droite; dessous, OLONT.
Mod. 24 milim. B C.
435 Autre.
Mod. 19 milim., flanc épais.
436 Autre, dans laquelle on lit LONT.
Mod. 21 milim. C. O.
437 Tête barbare à droite. R*. *Strobilus;* dessous, la lég. phénicienne n.º 19.
Mod. 20 milim. B. C.
438 Autre avec la tête à gauche et la lég. effacée.
Mod. 20 milim.

ONUBA. (*Conventus hispalensis.*)

439 .. ENT. ET. COL. Tête casquée à droite. R*. ONVBA entre deux épis à gauche.
Mod. 22 milim. B. C.
440 .. BLILI. Tête casquée à droite. R*. ONVBA, entre deux épis á droite.
Mod. 21 milim. C. O, patine.
441 Autre.

ORIPPO. (*Conventus hispalensis.*)

442 Tête de femme à droite; devant, grappe de raisin. R*. Taureau allant à droite; dessous, ORIPPO.
Mod. 27 milim., flanc mince.
443 Autre. M. B. C.
444 Autres quatres. C. O.

OSET. (*Conventus hispalensis.*)

445 Tête virile á droite. R*. Homme nu avec une corne d'abondance et une grappe de raisin; derrière, OSET.
G. Br. Mod. 32 milim. C. O.

446 Autre.
   Mod. 22 milim., fabrique barbare: B. C., patine.
447 Tête virile à droite, devant, OSSET.. R*. Bacchus, nu, debout; avec une grappe de raisin dans la main droite.
   Mod. 26 milim., flanc mince. T. B. C., patine.
448 Deux autres. B. C.
449 Autres six, variées. C. O.
450 Autre, ayant sur la tête la contre-marque n.° 4.
   Mod. 25 milim. C. O.
451 Tête de Bacchus à droite; devant, . . ET. R*. Femme assise à gauche avec un corne d'abondance et un *strobilus*. —(*Voyez les monnaies d'Irippo.*)
   Mod. 23 milim. C. O.

OSTUR. (*Conventus hispalensis.*)

452 Gland posé horizontalement vers la gauche; dessous, OSTVR. R.* Deux épis ou deux branches.
   Mod. 21 milim. B. C.
453 Autre. M. B. C.
454 Autre.
   Mod. 17 milim.
455 Autre avec le gland à gauche.
456 Gland. R*. OS·VR, entre deux épis.
   Mod. 20 milim. B. C.

PAX JULIA.

457 Tête nue à droite. R*. Femme assise vers la gauche, avec caducée dans la main droite et corne d'abondance dans la gauche; sur le champ, PAX–IVL.
   Mod. 27. C. O. Douteuse.

PTUCI. (*Conventus gaditanus.*)

458 Tête barbare à droite; devant, PTVCI. R*. Roue de huit rayons, entre eux il y a des caractères phéniciens écrits.
   Mod. 20 milim. B. C.
459 Autre maltraitée; mais lisible.
   Mod. 18 milim., irrégulier.
460 Tête virile barbue et diadémée, à droite. R*. Roue de huit rayons avec les mêmes caractères.
   Mod. 19 milim. B. C. Cinq. exemplaires.
461 Tête d'Hercule couverte d'une dépouille de lion, à droite. R*. Roue de huit rayons semblable à l'antérieure.

ROMULA. (*Hispalis.*)

462 Tête de femme coiffée à droite. R*. Corne d'abondance; autour ROMULA.
Mod. 11 milim. B. C. Altérée, parce que les caractères sont gravées modernement sur une antique monnaie de Valentia Bruttiorum.

463 Tête d'Augustus, nue, à gauche; devant, PERM.; derrière, AVG. R*. COL. ROM., corne d'abondance, gouvernail et globe.
Mod. 19 milim. T. B. C.

464 Autre. M. B. C.

465 PERM. DIVI. AVG. COL. ROM. Tête d'Augustus radiée, à droite; devant, un foudre; au-dessus, un astre. R.*IVLIA. AVGVSTA. GENETRIX. ORBIS. Tête de Julia laurée, à gauche, sur un globe; dessus, un croissant.
Mod. 35 milim. B. C.

466 Autre. B. C.
467 Trois autres. M. B. C.
468 Trois autres.
469 PERM. DIVI. AVG. COL. ROM. Tête de Tibérius laurée, à gauche. R.*GERMANICVS. CAESAR. DRVSVS CAESAR ; ses têtes nues et se regardant.
Mod. 29 milim. T. B. C.

470 Deux autres. M. B. C.
471 Trois autres. C. O.
472 GERMANICVS. CAESAR. TI. AVG. F. Tête nue à gauche. R*. PERM. AVG. COL. ROM. *Clipeum* au milieu d'une couronne de laurier.
Mod. 25 milim. T. B. C.

473 Trois autres. B. C.

SACILI. (*Conventus Cordubensis.*)

474 Tête de Pan ou satyre, à droite; dessous, SACILI. R*. Cheval marchant.
Mod. 32 milim. C. O.

475 Autre. C. O.
476 Autre; on ne lit pas SACILI.
Mod. 33 milim.

477 Autre.
Mod. 25 milim., irrégulier, flanc épais. B. C.

478 Autre avec patine; dessous le ventre du cheval il y a une L.
479 Trois autres. M. B. C.

SALPESA. (*Conventus hispalensis.*)

480 Tête d'Apollon; devant, SALPESA. R*. Temple et lyre, aux côtés, arc et corquois.
Mod. 25 milim. B. C. Très-rare.

SEARO. (*Conventus hispalensis.*)

481 Tête d'Hercule couverte d'une dépouille de lion à gauche. R'. SEARO, entre deux épis, à la droite.
Mod. 24 milim. C. O.

482 Tête virile à droite; devant, S. R'. SEARO, entre deux épis.
Mod. 24 milim. B. C.

SEXSI. (*Conventus cordubensis.*)

483 Tête d'Hercule couverte d'une peau de lion, à gauche. R'. Deux thons à gauche; entre eux astre et croissant; dessus, la lég. phénicienne n.° 20; et dessous, la n.° 21.
Mod. 28 milim., flanc épais. B. C.

484 Autre. M. B. C.

485 Tête d'Hercule. R*. Deux thons à gauche; au-dessus, le caractère phénicien n.° 11 horizontal; et dessous, le caractère n.° 23; au milieu, entre deux lignes, la lég. phénicienne n.° 22.
Mod. 25 milim. C. O.

486 Une autre semblable.

487 Tête d'Hercule couverte d'une peau de lion, et massue à gauche. R'. Deux thons à droite; dessus, une étoile de huit rayons; dessous, un croissant et un point.
Mod. 26 milim. C. O.

488 Deux autres. B. C.

489 Trois autres. M. B. C.

490 Autre; sur les thons le caractère phénicien n.° 11, horizontal; et dessous, le n.° 23. Deux exemplaires.

491 Tête casquée à droite. R*. Un thon à droite; dessus, le caractère phénicien n.° 23; dessous, la lég. n.° 21.
Mod. 19 milim. C. O. Deux exemplaires.

492 Tête virile à droite. R'. Une massue à gauche posée horizontalement; dessous, la lég. phénicienne n.° 21.
Mod. 17 milim. T. B. C. Inédite.

SISIPO. (*Conventus cordubensis.*)

493 Tête casquée, peut-être de Rome, à gauche. R'. Taureau arrêté à droite; dessus, DETVMO; dessous, SISIP.
Mod. 28 milim., flanc épais. T. B. C.

JULIA TRADUCTA. (*Conventus gaditanus.*)

494 PERM. CAES. AVG. Tête nue d'Augustus à gauche. R'. C. L. CAES.-IVL.-

TRAD. Têtes des Césars Caius et Lucius, nues et adossées.
G. Br. Mod. 30 milim. B. C. Deux exemplaires.

495 Deux autres M. B. C.
496 R*. IVLIA. TRAD., dans une couronne civique.
Mod. 28 milim. B. C.
497 Autres cinq. B. C.
498 Autre avec la contre-marque D. D, sur la tête. Deux exemplaires.
499 R.* IVLIA. TRAD. *Apex* et *simpulum*.
Mod. 19 milim. B. C. Six exemplaires.
500 PER. CAE. AVG. Tête nue d'Augustus à gauche. R.* IVLIA. TRAD. instruments des sacrifices.
Mod. 14 milim. B. C.
501 L. CAESAR. Tête nue à droite. R*. IVL. TRAD, épi.
Mod. 20 milim. B. C., patine.
502 Deux autres. B. C.
503 C. CAES. Tête nue à droite. R*. IVL. TRAD, épi.
Mod. 20 milim. C. O.
504 C. CAES. Tête nue à droite. R*. Grappe de raisin ; IVL · TRAD.
Mod. 20 milim. B. C. Deux exemplaires.

TURIREGINA. (*Conventus gaditanus*.)

505 Tête casquée à droite dans une couronne de lière. R*. Deux lignes de caractères effacés entre une patère et un couteau.
Mod. 31 milim. M. C.

VENTIPO. (*Conventus astigitanus*.)

506 Tête casquée, à droite. R*. Soldat armé d'un trident ; derrière, VENTIPO.
G. Br. Mod. 31 milim. B. C.
507 Autre.
Mod. 33 milim. M. B. C., mais lisible.
508 Deux autres.
Mod. 29 milim. C. O.

ULIA. (*Conventus astigitanus*.)

509 Tête de femme coiffée à droite ; dessous, un croissant ; devant, un épi. R*. Deux branches avec des olives, et entre elles, dans un carré, VLIA.
Mod. 33 milim. T. B. C. Deux exemplaires.
510 Deux autres.
Mod. 32 milim.
511 Deux autres.
Mod. 30 milim. M. B. C.

512 Trois autres.
   Mod. 29 milim.
513 Trois autres.
   Mod. 28 milim.
514 Trois autres.
   Mod. 28 milim., flanc mince. B. C.
515 Tête de femme coiffée à droite; devant, épi; derrière, X. R*. VLIA, entre deux branches d'olive.
   Mod. 28 milim. T. B. C., flanc mince.
516 Autre.
   Mod. 22 milim.

URSO. (*Conventus astigitanus.*)

517 Tête virile, nue, à droite; devant, VRSONE. R*. Sphinx marchant à droite, dessous, L. A P. DEC. Q.
   Mod. 33 milim., flanc épais. B. C. Deux exemplaires.
518 Deux autres. M. B. C.
519 Tête diadémée à droite; devant, VRSONE, sur une ligne. R*. Sphinx, comme les antérieures; dessous, L. A P. DEC. Q., entre lignes.
   Mod. 33 milim. B. C.
520 Deux autres. M. B. C.
521 Trois autres.
   Mod. 30 milim.
522 Tête laurée à droite; devant, VRSONE. R.* Sphinx comme les antérieures.
   Mod. 28 milim. T. B. C., patine noire.
523 Deux autres. M. B. C.

MONNAIES INCERTAINES DE L'HISPANIA ULTERIOR.

524 Tête de femme à droite. R*. Cheval galopant avec la bride attachée à un arbre; dessous, dans un carré, la lég. phénicienne n.° 24.
   Mod. irrégulier de 22 à 28 milim., flanc épais. B. C., patine.
525 Tête barbare à droite. R*. Cheval galoppant; derrière, un arbre avec un oiseau; dessous, caractères illisibles.
   Mod. 29 milim. C. O. Cinq exemplaires.
526 Tête virile barbue à droite. R*. Deux épis et les caractères phéniciens n.° 25. (*On peut l'appliquer à Tingis d'Afrique.*)
   Mod. 18 milim. B. C.
527 Autre; les caractères semblables à ceux de la lég. phénicienne n.° 26.
528 Tête virile à droite; devant. M. M. R*. Tête qui semble être d'Hercule, couverte d'une dépouille de lion; derrière, massue.
   Mod. irrégulier de 18 à 21 milim. C. O.

529 Tête virile barbue à droite, diadémée; derrière, un sceptre. R*. Temple tétrastyle; autour..... NITAN.
Mod. 20 milim., flanc épais. C. O.

530 M. BAL. F. Tête de femme à g. R*. Taureau à droite; au-dessus, M. Q. F.
Mod. 21 milim. B. C. Quatre exemplaires.

531 M N. BA. Tête nue à g. R*. Taureau; au-dessus, croissant et une palme.
Mod. 19 milim. B. C.

532 M. BA. F. Tête nue à droite; R*. Taureau; au-dessus, croissant.
Mod. 19 milim. C. O.

533 Tête laurée à droite; devant, M. VAL. R*. C. COR. Taureau; au-dessus, croissant.
Mod. 23 milim. B. C. Quatre exemplaires.

534 M. POPILLI. M. F. Tête laurée à droite. R*. P. COR. STA. RE. F. Taureau marchant à droite.
Mod. 25 milim. B. C. Six exemplaires.

535 Tête casquée à droite. R*. Cheval paissant à droite; au-dessus, la lég. phénicienne n.° 27.
Mod. 21 milim. M. C.

536 Tête bouclée d'Appollon à d.; devant, EX. DD. R*. C. NVCIA. LATINI; lyre.
Mod. irrégulier de 17 à 20 milim. B. C. Deux exemplaires.

537 Tête de la Victoire, ailée; derrière, EX · DD. R*. C. NVCIA. LATINI. Corne d'abondance.
Mod. irrégulier de 18 à 20 milim. B. C. Deux exemplaires.

538 Tête d'Hercule couverte d'une peau de lion, avec la massue au col, à gauche. R*. Deux thons à droite; au milieu, astre et croissant; au-dessus, la lég. phénicienne n.° 20; dessous, la lég. n.° 28.
Mod. 27 milim. C. O.

539 Tête barbue à gauche; devant, la lég. latine n.° 29. R*. Croissant et la lég. phénicienne n.° 30, au milieu de deux thons, vers la gauche.
Mod. 27 milim. C. O.

540 Tête virile à droite; devant, M. Ɐ A. F. R*. Taureau; dessous, TROA; au-dessus, un croissant.
Mod. 20 milim. B. C., patine.

541 Six monnaies sans épigraphe, variées, et avec différents types. Toutes curieuses.
Mod. de 18 à 23 milim.

542 Tête barbare à gauche. R*. Lyre mal faite; autour une lég. effacée, semblable à celle du n.° 31.
Pl. Mod. 27 milim. C. O. Cette monnaie se trouva enveloppée dans un morceau de papier écrit par Mr. Lorisch: *Astapa. Es de plomo, fué hallada en sus minas. Flores la aplica à Asta, y se engañó, que es Astapa.*

HISPANIA CITERIOR.

ACCI. (*Conventus cartaginensis.*)

543 AVGVSTVS. DIVI. F. Tête laurée à droite. R*. Deux aigles légionnaires, entre deux enseignes militaires; dans ce champ, L-I-II.; au-dessus, C. I. C.; dessous, ACCI.
M. Br. Mod. 28 milim. B. C.

544 Trois autres. M. B. C.

545 CAESAR · AVG. Tête nue à droite. R*. Deux aigles légionnaires entre deux enseignes militaires; au-milieu de celle-ci L-II-I.
P. Br. Mod. 23 milim. C. O. Fabrique barbare.

546 AVGVSTVS. DIVI. F. Tête laurée à droite. R*. *Apex et simpulum;* au-dessus, C. I. C.; dessous, ACCI.
P. Br. Mod. 25 milim. T. B. C.

547 Deux autres. M. B. C.

548 TI. CAESAR. AVGVSTI. F. Tête nue à droite. R*. GERMANICO ET.-DRVSO-II·VIR.-C. I. G. A. Têtes de Germanicus et de Drusus, se regardant.
G. Br. Mod. 35 milim. C. O.

549 Deux autres. C. O.

550 TI. CAESAR·DIVI. AVG. F. AVGVSTVS. Tête laurée de Tibérius à gauche. R*. Deux aigles légionnaires entre deux enseignes militaires; dans le champ, L·I-II.; au-dessus, C. I. G.; dessous, ACCI.
M. Br. Mod. 28 milim. T. B. C., patine noire.

551 Autres quatre. M. B. C.

552 R*. C. I. G.-ACCI. *Apex, lituus et simpulum.*
P. Br. Mod. 22 milim. T. B. C., patine.

553 Deux autres. M. B. C.

554 C. CAESAR. AVG. GERMANICUS. Tête nue de Caligula à gauche. R*. COL. IVL.-GEM. ACCI., dans une couronne civique.
G. Br. Mod. 33 milim. C. O.

555 Autre avec la même tête à droite. R*. Comme celui de l'antérieur.
G. Br. Mod. 33 milim. C. O.

556 Trois autres; les modules un peu plus petits.

557 C. CAESAR. AVG. GERMANICVS. Tête nue à gauche. R*. Deux aigles légionnaires comme les antérieures.
M. Br. Mod. 25 milim. C. O.

558 Autre.

BILBILIS. (*Conventus Cæsar-augustanus.*)

559 Tête nue à droite; devant, BILBILI. R*. Cavalier avec lance galopant à droite; dessous, ITALICA.
M. Br. Mod. 28 milim. C. O.

560 Autre.
561 Autre; lég. BILBILIS.
562 Autre.
563 Tête nue à droite; derrière, BILBILI. R*. Cavalier avec lance galopant à droite.
M. Br. Mod. 28 milim. B. C.

564 Autre, C. O., ayant pour contre-marque une tête d'aigle.
565 Tête nue d'Augustus à droite; devant, AVGVSTVS. R*. Cavalier avec lance galopant à droite; dessous, BILBILIS.
M. Br. Mod. 29 milim. B. C. Belle fabrique.

566 Autre. M. B. C.
567 Tête laurée d'Augustus à droite; devant, AVGVSTVS; derrière, DIVI. F. R*. Cavalier galopant à droite; dessous, BILBILIS.
M. Br. Mod. 30 milim. B. C.

568 Trois autres. M. B. C.
569 AVGVSTVS. DIVI. F. Tête laurée à droite. R*. Cavalier galopant à droite; dessous, BILBILIS.
M. Br. Mod. 27 milim. B. C.

570 Deux autres. M. B. C.
571 Autre, avec la différence d'avoir autre direction la lance du cavalier.
572 AVGVSTVS. DIVI · F. PATER · PATRIAE. Tête d'Augustus laurée à droite. R*. M. SEMP. TIBERI. L · LICI. VARO.–MVN. AVGVSTA. BILBILIS.; au milieu d'une couronne civique, II. VIR.
M. Br. Mod. 28 milim. B. C., patine.

573 Cinq autres. B. C.
574 Autre avec la contre-marque n.° 5.
575 Autre, ayant pour contre-marque une tête d'aigle.
576 R*. M. SEMP. TIBER. L. LICI. VARO. MVN. AVGVSTA. BILBILIS. Au milieu, foudre; aux côtés, II. VIR.
P. Br. Mod. 21 milim. B. C.

577 R*. L. COR. CALIDO. L. SEMP. RVTILO.–MVN. AVGVSTA BILBILIS. Au milieu d'une couronne civique, II. VIR.
M. Br. Mod. 29 milim. B. C., patine.

578 Autres cinq. B. C.
579 Autre avec la contre-marque d'une tête d'aigle.

580 R`. L. COR. CALI. L. SEM. RVTILO. MV. AVGVSTA. BILBILIS. Foudre, et aux côtés, II̅. VIR.
P. Br. Mod. 21 milim. B. C.

581 TI. CAESAR. DIVI. AVGVSTI. F. AVGVSTVS. Tête laurée de Tibérius à droite. R`. C. POM. CAPETI. C. VALE·TRANQ. MV. AVGVSTA. BILBILIS. Au milieu d'une couronne civique, II̅. VIR.
M. Br. Mod. 30 milim. B. C.

582 Deux autres. B. C.

583 R*. TI. CAESARE. V̄. L. AELIO. SEIANO. MV. AVGVSTA. BILBILIS. Au milieu d'une couronne civique, COS.
M. Br. Mod. 28 milim. B. C. Rare.

584 Deux autres. M. B. C.

585 TI. CAESAR. AVGVSTI. F. Tête laurée à droite. R*. TI. CAESARE. V.... .... MV. AVGVSTA. BILBILIS. Effacé à main le nom de Sejanus selon le précepte du Senat; au milieu, COS., dans une couronne civique.
M. Br. Mod. 21 milim. B. C.

586 C. CAESAR. AVG. GERMANICVS. IMP. Tête laurée à droite. R`. C. CORN. REFEC. M. HELV. FRONT. Au milieu d'une couronne civique, II̅. VIR.
P. Br. Mod. 28 milim. B. C. Deux exemplaires.

587 Autres quatre. M. B. C.

CAESAR—AUGUSTA.

588 Trois statues en toge sur des piédestaux, dont une, celle du milieu, plus grande que les autres, tient un *simpulum*; au-dessus, IMP. AVG.; à la gauche, L. CAESAR.; à la droite, C. CAES. COS. DES. R*. Étendart au milieu de deux enseignes militaires orbiculaires; tous trois sur des piédestaux; dessous, CAESAR. AVGVSTA; au milieu, II̅. VIR. CN. DOM. AMPIAN. C. VET. LANCIA.
G. Br. Mod. 35 milim. C. O.

589 Autre.

590 AVGVSTVS.-DIVI. F. Tête laurée d'Augustus à droite. R*. TIB. CLOD. FLAVO. PRAEF. GERMAN. L. IVVENT. II. VIR. Taureau orné d'un triangle sur les cornes; au-dessus, C. C. A.
M. Br. Mod. 30 milim. T. B. C.

591 Trois autres. M. B. C.

592 Autre avec la tête à gauche.

593 Deux autres. M. B. C.

594 AVGVSTVS. DIVI. F. Tête laurée d'Augustus à droite. R*. L. CASSIO. C. VALE. FEN.-CAESAR·AVGVSTA. Prêtre labourant avec des bœufs à g.

595 Autres cinq. B. C.
M. Br. Mod. 28 milim. B. C.

596 Autre avec la tête laurée d'Augustus à droite.
597 AVGVSTVS. DIVI. F. COS. XI. DES. XII. PON. MAX. Tête d'Augustus laurée à droite. R*. C. ALLIARIO. T. VERRIO.-CAESAR. AVGVSTA. Prêtre labourant avec deux bœufs; dessous, II. VIR.
M. Br. Mod. 27 milim. B. C.
598 Trois autres. M. B. C.
599 Autre avec la contre-marque d'une tête d'aigle, sur la tête. C. O.
600 Autre avec la tête d'Augustus à gauche.
G. Br. Mod. 29 milim. B. C.
601 IMP. AVGVSTVS-XIV. Tête d'Augustus laurée à gauche; devant, *simpulum* et *lituus*. R*. M. PORCI. CN. FAD. CAESAR. AVGVSTA. Prêtre labourant avec des bœufs; dessous, II. VIR.
M. Br. Mod. 29 milim. T. B. C.
602 Trois autres. M. B. C.
603 IMP. AVGVSTVS. TRIB. POTES. XX. Tête laurée d'Augustus à droite, R*. CN. DOM. AMP. C. VET. LAN. Prêtre conduisant des bœufs, à droite; dessous, II. VIR.; au-dessus, CAESAR AVGVS.
Mod. 27 milim. B. C.
604 Trois autres. B. C.
605 Autre avec la contre-marque n.° 6. B. C.
606 AVGVSTVS. DIVI. F. Tête laurée d'Augustus à droite, entre *simpulum* et *lituus*. R*. MV. KANINIO. ITER. L. TITIO. Prêtre conduisant des bœufs; dessous, II. VIR.; au-dessus, CAESAR AVG.
M. Br. Mod. 27 milim. B. C.
607 Deux autres. M. B. C.
608 Autre; variée la direction de la lég.
M. Br. Mod. 28 milim. B. C.
609 Autres quatre. B. C.
610 AVGVSTVS-DIVI. F. Tête d'Augustus à droite. R*. Q. LVTAT..... Prêtre conduisant des bœufs, à dr.; dessous, II VIR.; au-dessus, CAESAR. AVGVSTA.
Mod. 26 milim. M. C.
611 AVGVSTVS. DIVI. F. Tête laurée à droite. R*. C. ALSANO. T. CERVIO. CAESAR AVGVSTA. Prêtre conduisant des bœufs à dr.; dessous II-VIR.
Mod. 27 milim. B. C., patine.
612 AVGVSTVS. DIVI. F. Tête d'Augustus laurée à gauche. R*....... O. TIB. FLAVO·PREF..... Le type ou légende du milieu est effacée.
P. Br. Mod. 22 milim. M. C.
613 AVGVSTVS. DIVI. F. Tête laurée à droite. R*. M. PORCI. CN. FAD. CAESAR.-AVGVSTA. Étendart sur un piédestal; aux côtés, II-VIR.
P. Br. Mod. 22 milim. B. C.

614 Cinq autres. B. C.
615 AVGVSTVS. DIVI. F. Tête nue à droite. R˙. M. POR.-CN, FAD.-ĪI. VIR., dans une couronne civique.
Min. Br. Mod. 16 milim. T. B. C.
616 Autre. M. B. C.
617 AVGVSTVS. DIVI. F. Tête nue à droite. R˙. L. CASSIO · C. VALER. ĪI. VIR., au milieu d'une couronne civique.
Min. Br. Mod. 15 milim. T. B. C. Inédit.
618 AVGVSTVS-C. C. A. Tête d'Augustus laurée à gauche. R˙. TI. CAESAR-AVG. F. Tête de Tibérius laurée à droite.
P. Br. Mod. 22 milim. B. C.
619 Autre.
620 DIVVS. AVGVSTVS. PATER. Tête d'Augustus radiée à droite. R˙. TITV-LLO. ET. MONTANO.-ĪI. VIR. Foudre ailée; aux côtés, C. C. A.
Médaillon. Mod. 37 milim. T. B. C. Très-rare.
621 Autre avec la lég. suivante au R˙. SCIPIONE. ET. MONTANO.
Mod. 35 milim. M. C. Très-rare.
622 PIETATIS. AVGVSTAE. Tête de Julia voilée à droite. R˙. IVNIANO. ET LVPO.....; au milieu, C. C. A.
Mod. 29 milim. C. O.
623 M. AGRIPPA. L. F. COS. III. Tête d'Agrippa avec couronne rostrale, à gauche. R˙. SCIPIONE. ET. MONTANO. Prêtre labourant à droite; au-dessus, C. C. A.; dessous, ĪI. VIR.
M. Br. Mod. 30 milim. B. C.
624 Deux autres. M. B. C.
625 Autre avec la lég. TITVLLO. ET. MONTANO.
M. Br. Mod. 28 milim. C. O.
626 TI. CAESAR. DIVI. AVG. F. AVGVSTVS. Tête laurée à dr. R˙. T. CAECI-LIO. LEPIDO. C. AVFIDIO. GEMELLO. ĪI. VIR. Au milieu, C. C. A.
G. Br. Mod. 34 milim. B. C.
627 Autre dorée modernement.
628 R˙. IVLIA. AVGVSTA-C. C. A. Julia assise avec patère et haste.
M. Br. Mod. 27 milim. B. C.
629 Trois autres. B. C.
630 TI. CAESAR. DIVI. AVGVSTI. F. AVGVSTVS. Tête laurée à gauche. R˙. M. CATO. L. VETTIACVS. ĪI. VIR.; au milieu, C. C. A.
M. Br. Mod. 29 milim. B. C.
631 TI. CAESAR. DIVI. AVG. F. AVGVSTVS. Tête de Tibérius laurée à droite. R˙. C. C. A. Prêtre conduisant des bœufs; au-dessus, C. C. A.
M. Br. Mod. 28 milim. B. C.
632 Autre. M. B. C.

— 36 —

633 TI. CAESAR. DIVI. AVGVSTI. F. AVGVSTVS. Tête laurée à droite. R*. Taureau orné d'un triangle; au-dessus, C. C. A.
M. Br. Mod. 28 milim. T. B. C., patine.

634 Quatre autres. B. C.

635 Autre avec la tête à gauche. B. C.

636 TI. CAESAR. DIVI. AVG. F. AVGVSTVS. Tête de Tibérius laurée à droite. R*. T. CAECILIO. LEPIDO. C. AVFIDIO.-II. VIR. Taureau orné d'un triangle; au-dessus, C. C. A.
M. Br. Mod. 31 milim. B. C.

637 Deux autres. M. B. C.

638 R*. LEPIDO. ET. GEMELLO. Taureau orné d'un triangle; au-dessus, C. C. A.; dessous, II. VIR.
M. Br. Mod. 29 milim. B. C.

639 TI. CAESAR. DIVI. AVG. F. AVGVSTVS. Tête laurée de Tibérius à droite. R*. IVNIANO.PRAEFECTO.LVPO. II. VIR. Taureau avec un triangle sur les cornes; au-dessus, C. C. A.
M. Br. Mod. 28 milim. B. C. Deux exemplaires.

640 TI. CAESAR. DIVI. AVG. F. AVGVSTVS. Tête de Tibérius laurée à gauche. R*. M. CATO. L. VETTIACVS. Prêtre conduisant des bœufs; au-dessus, C. C. A.; dessous, II. VIR.
M. Br. Mod. 28 milim. B. C.

641 Autres cinq. B. C.

642 TI. CAESAR. DIVI. AVG. F. AVGVSTVS. Tête de Tibérius laurée à droite. R*. IVNIANO. LVPO. PR. C. CAESAR. C. POMP. PARRA. II. VIR. Aigle légionnaire entre deux manipules.; dans le champ, C. C. A.
Mod. 29 milim. B. C.

643 Autre. M. B. C.

644 TI. CAESAR. DIVI. AVGVSTI. F. AVGVSTVS. Tête de Tibérius à gauche. R*. DRVSVS. CAESAR. NERO. CAESAR. Nero et Drusus assis en chaises curules en se regardant; dessous, C. C. A.
M. Br. Mod. 28 milim. C. O.

645 R. NERO. CAESAR. DRVSVS. CAESAR. II. VIR. C. C. A. Têtes de Nero et Drusus se regardant.
M. Br. Mod. 28 milim. B. C.

646 Deux autres.

647 R. CLEMENS. ET. LVCRETIVS. Aigle légionnaire entre deux enseignes; au-dessus, II. VIR.; dans le champ. C. C. A.
P. Br. Mod. 18 milim., flanc épais. B. C.

648 Autre.

649 R*..... AQVIL. L. FVND...; au milieu, C. C. A.
P. Br. Mod. 20 milim. C. O. Très-rare.

650 Autre avec la lég. suivante au R*... VIL. L. FVND. VETER.; au milieu, C. C. A.
P. Br. Mod. 19 milim. B. C.

651 TI. CAESAR. AVGVSTVS. P. P. Tête laurée à gauche. R*. CLEMENS. ET. LVCRETIVS. Etendard sur piédestal.; dans le champ, C. C. A. ĪI. VIR.
Min. Br. Mod. 15 milim. C. O.

652 AGRIPPINA. M. F. MAT. C. CAESARIS. AVGVSTI. Tête d'Agrippina senior, à droite. R*. SCIPIONE. ET. MONTANO. ĪI. VIR.; au milieu, C. C. A.
M. Br. Mod. 30 milim. C. O.

653 R*. TITVLLO. ET. MONTANO. ĪI. VIR.; au milieu, C. C. A.
M. Br. Mod. 29 milim. T. B. C.

654 C. CAESAR. AVG. GERMANICVS, PATER. PATRIAE. Tête de Caligula laurée à g. R*. SCIPIONE. ET. MONTANO. ĪI. VIR.; au milieu, C. C. A.
G. Br. Mod. 34 milim. C. O. Doré dans nos temps.

655 C. CAESAR. AVG. GERMANICVS. IMP. Tête laurée á gauche. R*. LICINIANO. ET. GERMANO. ĪI. VIR.; au milieu, C. C. A.
M. Br. Mod. 28 milim. T. B. C.

656 Autre. M. B. C.

657 R*. LICINIANO. ET. GERMANO. Prêtre conduisant des bœufs; au-dessus, C. C. A.; dessous, ĪI. VIR.
M. Br. Mod. 28 milim. B. C.

658 Autre. B. C.

659 Trois autres. A. B. C.

660 R*. TITVLLO. ET MONTANO. Prêtre conduisant des bœufs; au-dessus, C. C. A.; dessous, ĪI. VIR.
M. Br. Mod. 30 milim. B. C.

661 Deux autres. M. B. C.

662 Autre comme les antérieures; mais avec les noms des duumviros SCIPIONE. ET. MONTANO.
M. Br. Mod. 28 milim. B. C.

663 Deux autres. M. B. C.

CALAGURRIS JULIA. (*Conventus cæsar-augustanus.*)

664 Tête nue à droite; devant, NASSICA. R*. Taureau à droite; au-dessus, CALAGVRRI.; dessous, IVLIA.
M. Br. Mod. 29 milim. B. C.

665 Autre. M. C.

666 AVGVSTVS-MV. CAL. IVLIA. Tête laurée d'Augustus, à droite. R*. Le même anvers incuse.
M. Br. Mod. 28 milim. C. O.

667 MVN. CAL. IVL. Tête d'Augustus à droite. R*. L. POMPE. BVCCO-L. CORN. FRONT. Taureau à droite.
M. Br. Mod. 28 milim. B. C.

668 Autre. Fabrique barbare.

669 AVGVSTVS.-MVN. CAL. IVLIA. Tête laurée à droite. R*. L. BAEB. PRISCO-G. GRAN. BROC.-II. VIR. Taureau.
M. Br. Mod. 29 milim. T. B. C.

670 Cinq autres. T. B. C.

671 Autre avec la contre-marque n.° 7 sur le taureau. C. O.

672 MVN. CAL. IVL. Tête nue d'Augustus à droite. R*. II. VIR-C. MAR. CAP.-Q. VRSO. Taureau.
M. Br. Mod. 29 milim. B. C.

673 Autre. M. B. C.

674 R*. II. VIR. ITER.-M. PLAET. TRAN. Q. VRSO. Taureau à droite.
M. Br. Mod. 28 milim. B. C.

675 Trois autres. M. B. C.

676 R*. II. VIR.-L. GRANIO.-C·VALER. Taureau à droite.
M. Br. Mod. 28 milim. B. C.

677 Deux autres. M. B. C.

678 IMP. AVGVS.-MVN. CAL. Tête d'Augustus à droite. R*. II. VIR-L. BAEBIO. P. ANTESTIO. Taureau.
M. Br. Mod. 29 milim. B. C.

679 Trois autres. M. B. C.

680 MVN. CAL. II. VIR. Tête d'Augustus à droite. R*. Q. AEM.-C. POST. MIL. Taureau à droite.
M. Br. Mod. 29 milim. B. C.

681 Deux autres. M. B. C.

682 II. VIR.-MVN. CAL. Tête d'Augustus à droite. R*. M. MEMMI.-L. IVNI. Taureau à droite.
M. Br. Mod. 27 milim. B. C.

683 Autre. M. B. C.

684 IMP. AVGVS. MVN. CAL. Tête d'Augustus à droite. R*. PR. II. VIR. - C. MAR. M. VAL. Taureau à droite.
M. Br. Mod. 29 milim. B. C.

685 Cinq autres. B. C.

686 II. VIR.-MVN. CAL. Tête d'Augustus à droite. R*. Q. ANTONI.-L. FABI.; Taureau à droite.
M. Br. Mod. 28 milim. B. C.

687 Deux autres. M. B. C.

688 Autre avec la contre-marque n.° 8 sur le taureau. M. C.

689 IMP. AVGVSTVS. PATER. PATRIAE. Tête d'Augustus laurée à droite.

R*. L. VALENTINO-L. NOVO. M. CAL. I.-ĪI. VIR. Taureau.
M. Br. Mod. 28 milim. B. C.

690 Autres quatre. B. C.
691 Deux autres avec la contre-marque n.° 9.
692 IMP. AVGVST. PATER. PATRIAE. Tête d'Augustus laurée à droite. R*. M. LIC. CAPEL.-C. FVL. RVTIL.-M.C.I.-II. VIR. Taureau à droite.
M. Br. Mod. 28 milim. B. C.

693 Cinq autres. B. C.
694 IMP. CAES. AVGVSTVS. P. P. Tête d'Augustus à droite. R*. C. SEMP. BARB.-Q. BAEBIO. FLAVO. M. CAL. I.-ĪI. VIR. Taureau.
M. Br. Mod. 28 milim. B. C.

695 Autres quatre. B. C.
696 Autre avec une tête d'aigle pour contre-marque.
697 Autre avec la contre-marque n.° 10.
698 Tête virile à droite; devant, NASSICA. R*. L. VAL.-C. SEX.-AED.-ILES. Tête de taureau de face.
P. Br. Mod. 21 milim. C. O. Très-rare.

699 Deux autres. C. O.
700 AVGVSTVS. MVN. CAL. Tête d'Augustus laurée à droite. R*. L. PRISCO. C. BROCCHO-ĪI. VIR. Tête de taureau de face.
P. Br. Mod. 21 milim. B. C.

701 Trois autres. M. B. C.
702 TI. CAESAR. DIVI. AVG. F. AVGVSTVS. Tête laurée de Tibérius à droite. R*. C. CELERE-C. RECTO.-M. C. I.-ĪI. VIR. Taureau.
M. Br. Mod. 29 milim. B. C.

703 Trois autres. B. C.
704 Autre ayant sur la tête pour contre-marque une tête d'aigle.
705 TI. AVGVS. DIVI. AVGVSTI. F. IMP. CAESAR. Tête laurée de Tibérius à droite. R*. L. FVL. SPARSO. L. SATVRNINO-M. C. I.-ĪI. VIR. Taureau.
M. Br. Mod. 27 milim. B. C.

706 Autres six. B. C.
707 Deux autres ayant pour contre-marque une tête d'aigle.
708 TI. CAESAR. DIVI. AVG. F. AVGVSTVS. Tête de Tibérius à droite. R*. C. CELERE-C. RECTO.-ĪI. VIR. Tête de taureau.
P. Br. Mod. 22 milim. B. C.

709 Trois autres. M. B. C.
710 TI. CAESAR. AVGVSTI. F. M. C. I. Tête de Tibérius à droite. T. VAL. MERVLA. L. VAL. FLAVO-AED. Tête de taureau.
P. Br. Mod. 21 milim. B. C., patine.

CARTHAGO—NOVA.

711 Tête de Pallas à droite. R*. Figure de femme sur une colonne; aux côtés, C. V.-I. N.
   P. Br. Mod. 21 milim. B. C.
712 Trois autres. M. B. C.
713 Autre avec C. V-I. N. K.; mais il paraît avoir été gravé modernement le caractère K.
714 Autre ayant derrière de la tête la lég. C. NOVA., et au R*. C. V.-I. N. K.; mais aussi ils paraissent avoir été gravés modernement. T. B. C.
715 P. TVRVLL.-V. I. N. K.-ĪI. VIR. QVINQ. Quadrige marchant à gauche; devant, un étendard... R*. M. POSTV. ALBINVS. ĪI. VIR. QVINQ. ITER.- V. I. N. K.; temple tétrastyle; au fronton, AVGVSTO.
   P. Br. Mod. 21 milim. B. C.
716 Autres quatre. M. B. C.
717 Autre avec la quadrige à droite. B. C.
718 Autres cinq avec la quadrige galopant.
719 Q. CAELI-T. POPIL. Dauphin à droite. R*. II. VIR.-QVIN. Epi.
   P. Br. Mod. 20 milim. C. O. Trois exemplaires.
720 CN. ATELLIVS. PONTI. II. VIR. QVINQ.; instruments de sacrifice. R*. IVBA. REX·IVBAE. F. II. VIR. Q. Fleur de *lotus*.
   P. Br. Mod. 20 milim. B. C. Trois exemplaires.
721 C. MAECI. QVINQ., navire à gauche. R*.L. APPVL. QVINQ.; aigle entre deux enseignes militaires.
   P. Br. Mod. 20 milim. C. O. Rare.
722 Deux autres. C. O.
723 ACILIVS. ĪI. VIR. QVINQ. Aigle légionnaire. R*. C. MARC. QVINQ. Etendard.
   P. Br. Mod. 19 milim. C. O. Deux exemplaires.
724 CONDVC.-MALLEOL. Main étendue. R*. ĪI. VIR.-QVINQ. Taureau.
   Mod. 23 milim. C. O. Deux exemplaires.
725 P. BAEBIVS POLLIO. ĪI. VIR. QVIN. Victoire marchant. R*.C. AQVI- NVS. MELA. ĪI. VIR. QVIN. Deux enseignes militaires.
   P. Br. Mod. 21 milim. B. C., patine.
726 Six autres. M. B. C.
727 L. IVNIVS. ĪI. VIR. QVIN. AVG. Aigle sur un foudre, et à un côté, *simpulum*. R*. L. ACILIVS. ĪI. VIR. QVIN. AVG. Instruments de sacrifice.
   P. Br. Mod. 22 milim. B. C., patine.
728 Trois autres. M. B. C.
729 AVGVSTVS. DIVI. F. Tête laurée d'Augustus à droite. R*. C. VAR. RVF.

SEX. IVL. POL. ĪI. VIR. Q.; instruments de sacrifice.
M. Br. Mod. 30 milim. T. B. C.

730 Sept autres. B. C.
731 Autre.
P. Br. Mod. 21 milim. T. B. C.

732 Cinq autres. M. B. C.
733 AVGVSTVS. DIVI. F. Tête laurée d'Augustus à droite. R*. M. POSTVM. ALBIN. L. PORC. CAPIT. ĪI. VIR. Q. Prêtre debout tenant de la main droite un vase à un anse, et de la gauche une branche.
M. Br. Mod. 27 milim. B. C.

734 Autres quatre. M. B. C.
735 Deux autres.
P. Br. Mod. 22 milim. C. O.

736 AVGVSTVS. DIVI. F. Tête nue à droite. R*. C. LAETILIVS. APALVS. ĪI. VIR. Q.; au milieu, REX PTOL.; dans une couronne diadémée.
P. Br. Mod. 20 milim. B. C., patine.

737 Six autres. B. C.
738 TI. CAESAR. DIVI. AVGVSTI. F. AVGVSTVS. P. M. Tête de Tibérius nue, à droite. R*. NERO. ET. DRVSVS. CAESARES. QVINQ. C. V. I. N. C. Têtes nues et affrontées de Nero et de Drusus.
M. Br. Mod. 30 milim. T. B. C.

739 Autres quatre. B. C.
740 Autre; au R*. la contre-marque n.° 11.
741 Autre.
P. Br. Mod. 21 milim. B. C.

742 TI. CAESAR. DIVI. AVG. F. AVGV. P. M. Tête laurée de Tibérius à droite. R*. C. CAESAR. T. N. QVINQ. IN. V. I. N. KAR. Tête de Caligula nue, à gauche.
M. Br. Mod. 32 milim. C. O.

743 Deux autres, terminant la lég. du R*. en V. I. N. K. Cons. ord.
744 Autre.
P. Br. Mod. 20 milim. C. O.

745 C. CAESAR. AVG. GERMANIC. IMP. P. M. TR. P. COS. Tête de Caligula à droite. R*. CN. ATEL. FLAC. CN. POM. FLAC. ĪI. VIR. Q. V. I. N. C. Tête de femme à droite; aux côtés, SAL.-AVG.
Méd. Br. Mod. 27 milim. B. C.

746 Trois autres. C. O.
747 Deux autres.
P. Br. Mod. 31 milim. C. O.

CASCANTUM. *(Conventus Cæsar-augustanus.)*

748 TI. CAESAR. DIVI. AVG. F. AVGVSTVS. Tête laurée à droite. R*. MV-NICIP.-CASCANTVM. Taureau à droite.
M. Br. B. C.

749 Autres quatre. B. C.

750 Autre avec la lég. CASCANTVM., avec l'N et le T. liés, B. C.

751 Trois autres. B. C.

752 Autre ayant pour contre-marque une tête d'aigle. B. C.

753 Autre avec la contre-marque n.° 12 au R*. B. C.

754 Autre avec la contre-marque n.° 13 au R*. B. C.

755 Deux autres avec les contre-marques n.° 13 et 14 au R*. B. C.

756 Autre avec la contre-marque n.° 15. T. B. C.

757 TI. CAESAR. DIVI. AVGVSTI. F. Tête de Tibérius. R*. MVN.-CASCANT. Taureau à droite.
P. Br. Mod. 21 milim. C. O. Deux exemplaires variés.

CASTULO. *(Conventus cartaginensis (1).)*

758 Tête diadémée à dr. R*. Sphinx marchant à droite; dessous, ΛMCIƆN‡; devant, astre et ⋈.
G. Br. Mod. irrégulier de 34 a 51 milim. Sept exemplaires.

(1) Velazquez attribue les monnaies avec la légende ΛMCIƆN‡ à une ville imaginaire appelée *Amba*, croyant devoir ainsi interpréter les caractères ibériques qu'on y voit. Florez, trompé par le sphinx, les attribua à *Urso*. Enfin, le savant M. de Saulcy les considère très-positivement comme frappées à *Astapa*, ville antique de la *Bœtica*, aujourd'hui *Estepa*.

Notre opinion diffère pourtant de toutes celles que nous venons d'indiquer, puisque nous sommes persuadés que les médailles en question ont été frappées à *Castulo*, ville antique des *Oretani*, sur les confins de la *Bœtica*, que l'on pourrait, à la rigueur, compter parmi celles de l'*Hispania ulterior*, et qui, dans ces temps reculés, était très-importante. Nous citerons seulement trois faits à l'appui de notre opinion : 1.° L'identité de leur type avec celui des médailles latines, reconnues et appliquées à *Castulo*. 2.° L'interprétation de la légende même que nous lisons, en nous séparant tant soit peu de l'opinion de Mr. de Saulcy, CaSTuLE, c'est-à-dire, *Castula*. 3.° Les observations que nous avons eu occasion de faire à propos de ces monnaies, et l'endroit où on les trouve en plus grande abondance. Or il résulte que sur cent monnaies autonomes ou coloniales provenant de Séville ou d'Extrémadoure, cinq seulement portent le sphinx et la légende que nous lisons CaSTuLE; on les trouve en proportion de dix pour cent aux environs de Murcie, Grenade et Cordoue, tandis qu'à Jaen et dans le territoire connu sous le nom de Mancha baja, elles sont si abondantes qu'elles y entrent pour un trente pour cent. Nous aurons plus tard occasion de revenir sur ce point, auquel les numismates qui nous ont précédé n'ont pas fait suffisamment attention.

759 Autres quatre sans le signe ⋈.
G. Br. Mod. 28 milim. B. C.

760 Tête virile diadémée à droite. R*. Sphinx marchant à droite; devant, astre; dessous, ‡1♦M⋀.
G. Br. Mod. 35 milim. T. B. C. Belle fabrique.

761 Tête diadémée à droite; devant, une main étendue. R*. Sphinx *ut supra*; devant, astre; dessous, ⋀M⊂)⋈‡.
M. Br. Mod. irrégulier de 26 à 28 milim. T. B. C. Huit exemplaires.

762 Deux autres; devant de la tête elles ont un croissant et une étoile.

763 Autre ayant seulement le croissant.
Mod. 29 milim.

764 Deux autres avec le sphinx à gauche et la lég. semblable à celle du n.° 760.
Mod. 27 milim. B. C.

765 Tête laurée à droite; devant, ISCER.; derrière, SAGAL. R*. Sphinx à droite; devant, CAST.; dessous, SOCED.
G. Br. Mod. 28 milim. C. O. Rare.

766 Autre mal traitée.

767 Tête laurée à droite; devant, M. ISC.; derrière, C. AEL. R*. M. FVL. Sphinx à droite.
Mod. 26 milim. C. O. Deux exemplaires.

768 Tête nue à gauche; derrière, Q. ISC. F.; devant, L. QVL. F. R*. Europe sur un taureau courant à droite; dessous, M. C. F.
M. Br. Mod. 28 milim. B. C.

769 Autres quatre. B. C.

770 GN. VOC. ST. F. Tête laurée à droite. R*. GN. FVL. GN. F. Taureau à droite; dessous, ⋀M⊂)⋈‡.
Mod. irrégulier de 26 à 22 milim. B. C. Onze exemplaires variés.

771 Tête diadémée à droite; devant, S. R*. Taureau à droite; au-dessus, croissant; dessous, ⋀M⊂)⋈‡ ; devant, M.
Mod. 22 milim. B. C. Quatre exemplaires.

772 Tête laurée à droite; devant, ⋀. R*. Taureau; au-dessus, L. et croissant; dessous, ⋀M⊂)⋈‡.
Mod. 21 milim. B. C. Quatre exemplaires.

773 Tête diadémée à droite; devant, une palme. R*. Taureau à droite; au-dessus, croissant; devant, ⋏; dessous, ⋀M⊂)⋈‡.
Mod. 19 milim. B. C. Trois exemplaires.

774 Tête laurée à d. R*. Taureau; au-dessus, un croissant; dessous, ‡1♦M⋀.
Mod. 19 milim. T. B. C., patine.

775 Tête diadémée à droite. R*. Taureau; au-dessus, un croissant; dessous, ⋀M⊂)⋈‡.
Mod. 25 milim. B. C., flour épais. Fabrique barbare. Deux exemplaires.

776   GN. VOC. ST. F. Tête laurée à droite. R*. GN. FVL. GN. F. Sanglier courant à droite; dessous, ΛMΦͰⱵ.
   P. Br. Mod. irrégulier de 15 à 17 milim. Trois exemplaires variés.

CELSA Y CELSA LEPIDA. (*Conventus Cæsar-augustanus* (1).)

777   Tête ibérienne à droite; derrière, CEL.; devant, deux dauphins. R*. Cavalier avec une palme au col, courant à droite; dessous, ⟨ΛƧϞ.
   M. Br. Mod. 29 milim. B. C. Quatre exemplaires.

778   COL. VIC. IVL. LEP. Tête casquée a droite. R*. P. SALP. M. FVLVI.-PR. II. VIR. Taureau cornupète à droite.
   G. Br. Mod. 35 milim. T. B. C., patine.

779   Autres quatre.
   Mod. 29 milim. B. C.

780   Autre avec la contre-marque n.° 16 au R*. M. C.

781   Tête de la Victoire à droite, avec une palme au col; dessus, P R. II. VIR.; dessous, C. V. I. L. R*. C. BALBO.-L· PORCIO. Taureau à droite.
   M. Br. Mod. 30 milim. B. C.

782   Autres six. B. C.

783   Tête de la Victoire ailée à droite, avec une palme au col; devant, COL. VIC. IVL. LEP. R*. Colon conduisant des bœufs à droite; au-dessus, PR. QVIN.; dessous, M. FVL. C. OTAC.
   M. Br. Mod. 30 milim. T. B. C. Belle fabrique.

784   Cinq autres. B. C.

785   Autre ayant sur la tête la contre-marque n.° 17. M. C.

786   Tête de femme diadémée à droite; devant, COL. VIC. IVL. LEP. R*. PR. II. VIR.-L. NEP. L. SVRA. Taureau à droite.
   M. Br. Mod. 29 milim. T. B. C., patine.

787   Autre. T. B. C.

788   Trois autres. B. C.

789   AVGVSTVS. DIVI. F. Tête nue à droite. R*. Incuse.
   M. Br. Mod. 28 milim. B C.

790   R*. L. SVRA-L·BVCCO-II. VIR.-C. V. I. CEL. Taureau à droite.
   M. Br. Mod. 29 milim. B. C., patine.

791   Six autres semblables. B. C.

792   Tête nue d'Augustus à droite; devant, COL. V. I. CELSA.; derrière, II.

(1) C'est à cette ville antique que nous attribuons les monnaies avec la légende COL. VIC. IVL. LEP., ou soit *Colonia Victrix Julia Lepida*, nom que la ville porta sans doute quelque temps en l'honneur du célèbre triumvir Lépido. Ce fut Mr. Lorisch qui fit le premier cette application, comme on peut le voir dans le *Journal numismatique*, publié à Hannovre par Mr. de Grottefend.

VIR. R*. L. POMPE. BVCCO.-L. CORNE. FRONT. Taureau à droite.
M. Br. Mod. 29 milim. T. B. C.

793 Cinq autres semblables. B. C.
794 AVGVST.-C. V. I. CELS. Tête laurée d'Augustus à droite. R*. L. CORNE. TERRENO.-M. IVNI. HISPANO.-IĪ. VIR. Taureau à droite.
M. Br. Mod. 30 milim. B. C.
795 Cinq autres semblables. B. C.
796 Autre avec la contre-marque n.° 18.
797 IMP. CAESAR. DIVI. F. AVGVSTVS. COS. XII. Tête laurée d'Augustus à droite. R*. CN. DOMITIO.-C. POMPEIO.-IĪ. VIR.-C. V. I. CEL. Taureau à droite.
M. Br. Mod. 31 milim. B. C.
798 Six autres semblables. B. C.
799 Autre ayant sur la tête pour contre-marque la tête d'une aigle.
800 Autre avec la contre-marque n.° 16. T. B. C.
801 Autre avec la contre-marque n.° 19. C. O.
802 Autre avec la contre-marque n.° 20. C. O.
803 Autre avec la contre-marque n.° 19.
804 Autre avec la contre-marque n.° 21.
805 AVGVSTVS-DIVI. F. Tête d'Augustus laurée à droite. R*. L. BACCIO. MN. FESTO.-IĪ·VIR.-C. V. I. CEL. Taureau à droite.
M. Br. Mod. 28 milim. T. B. C.
806 Autres cinq semblables. B. C.
807 Autre avec la contre-marque n.° 16. C. O.
808 Autre avec la contre-marque n.° 22.
809 Autre avec la contre-marque n.° 6, incuse.
810 IMP. CAES. QVIN. L. BEN. PRAE. Tête nue d'Augustus à droite. R*. Q. VAR. PRAEF. Trophée.
P. Br. Mod. 22 milim. C. O. Deux exemplaires.
811 R*. HIBERO. PRAEF. Trophée.
P. Br. Mod. 22 milim. C. O. Deux exemplaires.
812 HIBERVS. II. V. QVIN. Tête de l'Ebre, jetant de l'eau par la bouche. R*. C. LVCI. P. F. II. V. QVINC. en cercle; sans type au milieu.
P. Br. Mod. 20 milim. B. C.
813 Autre semblable. M. B. C.
814 AVGVSTVS. DIVI. F. Tête laurée à droite. R*. L. BACCIO. M N. FLAVIO. FESTO.; au milieu, ĪI. VIR.-C. V. I.-CELS.
P. Br. Mod. 21 milim. T. B. C. Rare.
815 R*. L. AVFID. PANSA · SEX. POMP. NIGRO.; au milieu, AED.-C. V. I. CELSA.
P. Br. Mod. 20 milim. C. O. Très-rare.

816   M. AGRIPPA. QVIN. HIBERO. PRAEF. Tête de M. Agrippa à droite. R*.
L. BENNIO. PRAEF. Trophée.
P. Br. Mod. 20 milim. C. O. Deux exemplaires.

817   TI. NERONE. Q. V. I. C. HELV. POLLI. PR. Tête de Tibérius à droite. R*.
PRAE F. HIBERO. Instruments de sacrifice.
P. Br. Mod. 18 milim. C. O. Deux exemplaires.

818   TI. CAESAR. AVGVSTVS. Tête laurée de Tibérius à droite. R*. BACCIO.
FRONT. CN. BVCCO-II. VIR. IT. C. V. I. CEL. Taureau.
M. Br. Mod. 29 milim. B. C.

819   Trois autres semblables. M. B. C.

820   TI CAESAR. AVGVSTVS. Tête laurée de Tibérius à droite. R*. C. FV-
FIO. VETILIO. BVCCONE.; au milieu, AED.-CEL.
P. Br. Mod. 25 milim. B. C. Rare.

821   Autre semblable. M. B. C.

CLVNIA.

822   Tête laurée de Tibérius à droite; derrière, II.; devant, dauphin. R*. Cavalier avec lance à droite; dessous, CLOVNIOQ.
M. Br. Mod. 27 milim. B. C., patine.

823   Autres quatre semblables, dont trois B. C. et l'autre cassée.

824   TI. CAESAR. AVGVSTVS. IMP. Tête laurée de Tibérius à droite. R*. CN.
POMP. M. AVO. T. ANTO. M. IVL. SERAN. IIII. VIR. Taureau; au-
dessus, CLVNIA.
M. Br. Mod. 29 milim. B. C.

825   Cinq autres semblables. B. C.
826   Autre ayant pour contre-marque une tête de sanglier sur le taureau.
827   Autre ayant sur le taureau la contre-marque n.° 24.
828   Autre ayant sur la tête pour contre-marque une tête d'aigle.
829   Deux autres ayant sur la tête pour contre-marque un sanglier accroupi,
et au R*. une tête de sanglier.

830   R*. C. AEM. METO. T. COR. MATE. L. CAEL. PRES. C. CAEL. CAND.
IIII. VIR. Taureau; au-dessus, CLVNIA.
M. Br. Mod. 27 milim. C. O. Trois exemplaires.

831   Trois autres ayant au R*. pour contre-marque, une tête de sanglier. B. C.
832   Autres quatre avec les deux contre-marques de sanglier accroupi et tête
de sanglier. B. C.

833   R*. L. RVFIN. T. CONST. L. LONG. P. ANT. IIII·VIR. Taureau; au-dessus, CLVNIA; contre-marque, tête de sanglier.
Mod. 27 milim. B. C.

834   Autre semblable. M. B. C.

835   TI. CAESAR. AVGVSTI. F. Tête laurée de Tibérius à droite. R*. L. DOM.

ROBV. T. OCTA. META. Sanglier; au-dessus, CLVNIA.; dessous, AED.
P. Br. Mod. 25 milim. B. C. Deux exemplaires.

836 TI. CAESAR. AVG. F. AVGVSTVS. IMP. Tête laurée de Tibérius à droite. R*. L. IVL. RVFIN. T. CALP. CONT. T. POMP. LON. GN. IVL. NEP. IIII. VIR. Taureau; au-dessus, CLVNIA.
M. br. Mod. 29 milim. B. C. Trois exemplaires.

837 Autre semblable avec la contre-marque d'un sanglier accroupi, sur la tête. B. C.

838 Autre ayant sur la tête la contre-marque n.° 22. B. C.

839 Autre avec les deux contre-marques sanglier accroupi et tête de sanglier. B. C.

840 TI. CAESAR. AVGVSTI. F. Tête de Tibérius laurée à droite. R*...... T. VALE. GRACILE. Sanglier; au-dessus, CLVNIA.; dessous, AED.
P. Br. Mod. 21 milim. C. O. Inédite.

EMPORIÆ. (*Conventus tarraconensis.*)

841 Tête d'Aretusa à droite, entre trois dauphins. R*. Pégase, dont la tête est formée par une figure nue, et assise, qui se prend les pieds avec les mains; dessous, étoile; à l'exergue, lég. barbare.
Ar. Poids gr. 4,50. Mod. 17 milim. B. C.

842 Tête d'Aretusa; devant, deux dauphins; derrière, quadrupède, peut-être une louve, courant à droite. R*. Pégase comme celui de l'antérieure, à droite; dessous, un porc; dans l'exergue, lég. ibér. peu lisible.
Ar. Poids gr. 4,15. Mod. 18 milim. B. C.

843 Tête d'Aretusa entre trois dauphins, à droite. R*. Pégase à droite; dessous, HϷHMΦͰϞ·ЯϞ...
Ar. Poids gr. 4,43. Mod. 20 milim. C. O.

844 Tête d'Aretusa entre trois dauphins, à droite. R*. Pégase à droite; dessous, ΕΜΠΟΡΙΤΩΝ.
Ar. Poids gr. 4,75. Mod. 19 milim. C. O.

845 R*. Pégase ut supra; dessous, lég. barbare.
Ar. Poids gr. 4,22. Mod. 19 milim. B. C.

846 R*. Pégase; dessous, ΕΜΠΟΡΙΤΩΝ.
Ar. Poids gr. 4,92. Mod. 16 milim., flanc épais. B. C. Belle fabrique.

847 Autre semblable.
Ar. Poids gr. 4,63. Mod. 18 milim. B. C.

848 Autre.
Ar. Poids 4,75. Mod. 19 milim. B. C. Belle fabrique.

849 Autre; mais on ne peut pas lire le nom de la ville.
Ar. Poids gr. 4,75. Mod. 18 milim. B. C.

850 Autre; mal traitée.
Ar. Poids gr. 4,15.

851 Autre comme les antérieures, avec la lég. grecque ci-décrite.
Ar. Poids gr. 4,83. Mod. 19 milim. B. C.

852 Tête de Pallas ornée d'un collier, à droite. R*. Pégase à droite; dessous, EMPOR.; au-dessus, une couronne.
M. Br. Mod. 26 milim., patine noire. C. Belle fabrique.

853 Autre semblable ayant sur la tête deux contre-marques : l'une un dauphin, et l'autre le n.° 17.
Mod. 27 milim. B. C.

854 Trois autres. B. C.

855 Autre avec la contre-marque n.° 17, répétée dans l'anvers.
Mod. 25 milim. C. O.

856 Autre sans contre-marque, mais avec la lég. EMPORIT.
Mod. 28 milim. B. C.

857 Autre de fabrique plus antique.
Mod. 28 milim. B. C.

858 Buste de Diane avec arc et carquois au col; devant, EMPORIA. R*. Pégase à droite; dessous, MVИͰI.
M. Br. Mod. 24 milim. C. O.

859 Autre semblable avec la lég. MVИͰK.
M. Br. Mod. 24 milim. C. O.

860 Tête de Pallas à droite; devant, C. CA. T. C. O. C. A. R*. Pégase à droite; au-dessus, une couronne; dessous, EMPOR.
M. Br. Mod. 27 milim. B. C., patine

861 Autre avec la même tête; devant, L. AV. RVF. P. C. Q.
M. Br. Mod. 27 milim. B. C.

862 Autre; devant, C. P. C.-M·S. R. Q.
Mod. 27 milim. B. C.

863 Autre; C. CA. T·C·O CA.; dessous Q.
Mod. 26 milim. C. O.

ERCAVICA. (*Conventus Cæsar-augustanus.*)

864 AVGVSTVS. DIVI. F. Tête laurée d'Augustus à droite. R*. MVN. ERCA-VICA. Taureau.
M. Br. Mod. 28 milim. B. C., patine.

865 Autres quatre variées. M. B. C.

866 Autre ayant au R*. la contremarque n.° 10.
Mod. 28 milim. B. C.

867 Deux autres.
P. Br. Mod. 20 milim. C. O.

868 TI. CAESAR. DIVI. AVG. F. AVGVSTVS. Tête laurée de Tibérius à droite. R*. ĪI. VIR. C. COR. FLORO. L. CAE. ALACRE-MVN. ERCAVICA. Taureau.
  M. Br. Mod. 27 milim. B. C., patine. Deux exemplaires.
869 Autre. M. B. C.
870 TI. CAESAR. AVGVSTVS. Tête de Tibérius à droite. R*. ERCA-VICA, au milieu d'une couronne de laurier.
  M. Br. Mod. 22 milim. B. C., patine. Rare.
871 C. CAESAR. AVG. GERMANICVS. IMP. Tête de Caligula. R*. C. TER. SVRA. L. LIC. GRACILE. ĪI. VIR.-MVN. ERCAVICA. Taureau.
  Mod. 23 milim. C. O. Trois exemplaires.
872 Autre.
  P. Br. Mod. 22 milim. M. C.

GILI. (*Conventus carthaginensis.*)

873 Tête ibérienne, diadémée, à droite; derrière, une branche ou épi; dessous, GILI. R*. Cavalier avec une palme, galopant à droite; dessous, ᛋᚨᚾ.
  M. Br. Mod. 26 milim. T. B. C., patine. Très-rare.

GRACURRIS. (*Conventus cæsar-augustanus.*)

874 TI. CAESAR. DIVI. AVG. F. AVGVSTVS. Tête laurée de Tibérius à droite. R*. MVNICIP.-GRACCVRRIS. Taureau.
  M. Br. Mod. 27 milim. B. C.
875 Trois autres semblables. M. B. C.
876 Deux autres ayant sur la tête pour contre-marque une tête d'aigle. C. O.
877 Deux autres avec la contre-marque n.° 23 sur le taureau. C. O.

ILERGAVONIA. (*Conventus tarraconensis.*)

878 Navire à la voile avec timonier; dessous, ILERCAVONIA.; au-dessus, une branche de laurier en contre-marque. R*. Navire à la voile; dessous, MVN. HIBERA. IVLIA.
  P. Br. Mod. 24 milim. B. C. Rare.
879 Autre semblable. B. C.
880 TI. CAESAR. DIVI. AVG. F. AVGVSTVS. Tête laurée de Tibérius à droite. R*. Navire à la voile; dessous, DERT.; plus au-dessous, MVN. H. I. ILERCAVONIA.
  Mod. 25 milim. B. C., patine.
881 Autres quatre. M. B. C.

ILERDA. (*Conventus tarraconensis.*)

882 IMP. AUGVSTVS.-DIVI F. Tête nue d'Augustus à droite. R*. MVN.-ILER-
DA. Louve.
Mod. 25 milim. B. C.

883 Deux autres semblables.
Mod. 21 milim. M. B. C.

884 Deux autres sans les lettres MVN.
Mod. 21 milim. C. O.

885 Autre ayant la lég. IMP. CAESAR.-DIVI. F.
Mod. 25 milim. C. O.

ILLICI. (*Conventus carthaginensis.*)

886 AVGVSTVS. DIVI. F. Tête nue d'Augustus à droite. R*. L. MANLIO. T.
PETRONIO.-C. I.-IL. A.-$\overline{\mathrm{II}}$. VIR. Aigle légionnaire et étendard entre
deux enseignes.
P. Br. Mod. 22 milim. B. C., patine.

887 Autre avec la tête laurée d'Augustus à droite.
Mod. 20 milim. B. C.

888 Deux autres. M. B. C.

889 Autre avec la tête laurée d'Augustus à gauche.
Mod. 20 milim. B. C.

890 Trois autres. M. B. C.

891 AVGVSTVS. DIVI. F. Tête laurée d'Augustus à droite. R*. Q. PAPIR. CAR.
Q. TERE. MONT. $\overline{\mathrm{II}}$-VIR. Q. Temple tétrastyle, sur le fronton duquel
on lit IVNONI.; dans le champ, C. I. IL. A.
P. Br. Mod. 20 milim. B. C.

892 Autres quatre semblables. M. B. C.

893 TI. CAESAR. DIVI. AVGVSTI. F. AVGVSTVS. P. M. Tête laurée de Tibérius à gauche. R*. T. COELIVS. M. AEMILIVS. SEVERVS. Q. Aigle
entre deux enseignes militaires; dans le champ, C. I. I. A.
M. Br. Mod. 30 milim. C. O.

894 Deux autres semblables.

895 TI. CAESAR. DIVI. AVG. F. AVG. P. M. Tête nue de Tibérius à gauche.
R*. L. TER. LON. L. PAP. AVIT. $\overline{\mathrm{II}}$. VIR. Q. Deux figures vêtues de la
toge se donnant la main; entre elles un autel; dessous, IVNCTIO.
M. Br. Mod. 29 milim. B. C.

896 Cinq autres semblables. M. B. C.

897 TI. CAESAR. DIVI. AVG. F. AVGVSTVS. P. M. Tête nue de Tibérius à
gauche. R*. M. IVLIVS. SETAL. L. SESTI. CELER. $\overline{\mathrm{II}}$. VIR. Autel, sur

lequel on lit SAL-AVG.; dans le champ, C. I. I. A.
M. Br. Mod. 29 milim. B. C.

898 Cinq autres semblables. B. C.
899 TI. CAESAR. DIVI. AVG. F. AVG. P. M. Tête nue de Tibérius à gauche. R'. L. TER. LON. L. PAP. AVIT. ĪI. VIR. Q. C. I. I. A. Étendard surmonté d'un croissant entre deux aigles légionnaires.
P. Br. Mod. 21 milim. B. C.
900 Trois autres semblables. B. C.
901 TI. CAESAR. DIVI. AVG. F. AVG. P. M. Tête nue de Tibérius à gauche. R*. M. IVL. SETTAL. L. SEST. CELER. ĪI. VIR. Autel, sur lequel on lit SAL-AVG.; dans le champ, C. I. I. A.
P. Br. Mod. 22 milim. T. B. C., patine.
902 Trois autres semblables. B. C.

OSCA. (*Conventus cæsar-augustanus.*)

903 Tête nue à droite; aux côtés, VRB.-VICT. R*. Cavalier avec lance galopant à droite; dessous, OSCA.
M. Br. Mod. 29 milim. B. C.
904 Trois autres semblables. M. B. C.
905 AVGVSTVS. PATER. PATRIAE. Tête laurée d'Augustus à droite. R*. Cavalier avec lance galopant à droite; dessous, V. V.-OSCA.
M. Br. Mod. 30 milim. B. C.
906 Deux autres semblables. M. B. C.
907 AVGVSTVS. DIVI. F. PONT. MAX. PATER. PATRIAE. Tête laurée d'Augustus à droite. R*. COMPOSTO. ET. MARVLLO. ĪI. VIR. Cavalier avec lance galopant à droite; dessous, V. V.-OSCA.
M. Br. Mod. 29 milim. B. C.
908 Deux autres semblables. M. B. C.
909 AVGVSTVS. DIVI. F. Tête laurée à droite. R*. M. QVINCTIO. Q. AELIO. ĪI. VIR. Cavalier comme celui des antérieures; dessous, V. V. OSCA.
M. Br. Mod. 29 milim. T. B. C.
910 Autre semblable. B. C.
911 AVGVSTVS. DIVI. F. PONT. MAX. PATER. PATRIAE. Tête laurée d'Augustus à droite. R*. SPARSO. ET. CAECILIANO. ĪI. VIR. VRB. VIC. OSCA. Cavalier avec lance galopant à droite.
M. Br. Mod. 28 milim. C. O. Deux exemplaires.
912 AVGVSTVS, DIVI. F. Tête laurée d'Augustus à droite. R*. COMPOSTO. ET. MARVLLO. ĪI. VIR.; au milieu, OSCA.
M. Br. Mod. 25 milim. B. C., patine.
913 Trois autres semblables. B. C.
914 TI. CAESAR. DIVI. AVG. F. AVGVSTVS. Tête laurée de Tibérius à droite.

R*. Cavalier avec lance galopant à droite; dessous, V. V. OSCA.
M. Br. Mod. 30 milim. B. C.

915 Autre semblable. B. C.

916 TI. CAESAR. AVGVSTVS. Tête laurée de Tibérius à droite. R*. Cavalier, lance en arret, galopant à droite; dessous, VRBS. VIC.-OSCA. D. D.
M. Br. Mod. 28 milim. T. B. C.

917 Autre semblable. A. B. C.

918 R*. QVIETO ET PEREGRINO. $\overline{\text{II}}$. VIR. Cavalier avec lance galopant à droite; dessous, V. V. OSCA.
M. Br. Mod. 29 milim. B. C.

919 Autre semblable. A. B. C.

920 TI. CAESAR. DIVI. AVG. F. AVGVSTVS. Tête laurée de Tibérius à droite. R*. HOSPITE. ET. FLORO. Cavalier comme les antérieures; dessous, V. V.-OSCA.
M. Br. Mod. 29 milim. C. 0.

921 Autre semblable. M. C.

922 R*. HOSPITE. ET. FLORO. $\overline{\text{II}}$. VIR. Au milieu, V-OSCA-V.
P. Br. Mod. 20 milim. B. C.

923 R*. Q. AEL. PROCVLO. M. AEL. MAXVMO.; au milieu, $\overline{\text{II}}$. VIR.-OSCA.
P. Br. Mod. 20 milim. B. C.

924 Autre semblable. M. B. C.

925 TI. CAESAR. AVG. Tête laurée de Tibérius à droite. R*. OSCA, au milieu du champ.
Min. Br. Mod. 17 milim. C. 0. Très-rare.

926 C. CAESAR. AVG. GERM. P. M. TR. POT. COS. Tête de Caligula laurée à droite. R*. C. TARRACINA. P. PRISCO.-$\overline{\text{II}}$. VIR. Cavalier avec lance galopant à droite; dessous, V. V. OSCA.
M. Br. Mod. 29 milim. C. 0. Deux exemplaires.

OSICERDA. (*Conventus tarraconensis.*)

927 Victoire marchant à droite avec une couronne de laurier et une palme au col; devant, OS. R*. Eléphant écrasant un serpent; dessous, ↑↳⊬⟨◁⬨
Mod. 21 milim. C. 0. Très-rare.

928 TI. CAESAR AVGVSTVS. Tête laurée à droite. R*. MVN.-OSICERDA. Taureau.
M. Br. Mod. 27 milim. T. B. C., patine. Rare.

ROSAS. (*Conventus tarraconensis.*)

929 Tête de Cérès avec une couronne d'épis à gauche; devant, POΔHTΩN. R*. Rose de quatre feuilles traversée par une croix formée avec des rameaux.
Ar. Poids gr. 4,83. Mod. 18 milim. T. B. C.

SAETABI. (*Conventus carthaginensis.*)

930 Tête barbue à droite; devant, SAETABI. R*. Cavalier galopant à droite, portant une longue palme; dessous, MƊᴎY.
M. Br. Mod. 28 milim. B. C. Rare

SAGUNTUM. (*Conventus carthaginensis.*)

931¹·˙ Coquille. R*. Dauphin; dessous, croissant renversé et un point.
Ar. Mod. 8 milim. B. C. Monnaie unique, à notre avis.

931²·˙ ..... VETTO. Tête de Rome à droite. R*. L. FABI..... Proue de navire couronnée par une Victoire ailée.
Gr. Br. Mod. 27 milim. C. O.

932 SAGVNTINV. Tête casquée de Rome à droite. R*. Proue de navire couronnée par la Victoire; devant, caducée; dessous, ƊᐊϟᏙ.
Gr. Br. Mod. 30 milim. T. B. C.

933 Trois autres semblables. M. B. C.

934 IMP. AVG. DIVI. F. Tête nue d'Augustus à droite; devant palme; derrière, caducée. R*. Fondements d'édifice traversés par deux lances; aux côtés, épée et couteau.
Gr. Br. Mod. 30 milim. B. C. (Voyez Rev. Numismat., 1846, p. 4.)

935 R*. Le même fondement, au milieu d'un cercle coupé avec des petits rayons·
M. Br. Mod. 29 milim. T. B. C., patine.

936 Cinq autres semblables. B. C.

937 Autre avec le fondement dans le cercle.
Mod. 28 milim. B. C.

938 Cinq autres semblables. M. B. C.

939 TI. CAESAR. DIVI. AVG. F. AVGVS. Tête nue de Tibérius, à g. R*. .....L. VAL. SVRA. Proue de navire couronnée par la Victoire.
M. Br. Mod. 29 milim. C. O.

940 TI. CAESAR. DIVI. AVG. F. AVG. Tête de Tibérius à dr. R*. L. SEMP. GEMINO. - L. VAL. SVRA. II. VIR. Navire; au dessus SAC., avec la contremarque n°. 17.
P. Br. Mod. 28 milim. T. B. C., patine.

941 Cinq autres semblables. B. C.

942 R*. L. AEM. MAXVMO. - M. BAEB. SOBRINO. AE. Navire; au-dessus, SAG.
P. Br. Mod. 25 milim. B. C. Deux exemplaires.

SEGOBRIGA. (*Conventus carthaginensis.*)

943 Tête ibérienne à droite, formant avec la chevelure une espèce de coquille; devant, un dauphin; derrière, une palme. R*. Cavalier avec lance ga-

lopant à droite; dessous, SEGOBRIGA.
M. Br. Mod. 25 milim. B. C.

944 Autre semblable. M. B. C.
945 Autre; mais ayant la chevelure une forme ordinaire.
Mod. 26 milim. B. C.
946 Deux autres. M. B. C.
947 AVGVSTVS. DIVI. F. Tête laurée d'Augustus à droite. R*. Cavalier avec une lance à droite; dessous, SEGOBRIGA.
M. Br. Mod. 24 milim. B. C.
948 Deux autres semblables. M. B. C.
949 TI. CAESAR. DIVI. AVG. F. AVGVST. IMP. VIII. Tête laurée de Tibérius à droite. R*. SEGOBRIGA au milieu d'une couronne de laurier.
M. Br. Mod. 29 milim. T. B. C., patine.
950 Cinq autres semblables. B. C.
951 Autre avec la tête de Tibérius à droite.
Mod. 28 milim. B. C.
952 Autre semblable.
953 Autre.
P. Br. Mod. 21 milim. T. B. C.
954 Autres quatre. B. C.
955 C. CAESAR. AVG. GERMANICVS. IMP. Tête laurée de Caligula à gauche. R*. SEGOBRIGA dans une couronne de laurier.
M. Br. Mod. 28 milim. T. B. C.
956 Cinq autres semblables. B. C.
957 Autre avec la contre-marque n.° 24.
958 Autre.
P. Br. Mod. 21 milim. B. C.
959 Autre. C. O.

SEGOVIA. (*Conventus cluniensis.*)

960 Tête ibérienne à droite; aux côtés, C.-L. R*. Cavalier avec lance galopant à droite; dessous, SEGOVIA.
M. Br. Mod. 25 milim. B. C. Rare.

TARRACO.

961 Taureau debout. R*. C. V. T. au milieu d'une couronne.
Min. Br. Mod. 14 milim. C. O.
962 Taureau debout; au-dessus, C. V. T.; dessous, TARR. R*. Deux césars avec toge, de face; autour, CAESARES. GEM.
P. Br. C. O. Trois exemplaires.
963 Taureau debout. R*. Autel; au-dessus, un palmier; dans le champ, C. V. T. T.
P. Br. Mod. 18 milim. C. O. Trois exemplaires.

964 IMP. CAES. AVG. TR. POT. PONT. MAX. P. P. Tête d'Augustus laurée à droite. R*. C. L. CAES.-AVG. F.-C. V. T. Têtes de Cajus et Lucius, adossées.
Mod. 24 milim. B. C.

965 Deux autres semblables. C. O.

966 IMP. CAES. AVG. TR. POT. PONT. MAX. P. P. Tête d'Augustus à droite. R*. TI. CAESAR.-C. V. T. Tête nue de Tibérius à droite.
Mod. 24 milim. C. O. Quatre exemplaires.

967 DIVVS. AVGVSTVS. PATER. Tête radiée d'Augustus à gauche. R*. AETERNITATIS. AVGVSTAE.-C. V. T. T. Temple de huit colonnes.
G. Br. Mod. 33 milim. C. O.

968 DEO. AVGVSTO. Augustus assis, tenant de la main droite une patère, et dans la gauche une lance. R*. AETERNITATIS. AVGVSTAE. Temple à huit colonnes; au-dessus, C. V. T. T.
Gr. Br. Mod. 30 milim. B. C.

969 Autre semblable. B. C.

970 Trois autres. C. O.

971 TI. CAESAR. DIVI. AVG. F. AVGVSTVS. Tête laurée de Tibérius à gauche. R*. C. V.-T. T. dans une couronne.
G. Br. Mod. 32 milim. M. C.

972 TI. CAESAR. DIVI. AVG. F. AVGVSTVS. Tête laurée à droite. R*. DIVVS. AVGVSTVS. PATER. C. V. T. TAR. Tête d'Augustus radiée à droite.
Mod. 25 milim. B. C., patine.

973 Trois autres semblables. M. B. C.

974 TI. CAESAR. AVG. PONT. MAX. TRIB. POT. Tête laurée de Tibérius à droite. R*. IVLIA. AVGVSTA. DRVSVS. CAES. TRIB. POT. Têtes affrontées de Julia et de Drusus, et entre elles, C. V. T.
Mod. 25 milim. B. C.

975 Deux autres semblables. A. B. C.

976 Trois autres. M. B. C.

977 R*. GERMANICVS.-DRVSVS.-CAESARES. Têtes de Germanicus et de Drusus affrontées, et entre elles, C. V. T.
Mod. 25 milim. B. C.

978 Autre semblable. C. O.

TOLETUM. (*Conventus carthaginensis.*)

979 Tête ibérienne ornée d'un collier à droite; derrière, EX. S. C.; devant, CELT. AMB. R*. Cavalier avec lance, galopant à dr.; dessous, TOJE.
Mod. 28 milim. B. C.

980 Tête ibérienne barbue et ornée d'un collier, à droite, lég. EX. S. C.-

CELT. AMB. R*. Cavalier avec lance galopant à droite ; dessous, TOLE.
Mod. 27 milim. B. C.

981 Autre semblable ; mais sans barbe et sans collier.
Mod. irrégulier de 21 à 24 milim. B. C.

982 Autres quatre de C. O. et M. C., mais lisibles.

TURIASO. (*Conventus cæsar-augustanus.*)

983 Tête laurée de femme, ornée d'un collier, à droite ; devant, SILBIS. R*. Cavalier marchant, la main droite levée, à gauche ; dessous, TVRIASO.
M. Br. Mod. 29 milim. B. C.

984 Autre semblable. B. C.
985 Autre. A. B. C.
986 Trois autres. M. B. C.
987 IMP. AVGVSTVS. P. P. Tête laurée à droite. R*. Tête laurée de femme à droite, avec la tresse suspendue ; devant, TVRIASO.
M. Br. Mod. 30 milim. B. C., patine.

988 Autre semblable. B. C.
989 Trois autres. M. B. C.
990 Autre ayant à gauche la contre-marque n.° 25. B. C.
991 Autre.
P. Br. Mod. 22 milim. B. C.

992 R*. MVN. dans une couronne de laurier ; dessous, TVRIASO.
M. Br. Mod. 27 milim. B. C.

993 Trois autres. M. B. C.
994 Autre ayant sur la tête pour contre-marque une tête d'aigle. B. C.
995 Autre.
P. Br. Mod. 23 milim. B. C.

996 IMP. AVG. P. P. Tête d'Augustus laurée à droite. R*. TVRI-ASO. au milieu d'une couronne de laurier.
Min. Br. Mod: 16 milim. T. B. C. Très-rare.

997 IMP. AVGVSTVS. PATER. PATRIAE. Tête d'Augustus laurée à droite. R*. L. MARIO. L. NOVIO. MVN. TVRIASO. ; au milieu II. VIR. dans une couronne de laurier.
M. Br. Mod. 29 milim. B. C.

998 Cinq autres semblables. B. C.
999 Autre ayant sur la tête la contre-marque n.° 25. B. C.
1000 R*..... SEVERO. C·VAL. AQVILO.-TVRIASO. ; au milieu d'une couronne de laurier, II. VIR. ; dans l'envers ; la contre-marque de la tête d'aigle.
M. Br. Mod. 29 milim. C. O.

1001 Autre ayant sur la tête la contre-marque n.° 25. C. O.

1002 R*. SEVERO. ET. AQVILO. ĪI. VIR.; au milieu, TVRIA.-SO.
   P. Br. Mod. 20 milim. B. C.
1003 Autre semblable. M. B. C.
1004 R*. L. FENESTE. L. SERANO. MVN. TVRIASO.; au milieu d'une couronne de laurier, ĪI·VIR.
   M. Br. Mod. 27 milim. C. O. Trois exemplaires.
1005 TI. CAESAR. AVGVSTVS. Tête laurée de Tibérius à droite. R*. DIVVS. AVGVSTVS. MVN. TVR. Tête d'Augustus radiée à droite.
   M. Br. Mod. 30 milim. T. B. C.
1006 Deux autres semblables. B. C.
1007 TI. CAESAR. AVGVSTI. F. AVGVSTVS. IMP. Tête laurée de Tibérius à droite. R*. MV. SVLP. LVCAN. M. SEMP. FRONT. MVN. TVRIASO; au milieu, ĪI. VIR. dans une couronne de laurier.
   M. Br. Mod. 29 milim. T. B. C., patine.
1008 Cinq autres semblables. B. C.
1009 Autre ayant sur la tête la contre-marque n.° 25.
1010 TI. CAESAR. AVGVSTI. F. IMPERAT. Tête de Tibérius laurée à droite. R*. C. CAEC. SERE.-M. VAL. QVAD.-ĪI. VIR.-MVN. TVR. Taureau.
   M. Br. Mod. 28 milim. B. C.
1011 Autres quatre semblables. B. C.
1012 Deux autres ayant sur la tête pour contre-marque la tête d'une aigle. B. C.
1013 Autre ayant sur le taureau la contre-marque n.° 10. C. O.
1014 TI. CAESAR. AVG. F. IMP. PONT. MAX. Tête laurée de Tibérius à droite. M. PONT. MARSO. C. MARI. VEGETO.-ĪI. VIR.-MVN. TVR. Taureau.
   M. Br. Mod. 30 milim. B. C., patine.
1015 Trois autres semblables. B. C.
1016 Trois autres ayant sur la tête pour contre-marque une tête d'aigle. B. C.
1017 R*. L. CAEC. AQVIN. M. GEL·PALVD.-ĪI. VIR.-MVN. TVR. Taureau.
   M. Br. Mod. 29 milim. B. C.
1018 Cinq autres semblables. B. C.
1019 Autre ayant sur la tête pour contre-marque une tête d'aigle. B. C.
1020 TI. AVGVSTVS-AVGVSTI. F. IMP. Tête laurée de Tibérius à droite. R*. MARI... MVN. TVRIASO.; au milieu, AED. dans une couronne de laurier.
   Mod. 22 milim. C. O. Deux exemplaires. Inédits.
1021 Autre. R*..... PONT. BA. MVN. TVRIASO.
   Mod. 22 milim. C. O.
1022 Autre. R*. RECTO. ET. MACRINO. AED.; au milieu, TVRIASO.
   P. Br. Mod. 21 milim. C. O.

VALENTIA EDETANORUM. (*Conventus carthaginensis.*)

1023   L. CORANI.-C. NVMI. Q. Tête casquée de Rome à droite. R'. VALENTIA. Corne d'abondance sur un foudre traversé.
M. Br. Mod. 31 milim. T. B. C.

1024   T. AHI. T. F.-C. TRINI. L. F. Q., semblable à l'antérieure.
Mod. 29 milim. T. B. C.

1025   Autre semblable.
Mod. 30 milim. B. C.

1026   C. LVCIEN.-C. MVNI. Q. Tête de Rome. R'. Comme ci-dessus.
Mod. 28 milim. B. C.

1027   Quatre autres. M. B. C.

1028   Tête de Rome casquée à droite; derrière S. R'. Corne d'abondance sur un foudre; dessous, VAL.
P. Br. Mod. 23 milim. B. C.

EBUSUS. (*Insulæ pityusæ.*)

1029   Cabirus de face, avec un marteau levé dans la main droite, et tenant un serpent dans la gauche; dans le champ, signes phéniciens variés. R'. En deux lignes les caractères phén. n.° 32 et 33, ou bien les 34 et 35.
Mod. 20 milim. B. C. Six exemplaires variés.

1030   Cinq petites monnaies du même caractère en min br. ayant le Cabirus à l'envers et au R'., et quelques signes phéniciens variés.

INCERTAINES.

1031   Tête casquée à droite; devant, une palme. R'. Trinacria avec une tête au milieu, semblable à celle que nous avons décrite en Iliberis; et autour, lég. latine peu lisible.
Médaillon. Mod. 36 milim., flanc très-épais.

1032   GN. STATI. LIBO.-PRAEF. Tête nue d'Agrippa à droite. R'. Instruments de sacrifice; dessous, SACERDOS.
P. Br. Mod. 21 milim. B. C.

1033   Trois autres semblables. B. C.

CELTIBÉRIENNES.
ΑΙᑎΣϘᑎΣΜ.

1034   Tête ibérienne à droite; devant, croissant et astre; derrière, dauphin. R'. Cavalier avec lance courant à droite ; dessous, la lég. celtibérienne figurée ci-dessus, écrite en demi-cercle.
M. Br. Mod. 29 milim. B. C.

1035 Deux autres semblables. M. B. C.

ΑϘΡΛ. (*Arevaci*.)

1036 Tête ibérienne ornée d'un collier, à droite. R'. Cheval avec bride courant à droite; dessous, la lég. celtibérienne figurée ici.
P. Br. Mod. 20 milim. C. O.

ΛΟΡΤɤϞ.

1037 Tête ibérienne à droite; derrière, ΛΓ; devant, dauphin. R'. Cavalier avec lance courant à droite; dessous, la lég. celtibérienne figurée.
M. Br. Mod. 27 milim. B. C.

ΑΓMAX. (*Ausa ad Iberum*.)

1038 Tête ibérienne à droite. R'. Cavalier avec lance; dessous, la légende celtibérienne figurée ci-dessus.
M. Br. Mod. 26 milim. C. O. Deux exemplaires.

1039 Tête ibérienne barbue, à droite; derrière, charrue; devant, Λ. R'. Cavalier avec lance à droite; dessous, la lég. celtibérienne figurée ici.
M. Br. Mod. 29 milim. C. O.

ΑΓΜɤϞΡ.

1040 Tête ibérienne à droite; derrière, ΙΓΜ. R'. Cavalier avec une palme, à droite; dessous, la lég. celtibérienne figurée ci-dessus, mal traitée.
M. Br. Mod. 27 milim. C. O.

ΡΛΡΤΓ.

1041 Tête ibérienne entre trois dauphins, à droite. R'. Cavalier avec une palme, courant; dessous, la lég. celtibérienne manifestée.
Mod. 26 milim. B. C.

1042 Trois autres semblables B. C., de différentes fabriques.

ΡЯSΡHS.

1043 Tête ibérienne barbue, à droite; derrière, charrue; devant, dauphin. R'. Cavalier avec ↑ dans la main droite; dessous, la lég. celtibérienne figurée ci-dessus.
Ar. Mod. de *denarium*. T. B. C.

1044 Six autres.
Ar. Mod. de *denarium*. B. C.

1045 Autre *subærata*.

1046 Autre avec la lég. ᗪᗴᗰᗪᕼᘔ.
Ar. Mod. de *denarium*. T. B. C.

1047 Tête ibérienne à droite; derrière, charrue; devant, dauphin. R'. Cavalier avec ↑ courant à droite; dessous, ᗪᗴᔑᗪᕼᔑ.
M. Br. Mod. 28 milim. B. G.

1048 Autres dix, de différente fabrique et Mod.

1049 Autre avec la lég. ᗪᗴᘔᗪᕼᘔ.
Mod. 26 milim. B. C.

1050 Autre avec la lég. ᗪᗴᔑᗪᕼᔑ.
Mod. 25 milim. B. C.

1051 Deux autres. M. B. C.

1052 Autre avec la lég. ᗪᗴᘔᗪᕼᘔ.
Mod. 22 milim. B. C.

ᕼᗴᕼᗴᑎᔑ. (*Bilbilis*.)

1053 Tête ibérienne à droite; derrière, ᕼ; devant, dauphin. R'. Cavalier avec lance courant à droite; dessous, la lég. ci-figurée.
M. Br. Mod. 29 milim. T. B. C.

1054 Sept autres.
B. C. Fabrique et module variés.

1055 Tête ibérienne à droite; devant, dauphin; derrière, ᕼ. R'. Cheval avec bride, courant à droite; dessous, la lég. celtibérienne figurée.
P. Br. Mod. 20 milim. B. C.

1056 Tête ibérienne à droite; devant, dauphin; derrière, M. R'. Cavalier courant à droite, et la même lég.
Mod. 29 milim. B. C.

1057 Cinq autres semblables.
B. C. De différente fabrique et module.

1058 Tête ibérienne à droite; derrière, M. R'. Cheval avec bride courant à droite; au-dessus, un croissant; et dessous, la même légende.
Mod. 21 milim. T. B. C.

ᗪᗴᔑᑎ᙭ᗪ.

1059 Tête imberbe, laurée à droite; derrière, massue; devant, dauphin. R'. Taureau à face humaine avec barbe, marchant à droite et entre les jambes une fleur; devant, un croissant; et dessous, la lég. figurée.
Ar. Poids gr. 2,55. T. B. C.

ᗪᗩᘔᗴᘔᗪᑎ.

1060 Tête de femme ornée d'un collier, à droite, avec une couronne de laurier. R'. Roue de six rayons, entre lesquels on lit ᗪᗪ-ᘔ-ᗴ-ᘔ-ᗪ-ᑎ:
Ar. Poids gr. 2,95. Monnaie unique, à notre avis. T. B. C., percée.

ᴅ◁ᑌᏋ. (*Saguntum*.)

1061 Tête de Rome à dr.; devant, ᴺᛉᴏχΛᏋᴍ-; derrière, ΙΛΛΛΛΔο.
Proue de navire couronnée par une Victoire ailée; derrière, caducée; dessous, ᴅ◁ᑌᏋ.
G. Br. Mod. 30 milim. C. O. Trois exemplaires. (Lorichs, table 63, n.° 9.)

1062 Tête ibérienne à gauche; derrière, caducée. R*. Cavalier avec une lance courant à droite; dessous, la lég. figurée; au-dessus, astre.
M. Br. Mod. 26 milim. T. B. C.

1063 Deux autres semblables. M. B. C.

1064 Tête ibérienne à droite; derrière, caducée. R*. Semblable à celui des antérieures.
M. Br. Mod. 26 milim. G. O. Trois exemplaires.

1065 Coquille. R*. Dauphin à droite; au-dessus, C. A. PV.; dessous, ᴅ◁ᑌᏋ.
P. Br. Mod. 17 milim. B. C.

1066 Coquille. R*. Dauphin à droite; au-dessus, ∵; dessous, ΛΛΙᑌ.
P. Br. Mod. 19 milim. B. C.

1067 Autre semblable. M. B. C.

1068 Coquille. R*. Dauphin à droite; au-dessus, •⋮•; dessous, ᴅ◁Ιᑌ.
P. Br. Mod. 17 milim. B. C.

1069 Coquille. R*. Dauphin à droite; au-dessus, ᴺ; dessous, ᴅᴺ.
P. Br. Mod. 17 milim. T. B. C.

1070 Coquille. R*. Dauphin; au-dessus, croissant et un point; dessous, ᴘᴺ•
P. Br. Mod. 16 milim. B. C.

1071 Coquille. R*. Dauphin; au-dessus, croissant surmonté de ᴅ; dessous, ᴅᴺ⋰
P. Br. Mod. 17 milim. B. C.

1072 Autre semblable. M. B. C.

1073 Coquille. R*. Dauphin à droite; au-dessus, croissant; dessous, ᴅ•.
P. Br. Mod. 14 milim. B. C.

1074 Trois autres semblables. C. O.

ᴘᴏΛᴺᴺᛉᴍ.

1075 Tête ibérienne à droite; derrière, ↑ᴍ•; devant, deux dauphins. R*. Cavalier avec lance courant à droite; dessous, la lég. ci-dessus figurée.
M. Br. Mod. 25 milim. B. C.

1076 Tête ibérienne à droite; derrière, dauphin; devant, C. R*. Cavalier avec lance; dessous, ᴘᏘΛᴺΛᴺ-ᛉᴍ.
M. Br. Mod. 25 milim. C. O.

ᚠᚢᛖᛉᚢᛞᚷ.

1077 Tête ibérienne ornée d'un collier à droite; derrière, ☉. R'. Cavalier avec lance courant à droite; dessous, la lég. figurée ci-dessus.
Ar. Mod. *denarium*. T. B. C.

1078 Autres quatre B. C. Fabrique et forme des caractères variés.

1079 Trois autres *subæratæ*.

1080 Tête ibérienne à droite, entre deux dauphins. R'. Cavalier avec lance courant à droite; dessous, la lég. figurée.
M. Br. Mod. 25 milim. B. C.

1081 Trois autres. B. C.

1082 Tête ibérienne ornée d'un collier à droite; derrière ⊕. R'. Cavalier avec lance courant à droite; dessous, ᚠᚢᛖᛉᚢ-ᚠᚷᛉ.
Ar. Mod. De *denarium*. T. B. C.

1083 Autres quatre. T. B. C. Fabrique et forme des caractères variés.

1084 Tête ibérienne ornée d'un collier, entre deux dauphins. R'. Cavalier avec lance courant à droite; dessous, ᚠᚢᛖᛉᚢ-ᚠᚷᛉ.
M. Br. Mod. 23 milim. B. C.

1085 Trois autres semblables.

1086 Tête ibérienne à droite; derrière, dauphin.
R'. Coq; devant, ᚠᚢᛖᛉᚢᚠᚷ.
P. Br. Mod. 19 milim. B. C. Très-rare.

1087 R'. Coq; devant, ᚠᚢᛖᛉ.
Mod. 19 milim. T. B. C. Rare.

ᚠᚢᚠᛉᛗ.

1088 Tête ibérienne à droite; derrière, ᚠ; devant croissant. R'. Cavalier avec lance à droite; dessous, la lég. figurée ci-dessus.
Mod. 25 milim. B. C.

ᚠᚢᚲᚨᚢᛋ.

1089 Tête ibérienne à droite; derrière, quadrupède courant; devant, deux dauphins. R'. Cavalier avec palme et clamyde flottant, courant à droite; dessous, la lég. antérieure.
M. Br. Mod. 27 milim. T. B. C. Très-rare.

ᛞᚢᛗᛖᛋᛉᚾ.

1090 Tête ibérienne à droite; derrière; IN. R'. Cavalier avec palme et clamyde flottant, courant à droite; dessous, la lég. figurée, écrite en demi-cercle.
Ar. Mod. de *denarium*. T. B. C. Rare.

1091 Tête ibérienne entre deux dauphins. R*. Partie antérieure d'un Pégase à droite; dessous, la même lég. écrite dans une ligne.
P. Br. Mod. 19 milim. B. C. Très-rare.

⟨ΛϞꞰ. (Celsa.)

1092 Tête ibérienne à droite; devant, deux dauphins; derrière, CEL. R*. Cavalier avec palme à droite; dessous, ⟨ΛϞꞰ.
G. Br. Mod. 32 milim. B. C.

1093 Deux autres semblables. B. C.

1094 Tête ibérienne à droite entre trois dauphins. R*. Cavalier avec palme courant à droite; dessous, la lég. figurée.
Mod. 30 milim. B. C.

1095 Autres dix-huit de différente fabrique.
Mod. de 30 à 26 milim. B. C. Quelques unes à fleur de coin et de belle fabrique.

1096 Tête ibérienne avec une couronne de laurier, à droite. R*. Cavalier et lég. *ut supra*.
M. Br. Mod. 25 milim. B. C.

1097 Tête ibérienne entre trois dauphins, à droite. R*. Cavalier avec palme courant à droite; dessous, ⟨ΛϞꞰ.
M. Br. Mod. 27 milim. B. C. Rare.

1098 Tête ibérienne à droite; derrière, dauphin. R*. Cavalier avec lance courant à droite; dessous, ⟨ΛϞꞰ.
Mod. 25 milim. B. C. Rare.

1099 Tête ibérienne entre trois dauphins, à droite. R*. Cheval en course, ayant la bride libre; au-dessus, croissant renversé; dessous, ⟨ΛϞꞰ.
Mod. 21 milim. B. C.

1100 Deux autres semblables.
Mod. 20 milim. B. C.

1101 Tête ibérienne à droite; derrière, dauphin. R*. Partie antérieure d'un pégase, à droite; dessous, la lég. figurée; au-dessus, ...
P. Br. B. C.

⟨ϞꞰ. (Cosetani.)

1102 Tête ibérienne à droite. R*. Cavalier avec palme courant à droite, et la clamyde flottante, conduisant par la bride autre cheval appareillé dans la course; dessous, ⟨ϞꞰ.
Ar. Mod. de *denarium*. B. C.

1103 Autre semblable. M. B. C.

1104 Tête ibérienne à droite. R*. Cavalier avec palme courant à droite; dessous, la même légende.
M. Br. C. O. Fabrique antique.

1105 Tête ibérienne à droite; derrière, pour symbole une grappe de raisin. R*. Cavalier avec palme courant à droite; dessous, la même légende.
Mod. 26 milim. C. O.

1106 Autre semblable; symbole; derrière de la tête, une proue de navire.
Mod. 25 milim. B. C. Deux exemplaires.

1107 Autre ayant pour symbole un gouvernail.
Mod. 26 milim. B. C.

1108 Autre avec une charrue pour symbole.
Mod. 25 milim. B. C.

1109 Autre ayant une corne d'abondance pour symbole. C. O.

1110 Autre avec la massue d'Hercule.
T. B. C., patine.

1111 Autre semblable. C. O.

1112 Autre; pour symbole un caducée.
B. C. Trois exemplaires.

1113 Autre; pour symbole un casque.
B. C. Trois exemplaires.

1114 Autre avec un fer de lance.
T. B. C., patine.

1115 Deux autres. B. C.

1116 Autre; pour symbole un trident. C. O.

1117 Autre; symbole inconnu.
Mod. 24 milim. B. C.

1118 Autre; un sceptre. B. C.

1119 Autre; pour symbole une branche; lég., la même.
B. C. Deux exemplaires.

1120 Autre avec le caractère △ derrière de la tête; lég. celle des antérieures.
B. C. Deux exemplaires.

1121 Autre avec le caractère ◇.
B. C. Deux exemplaires.

1122 Autre avec les caractères ΨN.

1123 Autre avec les caractères ИΛ.
Deux exemplaires.

1124 Autre avec le caractère Ρ.
Deux exemplaires.

1125 Autre avec le caractère Ψ.
Deux exemplaires.

1126 Autre avec le caractère X.
Deux exemplaires.

1127 Tête ibérienne laurée à droite. R*. Cheval avec bride courant à droite; dessous, ⟨ZⱯ.
P. Br. Mod. 22 milim. B. C. Fabrique très-antique. Deux exemplaires.

1128 Tête ibérienne à droite; derrière, proue de navire. R*. Cheval courant à droite; dessous, la même légende.
P. Br. Mod. 18 milim. B. C.

1129 Autre; derrière, un fer de lance. R*. Cheval courant; dessous, la lég. figurée.

1130 Tête ibérienne; derrière, caducée. R*. Cheval paissant; au-dessus, ...; dessous, la lég. ⟨ϟϟ.
P. Br. Mod. 19 milim. B. C. Deux exemplaires.

1131 Tête ibérienne; derrière, ... R*. Cheval épouvanté d'une tête de taureau, au-dessus, ...; dessous, la même légende.
P. Br. Mod. 18 milim. T. B. C.

1132 Autre semblable. M. B. C.

1133 Tête ibérienne; derrière, caducée. R*. Partie antérieure du Pégase; au-dessus, ...; dessous, la lég. figurée.
P. Br. Mod. 17 milim. C. O.

1134 Tête ibérienne à droite; derrière, ... R*. Partie antérieure du Pégase; au-dessus, ...; dessous, ⟨ϟϟ.
P. Br. Mod. 16 milim. B. C. Deux exemplaires.

1135 Autre; au-dessus du Pégase, croissant et astre.
Mod. 14 milim. T. B. C.

1136 Deux autres semblables. M. B. C.

1137 Autre; sur le Pégase, une massue.
Mod. 15 milim. B. C.

1138 Tête ibérienne à droite; derrière, caducée. R*. Dauphin; au-dessus, ...; dessous, la lég. figurée.
P. Br. Mod. 15 milim. T. B. C.

1139 Tête ibérienne; derrière, X. R*. Partie antérieure du Pégase; au-dessus, ...
Min. Br. Mod. 10 milim. B. C.

⟨ϟϟϟ.

1140 Tête ibérienne à droite; derrière, ⚹. R*. Cavalier avec palme, à droite; dessous, la lég. figurée.
M. Br. Mod. 27 milim. B. C. Deux exemplaires.

1141 Tête ibérienne à droite; derrière, ⚹. R*. Cheval marchant; dessous, la même lég.
P. Br. Mod. 22 milim. Deux exemplaires.

1142 R*. Partie antérieure du Pégase; dessous, la lég. antérieure; au-dessus, ... (*Quadrans.*)
Min. Br. Mod. 16 milim. B. C.

9

ΔϘͰÞϟ↑. (*Turiaso.*)

1143 Tête ibérienne barbue et ornée d'un collier, à droite; derrière, Ʌ; dessous, M; devant, Δ. R'. Cavalier avec lance courant à droite; dessous, la lég. figurée.
   Ar. Mod. de *denarium*. B. C.

1144 Autres huit de différentes fabriques et avec les caractères un peu altérés.

1145 Tête ibérienne à droite; derrière, Ʌ; devant, un poisson qui ne ressemble pas à un dauphin. R'. Cavalier avec *lituus* martial, courant à droite; dessous, ΔϘͰ Þϟ↑.
   M. Br. Mod. 26 milim. T. B. C.

1146 Tête ibérienne à droite, ornée d'un collier; entre trois dauphins. R'. Cavalier avec lance à droite: dessous, ΔϘͰÞϟ↑.
   M. Br. Mod. 25 milim. B. C.

1147 Tête ibérienne à droite; derrière, Ʌ; devant, dauphin. R'. Cavalier avec lance à droite; dessous, ΔϘͰÞZ↑.
   M. Br. Mod. 27 milim. T. B. C.

1148 Autres quatre. M. B. C.

1149 Tête ibérienne à droite; autour, Ʌ-M-Δ. R'. Même cavalier et lég.
   M. Br. Mod. 25 milim. B. C.

1150 Tête ibérienne à droite; derrière, Ʌ. R'. Cheval avec la bride libre à droite; dessous, la lég. antérieure.
   P. Br. Mod. 21 milim. C. O.

ƐͰͶͰ.

1151 Tête ibérienne ornée d'un collier à droite; devant, une branche; derrière, un dauphin. R'. Cavalier avec lance à droite; dessous, la lég. figurée.
   M. Br. Mod. 26 milim. B. C.

1152 Deux autres semblables. M. B. C.

ƄϘɅ↑ͶΔ.

1153 Tête ibérienne à droite; derrière, charrue; devant, ƄϘ. R'. Cavalier avec palme, à droite; dessous, la légende figurée.
   M. Br. Mod. 25 milim. C. O.

ƄMH.

1154 Tête ibérienne à droite; derrière, manche de charrue; devant, deux dauphins. R'. Cavalier avec palme, à droite; dessous, la lég. figurée.
   M. Br. Mod. 25 milim. B. C.

1155 Deux autres semblables. M. B. C.

EOPNPXM.

1156 Tête ibérienne à droite; derrière, ME; devant, dauphin. R'. Cavalier avec lance à droite; dessous, la lég. qui est figurée.
M. Br. Mod. 25 milim. T. B. C.

1157 Autre semblable. B. C.
1158 Autre; derrière de la tête E.; devant, dauphin. B. C.
1159 Trois autres. A. B. C.

ΓɛXΓMDИD.

1160 Tête ibérienne à droite, entre deux dauphins. R'. Cavalier avec lance, à droite; dessous, la lég. figurée, écrite en demi-cercle.
M. Br. Mod. 18 milim. B. C. Monnaie unique, à notre avis.

HAИDXИ.

1161 Tête ibérienne à droite, entre deux dauphins. R'. Cavalier avec lance courant à droite; dessous, la lég. figurée.
Mod. 22 milim. B. C.

1162 Autre semblable. M. B. C.

HOHMΓ.

1163 Tête ibérienne à droite, entre trois dauphins. R'. Cavalier avec lance courant à droite; dessous, la lég. précédente.
M. Br. Mod. 25 milim. T. B. C.

1164 Deux autres semblables. B. C.
1165 Deux autres avec la contre-marque sur la tête, n.° 26. C. O.
1166 Autre ayant un dauphin devant la tête. R'. Cavalier avec lance courant à droite, dessous, HOHMΓϞ.
Mod. 21 milim. P. C. Variété inédite.

HTЧ⟨Z.

1167 Tête ibérienne à droite, entre deux dauphins. R'. Cavalier ayant une branche à la main, courant à droite; dessous la lég. figurée.
Mod. 21 milim. B. C.

1168 Tête ibérienne a droite, sur deux demi-cercles. R'. Cheval en course, à droite; au-dessus, croissant; dessous, HT.
P. Br. Mod. 21 milim. B. C. Très-rare.

HΓИDΛVЕϞ.

1169 Tête ibérienne à droite; derrière, HO. R'. Cavalier avec lance courant à droite; dessous, HΓИDΛVИ.
Ar. Mod. de *denarium*. T. B. C. Très-rare.

1170 Tête ibérienne à droite; devant, **MHM**. R˚. Cavalier avec *lituus*, à droite; dessous, écrit en demi-cercle, **HᴍͰϷ↑ᐯƷM**.
Gr. Br. Br. Mod. 30 milim. B. C.

1171 Autre semblable. M. B. C.

1172 Autre avec la lég. **HᴍͰϷ↑ᐯᴍƷM-M**.
A cette monnaie il y manque un petit morceau.

1173 Tête ibérienne à droite; derrière, **H**. R˚. Cavalier avec *lituus* courant à droite; dessous, **HᴍͰϷ↑ᐯƐϟ**.
M. Br. Mod. 24 milim. B. C.

1174 Autre. R˚. Cavalier avec *lituus* courant à dr.; dessous, **HᴍͰϷ↑-ᐯϟ**.
Mod. 23 milim. T. B. C.

1175 Deux autres semblables. B. C.

H⊲Ɛ.

1176 Tête ibérienne à droite; derrière, taureau courant. R˚. Cavalier avec palme, courant à droite; dessous, **H⊲Ɛ**.
M. Br. Mod. 26 milim. B. C., patine.

IMϴNƐϟ.

1177 Tête ibérienne à droite; derrière, **ᚨᴍƷƷ**. R˚. Cavalier avec épée courant à droite; dessous, **IMϴNƐϟ**.
Ar. Mod. de *denarium*. B. C.

1178 Treize autres de différentes fabriques avec les caractères un peu altérés.
Ar. Mod. de *denarium*. B. C.

1179 Autres sept *subæratæ*.

1180 Tête ibérienne à droite; devant, dauphin; derrière, charrue. R˚. Cavalier avec épée, à droite; dessous, la lég. figurée.
M. Br. Mod. 24 milim. B. C.

1181 Deux autres. M. B. C.

1182 Tête ibérienne à droite; derrière, **ᚨᴍƷƷ**.; devant, dauphin. R˚. Même cavalier; lég. **IMϴNƐϟ**.
M. Br. Mod. 24 milim. B. C.

1183 Tête ibérienne à droite; devant, dauphin. R˚. Cavalier avec épée courant à droite; dessous, **IϘMϴNƐϟ**.
M. Br. Mod. de 23 à 26 milim. B. C. Six exemplaires variés.

1184 Tête ibérienne à droite; derrière; **ᚨᴍƷƷ**; devant, dauphin. R˚. Cavalier avec épée ou *lituus*, à droite; dessous, **IϘMϴNƐϟ**.
M. Br. Mod. 25 milim. B. C.

IᴍШΛH.

1185 Tête ibérienne à droite; derrière, manche de charrue. R˚. Cavalier avec

palme courant à droite; dessous, la lég. figurée.
M. Br. Mod. 27 milim. B. C.

1186 Deux autres semblables. M. B. C.

1187 Tête ibérienne à droite; derrière, manche de charrue. R*. Partie antérieure du Pégase; au-dessus,...; dessous, la même légende.
P. Br. Mod. 17 milim. B. C.

ᛋᚪᛚᛟ. (Gili.)

1188 Tête ibérienne à droite; derrière, une branche. R*. Cavalier avec palme, à droite; dessous, la lég. figurée.
M. Br. Mod. 25 milim. T. B. C.

1189 Autre semblable. M. B. C.

ᛉᛉᛒᛯᛟ.

1190 Tête ibérienne à droite; derrière, ᛉᛟ. R*. Cavalier avec lance à droite; dessous, ᛉᛉᛒᛯᛟ.
M. Br. Mod. 25 milim. T. B. C.

1191 Autre; derrière de la tête, ᛉ.
Mod. 24 milim. B. C. Sept exemplaires variés.

1192 Tête ibérienne à droite; devant,...; derrière, ᛉ. R*. Cheval avec bride en course; au-dessus,...; dessous, ᛉᛉᛒᛯᛟ.
P. Br. Mod. 23 milim. B. C.

1193 Tête ibérienne à droite; derrière, ᛉ. R*. Cheval avec bride en course; au-dessus,..; dessous, ᛉᛉᛒᛯᛟ.
Mod. 18 milim. B. C.

ᛉᛙᛉ.

1194 Tête ibérienne à droite; derrière, charrue; devant, dauphin. R*. Cavalier avec lance, à droite; dessous, ᛉᛙᛉ.
Mod. 25 milim. B. C.

ᛚᚻᛏᛦᛉᛟᛯᛟ. (Lancia.)

1195 Tête ibérienne à droite; derrière, ᛙ. R*. Cavalier avec lituus courant à droite; dessous, la lég. figurée.
M. Br. Mod. 27 milim. B. C.

ᛡᛒᛦᛖᛟᚲᛦ.

1196 Tête ibérienne à droite. R*. Cavalier avec palme courant à droite; dessous, la lég. figurée.
M. Br. Mod. 52 milim. M. C.

1197 Tête ibérienne à droite; derrière, un fer de lance. R*. Cavalier avec palme

courant à droite ; dessous, la lég. figurée.
M. Br. Mod. 26 milim. C. O. Trois exemplaires.

ΛÞЅΓΥᏰ.

1198 Tête ibérienne à droite, entre trois dauphins. R'. Cavalier avec palme courant à droite; dessous, la lég. figurée.
M. Br. Mod. 26 milim. T. B. C.

1199 Trois autres.
Mod. 26 milim. T. B. C.

1200 Tête ibérienne à droite; derrière, IΝ.; devant, dauphin. R'. Cheval en course à droite; derrière, la même légende.
P. Br. Mod. 19 milim. B. C.

ΛÞ↑◁H. (*Laurona*.)

1201 Tête ibérienne à droite; derrière, un sceptre. R'. Cavalier avec palme, à droite; dessous, la lég. figurée.
M. Br. Mod. 26 milim. T. B. C.

1202 Tête ibérienne à droite; derrière, caducée. R'. Le même que le précédent.
Mod. 28 milim. C. O.

ΓᏰΫшÞM.

1203 Tête ibérienne à droite; derrière, dauphin et le caractère Γ; devant, autre dauphin. R'. Cavalier avec lance à dr.; dessous, la lég. figurée.
M. Br. Mod. 29 milim. M. B. C.

1204 Autre semblable. M. B. C.

☐ΫϟÞ↑.

1205 Tête ibérienne à droite; derrière, ☐ ; devant, dauphin. R'. Cavalier avec lance courant à droite; dessous, la lég. figurée.
M. Br. Mod. 25 milim. C. O. Deux exemplaires.

1206 Tête ibérienne à droite; derrière, ☐. R'. Cheval en course avec bride; au-dessus, ... ; dessous, ☐Ϋϟ.
Mod. 20 milim. T. B. C.

1207 Autre semblable. B. C.

ΓΫΫXM.

1208 Demi-lune à face humaine, à droite; au-dessus, la lég. figurée. R'. Petit enfant ailé sur un dauphin à droite; dessous, MÞΓΥΫ. (*Sætabi*.)
P. Br. Mod. 15 milim. C. O. Très-rare.

ᛟᚴΨᚹᚴ.

1209 Tête ibérienne à droite; derrière, ᛟᚴᛞX. R*. Cavalier avec une épée courant à droite; dessous, ΩᚴΨᚹᚴ.

Ar. Mod. de *denarium*. T. B. C.

1210 Deux autres semblables. B. C.

1211 Tête ibérienne à droite; derrière, ΩᚴᛞX.; devant, dauphin. R*. Cavalier avec lance courant à droite; dessous, ᛟᚴΨᚹᚴ.

M. Br. Mod. 29 milim. B. C. Deux exemplaires.

ΩᚨᚴᛇHϒ.

1212 Tête ibérienne à droite; derrière, ᛟᚨ. R*. Cavalier avec lance courant à droite; dessous, la lég. figurée.

Ar. Mod. de *denarium*. B. C.

1213 Tête ibérienne à droite; derrière, ᛟ. R*. Cavalier avec lance; dessous, la même légende.

M. Br. Mod. 23 milim. T. B. C.

1214 Six autres semblables. B. C.

1215 Tête ibérienne à droite; derrière; ᛟ. R*. Cheval en course avec la bride libre; au-dessus, ...; dessous, ΩᚨᚴᛇHϒ.

P. Br. Mod. 15 milim. T. B. C.

ᛟᚨᚦᚴ-Mᛞϒ.

1216 Tête ibérienne à droite; derrière, ᛟ; devant, deux dauphins. R*. Cavalier avec lance à droite, dessous, la lég. figurée.

Mod. 24 milim. B. C.

1217 Tête ibérienne à droite; derrière, ᛟ. R*. Cheval en course avec bride; dessous, la même légende.

P. Br. Mod. 18 milim. B. C.

ʘᛒᚨᚴHᛞM. (*Velia.*)

1218 Tête ibérienne à droite; derrière, charrue; devant, dauphin et ʘ. R*. Cavalier avec une branche courant à droite; dessous, la lég. figurée.

M. Br. Mod. 25 milim. M. B. C.

1219 Autre semblable. M. B. C.

1220 Autre variée, la tête entre deux dauphins, et ʘ.

M. Br. Mod. 26 milim. T. B. C., patine. Très-belle.

1221 Deux autres. B. C.

MᛒᛇMᚦᚴHM. (*Segisamon.*)

1222 Tête ibérienne à droite; derrière, M; devant, dauphin. R*. Cavalier

avec lance, à dr.; dessous, et en forme circulaire, MᚒLMDNHM.
M. Br. Mod. 22 milim. B. C.

1223   Deux autres variées. M. B. C.

MXFΨDᛋ.

1224   Tête ibérienne à droite; derrière, ᚠDΛᛋ; devant, dauphin. R*. Cavalier avec lance, courant à droite; dessous, la lég. figurée.
M. Br. Mod. 27 milim. B. C.

1225   Autres quatre variées. B. C.

MᚒXΓΦᚠᛌᛋ. (*Secobrica*.)

1226   Tête ibérienne à droite; derrière, croissant; dessous, M.R*. Cavalier avec lance à droite; dessous, la lég. figurée.
Ar. Mod. de *denarium*. T. B. C.

1227   Catorze autres.
Ar. Mod. de *denarium*; de différentes fabriques. B. C.

1228   Autres cinq *subæratæ*.

1229   Tête ibérienne à droite; derrière, branche de palme; dessous, M; devant, dauphin. R*. Cavalier avec lance, à droite; dessous, la lég. antérieure.
M. Br. Mod. 26 milim. B. C.

1230   Autres six. A. B. C.

MEAᚠᛋD.

1231   Tête ibérienne à droite; derrière, ME; devant, dauphin. R*. Cavalier avec palme, à droite; dessous, la lég. figurée.
M. Br. Mod. 28 milim. T. B. C.

1232   Autres cinq. B. C.

1233   Tête ibérienne à droite; derrière, lion courant. R*. Cavalier courant à droite, portant une aigle légionnaire; dessous, la lég. antérieure.
M. Br. Mod. 28 milim. B. C. Belle fabrique.

1234   Trois autres semblables.
B. C. Belle fabrique.

1235   Tête ibérienne à droite, sans symbole. R*. Cavalier à droite, sans armes; dessous, MEAᚠᛋDXY.
M. Br. Mod. 25 milim. B. C. Très-rare.

1236   Tête ibérienne à droite; derrière, ME. R*. Cavalier avec lance à droite; dessous, la lég. MEAᚠᛋD.
M. Br. Mod. 24 milim. B. C.

1237   Tête ibérienne entre deux dauphins. R*. Cavalier avec lance, à droite; dessous, MEᚠᚠᛋD.

1238 Six autres.
   B. C. Variées.

1239 Tête ibérienne à droite; derrière, **ME**. R˙. Cheval courant avec la bride libre; au-dessus, croissant; dessous, **MENASD**.
   P. Br. Mod. 18 milim. B. C.

1240 Deux autres semblables, sans lettres derrière de la tête.
   P. Br. Mod. 18 milim. B. C.

1241 Tête ibérienne à droite; devant, **M**. R˙. Cheval avec la bride libre courant; au-dessus, . . . ; dessous, **MEN**.
   Mod. 16 milim. B. C.

MPNY. (*Suetabi*.)

1242 Tête ibérienne à droite; derrière, un sceptre. R˙. Cavalier avec palme courant à droite; dessous, la lég. figurée.
   Gr. Br. Mod. 33 milim. B. C. Belle fabrique.

1243 Deux autres.
   A. B. C. variées.

1244 Tête ibérienne à droite; derrière, sceptre; devant, **EI**. R˙. Cavalier avec palme à droite; dessous, la même légende.
   M. Br. Mod. 25 milim. C. O.

1245 Tête ibérienne diadémée à droite; derrière, une branche. R˙. Cavalier avec lance courant à droite; dessous, lég. *ut supra*.
   M. Br. Mod. 26 milim. T. B. C.

1246 Cinq autres exemplaires. B. C.

1247 Tête ibérienne à droite. R˙. Cheval en course, avec la bride libre; au-dessus, un croissant; dessous, la lég. figurée.
   P. Br. Mod. 21 milim. B. C.

SESD.

1248 Tête ibérienne à droite, entre trois dauphins. R˙. Cavalier avec lance courant à droite; au-dessus, astre et croissant; dessous, la légende figurée.
   M. Br. Mod. 29 milim. B. C.

1249 Autre.
   B. C. Variée.

1250 Tête ibérienne à droite; derrière, **HN**. R˙. Cavalier avec lance à droite; dessous, la même légende.
   M. Br. Deux exemplaires. B. C.

1251 Tête ibérienne à droite; derrière, un dauphin. R˙. Cavalier avec lance; au-dessus, un astre; dessous, la même légende.
   P. Br. Mod. 22 milim. B. C.

1252 Deux autres semblables. B. C.

ᎴᎬᎣᏁᏕᎸᏁ.

1253 Tête ibérienne à droite, entre trois dauphins. R*. Cavalier avec palme à droite; dessous, la lég. antérieure.
M. Br. Mod. 27 milim. C. O.

1254 Autres quatre.
Mod. de 22 à 25 milim. B. C. Variées.

1255 Tête ibérienne à droite, entre trois dauphins. R*. Cheval avec bride, à droite; dessous, la lég. figurée.
P. Br. Mod. 19 milim. B. C., patine.

ᎴᏇᎯᎯᏁᎬ.

1256 Tête ibérienne à droite, entre trois dauphins. R*. Cavalier avec palme courant à droite; dessous, l'antérieure légende.
M. Br. Mod. 25 milim. B. C.

1257 Trois autres semblables. A. B. C.

ᏕᎤᏕᎠᎯᏕ.

1258 Tête ibérienne à droite: derrière, ✳Ꮑ. R*. Cavalier avec lance à droite; dessous, la lég. figurée.
Ar. Mod. de *denarium*. T. B. C.

1259 Tête ibérienne à droite; derrière, dauphin. R*. Cavalier avec lance à droite; au-dessus, astre; dessous, la même légende.
M. Br. Mod. 23 milim. B. C.

1260 Autre variée. M. B. C.

1261 Tête ibérienne; derrière, Ꮥ. R*. Pégase à droite; au-dessus, O.; dessous, l'antérieure légende.
P. Br. Mod. 20 milim. B. C.

1262 Tête ibérienne. R*. Cheval courant; au-dessus, ...; dessous, la même légende.
Min. Br. Mod. 15 milim.

ᎣᎥᎯᏐᎩ.

1263 Tête ibérienne entre deux dauphins. R*. Cavalier avec lance; dessous, la lég. figurée.
M. Br. Mod. 25 milim. B. C. Très-rare.

ᎧᎠᎥᎠᏐᎷ.

1264 Tête ibérienne à droite, sans symboles. R*. Cavalier avec une branche courant à droite; dessous, la lég. figurée.
Mod. 23 milim. B. C.

1265 Autre, avec la tête entre deux dauphins. B. C.

1266 Tête ibérienne à droite; derrière, ⊳↑X; devant, un dauphin. R°. Cavalier avec lance courant à droite; dessous, ↑𝖯⊙𝖯⊠𝖬.
Mod. 24 milim. B. C. Trois exemplaires.

↑𝖭𝖸⋖𝟧⋖𝖭. (*Indigetes.*)

1267 Tête de Pallas à droite; devant, Ƙ|-XV. R°. Pégase, dont la tête la forme un petit enfant assis, courant à droite; dessous, ↑𝖭𝖸⋖𝟧⋖𝖭.
G. Br. Mod. 34 milim. T. B. C., patine.

1268 Tête de Pallas à droite; devant, Ƙ|. R°. Pégase à droite, dont la tête est de la forme décrite antérieurement; devant, petit taureau cornupète; dessous, ↑𝖭𝖸⋖𝟧⋖𝖭.; au-dessus, une couronne de laurier.
M. Br. Mod. 31 milim. B. C.

1269 Tête de Pallas à droite, sans lettres. R°. Pégase à droite; au-dessus, une couronne de laurier, dessous, la lég. figurée.
M. Br. Mod. 31 milim. B. C.

1270 Tête de Pallas à droite; devant, Ƙ|. R°. Pégase comme l'antérieur; au-dessus, une diadème.
M. Br. Mod. 31 milim. B. C., flanc mince.

1271 Autre semblable, ayant une couronne de laurier au lieu de diadème; dessous, la lég. figurée.
M. Br. Mod. 28 milim. B. C., flanc mince.

1272 Tête de Pallas à droite. R°. Pégase comme le décrit antérieurement; au-dessus, une Victoire ailée, le couronnant.
M. Br. Mod. 26 milim. B. C.

1273 Tête de Pallas à droite; devant, deux dauphins. R°. Pégase; au-dessus, un dauphin; dessous, ↑𝖭𝖸⋖𝟧⋖𝖭.
Mod. 29 milim. B. C.

1274 Tête de Pallas, à gauche. R°. Pégase à droite; devant, signe inconnu.
M. Br. Mod. 26 milim. M. C.

1275 Catorze monnaies variées, avec la même lég. et types ci-décrits.
G. et M. Br. B. C.

1276 Tête de Pallas à droite. R°. Cheval marin à droite.
P. Br. Mod. 21 milim. C. O. Deux exemplaires.

1277 Tête de Pallas à droite; devant, .. 𝖸⋖𝟧⋖𝖭. R°. Lion courant.
P. Br. Mod. 18 milim. B. C.

1278 Tête de Pallas à dr.; devant, ... ⋖𝟧⋖𝖭. R°. Coq avec une fleur au bec.
Min. Br. Mod. 15 milim. B. C.

↑𝖬𝖣𝖶↑𝟧.

1279 Tête ibérienne à droite; devant, charrue; derrière, ↑𝖬. R°. Cavalier

avec lance à droite; dessous, la lég. figurée.
Mod. 22 milim. T. B. C. Rare.

1280 Autre semblable.
A. B. C. Rare.

↑TD̃N.

1281 Tête ibérienne à droite; devant, ␢XHN. R'. Cavalier avec une branche courant à droite; dessous, dans un carré, ↑TD̃N., et dans le champ, N◊.
M. Br. Mod. 24 milim. C. O. Très-rare.

↑N͂ΦHT-N͂D.

1282 Tête ibérienne à droite; derrière, ↑. R'. Cavalier avec lance à droite; dessous, la lég. figurée.
M. Br. Mod. 24 milim. B. C.

N͂DΛ.

1283 Tête ibérienne à droite; devant, un dauphin; derrière, ✶N. R'. Cavalier avec lance à droite; dessous, N͂DΛ.
M. Br. Mod. 25 milim. B. C.

1284 Deux autres semblables. B. C.

N͂⟨ŚPN͂ΣY.

1285 Tête ibérienne à droite; devant, dauphin; derrière, ΣN͂✶↑Ш. R'. Cavalier avec lance à droite; dessous, N͂⟨ŚPN͂ΣY.
Mod. 26 milim. B. C.

1286 Autre semblable. M. B. C.

N͂ḮMH.

1287 Tête ibérienne à droite; derrière, une branche; devant, Λ. R'. Cavalier avec palme, à droite; dessous, la lég. figurée ci-après.
Mod. 29 milim. C. O.

⊢PK⚹KN. (*Vrci.*)

1288 Tête ibérienne à droite; devant, astre; derrière, dauphin. R'. Cavalier avec lance à droite; dessous, ⊢PK⚹KN.
G. Br. Mod. 32 milim. B. C. Fabrique barbare.

1289 Autre semblable. M. B. C.

N͂ΛYΦX. (*Ilerda.*)

1290 Tête ibérienne à droite, entre trois dauphins. R'. Cavalier avec palme

courant à droite et avec la clamyde flottante; dessous, ᛉᛀᛉ.
Médaillon. Mod. 34 milim. B. C., patine.

1291 Autre semblable.
Mod. 30 milim. M. B. C.

1292 Huit autres.
M. Br. Mod. de 25 à 27 milim. B. C.

1293 Autre avec la contre-marque n.° 27 sur la croupe du cheval.

1294 Tête ibérienne à droite, sans symboles. R*. Louve marchant à droite; au-dessus, la lég. figurée.
M. Br. B. C. Sept exemplaires variés.

1295 Tête ibérienne entre trois dauphins, à droite. R*. Cheval en course avec la bride libre, à droite; au-dessus, croissant; dessous la même légende.
P. Br. Mod. 20 milim. B. C.

1296 Cheval marchant à droite. R*. Dans le champ, la même lég.; au-dessus, croissant renversé; dessous, tête de louve.
P. Br. Mod. 18 milim. B. C. Très-rare.

ᛉᛀᛉ.

1297 Tête ibérienne à droite; derrière, palme ou branche. R*. Cavalier avec palme courant à droite; dessous, la lég. figurée.
M. Br. Mod. 29 milim. B. C.

1298 Tête ibérienne à droite. R*. Cheval courant avec la bride libre; dessous, ᛉᛀᛉ.
P. Br. Mod. 19 milim. C. O.

ᛉᛀᛉ. (*Iluro.*)

1299 Tête ibérienne à droite; derrière, oreille. R*. Cavalier avec lance et clamyde flottante, courant à droite; dessous, la lég. figurée.
M. Br. Mod. 30 milim. B. C. Quatre exemplaires.

1300 Tête ibérienne diadémée, à gauche, sans symboles. R*. Cavalier avec lance courant à droite; dessous, la même légende.
M. Br. Mod. 24 milim. B. C.

1301 Tête ibérienne à droite sans symboles. R*. Cheval en course avec la bride libre; dessous, la même légende.
P. Br. Mod. 20 milim. B. C.

ᛉᛀᛉ ?

1302 Tête diadémée, à droite, sans symboles. R*. Louve allant à droite; au-dessus, astre de huit rayons; dessous, la lég. antérieure effacée.
M. Br. Mod. 28 milim. C. O.

ᴺᴧᴎᴏᴎƗKᴎ.

1303 Tête ibérienne à droite, sans symboles. R*. Cavalier avec bouclier et clamyde, conduisant un autre cheval de la bride, courant à gauche; dessous, la lég. figurée.
Ar. Mod. de *denarium*. T. B. C.

1304 Autres huit.
Ar. Mod. de *denarium*. B. C.

1305 Autre avec la lég. ᴺᴧᴎᴏƗKᴎ.
Ar. Mod. de *denarium*. T. B. C.

1306 Tête ibérienne à droite; devant, caducée; derrière, dauphin. R*. Cavalier avec lance et bouclier, à gauche; dessous, ᴺᴧᴎᴏᴎƗKᴎ.
G. Br. Mod. 31 milim. B. C.

1307 Tête à gauche, qui paraît être celle d'une femme, avec la chevelure ornée. R*. Comme celui de l'antérieure.
M. Br. Mod. 30 milim. B. C.

1308 Tête ibérienne à droite; devant, dauphin; derrière, gouvernail. R*.
même caractère; dessous, la même légende.
M. Br. Mod. 30 milim. B. C.

1309 Tête ibérienne à droite; dessous, astre; derrière, dauphin. R*. Comme
les antérieures.
M. Br. Mod. 27 milim. B. C.

1310 Tête ibérienne à droite; derrière, dauphin. R*. Même cavalier; dessous,
ᴺᴧᴎᴏƗKᴎ.
M. Br. Mod. 26 milim. B. C.

1311 Tête ibérienne sans symboles. R*. Le même cavalier; dessous, ᴺᴧᴎᴏƗ
M. Br. Mod. 25 milim. B. C.

1312 Tête ibérienne à droite; devant, ↳; derrière, dauphin. R*. Cheval marchant à gauche; au-dessus, astre et croissant; dessous, ᴺᴧᴎᴏƗKᴎ.

1313 Seize autres semblables.
Mod. variés. Toutes sont en bronze.

☒ᴎΘΨPD. (*Contrebia*.)

1314 Tête ibérienne à droite; derrière, ᴧΨPᴧ (*Arevaci*.) R*. Cavalier avec
lance à droite; dessous, la lég. ☒ᴎΘΨPD.
Ar. Mod. de *denarium*. T. B. C.

1215 Cinq autres.
Ar. Mod. de *denarium*. T. B. C.

☒ᴎΦΙ☒ϒ.

1316 Tête ibérienne à droite; derrière, ☒; devant, dauphin. R*. Cavalier avec

lance, à droite; dessous, la lég. figurée.
M. Br. Mod. 25 milim. T. B. C.

1317 Deux autres semblables. C. O.
1318 Tête ibérienne à droite; derrière, ⟨symb⟩; devant, dauphin. R'. Cavalier avec palme, à droite; dessous, ⟨symb⟩.
M. Br. Mod. 25 milim. T. B. C., patine.

1319 Trois autres. B. C.
1320 Tête ibérienne à droite; devant, dauphin; derrière, ⟨symb⟩ (*Arevaci*). R'. Cavalier avec lance à droite; dessous, ⟨symb⟩.
M. Br. Mod. 24 milim. B. C.

1321 Trois autres semblables. B. C.
1322 Tête ibérienne à droite; devant, dauphin; derrière, ⟨symb⟩. R'. Cavalier avec lance, à droite; dessous, ⟨symb⟩.
M. Br. Mod. 25 milim. T. B. C.

1323 Autres huit variées.
Mod. 24 milim. B. C.

⟨symb⟩. (*Ucsama Uxama*.)

1324 Tête ibérienne à droite; derrière, ⟨symb⟩. R'. Cavalier avec lance, à droite; dessous, ⟨symb⟩.
Ar. Mod. de *denarium*. T. B. C.

1325 Treize autres semblables.
Ar. Mod. de *denarium*. B C.

1326 Deux autres *subæratæ*.
1327 Tête ibérienne à droite; derrière, dauphin. R'. Cavalier avec lance à droite; au-dessus, astre; dessous, la lég. figurée.
M. Br. Mod. 22 milim. T. B. C.

1328 Sept autres semblables. B. C.
1329 Tête ibérienne à droite; derrière, ⟨symb⟩. R'. Cheval ayant la bride libre et courant, à droite; dessous, la même lég.; dessus, ...
P. Br. Mod. 15 milim. B. C.

⟨symb⟩.

1330 Tête ibérienne à droite, devant, dauphin; derrière, ⟨symb⟩. R'. Cavalier avec lance, à droite; dessous, la lég. ci-dessus figurée.
M. Br. Mod. 27 milim. T. B. C.

1331 Autre semblable un peu variée.
B. C. Deux exemplaires.

⟨symb⟩.

1332 Tête ibérienne à droite; devant, dauphin; derrière, ⟨symb⟩. R'. Cavalier

avec lance à droite; dessous, la lég. figurée.
M. Br. Mod. 25 milim. T. B. C.

1333 Autre semblable. M. B. C.

XTPMM↑.

1334 Tête ibérienne à droite; derrière, X; devant, dauphin. R*. Cavalier avec lance, à droite; dessous, l'antérieure légende.
M. Br. Mod. 25 milim. B. C.

1335 Deux autres semblables. M. B. C.

XIOMΛΛ-Δ?

1336 Tête ibérienne à droite; derrière IM. R*. Taureau courant à droite; au-dessus, la lég. figurée.
P. Br. Mod. 22 milim. B. C. Fabrique de transition entre les monnaies Gauloises et les ibériennes.

XM↑MMP.

1337 Tête ibérienne à droite, entre deux dauphins. R*. Cavalier avec lance, dessous, la lég. antérieure.
M. Br. Mod. 24 milim. B. C.

1338 Deux autres semblables. B. C.

GALLIA.

INCERTAINES DES GAULES.

1339 Dauphin à gauche. R*. *Torques* terminé par deux globules; au milieu, autres cinq globules.
Or. Poids, gr. 6,66. B. C. Fabrique barbare.

1340 Tête barbare à droite. R*. Cavalier avec l'épée à la main, courant à dr.
Ar. Poids gr. 2,24. Mod. 17 mil. C. O. Transition entre celles de l'Espagne et celles des Gaules.

1341 Tête barbare à droite, ornée d'un collier. R*. Figure avec tête humaine, à gauche; dans la main gauche elle tient un *torques*; autour il y a une orle formée de feuilles et avec des globules.
Ar. Poids gr. 1,58. Mod. 13 milim. B. C.

1342 Tête, peut-être de Jupiter, laurée et barbue, tournée à droite. R*. Cavalier tenant une palme à la main et courant à droite; dessous du cheval, C. renversé; dans le champ les lettres; P-X.
Tétradrachme d'Ar. Poids gr. 10,58. Mod. 24 milim. B. C. Gauloise de la Pannonie.

1343 Tête de femme avec pendants d'oreilles à gauche, très-grossière. R*.

Cheval marchant à droite; au-dessus, croissant et un signe inconnu.
Ar. Poids gr. 4,15. Mod. 18 milim. Percée.

1344 Tête grossière à droite. R*. Sanglier ou lion à droite.
Ar. de billon. Mod. 15 milim.

1345 Tête casquée à gauche. R*. Cheval courant à gauche; dessous, une roue; au-dessus, KAΛ.
Ar. Poids gr. 1,82. Mod. 12 milim.—M. de Saulcy attribua les monnaies qui ont ces types et ces caractères aux Leukos. (Voyez *Revue numismatique*, t. 1, p. 162.)

1346 Tête informe à droite. R*. Lion ou cheval à gauche, entre deux globules.
Ar. de billon. Mod. 17 milim.

1347 Tête casquée à gauche. R*. Cheval ailé courant à gauche; dessous, COLINI. (Peut-être de Solima, dans les Leukos.)
Æ. Mod. 16 milim. B. C.

1348 Tête barbare à gauche. R*. Chevron cornupète à gauche.
Mod. 18 milim. B. C. Fabrique barbare.—Elle paraît être d'electrum d'or, avec patine noire, luisante.

1349 Tête casquée à droite; devant TO. R*. Lion courant à droite.
Mod. 17 milim.—Elle paraît être d'electrum d'or, avec patine noire, luisante.

CHEFS GAULOIS.

CONTOUTOS.

1350 Tête imberbe à droite; devant, CONTOVTOS. R*. Quadrupède qui paraît être un sanglier courant dessous d'un arbre; les deux pattes posées sur une tête de bœuf.
Æ. Mod. 16 milim. B. C. (Mionnet, t. 1, p. 88, n.° 56.)

INDUTILIO GERMANO.

1351 Tête imberbe à droite. R*. Taureau cornupète à gauche; au-dessus, GERMANVS; dessous, INDVTIwI.
Æ. Mod. 16 milim. B. C. Quatre exemplaires.

GALLIA NARBONENSIS.

BETERRA.

1352 Tête imberbe à droite. R*. Lion courant à droite; au-dessus, K; dessous, BHTAPPA.
Æ. Mod. 25 milim. C. O. (Mionnet, 1.er du supplément n.° 21.

LONGOSTALETI.

1353 Tête de Mercure à droite. R*. Trépied; ΛΟΓΓΟΣΤ-ΑΛΗΤΩΝ.
Æ. Mod. 25 milim. B. C.

MASSILIA.

1354 Tête d'Apollon à g. R*. MA. entre les rayons d'une roue à quatre rayons.
Ar. Poids gr. 0,68. Mod. 9 milim. T. B. C.

1355 Tête de Diane à droite; devant, un monogramme. R*. Lion marchant à droite; audessus, ΜΑΣΣΑ; dessous, Π II.
Ar. Poids gr. 2,57. Mod. 17 milim. B. C.

1356 Autre semblable. M. C.

1357 Tête d'Appollon à gauche. R*. Taureau cornupète; au-dessus, foudre; dessous, ΜΑΣΣΑΛΙΗΤΩΝ.
Æ. Mod. 24 milim. B. C.

1358 Autre ayant un croissant sur le taureau.
Mod. 24 milim. B. C.

1359 Autre; croissant sur le taureau, et une corne d'abondance derrière de la tête d'Appollon.
Mod. 24 milim. B. C.

1360 Tête de Pallas à droite; devant, ΜΑΣ. R*. Caducée ailée; aux côtés, A.
Mod. 11 milim. B. C.

1361 Autre semblable, ayant aux côtés du caducée M.-Γ. B. C.

NEMAUSUS.

1362 Tête de Pallas à droite. R*. *Hygia* debout sacrifiant aux deux serpents; à un côté, NEM. COL.
Æ. Mod. 16 milim. B. C.

1363 IMP.-DIVI. F. Têtes adossées d'Augustus et d'Agrippa. R*. Crocodile enchaîné à un palmier.
Æ. Mod. 26 milim.

1364 Deux autres semblables. M. B. C.

1365 Autre avec la contre-marque n.° 17.

1366 IMP.-DIVI. F.-P.-P. Mêmes têtes. R*. Même lég. et même type.
Mod. 26 milim. T. B. C.

1367 Deux autres semblables. B. C.

VOLCÆ ARECOMICI.

1368 VOLCAE. Tête de femme à droite. R*. AREC. Figure vêtue de la toge, debout; devant, une palme.
Æ. Mod. 15 milim. Deux exemplaires.

INCERTAINES.

1369 Cinq monnaies gauloises de difficile application.
Toutes celles-ci sont en P. Br.

ITALIA.

NVMI SAMNITICI.

1370¹ˑ Tête de femme laurée à gauche; derrière, VИƎTIꓚ. R*. Figure militaire debout, avec la main droite posée sur la lance, et tenant de la gauche le *Parazonium*; à ses pieds, è gauche, un bœuf couché; au bas, la lettre I.
Ar. Poids gr. 3,92. Mod. 18 milim. T. B. C.

FRETANI.

LARINUM.

1370²ˑ Tête de Pallas à droite. R*. LADINOD. Cavalier avec lance courant à gauche; dans le champ, ... (*Quincunx*.)
Æ. Mod. 22 milim. B. C.

CAMPANIA.

CALES.

1371 Tête d'Appollon laurée à gauche; devant, CALENO; derrière, pentagone. R*. Taureau à face humaine à droite; dessous, B.
Æ. Mod. 19 milim. B. C.

1372 Tête de Pallas à gauche. R*. CALENI. Coq et un astre.
Æ. Mod. irrégulier de 18 à 22 milim.

NEAPOLIS.

1373 Tête de femme diadémée à droite; derrière, un petit buste de Cérès; dessous, APTEMI. R*. Taureau à face humaine, à droite, couronné par une Victoire; dessous, N.; exergue, ΝΕΟΠΟΛΙΤΩΝ.
Ar. Poids gr. 6,03. Mod. 20 milim. C. O.

1374 La même tête; derrière, *diota*. R*. Taureau a face humaine, à droite; au-dessus, une Victoire le couronnant; exergue, ΝΕΟΠΟΛΙΤΩΝ.
Ar. Poids gr. 6,88. Mod. 20 milim. B. C.

1375 La même tête; derrière, osselet. R*. Même type.
Ar. Poids gr. 7,45. Mod. irrégulier de 18 à 21 milim. B. C.

1376 La même tête. R*. le même type; dessous, ΣΥΞ; exergue, CARTAGO. (Ces lettres paraissent avoir été faites modernement à ciseau.)
Ar. Poids gr. 7,06. Mod. 19 milim. B. C.

1377 Tête de femme à gauche, diadémée et avec des pendants d'oreilles. R*. Le même type; au-dessus, dans le champ, les lettres IΣ; à l'exergue, ΝΕΟΠΟΛΙΤΩΝ.
Ar. Poids gr. 6,37. Mod. 18 milim. B. C., patine.

1378 Tête d'Appollon laurée à gauche; devant, ΝΕΟΠΟΛΙΤΩΝ. R*. Taureau à face humaine, à droite, couronné par une Victoire.
Æ. Mod. 18 milim. B. C.

1379 Autre semblable; mais ayant dans le champ, dessous le taureau, ΟΣ.
Mod. 18 milim. B. C.

1380 Tête d'Appollon laurée, à droite; devant, ΝΕΟΠΟΛΙΤΩΝ. R*. Partie antérieure d'un taureau à face humaine, tourné à droite; au-dessus, dauphin.
Æ. Mod. 17 milim. B. C.

1381 Autre; sur le taureau, ΤΗΣ; et sur le corps, la contre-marque n.° 28.
Mod. 18 milim. B. C.

1382 Tête d'Appollon laurée, à droite; R*. ΝΕΟΠΟ-ΛΙΤΩΝ, lyre et *cortina*.
Æ. Mod. 19 milim. B. C.

1383 Tête d'Appollon laurée, à gauche. R*. Trépied.
Æ. Mod. 25 milim. B. G.

SUESSA.

1384 Tête de Pallas à gauche. R*. Coq à droite; derrière, astre; devant, SVESANO.
Æ. Mod. 20 milim. B. C., patine.

INCERTAINES DE LA CAMPANIA.

1385 Tête casquée et barbue, à gauche. R*. Buste de cheval; dessous, sur une base, ROMANO; derrière, une épi.
Ar. Poids gr. 6,40 Mod. 18 milim. B. C.

APPULIA.

ARPI.

1386 Cheval courant à droite; ΑΡΠΑ-ΝΟΥ. R*. Taureau cornupète, à droite; dessous, ΠΟΥΛΛΙ.
Æ. Mod. 20 milim. B. C.

1387 Deux autres semblables variées. M. B. C.

HYRIUM.

1388 Tête de Pallas à droite, avec un casque orné. R*. Taureau à face humaine, à droite; au-dessus, ΙϽΙΝΑ.
Ar. Poids gr. 2,76. Mod. 16 milim. B. C.

LUCERIA.

1389 Tête de Pallas à droite; au-dessus, ... R*. LOVCERI, entre les

rayons d'une roue. (*Quincunx.*)
Æ. Mod. 25 milim. B. C., patine.

1389²·ᶜ Tête de Rome à droite; derrière, ⁎ R⁎. LOVCERI; grenouille.
Æ. Mod. 15 milim. B. C.

CALABRIA.

BRUNDUSIUM.

1390 Tête de Neptune à droite; derrière, Victoire qui la couronne et trident; dessous, ⁎⁎⁎ R⁎. Figure virile assise sur un dauphin, tenant de la main droite une Victoire, et de la gauche une lyre; dans le champ, AT; dessous, BRVN; et plus au-dessous, ⁎⁎⁎ (*Quadrans.*)
Æ. Mod. 21 milim. B. C., patine.

1391 La même tête; dessous, S. R⁎. Le même type, sans symboles.
Æ. Mod. 20 milim. B. C.

1392 Tête de Neptune à droite. R⁎. La même figure couronnée par la Victoire; dans le champ, S. (*Semis.*)
Æ. Mod. 19 milim. B. C.

ORRA.

1393 Tête d'Hercule à droite couverte d'une peau de lion. R⁎. OPPA-ΓOP; foudre.
Æ. Mod. 20 milim. T. B. C.

TARENTUM.

1394 Tête de femme diadémée, à gauche, avec pendants d'oreilles. R⁎. Figure nue à cheval, marchant à droite; dans le champ, au-dessus, croissant; dessous, dauphin.
Ar. Poids gr. 7,31. Mod. 18 milim. B. C.

1395 Tête de femme avec pendants d'oreilles, à gauche. R⁎. Homme nu à cheval, à droite; derrière, un croissant; dessous, un dauphin; dans le champ, TA.
Ar. Poids gr. 7,24. Mod. 19 milim. T. B. C.

1396 Taras porte un dauphin sur la main droite; la gauche appuyée sur le dauphin qui lui sert de monture; derrière, TAPAΣ. R⁎. Chevalier frappant de sa lance, à droite; dessous, lég. effacée.
Ar. Poids gr. 7,78. Mod. 22 milim. B. C.

1397 Tête de Pallas, à gauche, ornée d'un casque qui porte un triton. R⁎. Chouette éployée sur un foudre, à droite.
Ar. Poids gr. 3,14 Mod. 20 milim. B. C.

1398 La même tête à droite. R⁎. Chouette tenant une branche d'olivier.
Ar. Poids gr. 3,09. Mod. 15 milim. B. C.

1399 Tête de Pallas casquée, à droite. R'. Hercule debout étouffant le lion.
Ar. Poids gr. 0,92. Mod. 11 milim. B. C.

1400 Autre semblable.
Ar. Poids gr. 1,01 B. C.

1401 Autre semblable, dans laquelle on lit TARANT.
Ar. Poids gr. 1,05. Belle fabrique.

LUCANIA.

HERACLEA.

1402 Tête de Pallas à droite. R'. Hercule accroupi étouffant le lion, et tenant de la main droitte la massue, avec laquelle il va l'assommer; dans le champ, Λ.
Ar. Mod. 11 milim. B. C.

1403 Autres quatre petites monnaies d'argent, variées, mais du même module.

METAPONTUM.

1404 Tête de femme à droite. R*. META. Épi.
Ar. Mod. 21 milim. B. C.

1405 Epi en relief; dessous, META. R*. Le même type en creux.
Ar. Mod. 20 milim. B. C.

1406 Tête de Pallas à droite. R'. Epi.
Ar. Mod. 11 milim. C. O.

1407 Tête d'Apollon à droite. R*. Epi.
Ar. Mod. 11 milim. C. O. Deux exemplaires avec le même module.

PAESTUM.

1408 Tête de Jupiter à droite; derrière, ... R*. PAIS. Corne d'abondance; dans le champ, ... (*Triens*.)
Æ. Mod. 17 milim. B. C.

THURIUM.

1409 Tête de Pallas à droite; sur le casque Scylla. R*. Taureau cornupète, à droite; au-dessous, ΘΟΥΡΙΩΝ; dessous, poisson.
Tétradrachme. Ar. Mod. 24 milim. B. C.

1410 Tête de Pallas avec casque lauré, à droite. R*. Taureau cornupète, à gauche; dessous ΘΟΥΡΙΩΝ; au-dessus, poisson.
Ar. Mod. 20 milim. B. C.

1411 Tête de Pallas; sur le casque, Scylla. R*. Taureau et lég. comme l'antérieur.
Ar. Mod. 18 milim. B. C.

1412 Autre semblable.
Ar. Mod. 18 milim. B. C.

1413¹·ˑ Trois petits oboles de la même ville, variés.
Ar. Mod. 11 milim.

1413²·ˑ Tête de Pallas à droite. R*. ΘΟΥΡΙΩΝ; taureau cornupète, à droite, couronné par une Victoire volante.
Ar. Mod. 11 milim.

1414 Tête de Pallas, à droite. sur le casque, Scylla. R.* Même taureau et lég.
Æ. Mod. 23 milim., flanc épais, patine verte. B. C.

VELIA.

1415 Tête de Pallas à droite ; derrière, Ϙ ; au-dessus, Ρ. R*. ΥΕΛΗΤΩΝ ; lion marchant à droite ; au-dessus, grappe de raisin entre les lettres Ϙ-Ι.
Ar. Mod. 21 milim. B. C.

1416 Tête de Pallas à gauche; derrière, Ϙ. R*. Lion à droite; au-dessus, Ϙ ; exergue ; ΙΕΛΗΤΩΝ.
Ar. Mod. 21 milim. B. C.

1417 Tête de Pallas à gauche. R*. Lion tourné à gauche, dévorant une proie ; au-dessus, A ; dessous, ΥΕΛΗΤΩΝ.
Ar. Mod. 20 milim. B. C.

1418 Deux exemplaires variés. M. B. C.

1419 Tête de Pallas à droite. R*. Trépied ; aux côtés, Υ-Ε-Λ-Ε.
Min. Br. Mod. 11 milim. B. C., patine.

BRUTTIUM.

1420 Tête de Mars à gauche. R*. ΒΡΕΤΤΙΩΝ. Pallas, armée d'un bouclier et d'une lance, marchant à droite ; dans le champ, une tête de bœuf.
Æ. Mod. 28 milim. B. C.

1421 Autre semblable. M. B. C.

1422 Tête de Mars à gauche ; derrière, ●● R*. ΒΡΕΤΤΙΩΝ ; Victoire debout couronnant un trophée.
Æ. Mod. 26 milim. T. B. C.

1423 Tête de Jupiter à droite. R*. ΒΡΕΤΤΙΩΝ ; aigle éployée sur un foudre ; devant, corne d'abondance.
Æ. Mod. 22 milim. B. C.

1424 Tête de Jupiter à droite ; derrière, foudre. R*. ΒΡΕΤΤΙΩΝ ; guerrier nu marchant à droite, armé d'une lance et d'un bouclier ; dans le champ, grappe de raisin.
Æ. Mod. 21 milim. B. C.

1425 Tête de Pallas à gauche, avec un crabe sur le sommet. R*. BPETTIΩN; crabe.
Min. Mod. 13 milim. B. C.

CROTON.

1426 ϘPO. Trépied; à droite, cigogne. R*. Trépied en creux.
Ar. Mod. 21 milim. T. B. C.

1427 OPϘ. Trépied et cigogne. R*. Trépied en creux.
Ar. Mod. 19 milim. T. B. C.

1428 ϘPO. Trépied; dans le champ, à gauche, une feuille de lière. R*. Aigle tournée à gauche et regardant à droite, posée sur une tête de cerf.
Ar. Mod. 20 milim. T. B. C.

1429 Tête d'Apollon laurée à droite. R*. KPO; trépied; dans le champ, branche de laurier ornée.
Ar. Mod. 22 milim. B. C. (Douteuse.)

HIPPONIUM, VALENTIA.

1430 Tête de Jupiter laurée à droite; derrière, I. R*. VALENTIA; foudre ailé; dans le champ, à droite, une étoile et I.
Æ. Mod. 23 milim. T. B. C.

1431 Tête de Junon à droite. R*. VALENTIA; deux cornes d'abondance unies; dans le champ un dauphin.
Æ. Mod. 20 milim. B. C.

LOCRI.

1432[1.] Tête de Pallas à gauche. R*. ΛOKPΩN; aigle sur un foudre avec les ailes éployées.
Æ. Mod. 29 milim. C. O.

1432[2.] Tête de Pallas à droite; derrière, ΛEY. R*. Femme assise à gauche; dans la main droite une patère, et dans la gauche pavot; dans le champ, deux étoiles et un monogramme.
Æ. Mod. 25 milim. T. B. C.

1432[3.] Tête de Pallas à droite. R*. Grappe de raisin; dans le champ, Δ-Λ.
Æ. Mod. 15 milim. B. C.

1432[4.] R*. ΛOKPΩN; grappe de raisin.
Æ. Mod. 14 milim. B. C.

1432[5.] Tête d'Apollon à gauche. R*. ΛO; grappe de raisin; dans le champ, I.
Æ. Mod. 14 milim. B. C.

RHEGIUM.

1433 Têtes accolées d'Apollon et de Diane à droite. R*. PHΓI-NΩN; Tré-

pied; dans le champ, ...
Æ. Mod. 27 milim. T. B. C.

1434¹·˙ Tête de Dioscures à droite. R*. ΡΗΓΙΝΩΝ; Mercure debout; dans le champ, IIII.
Mod. 24 milim. C. O.

INCERTAINES D'ITALIE.

1434²·˙ Tête de Jupiter à droite. R*. Figure militaire debout; tenant une épée courte dans la main droite, et de la gauche un bouclier et une lance; dans le champ, . . (*Sextans.*)
Æ. Mod. 19 milim. B. C.

SICILIA.

AETNAEI.

1435 Tête radiée du soleil à droite. R*. AITNAI; figure militaire debout.
Æ. P. Br. Mod. 19 milim. B. C.

1436 Tête de Cérès à droite. R*. AITNAIΩN; corne d'abondance.
Æ. P. Br. Mod. 14 milim. B. C.

AGRIGENTUM.

1437 ΑΚΡΑΓ-ΑΝΤΟΣ, aigle à gauche. R*. Crabe.
Ar. Mod. 25 milim. C. O.

1438 Aigle à droite. R*. Crabe...
Ar. Mod. 20 milim. C. O.

1439 Autre semblable. C. O.

1440¹·˙ Aigle dévorant un serpent. R*. Crabe; au-dessus, une feuille de vigne; dessous, dauphin; dans le champ, ... (*Quincunx*).
Æ. Mod. 30 milim. B. C.

1440²·˙ Tête de Jupiter laurée, à droite. R*. ΑΚΡΑΓΑΝΤΙΝΩΝ. R*. Aigle sur un foudre.
Æ. Mod. 22 milim. B. C.

CATANA.

1441 Tête de Janus; dans le champ, deux monogrammes. R*. ΚΑΤΑΝΑΙΩΝ; Cérès debout, à gauche.
Æ. Mod. 24 milim. B. C.

1442 KATAN. Tête de Jupiter Ammon, laurée à droite. R*. Femme debout

tenant de la main droite une balance, et de la gauche une corne d'abondance; dans le champ, trois monogrammes.
Æ. Mod. 21 milim. B. C.

CENTURIPÆ.

1443 Tête de Jupiter laurée, à droite. R*. KENTO-PIΠINΩN; foudre ailé.
Æ. Mod. 18 milim. T. B. C.

1444 Autre semblable.
Mod. 26 milim. T. B. C.

GELAS.

1445 ΓΕΛΑ. Partie antérieure d'un bœuf à face humaine, à droite. R*. Cheval marchant à droite; au-dessus, une couronne; devant, L.
Ar. Mod. 23 milim. T. B. C.

HIMERA.

1446 NΛIAPƎMI. Figure dans un char attelé de deux chevaux allant de droite à gauche, couronnée par une Victoire. R*. Femme debout, tenant de la main droite une patère; devant elle un autel allumé; à gauche satyre recevant l'eau qui coule d'une fontaine; dans le champ, un grain d'orge.
Tétradracme d'Ar. Mod. 28 milim. T. B. C. Belle fabrique.

MAMERTINI.

1447 Tête de Jupiter laurée à droite. R*. MAMEPTINΩN. Guerrier nu, casqué, armé d'une lance et d'un bouclier, marchant à droite.
Æ. Mod. 27 milim. B. C.

1448 Autre semblable, mais ayant dans le champ du R*. Π.
Æ. Mod. 26 milim. B. C.

1449 Autre semblable, ayant à l'envers, derrière de la tête, une massue.
Æ. Mod. 26 milim. C. O.

1450 APEOΣ. Tête d'Apollon, imberbe, laurée, à droite. R*. MAMEPTINON; aigle sur un foudre.
Æ. Mod. 27 milim. B. C.

1451 Tête d'Apollon, imberbe, laurée, à gauche; derrière, couteau. R*. Homme nu, debout, tenant un cheval par la crinière; dans le champ. Π.
Æ. Mod. 26 milim. T. B. C.

1452 Autre semblable. M. B. C.

PANORMUS.

1453 Tête d'Aretusa à droite, entre quatre dauphins. R*. Buste de cheval tour-

né à gauche; derrière, un palmier; dessous, la lég. phén. n.° 35.
Tétradracme d'Ar. Mod. 27 milim. T. B. C. Belle fabrique.

1454 Tête casquée à gauche; dans le champ, P. R*. Cavalier avec la lance à droite; dessous, HISPANORVM.
Æ. Mod. 20 milim. B. C.

1455 Tête de la Concorde. R*. ΠΑΝΟΡΜΙΤΑΝ. Corne d'abondance.
Æ. Mod. 18 milim. C. O.

SEGESTA.

1456 ΣΕΓΕΣΤΑ. Tête de femme à droite. R*. Chien à droite.
Ar. Mod. 23 milim. B. C.

SIRACUSA.

1457 ΣΥΡΑΚΟΣΙΩΝ. Tête d'Arétusa à gauche, entre trois dauphins; dessous, ΕΥΜΗΝΟΥ. (nom du graveur.) R*. Figure dans une quadrige, allant de droite à gauche, couronnée par une Victoire volante.
Ar. Mod. 23 milim. B. C.

1458 Tête d'Arétusa à gauche, entre trois poissons. R*. Figure dans une quadrige à gauche; au-dessus, *Triquetra*; exergue, ΣΥΡΑΚΟΣΙΩΝ.
Tétradrachme d'Ar. Mod. 23 milim. T. B. C.

1459 Tête d'Arétusa à gauche; quatre poissons; dessous, ΕΥΚΛΕΙ. (nom du graveur). R*. Figure dans une quadrige, à gauche, couronnée par la Victoire; dessous, poissson.
Tétradrachme d'Ar. Mod. 26 milim. B. C.

1460 ΣΥΡΑΚΟΣΙΩΝ. Tête d'Arétusa à gauche; les cheveux dans le *reticulum*; quatre poissons; dessous de la tête, ΕΥΜΗΝΟΥ. R*. Figure dans une quadrige, à gauche, couronnée par la Victoire; exergue, deux dauphins.
Tétradrachme d'Ar. Mod. 26 milim. B. C.

1461 ΣΥΡΑΚΟΣΙΩΝ. Tête de Pallas à droite. R*. Pégase à gauche.
Ar. Mod. 21 milim. B. C.

1462 ΣΥΡΑ. Tête de femme à droite. R*. Polype.
Ar. Mod. 12 milim. B. C.

1463 ΞΕΥΣ·ΕΛΕΥΘΕΡΙΟΣ. Tête de Jupiter à droite. R*. ΣΥΡΑΚΟΣΙΩΝ; foudre et aigle.
Æ. Mod. 25 milim. T. B. C.

1464 Autre semblable.
Mod. 26 milim. B. C.

1465 ΞΕΥΣ·ΕΛΕΥΘΕΡΙΟΣ. Tête de Jupiter à gauche. R*. ΣΥΡΑΚΟΣΙΩΝ; cheval libre, courant à gauche.
Æ. Mod. 27 milim. T. B. C.

— 92 —

1466 ΣΥΡΑΚΟΣΙΩΝ. Tête de Mars à gauche. R'. Pégase à gauche; dessous, dauphin.
Æ. Mod. 26 milim. T. B. C.

1467 ΣΥΡΑΚΟΣΙΩΝ. Tête de Cérès à gauche; derrière, épi. Figure conduisant un bige, à droite; au-dessus, une étoile.
Æ. Mod. 25 milim. T. B. C. Belle fabrique.

1468 Autre semblable.
Æ. Mod. 22 milim. T. B. C. Belle fabrique.

1469 Autre. M. B. C.

1470 ΔΙΟΣ·ΕΛΛΑΝΙΟΥ. Tête d'Apollon laurée à droite. R*. ΣΥΡΑΚΟΣΙΩΝ; aigle sur un foudre.
Æ. Mod. 24 milim. B. C.

1471 Tête d'Apollon à gauche. R*. ΣΥΡΑΚΟΣΙΩΝ; aigle sur un foudre.
Æ. Mod. 21 milim. B. C.

1472 ΣΥΡΑΚΟΣΙΩΝ. Tête de Cérès à gauche. R*. Taureau cornupète à gauche; au-dessus, dauphin et un monogramme; dessous, autre dauphin.
Æ. Mod. 22 milim. T. B. C.

1473 Autre semblable, sans le monogramme.
Mod. 21 milim. B. C.

1474 ΣΥΡΑ. Tête de Pallas à gauche. R*. Cheval marin avec la bride libre.
Æ. Mod. 20 milim. B. C. Belle fabrique.

1475 Tête d'Apollon laurée à gauche; devant, ΣΥΡΑΚΟΣΙΩΝ. R*. Pégase à gauche; dessous, ΝΙ.
Æ. Mod. 19 milim. B. C. Belle fabrique.

1476 Tête de Pallas à gauche. R*. ΣΥΡΑ; foudre.
Æ. Mod. 11 milim. B. C.

REGES SICILIAE.

HIERO I.

1477 Tête diadémée à gauche. R*. Cavalier avec lance, à droite; dessous, ΙΕΡΩΝΩΣ; dans le champ, un monogramme.
Æ. Mod. 27 milim. T. B. C.

1478 Autre semblable, avec la lettre N.
Æ. Mod. 25 milim. B. C.

1479 Deux autres.
Æ. Mod. 25 milim. B. C.

AGATHOCLES.

1480 ΣΟΤΕΙΡΑ. Tête de Diane à droite. R*. ΑΓΑΤΟΚΛΕΩΣ·ΒΑΣΙΛΕΩΣ; foudre.
Æ. Mod. 25 milim. T. B. C. Belle fabrique

1481 Autre semblable.
Æ. T. B. C. Belle fabrique.

HIERO II.

1482 Tête de Neptune diadémée, à gauche. R*. ΙΕΡΩΝΩΣ ; trident entre deux dauphins.
Æ. Mod. 20 milim. B. C.

1483 Deux autres semblables. B. C.

PHILISTIS. (*Reine.*)

1484 Tête de Philistis voilée et diadémée, à gauche; derrière, couronne. R*. ΒΑΣΙΛΙΣΣΑΣ·ΦΙΛΙΣΤΙΔΟΣ ; Victoire conduisant un cadrige, à droite; dans le champ, A.
Tétradrachme d'Ar. Mod. 26 milim. T. B. C. Belle fabrique.

PHINTHIAS.

1485 Tête de Proserpine couronnée d'épis, à gauche. R*. ΒΑΣΙΛΕΩΣ ΦΙΝΤΙΑ ; sanglier courant de droite à gauche.
Æ. Mod. 20 milim. B. C.

INSULÆ SICILIÆ ADIACENTES.

GAULOS.

1486 [1.°] Tête de femme voilée, à droite. R*. Trois figures égyptiennes debout; lég. phénicienne effacée.
Æ. Mod. 28 milim. C. O.

1486 [2.°] Tête de femme voilée à droite. R*. Tête de bélier à droite, et la lég. phénicienne n.° 36 ; au-dessus, pour contre-marque, une ancre.
Æ. Mod. 17 milim. B. C.

MELITA.

1487 Tête de femme voilée, à gauche. R*. ΜΕΛΙΤΑΙΩΝ ; trépied.
Æ. Mod. 21 milim. B. C.

1488 ΜΕΛΙΤΑΙΩΝ. Tête de femme voilée, à droite. R*. C. ARRVNTANVS. BALB. PRO. PR.; chaise curule.
Æ. Mod. 20 milim. C. O.

1489 Cent vingt-cinq monnaies de cuivre, antiques, de l'Italie et de Sicile, doubles ou pour étudier; quelques unes B. C.

CHERSONESUS TAURICA.

PANTICAPÆUM.

1490 Tête de Pan à droite. R*. Π-A-N; partie antérieure du Pégase, à droite.
Æ. Mod. 16 milim. B. C.

1491 ¹·° Tête de Pan à droite, couronnée de pampre à gauche. R*. Arc et carquois; dessus, un grand astre pour contre-marque.
Æ. Mod. 21 milim. C. O.

1491 ²·° Tête de Pan à droite. R*. ΠANTI; proue de vaisseau.
Æ. Mod. 24 milim. B. C.

MOESIA SUPERIOR.

VIMINACIUM.

1492 IMP. CAES. M. ANT. GORDIANVS. AVG. Tête de Gordianus Pius à droite. R*. P. M. S. COL. VIM.-AN. 1. Femme debout entre un lion et un taureau.
Æ. G. Br. Mod. 31 milim. B. C.

1493 IMP. M. IVL. PHILIPPVS. AVG. Tête de Philippus, le père, à droite. R*. P. M. S. COL. VIM.-AN. V. Même type que celui de l'antérieure.
Æ. G. Br. Mod. 28 milim. C. O.

1494 ¹·° Autre de l'an VI.
Æ. G. Br. Mod. 29 milim. B. C.

SARMATIA EUROPÆA.

OLBIA.

1494 ²·° Tête virile barbue, à gauche. R*. OLBIO; hache, arc et carquois; dans le champ, un monogramme.
Æ. Mod. 21 milim. B. C.

MOESIA INFERIOR.

ISTRUS.

1495 Deux têtes imberbes, posées en sens contraire. R*. ΙΣΤΡΙΗ; aigle sur un dauphin, à gauche.
Ar. Mod. 18 milim. B. C.

1496 ¹·° Une autre; au-dessus du dauphin, ΦΥ.
Ar. Mod. 18 milim. B. C.

NICOPOLIS.

1496².° AYT. Λ. CEΠTI-CEYHPOC. Tête laurée à dr. R*. ΥΠ. AYP. ΓΑΛΛΟΥ. ΝΙΚΟΠΟΛΙΤΩΝ-ΠΡΟC ΙΣΤΡΟΝ; Hercule sujettant un taureau par les cornes, vers la gauche.
    Æ. Mod. 28 milim. T. B. C., patine. Inédite.

THRACIA.

ABDERA.

1496³.° ΑΒΔΕ. Griffon accroupi à gauche. R*. Dauphin au milieu d'un carré; autour, ...ΟΦΗΞ...
    Ar. Mod. 15 milim. B. C.

1497 ΑΒΔ-ΗΡΙ.-ΤΑ-ΙΩΝ. Tête d'Apollon dans un carré. R*. Griffon accroupi sur une massue, à droite; au-dessus, caducée ailé; dans le champ, EY.-; exergue, ΦΙΛΙΣΙ.
    Ar. Mod. 16 milim. B. C.

ANCHIALUS.

1498¹.° ΦΑΥCΤΕΙΝΑ. ΝΕΑ. CEBACTH. Tête de Faustine, la jeune, à droite. R*. ΑΓΧΙΑΛΕΩΝ; Cérès, assise.
    Æ. Mod. 24 milim. B. C.

AENIUM.

1498².° AYT. K..... ΗΕΛΥ.ΠΕΡΤ. Tête de Pertinax laurée, à droite. R*. ΑΗ...ΩΝ; simulacre de Diane d'Ephèse, au milieu d'un temple tétrastyle.
    Æ. Mod. 32 milim. M. B. C. (1).

BYZANTIUM.

1499¹.° Tête de Diane à droite. R*. ΒΥΖΑΝΤΙΩΝ; croissant surmonté d'une étoile.
    Æ. Mod. 20 milim. B. C.

DEULTUM.

1499².° IMP. C. M. AVR. SEV. ALEXANDER-AVG. Tête laurée à droite. R*. COL. FL. PAC. DEVLT; Appollon, nu, debout, sacrifiant sur un autel; derrière, une lyre posée sur un trépied.
    Æ. Mod. 26 milim. B. C. Inédite.

(1) Cette monnaie nous paraît légitime, malgré ce qu'a dit Mionnet dans une note à la pag. 215, t. 1 du supplément. Elle ne nous semble pas pourtant appartenir à *Aenium* de Thracie, et nous la croyons de fabrique égyptienne.

MARONEA.

1500 Tête de Bacchus couronnée de lière. R*. ΜΑΡΩΝΙΤΩΝ. Bacchus debout.
Æ. Mod. 24 milim. C. O.

1501¹·° Cheval libre, au galop, à droite; dessous, un monogramme. R*. ΜΑ-ΡΟΝΙΤΩΝ; cep de vigne chargé de fruits au milieu d'un carré.
Ar. Mod. 16 milim. T. B. C., flanc épais.

PERINTHUM.

1501²·° ΙΟΝΩΝ.-ΤΩΝ. ΚΤΙCΤΗΝ. Tête d'Hercule à gauche. R*. ΠΕΡΙΝΘΙΩΝ. ΛΙC. ΝΕΩΚΟΡΩΝ; au milieu du champ, une massue.
Æ. Mod. 20 milim. B. C. Saussée modernement.

1501³·° CABEINIA. TPANKYΛΛEINA. Tête de Tranquilina à droite. R*. ΠΕΡΙΝΘΙΩΝ; Pallas debout.
Æ. Mod. 24 milim. B. C.

PHILIPPOPOLIS.

1502¹·° Tête d'Elagabalus à droite; lég. effacée. R*. ΦΙΛΙΠΠΟΠΟΛ... Bacchus debout.
Æ. Mod. 21 milim. C. O.

SERDICA.

1502²·° AYT. K. M. AYPH. CEVH. ANTΩNEINOC. Tête laurée de Caracalla à droite. R*. ΟΥΛΠΙΑC. CEPΔΙ-ΚΗΖ. Figure d'un fleuve, couchée, à gauche.
Æ. Mod. 31 milim. T. B. C.

INSULÆ AD THRACIAM.

THASUS.

1503¹·° Tête de Bacchus, jeune, couronnée de lière; à droite. R*. ΗΡΑΚΛΕΟΥΣ ΣΩΤΗΡΟΣ-ΘΑΣΙΩΝ; Hercule debout; monogramme.
Tétradrachme d'Ar. Mod. 32 milim. T. B. C.

1503²·° Tête d'Hercule à droite. R*. ΘΑΣΙΩΝ; *Diota*, massue et arc.
Æ. Mod. 16 milim. B. C.

REGES THRACIÆ.

LISIMACHUS.

1504 Tête de Lisimachus, diadémée et cornue, à droite. R*. ΒΑΣΙΛΕΩΣ. ΛΥΣΙΜΑΚΟΥ; Pallas Nicephore assise; dans le champ, un monogramme.
Tétradrachme d'Ar. Mod. 27 milim. B. C., percée.

1505 Autre avec un monogramme.
Ar. B. C. Douteuse.

1506 Autre avec un monogramme; dessous du siège, BY. (*Bizantium*.)
Tétradrachme d'Ar. Mod. 32 milim. B. C.

1507 Tête d'Hercule, jeune, couverte d'une peau de lion, à droite. R*. ΒΑΣΙ-ΛΕΩΣ. ΛΥΣΙΜΑΚΟΥ.; Jupiter Aetophore assis, à gauche; dans le champ, la partie antérieure d'une panthère, croissant et hexagone.
Ar. Mod. 19 milim. T. B. C.

1508 Une autre à peu près semblable.
Mod. 18 milim. B. C.

1509 Une autre avec une lyre dans le champ du R*.
Mod. 18 milim. B. C.

1510 Tête casquée à droite. R*. ΒΑΣΙΛΕΩΣ ΛΥΣΙΜΑΚΟΥ; lion courant à droite; dans le champ, ΛΙ-ΜΕ et un fer de lance.
Æ. Mod. 17 milim. B. C.

1511 Autre avec les mêmes monogrammes, ayant un autre monogramme derrière du lion.
Mod. 16 milim. B. C.

1512 Autre avec la tête à gauche.
Æ. Mod. 19 milim. B. C.

MACEDONIA.

1513 Tête de Silenus de face. R*. ΜΑΚΕ-ΔΟΝΩΝ; au-dessus, D; le tout dans une couronne de lierre.
Æ. Mod. 25 milim. B. C.

1514 ΝΕΡΩΝ. ΚΑΙΣΑΡ. Tête de Néron à droite. R*. ΣΕΒΑΣΤΟΣ. ΜΑΚΕΔΟ-ΝΩΝ; bouclier macédonien.
Æ. Mod. 25 milim. B. C.

1515 Autre. B. C.

AMPHIPOLIS.

1516 Tête de Rome à droite. R*. ΑΜΦΙΠΟΛΙΤΩΝ, écrit en deux lignes; au-dessus, un monogramme; dessous, Σ; le tout dans une couronne de lierre.
Æ. Mod. 21 milim. C. O. Inédite.

1517[1.] Tête de Méduse de face. R*. ΑΜΦΙΠΟΛΕΙΤΩΝ; Pallas debout.
Æ. Mod. 21 milim. C. O.

1517[2.] ΑΥΤ. Κ. Μ. ΑΥΡ. ΑΝΤΟΝΕΙΝΟC. Tête de Caracalla à droite. R*. ΑΜΦΙ-ΠΟΛΕΙΤΩΝ; femme assise à gauche.
Æ. Mod. 23 milim. B. C.

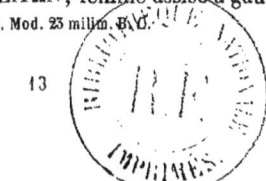

NEAPOLIS.

1518 Masque de face. R*. Tête de femme à droite, dans un carré creux.
Ar. Mod. 13 milim. B. C.

PHILIPPI.

1519 VIC. AVG.; Victoire marchant à gauche. R*. COHOR. PRAE.-PHIL.; trois enseignes militaires.
Æ. Mod. 18 milim. B. C. Deux exemplaires.

PELLA.

1520 Tête de Pallas casquée à droite. R*. ΠΕΛ-ΛΗΣ; taureau paissant à droite.
Æ. Mod. 17 milim. B. C.

STOBI.

1521 M. AVR. ANTONINVS-AVG.; tête d'Elagabalus à droite. R*. MVNICIP. STOBENSIVM; Victoire debout écrivant sur un bouclier.
Æ. Mod. 22 milim. T. B. C.

THESSALONICA.

1522 TI. ΚΑΙΣΑΡ. Tête de Tibèrius à droite. R*. ΘΕΣΣΑΛ-ΣΕΒΑΣΤΗ. Tête voilée de Libia à droite.
Æ. Mod. 23 milim. B. C.

1523 Γ·ΚΑΙΣΑΡ·ΘΕΣΣΑΛΟΝΙΚΕΩΝ. Tête de Caligula à gauche. R*. ΑΝΤΟΝΙΑ. ΣΕΒΑΣΤΗ; tête voilée d'Antonia à gauche.
Æ. Mod. 22 milim. B. C.

1524 ΑΥΤΟΚΡΑΤΩΡ ΚΑΙΣΑΡ... Tête de Vespasianus à droite. R*. ΘΕΣΣΑΛΟ-ΝΙΚΕΩΝ, écrit en trois lignes.
Æ. Mod. 22 milim. B. C.

REGES MACEDONIÆ.

PHILIPPUS II.

1525 Tête de Jupiter laurée à droite. R*. ΦΙΛΙΠΠΟΥ; homme nu à cheval; à l'exergue, un fer de lance.
Tétradrachme d'Ar. Mod. 28 milim. T. B. C.

1526 Autre; dessous du cheval une couronne et T. (Douteuse.)
1527 Autre, aussi douteuse.

ALEXANDER III, MAGNUS.

1528 Tête d'Hercule, jeune, couverte avec la peau d'un lion. R*. ΑΛΕΞΑΝ-

ΔΡΟΥ; Jupiter Aetophore assis à gauche; dans le champ, deux monogrammes.
Tétradrachme d'Ar. Mod. 28 milim. B. C.

1529 Autre. R*. Le même que l'antérieure, et pour symbole la fleur de Rhodium.
Tétradrachme d'Ar. Mod. 25 milim. T. B. C., flanc épais.

1530 Autre; mouche et monogramme en symbole.
Mod. 29 milim. T. B. C.

1531 Autre, avec la lettre Λ et symbole inconnu.
Tétradrachme d'Ar. Mod. 26 milim. T. B. C.

1532 Autre; dans le champ, X et un monogramme; dessous de la chaise, Φ.
Mod. 28 milim. T. B. C.

1533 Autre semblable.

1534 Trente drachmes d'Alexandre avec les mêmes types que les tétradrachmes; mais avec différents symboles, lettres et monogrammes.

1535 Tête d'Hercule, jeune, couverte d'une peau de lion. R*. ΑΛΕΞΑΝΔΡΟΥ. ΒΑΣΙΛΕΩΣ; Jupiter Aetophore.
Tétradrachme d'Ar. Mod. 31 milim. T. B. C.

1536 Autre avec un monogramme dans une couronne de laurier; et dessous de la chaise la lettre H.
Mod. 27 milim. T. B. C.

1537 Autre avec une couronne pour symbole.
Mod. 27 milim. B. C.

1538 Tête d'Hercule, jeune, à droite. R*. ΒΑΣΙΛΕΟΣ; massue; arc et carquois, dans le champ, Λ.
Æ. Mod. 20 milim. T. B. C.

1539 R*. B.A. Massue, arc et carquois.
Æ. Mod. 17 milim.

1540 Tête d'Hercule. R*. Masque, arc et carquois; au milieu, ΑΛΕΞΑΝΔΡΟΥ.
Æ. Mod. 27 milim. B. C. Deux exemplaires.

1541 Tête d'Hercule, jeune, à droite. R*. ΒΑΣΙΛΕΩΣ ΑΛΕΞΑΝΔΡΟΥ. Lion marchant à gauche.
Æ. Mod. 16 milim. B. C. Inédite.

1542 Bouclier macédonien. R*. Casque de face, avec deux aigrettes; au côté, B. A.
Æ. Mod. 16 milim. B. C.

1543 ΑΛΕΞΑΝΔΡΟΥ. Tête d'Aléxandre à droite. R*. ΚΟΙΝΩΝ. ΜΑΚΕΛΟΝΩΝ. Cavalier en course à droite.
Æ. Mod. 26 milim. B. C.

1544 R*. ΚΟΙΝΟΝ-ΜΑΚΕΛΟΝΩΝ. B. ΔΙΚ. ΝΕΩΚΟΡΩΝ; Pallas assise.
Æ. Mod. 26 milim. B. C.

PHILIPPUS III, ARIDÆUS.

1545 Tête jeune, imberbe, diadémée, à droite. R*. Cavalier en course à droite; au-dessus, ΦΙΛΙΠΠΟΥ.
Ar. Mod. 13 milim. C. O.

1546 Autre; anépigraphe.
Ar. Mod. 13 milim. B. C.

1547 Autre avec le nom de ΦΙΛΙΠΠΟΥ; au-dessus du cheval, un rameau.
Ar. Mod. 13 milim. B. C.

1548 Tête d'Hercule jeune, à droite, couverte avec la peau d'un lion. R*. ΦΙΛΙΠΠΟΥ. Cavalier à droite.
Æ. Min. Br. Mod. 16 milim. B. C.

1549 Tête jeune, imberbe, à droite, diadémée. R*. ΦΙΛΙΠΠΟΥ. Cavalier en course à droite.
Æ. Mod. 17 milim. T. B. C.

1550 Sept autres semblables. T. B. C.

CASSANDER.

1551 Tête d'Hercule couverte avec la peau d'un lion. R*. Cavalier marchant à droite; au-dessus, ΒΑΣΙΛΕΩΣ; dessous, ΚΑΣΣΑΝΔΡΟΥ; dans le champ, Δ.
Æ. Mod. 20 milim. B. C.

1552 Autre semblable. B. C.

1553 Tête d'Apollon laurée à droite. R*. ΚΑΣΣΑΝΔΡΟΥ-ΒΑΣΙΛΕΩΣ. Trépied.
Æ. Mod. 18 milim. B. C.

1554 Tête d'Hercule à droite. R*. ΚΑΣΣΑΝ-ΔΡΟΥ; lion accroupi à droite; dans le champ, N.
Æ. Mod. 17 milim. B. C.

ALEXANDER IV.

1555 Tête jeune, diadémée, à droite. R*. ΑΛΕΞΑΝΔΡΟΥ. Cheval libre en course à droite.
Æ. Mod. 14 milim. B. C. Quatre exemplaires.

ANTIGONUS I. GONATAS.

1556 Tête de Pallas, à droite. R*. Faune érigeant un trophée; dans le champ, BA, le monogramme d'Antigonus, et une mouche.
Æ. Mod. 18 milim. B. C.

1557 Deux autres semblables. M. B. C., variées.

1558 Autre, ayant sur le casque en contre-marque une petite tête virile.
Æ. Mod. 18 milim. B. C.

1559 Tête d'Hercule à droite couverte d'une peau de lion. R*. BA, et le mono-

gramme d'Antigonus ; cavalier marchant à droite.
<small>Æ. Mod. 16 milim. B. C. Trois exemplaires variés.</small>

1560 Bouclier macédonien; au milieu, en monogramme, le nom d'Antigonus. R*. Casque, de face, à deux aigrettes; dessous, BAΣI.
<small>Æ. Mod. 17 milim. C. O. Deux exemplaires.</small>

DEMETRIUS II.

1561 Bouclier macédonien; au milieu, en monogramme, le nom de Demetrius. R*. Casque à deux aigrettes, dessous, BAΣI.
<small>Æ. Mod. 16 milim. C. O.</small>

PHILIPPUS V.

1562 Tête d'Hercule à droite, couverte avec la peau d'un lion. R*. BAΣI-ΛΕΩΣ-ΦΙΛΙΠΠΟΥ. *Harpa;* au-dessus, monogramme; le tout dans une couronne de chêne.
<small>Æ. Mod. 20 milim. B. C.</small>

1563 Bouclier macédonien. R*. BA-Φ. Casque à droite.
<small>Æ. Mod. 12 milim. T. B. C.</small>

PERSEUS.

1564 Tête de Rome casquée, à droite. R*. Aigle avec les ailes éployées sur un foudre; BA et le monogramme de Perseus; dessous, NA.
<small>Æ. Mod. 18 milim. T. B. C.</small>

THESSALIA.

1565 Tête laurée d'Apollon à droite. R*. ΘΕΣΣΑ ΛΩΝ ; Pallas combattant, à droite.
<small>Ar. Mod. 18 milim. C. O.</small>

1566 R*. ΘΕΣΣΑΛΩΝ ; Pallas debout, combattant, à droite; dans le champ, Φ.
<small>Ar. Mod. 18 milim. B. C.</small>

1567 Tête laurée d'Apollon à droite. R*. Pallas combattant; ΘΕΣΣΑΛΩΝ; monogramme.
<small>Æ. Mod. 19 milim. B. C.</small>

1568 ΦΙΛΟΚΡΑΤΟΥΣ. Tête de Pallas casquée, à droite. R*. Pallas nicéphore, à gauche; ΘΕΣΣΑΛΩΝ; au-dessus, ΤΑΛ.
<small>Æ. Mod. 20 milim. B. C.</small>

LAMIA.

1569 Tête de Bacchus à gauche. R*. ΛΑΜΙΩΝ; *Diota;* dans le champ, *præfericulum.*
<small>Ar. Mod. 11 milim. B. C.</small>

LARISSA.

1570 Tête de femme, de face. R*. ΛΑΡΙΣΑΙΩΝ ; cheval paissant à droite.
<small>Ar. Mod. 20 milim. T. B. C.</small>

PELINNA.

1571 Tête d'Apollon laurée, à droite. R*. ΠΕΛ, au milieu d'une couronne de laurier.
Ar. Mod. 17 milim. B. C. Rare.

ILLYRICUM.

APPOLLONIA.

1572 ΑΡΙΣΤΩΝ. Vache tournée à gauche, allaitant un veau; dans le champ, un épi. R*. ΑΠΟΛ-ΦΙΛΟ-ΔΑ-ΜΟΥ; plan des jardins d'Alcinoüs.
Ar. Mod. 19 milim. B. C. Percée.

DIRRACHIUM.

1573 ΕΧΕΦΡΩΝ. Vache tournée à droite; allaittant un veau; dans le champ, épi et sceptre; exergue, grappe de raisin. R*. ΔΥΡ-ΑΚΛ-ΣΑ-ΠΟΥ; plan des jardins d'Alcinoüs.
Ar. Mod. 18 milim. B. C.

1574 ΞΕΝΩΝ. Même type; au-dessus, un aigle; dessous, chien courant. R*. ΔΥΡ-ΦΙΛΟ-ΔΑ-ΜΟΥ; jardins d'Alcinoüs.
Ar. Mod. 18 milim. B. C.

1575 ΦΙΛΩΝ. Vache allaitant un veau à droite; devant un trophée. R*. ΔΥΡ-Λ-ΜΥΝ-ΤΑ; jardins d'Alcinoüs.
Ar. Mod. 19 milim.

1576 Tête de la Victoire à droite. R*. ΔΥΡ-ΜΟΣΧΙΛΟΥ; épi et grappe de raisin.
Æ. Min. Br. Mod. 13 milim. B. C.

PHARUS.

1577 Tête virile à gauche. R*. ΦΑ; vase.
Æ. Mod. 18 milim. B. C.

1578 Tête de femme couronnée d'epis, à gauche. R*. Chèvre; anépigraphe.
Æ. Mod. 20 milim. B. C.

EPIRUS.

1579 ΛΥΣΗΝ. Tête de Jupiter à droite. R*. ΑΠΕΙ-ΡΩΤΑΝ; aigle, le tout dans une couronne de chêne.
Æ. Mod. 20 milim. B. C. Suspecte.

1580 Tête de Jupiter à gauche. R*. ΑΠΕΙ-ΡΩΤΑΝ. Foudre dans une couronne de chêne.
Æ. Mod. 22 milim. B. C.

AMBRACIA.

1581 Tête de Jupiter à droite. R*. ΑΜΒΡ-ΦΙΛΑΝΟΣ; Griffon marchant à droite.
Æ. Mod. 19 milim. B. C.

CORCYRA INSULA.

1582 Vache debout à gauche, allaitant un veau. R'. K; plan des jardins d'Alcinoüs.
Ar. Mod. 20 milim. B. C. Fabrique ancienne.

1583 Tête de Pallas à droite. R*. COP; une grappe de raisin au milieu d'une couronne de chêne.
Ar. Mod. 15 milim. B. C.

1584 Têtes accolées de Diane et d'Apollon à droite. R*. ΚΟΡΚΥΡΑΙΩΝ. ΦΙΛΩΤΑΣ; proue de navire.
Æ. Mod. 26 milim. C. O.

1585 ΜΑ. ΑΥ. ΑΝΤΩΝΕΙΝΟC. ΕΥ. ΑΥ. ΒΡΙ. Tête laurée de Caracalla, à droite. R*. ΚΟΡΚΥΡΑΙΩΝ; galère avec des rameurs.
Æ. Mod. 25 milim. T. B. C.

ACARNANIA.

ANACTORIUM.

1586 Tête casquée de Pallas à gauche; derrière, un monogramme et une couronne. R*. Pégase à gauche; dessous, le même monogramme.
Ar. Mod. 20 milim. T. B. C.

ARGOS AMPHILOCHIUM.

1587 Tête casquée de Pallas à gauche; derrière, un bouclier; dessous, A. R*. Pégase à gauche; dessous, A.
Ar. Mod. 22 milim. B. C.

LEUCAS.

1588 Tête casquée de Pallas à gauche; derrière, un étendart. R*. Pégase à gauche; dessous, Λ.
Ar. Mod. 20 milim. B. C.

THYRREUM.

1589 Tête casquée de Pallas à gauche; dessous, ΘΥ; derrière, une espèce de collier. R*. Pégase à gauche; dessous, Θ.
Ar. Mod. 21 milim. T. B. C.

1590 Autre semblable. M. B. C.

1591 Autre. B. C.

AETOLIA.

1592 Tête d'Apollon laurée à droite. R*. ΑΙΤΩ-ΛΟΝ; fer de lance et machoire de sanglier; au milieu, ΚΑΡΙ et grappe de raisin.
Æ. Mod. 16 milim. B. C.

LOCRIS.

OPUNTII.

1593 ΟΠΟΝ. *Diota* avec grappe de raisin et feuille de lière. R*. Grand astre.
Ar. B. C. *Obulus.*

1594 Autre; anépigraphe.
Ar. M. C.

1595 Tête de femme couronnée d'épis, à droite. R*. ΟΠΟΝΤΙΩΝ; Guerrier casqué et nu, combattant vers la droite; dessous, *diota*.
Ar. Mod. 18 milim. T. B. C.

1596 Autre semblable. M. B. C.

1597 Cinq autres. M. B. C.

1598 Autre avec la tête de la femme à gauche.
Mod. 15 milim. T. B. C.

1599 Tête de Pallas à droite. R*. ΛΟΚΡΩΝ; guerrier combattant, nu, à droite; à ses pieds un trident.
Ar. Mod. 17 milim. T. B. C.

PHOCIS.

1600 Tête de bœuf, de face. R*. ΦΩ; tête laurée d'Apollon à droite; derrière, une lyre.
Ar. Mod. 25 milim. T. B. C.

1601 Deux autres variées. B. C.

1602 Tête de bœuf, de face. R*. Partie antérieure d'un sanglier, à droite, dans un carré creux.
Ar. Mod. 25 milim. T. B. C.

1603 Autre semblable. M. B. C.

1604 Tête de bœuf, de face, de très peu de relief. R*. Carré creux.
Ar. Mod. 11 milim. B. C., presque globuleuse.

1605 Tête de bœuf, de face. R*. Tête d'Apollon à gauche, dans un carré creux.
Ar. Mod. irrégulier de 11 à 15 milim. C. O. Deux exemplaires.

1606 Autre, ayant dans le carré creux une tête de femme à droite.
Ar. Mod. irrégulier de 11 à 14 milim. M. C.

1607 Tête imberbe, à droite. R*. Tête de bœuf, de face, dans un carré creux.
Ar. Mod. 10 milim. B. C. Inédite.

1608 Tête de bœuf, de face, et ornée de bandelettes. R*. Φ, au milieu d'une couronne.
Æ. Mod. 24 milim. B. C.

1609 Taureau cornupète à gauche. R*. Φ, au milieu du champ.
Æ. Mod. 13 milim. B. C.

BŒOTIA.

1610 Bouclier bœotien. R'. *Diota*, au milieu d'un carré creux.
Ar. Mod. 21 milim. B. C.

1611 Bouclier bœotien. R*. *Diota*, ornée d'une feuille de lierre; au-dessus, massue.
Ar. Poids gr. 11,69. Mod. irrégulier de 20 à 26 milim. T. B. C.

1612 Bouclier bœotien. R*. BOI. *Cantharum*; au-dessus, massue.
Ar. Mod. 15 milim. B. C.

1613 Deux autres variées. B. C.

1614 Tête de Jupiter laurée à droite. R*. BOIΩTΩN; Victoire debout, tenant une couronne et un trident; dans le champ, un monogramme et Ξ.
Ar. Mod. 19 milim. B. C.

1615 Bouclier bœotien. R*. Tête d'Hercule à droite.
Ar. Mod. 9 milim. C. O. Inédite.

1616 Tête de femme, de face. R*. BOIΩTΩN; Neptune debout.
Æ. Mod. 19 milim. B. C. Trois exemplaires.

1617 Bouclier bœotien. R*. Trident.
Ar. Min. Br. Mod. 12 milim. B. C. Deux exemplaires.

1618 Trident, au milieu du bouclier bœotien. R*. ARIARTION; Neptune debout à droite, frappant avec le trident (1).
Ar. Mod. 25 milim., flanc épais. Antique et très-belle fabrique. Admirable conservation.

ERYTHRÆ.

1619 Homme nu retenant un cheval par le frein. R*. Fleur épanouie, au milieu d'une aire carré en creux.
Ar. M. C. *Obulus*. Très-rare.

(1) Parmi quelques notes manuscrites conservées à la bibliothèque de l'Académie Royale de l'Histoire, nous en avons trouvé une, en français, au sujet de cette monnaie, que nous copions ici:

« M. Sestini a publié le premier cette médaille curieuse, dont je ne fais ici mention que pour témoigner les doutes que j'ai sur son authenticité. Toutes celles que j'ai vues dans le Levant, comme à Paris, sont à coup sûr de coin moderne; et je ne serais pas étonné que ce savant numismate eût publié la monnaie sans la voir, et se fiant à quelque rapport, ou sur une empreinte qui ne lui aie pas permis de s'assurer de son authenticité. J'ai moi-même cru long-temps que la monnaie dont je donne ici le dessin était illégitime; mais je suis depuis revenu de mon opinion, et je la crois fausse. »

L'auteur de la note précédente nous est inconnu; mais nous croyons que s'il avait vu la monnaie dont il est question ici, il n'aurait pas hésité à la déclarer légitime, puis qu'elle a tous les caractères d'authenticité que le numismate le plus scrupuleux y puisse désirer. C'est par cette raison, et vue sa grande rareté, que nous avons cru devoir le faire graver dans le frontispice de ce volume, comme un des objets les plus précieux de cette collection.

MYCALESSUS.

1620 Bouclier bœotien. R*. V-M; foudre.
Ar. T. B. C. *Obulus*. Très-rare.

TANAGRA.

1621 Bouclier bœotien. R*. T-A; partie antérieure d'un cheval à droite.
Ar. B. C. *Obulus*.

1622 Autre semblable.
Ar. B. C. *Obulus*.

THEBAS.

1623 Bouclier bœotien. R*. Θ-E; *Diota*, ornée d'une feuille de lierre, au milieu d'un carré creux.
Tétradrachme d'Ar. Poids gr. 11,85. Mod. irrégulier de 20 à 24 milim. T. B. C.

1624 Même type. R*. ΘE-BH. *Diota*.
Ar. Mod. 14 milim. B. C.

1625 Même type. R*. Tête d'Hercule à droite.
Ar. M. C. *Obulus*.

1626 Même type. R*. ΘEBAIΩN; Hercule jeune; un genou en terre, tuant les serpents; le tout dans un carré creux.
Tétradrachme d'Ar. Poids gr. 11,79. Mod. irrégulier. C. O.

1627 Bouclier bœotien. R*. ΘEB. *Diota*; au-dessus, massue.
Ar. Mod. 12 milim., globuleuse. T. B. C.

1628 Tête d'Hercule à droite. R*. ΘHBAIΩN, écrit dans une ligne entre un thyrse et une massue.
Æ. Mod. 18 milim. C. O.

THESPIÆ.

1629 Tête voilée de femme à droite, avec le *modius*. R*. ΘEΣΠIEΩN; lyre: le tout au milieu d'une couronne de laurier.
Æ. P. Br. Mod. 15 milim. B. C. Quatre exemplaires.

ATTICA.

ATHENAS.

1630 Tête de Pallas à droite, ayant le casque orné de feuilles d'olivier. R*. AΘE; chouette; feuille d'olivier et croissant; le tout dans un carré creux.
Tétradrachme d'Ar. Mod. 24 milim. B. C.

1631 Autre semblable, variée. B. C.
1632 Autre variée. B. C.
1633 Tête de Pallas à droite. R*. Chouette et feuilles d'olivier, dans un carré creux.
Drachme d'Ar. Mod. 14 milim. B. C.

1634 Autres quatre, dont une a une anse pour la suspendre.
Drachme d'Ar. B. C.

1635 Tête de Pallas à droite. R*. Chouette entre deux branches d'olivier; dans le champ, A-Ξ-Θ.
Ar. Mod. 11 milim. B. C.

1636 Sept autres variées. B. C.

1637 Tête de Pallas à droite. R*. AΘE; chouette et deux feuilles d'olivier dans un carré creux.
Ar. Mod. 8 milim. B. C.

1638 Quatre autres. B. C.

1639 Tête de Pallas à droite. R*. Chouette, derrière une feuille d'olivier.
Ar. Mod. 5 milim. B. C.

1640 Autres quatre. B. C.

1641 Tête de Pallas à droite. R*. AΘE; chouette; derrière, croissant et un signe inconnu.
Ar. Mod. 17 milim. B. C.

1642 Tête de Pallas à droite. R*, A-Θ-E; double chouette a une tête.
Ar. Mod. 10 milim. B. C.

1643 Deux autres. B. C. Percées.

1644 Tête de Pallas à droite, avec un casque à aigrette, orné d'un griffon. R*. AΘE-EN; chouette sur une *Diota* couchée; le tout dans une couronne d'olivier.
Tétradrachme d'Ar. Grand Mod. 55 milim. T. B. C., patine.

1645 Tête de Pallas à droite, avec un casque surmonté d'un griffon. R*. A-ΘE-AP.-XI-TI-MOΣ-ΔH-MH-TPI.-; chouette sur une *Diota* couchée; devant une figure debout, le modius sur la tête; le tout dans une couronne d'olivier.
Tétradrachme d'Ar. Mod. 29 milim. B. C.

1646 Autre tétradrachme, ayant le nom du magistrat effacé.
Mod. 27 milim. C. O.

1647 Tête de Pallas à droite. R*. AΘE-ΔHMHTPIOΣ-AΓAΘIΠΠOΣ; chouette sur une *Diota*; dans le champ les bonnets des Dioscures; le tout dans une couronne d'olivier.
Ar. Mod. 17 milim. B. C.

1648 Tête de Pallas à droite. R*. A-Θ-E; trois grappes de raisin.
Ar. Mod. 10 milim. B. C. Inédite.

1649 Deux médailles d'Athènes. Ar. M. C.

1650 Tête de Pallas à droite. R*. AΘE; Jupiter nu à droite, lançant un foudre; dans le champ, astre entre deux croissants.
Æ. Mod. 19 milim. T. B. C.

1651 Deux autres semblables. A. B. C.

1652 Tête de Pallas à droite. R*. AΘENAIΩN; Pallas debout à droite; à ses pieds une chouette et un serpent.
Æ. Mod. 21 milim. B. C.

1653 Buste de Pallas à droitte. R*. AΘENAIΩN; Pallas debout à gauche; la main droite armée de la haste, et la gauche d'un bouclier.
Æ. Mod. 22 milim. B. C.

1654 Même type. R*. AΘENAIΩN; Pallas nicéphore debout, à gauche.
Æ. Mod. 21 milim. B. C.

1655 Tête de Pallas à droite. R*. AΘENAΣ-NIKHΦOPOY; trophée, dans le champ, un monogramme.
Æ. Mod. 19 milim. T. B. C.

1656 Tête de Pallas à droite. R*. AΘE. Deux chouettes.
Æ. Mod. 14 milim. B. C.

1657 Autre variée.
Mod. 15 milim. B. C.

1658 Quinze monnaies variées d'Athènes.
Toutes sont en Æ. et en P. Br. B. C.

ELEUSIS.

1659 Cérès assise sur un char trainé par deux dragons ailés à gauche. R*. EΛEYΣ; Truie marchant à droite; dessous, tête de bœuf.
Æ. Mod. 14 milim. B. C.

1660 Autre semblable.
Mod. 17 milim.

MEGARA.

1661 Tête d'Apollon à droite. R*. META-PEΩN. Trépied.
Æ. Mod. 16 milim. B. C.

1662 Proue de vaisseau. R*. MEΓ, deux dauphins posés en sens contraire.
Æ. Mod. 14 milim. B. C.

INSULÆ AD ATTICAM.

ÆGINA.

1663 Tortue de mer. R*. Le monogramme d'Aegina en carré creux.
Tétradrachme d'Ar., globuleuse. Mod. 15 milim. B. C. Très-ancienne.

1664 Tortue de mer. R*. Le même monogramme dans un carré creux.
Tétradrachme d'Ar. Mod. 20 milim. T. B. C.

1665 Autre semblable. B. C.

1666 Autre. R*. Le monogramme d'Aegina dans un carré creux.
Tétradrachme d'Ar. Mod. 18 milim. B. C.

1667 Autre; le carré creux informe.
Tétradrachme d'Ar. Mod. 19 milim. B. C.

1668 Deux autres semblables. C. O.

1669 Autre. M. C.

1670 Tortue de mer. R*. Aire carré en creux, avec le monogramme d'Aegina, divisé en cinq parties d'inégales grandeurs; entre ces divisions, AIΓI, et un dauphin.
Tétradrachme d'Ar. Mod. 23 milim. T. B. C.

1671 Tortue de mer. R*. Carré en creux, divisé en cinq parties; dans ces divisions, AIΓ, et un dauphin.
Ar. Mod. 20 milim. B. C.

1672 Même type, sans la légende.
Ar. Mod. 12 milim. B. C.

1673 Quatre autres semblables. M. B. C.

1674 Tortue de mer. R*. Aire en carré creux, divisé en cinq parties; dans ces divisions, A-Φ.
Ar. Mod. 15 milim. B. C. Inédite.

1675 Treize obules d'Aegina.
Ar. Mod. 8 milim., variées.

1676 Autre. R*. Carré creux divisé en cinq parties; dans les divisions, NI.
Ar. Mod. 11 milim. B. C.

1677 Quatre obules, avec le carré creux divisé en cinq parties. Ar. B. C.

1678[1.] Quatre autres demi-obules. Ar.

1678[2.] Deux dauphins en sens contraire. R*. Le monogramme d'Aegina en carré creux.
Æ. Min. Br. Mod. 14 milim. B. C. Trois exemplaires.

ACHAIA.

NUMI FOEDERIS ACHAICI.

1679 *Ægium.* — ΑΙΓΙΕΩΝ. Tête de Jupiter à droite. R*. AX. en monogramme; autour, APICTO-ΔA-MOC; le tout dans une couronne de laurier.
Ar. Mod. 15 milim. B. C.

1680 Autre semblable. B. C.

1681 *Antigonia.* — Tête de Jupiter à droite. R*. AX en monogramme, dans le champ, AN.
Ar. Mod. 15 milim. B. C.

1682 *Elis, regio.* — Tête de Jupiter à droite. R*. AX; dans le champ, FA et un monogramme.
Ar. Mod. 16 milim. B. C.

1683 *Lacedæmon.* — Tête de Jupiter à droite. R*. AX, entre les bonnets des Dioscures; au-dessus, Λ; dessous, ΠΥ; le tout, dans une couronne.
Ar. Mod. 15 milim. B. C.

1684 *Pellene*.—Tête de Jupiter à dr. R*. AX. Π-A-A; dessous, monogramme et trident.
Ar. Mod. 14 milim. T. B. C.

1685 Autre semblable. B. C.

1686 APXEMA. Jupiter debout. R*. AXAIΩN.-ΠΕΛΛΑΝΕΩΝ. Femme assise à gauche.
Æ. Mod. 19 milim. B. C.

1687 *Incertaines*.— Tête de Jupiter à droite. R*. AX.; au côté, E-Y-AN. (Cette monnaie peut-être d'Antigonia.)
Mod. 14 milim. B. C.

1688 Autre très-confuse.

ACHAIA.

CORINTHUS.

1689 Tête de femme à gauche; la chevelure retroussée par derrière, formant une touffe, et retenue par un lion. R*. Pégase à gauche.
Ar. Mod. 13 milim. B. C.

1690 Pégase à droite. R*. Carré creux.
Ar. Mod. 9 milim.

1691 Pégase à gauche; dessous, ♀. R*. Carré en creux, divisé en quatre parties.
Ar. Mod. 15 milim. B. C.

1692 Tête de femme à gauche; devant, ♀. R*. Pégase à droite; dessous, ♀.
Ar. Mod. 10 milim. C. O.

1693 Tête diadémée de femme à gauche, entre A-P. R*. Demi Pégase à gauche; dessous, ♀.
Ar. Mod. 12 milim. T. B. C. Inédite.

1694 Tête de femme à gauche, la chevelure enveloppée dans un ample *reticulum*. R*. Pégase à gauche, ♀.
Ar. Mod. 17 milim. B. C.

1695 Tête de Pallas à gauche; derrière, sanglier à gauche et la lettre P. R*. Pégase à gauche; dessous, ♀.
Ar. Mod. 22 milim. T. B. C.

1696 Autre, avec une aigle derrière de la tête.
Ar. Mod. 21 milim. T. B. C.

1697 Autre; derrière, une figure humaine.
Mod. 20 milim. B. C.

1698 Autre; derrière, un signe inconnu.
Mod. 20 milim. B. C.

1699 Autre; derrière une aigle sur une massue.
Mod. 21 milim. B. C.

1700 Autre; derrière, Jupiter assis à droite, lançant le foudre.
Mod. 21 milim. B. C.

1701 Autre, avec un *torax* pour symbole; dessous de la tête, AΛ.
Ar. Mod. 25 milim. B. C.

1702 Autre semblable au n.° 1695.
Mod. 20 milim. B. C.

1703 Autre, avec un signe inconnu.
Ar. Mod. 19 milim. B. C.

1704 Tête de Pallas à droite; derrière, épée.
Ar. Mod. 20 milim. B. C.

1705 Tête de Pallas à gauche; derrière, Diane lançant une flèche avec son arc.
Ar. Mod. 21 milim. B. C.

1706 Tête de Pallas à droite; derrière, massue. R*. Pégase; au-dessus, ♀; dessous, Y.
Mod. 21 milim. T. B. C.

1707 Tête de femme à droite. R*. Q. CAECIL. NICR.-C. HEIO. POL.-ĪI. VIR; Pégase à droite.
Æ. Mod. 22 milim. B. C.

1708 Pégase à gauche; dessous, ♀. R*. Trident.
Æ. Min. Br. B. C. Quatre exemplaires variés.

1709 .... MA. OREST. ĪI. VIR. QVINQ. Tête de Neptune à droite; dessous, croissant. R*. CORINT.; femme debout à gauche, tenant de la main droite un *simpulum*, et de la gauche l'haste transversée.
Æ. P. Br. Mod. 15 milim. C. O. Inédite.

1710 CAESAR AVGVSTVS. Tête d'Augustus à droite. R*. P. VIPSANIO. AGRIPPA. ĪI-VIR.; Pégase à droite; dessous, COR.
Æ. Mod. 21 milim. B. C.

1711 ĪI. VIR. CORINT. Tête de Julius Cæsar à droite. R*. M. ANT. HIPPARCHO. M. NOVIO BASSO.; tête d'Augustus à droite.
Æ. Mod. 22 milim. B. C.

1712 M. ANT. HIPP. ĪI. VIR. QVINQ. Tête de bœuf, de face. R*. P. AEBVTIVS. ĪI. VIR. QVINQ.; *præfericulum* et palme.
Æ. Min. Br. B. C. Inédite.

1713 CAESAR. AVGVSTVS. Tête nue, à gauche. R*. M. BELLIO. PROCVLO ĪI. VIR. Pégase à gauche; dessous, COR.
Æ. Mod. 20 milim. B. C.

1714 L. FVR ... EONE. ĪI. VIR. Tête de Livia à gauche. R*. Temple hexastyle.
Æ. Mod. 20 milim. C. O.

1715 IMP. CAES. DOMITIAN. AVG. GERM. P. P. Tête laurée à droite. R*.

PERM. IMP.; Neptune assis sur un rocher, et une femme debout portant un enfant.
Æ. Mod. 31 milim. B. C.

1716 Tête d'Aurelius Cæsar à dr. R˙. C. L. I. COR.; Victoire passant à dr.
Æ. Mod. 23 milim. B. C.

1717 M. AVR. ANTONINVS. AVG. Tête laurée à droite. R˙. C. L. I. COR.; Neptune dans un quadrige, portant le *palladium* sur la main gauche.
Æ. Mod. 27 milim. T. B. C.

PATRAS.

1718 Tête d'Hercule, barbue, à droite. R˙. ΜΕΤΡΟΔΟΡΟC. ΜΕΝΕΚΛΕΟΣ. ΠΑ... Pallas marchant à droite.
Æ. Mod. 21 milim. C. O.

1719 DIVVS. AVGVSTVS. PATER. Tête d'Augustus, à gauche. R˙. COL. A. A.-PATRENS; prêtre debout, tenant un étendart et traçant les limites de la colonie avec une charrue attelée de deux bœufs.
Æ. Mod. 28 milim. B. C.

1720 IMP. CAES. DOMITIAN. AVG. GER. P. M. TR. P. V. Tête laurée à gauche. R˙. COL. A. A. PATRENS. Colon conduisant deux bœufs.
Æ. Mod. 23 milim. B. C.

1721 M. AVR. ANTONINVS. PIVS. AVG. GERM. Tête de Caracalla laurée, à droite. R˙. COL. A. A. PATR.; Diane debout, à ses pieds son chien.
Æ. Mod. 24 milim. B. C., patine.

SICYON.

1722 Chimère marchant à gauche; dessous, ΣΕ. R˙. Colombe volant à gauche, dans une couronne de laurier.
Ar. Mod. 22 milim. T. B. C.

1723 Chimère marchant à gauche; dessous, ΣΕ. R˙. Colombe volant à gauche; dans le champ, M.
Ar. Mod. 17 milim. T. B. C.

1724 Quatre autres semblables.

1725 Autre; dessous de la Chimère, ΣΙ; et dessous de la Colombe, ..
Ar. Mod. 15 milim. B. C.

1726 Onze autres variées. B. C.

1727 Tête d'Apollon à droite. R˙. Colombe volant à droite.
Ar. Mod. 11 milim.

1728 Dix autres; obules d'Ar. B. C.

1729 Colombe à droite. R˙. Autre colombe à droite.
Ar. Mod. 10 milim. B. C.

1730 Colombe à gauche. R˙. Autre colombe à gauche.
Ar. Mod. 10 milim.

1731 Colombe à gauche. R*. Autre colombe à gauche; devant, ...
Ar. B. C. *Obulus.*

1732 Lion marchant à gauche. R*. Colombe volant à gauche.
Ar. B. C. Demi-*obulus.*

1733 Colombe volant à gauche. R*. ΞΕΝΟ-Τ-Ι-ΜΟΣ; au milieu, Σ.
Ar. Mod. 15 milim. C. O.

1734 R*. ΑΛΕ-ΞΙ-ΩΝ; au milieu, Σ, avec une palme transversée.
Ar. Mod. 15 milim. C. O.

1735 Colombe volant à gauche. R*. ΣΙ, au milieu d'une couronne de laurier.
Æ. Min. Br. Mod. 14 milim. T. B. C.

1736 Autres neuf variées.

1737 ΣΙ-ΑΡΙ; colombe à gauche. R*. Trépied dans une couronne.
Æ. Mod. 15 milim. B. C. Deux exemplaires.

ÉLIDE.

1738 Aigle enlevant un lièvre, à gauche. R*. FA.; foudre.
Ar. Mod. 16 milim.

1739 Tête d'aigle à gauche; dessous, une feuille. R*. FA.; foudre.
Ar. Mod. 11 milim. B. C.

1740 Tête de femme à droite. R*. FA.; aigle debout, à droite; devant, foudre.
Ar. Mod. 17 milim. B. C. Variété. Inédite.

1741 Autre, avec un symbole différent.
Mod. 17 milim. B. C.

1742 Tête de femme à droite. R*. FA; foudre. Ar. B. C.
Ar. *Obulus.* B. C.

1743 Tête de Junon à droite, ceinte d'une large diadème ornée avec des palmettes; en contre-marque sur le machoir, une grappe de raisin. R*. FA.; foudre; le tout dans une couronne de chèvre-feuille.
Tétradrachme d'Ar. Mod. 25 milim. B. C.

1744 FA. Tête de femme à gauche. R*. FA.; aigle debout à gauche; dans le champ, grappe de raisin.
Ar. Mod. 25 milim. B. C.

1745 Buste d'Hadrianus à droite. R*. ΗΛΕΙΩΝ, au milien d'une couronne de chèvre-feuille.
Æ. M. Br. C. O.

1746 Tête laurée de Jupiter à droite. R*. FΑΛΕΙΩΝ, écrit en trois lignes, dans une couronne.
Æ. Mod. 17 milim. B. C.

ZACYNTHUS, INSULA.

1747 Tête d'Apollon laurée, à droite. R*. ΑΝ...; trépied; dessous, ΞΑ.
Tétradrachme. C. O.

MESSENIA.

1748 Tête de Jupiter laurée à droite. R*. ME.; trépied.
Æ. Min. Br. Mod. 12 milim. Deux exemplaires.

PYLUS.

1749 Loup allant de droite à gauche. R*. Casque; dessous, Δ.-Υ.
Ar. Mod. 13 milim. B. C.

1750 Autre semblable. M. B. C.

LACONIA.

LACEDÆMON.

1751 ΑΥΚΟΡΓΟΣ. Tête barbue à droite. R*. Λ-Α-Α-Ι; caducée sur *modius*; le tout dans une couronne de laurier.
Æ. P. Br. B. C.

1752 Têtes accolées des dioscures, à droite. R*. Λ-Α-Α-Φ-Ι; deux *Diotæ*; autour de chacune d'elles un serpent.
Æ. Mod. 17 milim. T. B. C. Deux exemplaires.

1753 Tête virile à droite. R*. Λ-Α-Ν-Ι. Aigle à droite.
Æ. Mod. 26 milim. C. O.

1754 Tête nue, à droite. R*. Λ-Α.; aigle; autour, ΕΠΙ. ΟΥΡΥΚΛΕΟΣ.
Æ. Mod. 18 milim. B. C.

1755 Autre, avec deux monogrammes.

1756 Tête d'Hadrianus, à droite. R*. Dioscures à cheval, à droite.
Æ. M. Br. C. O., patine.

ARGOLIDE.

ARGOS.

1757 Partie antérieure d'un loup, à gauche. R*. Le monogramme d'Argos au milieu d'un carré creux.
Ar. drachme informe. B. C.

1758 Autre. M. B. C.

1759 Autre avec le monogramme d'Argos varié.

1760 R*. A; massue et les lettres A-P. Ar. B. C.

1761 Autre; N-I. et feuilles de lierre.

1762 Autre; Π-P, et massue. B. C.

1763 Tête de loup à droite; au-dessus, ΣΙ. R*. A; Π-P, et massue dans un carré creux.
Ar. Mod. 9 milim. B. C. Inédite.

1764 Partie antérieure d'un loup à gauche; les deux pattes posées sur un sym-

bole inconnu. R*. Le monogramme d'Argos dans un carré creux.
Drachme d'Ar. B. C. Inédite.

1765 Partie antérieure d'un loup; dessus, ΣO. R*. Le monogramme d'Argos dans un carré creux.
Drachme d'Ar. B. C.

1766 Tête de loup à gauche. R*. Λ; et dans le champ, Δ-E et foudre.
Ar. B. C. *Obulus*.

1767 Tête d'Hercule à gauche. R*. ✳, dans un carré creux.
Ar. B. C. *Obulus*. Inédite. (Attribution douteuse.)

1768 Drachme comme le n.° 1765. C. O.

1769 Cinq petites médailles d'Argos en Æ. B. C.

CLEONE.

1770 Tête jeune, radiée du soleil; vue de face. R*. KΛH; taureau cornupète à droite.
Ar. Mod. 18 milim. B. C.

ARCADIA.

1771 **APVP** (*sic*, *pro* APKA.) Tête de femme à droite; le tout dans un carré creux. R*. Jupiter Aetophore assis.
Ar. Mod. 14 milim. B. C.

1772 Autre. M. B. C.

1773 APKA-ΔIKON. Tête de femme dans un carré creux. R*. Jupiter Aetophore assis à gauche.
Ar. Mod. 15 milim. B. C.

1774 Tête imberbe, cornue, à gauche. R*. Le monogramme d'Arcadie; dessous, *syrinx*.
Ar. Mod. 11 milim. B. C.

1775 Tête de Jupiter à gauche. R*. Pan assis sur un rocher.
Ar. Mod. 25 milim. C. O.

1776 Autre; dans le champ du R*. un monogramme et la lettre X.
Ar. Mod. 19 milim. T. B. C.

1777 Deux autres variées. B. C.

1778 Deux *Obulus* comme le n.° 1774. M. B. C.

MEGALOPOLIS.

1779 Tête de Jupiter à gauche. R*. ∇. MEΓ; Pan assis; dans le champ, une aigle et la lettre Δ.
Ar. Mod. 17 milim. T. B. C.

PHENEUS.

1780 Tête de Cérès, à gauche. R*. ΦENIKON; bœuf marchant à droite.
Ar. Mod. 15 milim. T. B. C.

TEGEA.

1781   Tête de Pallas à droite. R*. ΤΕΓΕΑ; biche allaitant à Téléfon.
Æ. Mod. 17 milim. B. C.

CRETA.

APTERA.

1782   Tête de femme à droite. R*. Guerrier allant à gauche; dans le champ, A-Π-T-A-P-Al.
Æ. Mod. 14 milim. B. C.

1783   Sept monnaies variées d'Aptera, en petit module. B. C.

CNOSSUS.

1784   Tête de Diane à droite. R*. K-N-ΩΣΙ-ΩΝ; arc et carquois.
Æ. Mod. 22 milim. B. C.

1785   Tête nue, à droite. R*. Labyrinthe carré.
Æ. Mod. 19 milim. C. O.

CYDONIA.

1786   Tête de femme ceinte de pampres. R*. ΚΥΔΩΝ; homme nu, debout, fabricant un arc.
Tétradrachme d'Ar. Mod. 26 milim. B. C.

1787   Tête de femme à droite. R*. ΚΥΔΩ; chien assis à droite.
Æ. Min. Br. Mod. 11 milim. B. C.

ELEYTERNE.

1788   Tête de Jupiter, à droite. R*. Figure virile, nue, debout, tenant dans la main gauche un globe, et dans la droite un arc, au milieu d'un carré creux, ayant en contre-marque une coquille.
Tétradrachme d'Ar. Mod. 25 milim.

ELYRUS.

1789   Tête de bœuf, vue de face. R*. Polype.
Ar. Mod. 8 milim. B. C.

1790   Autre. A. B. C.

GORTYNA.

1791   Tête diadémée de Jupiter à droite. R*. ΓΟΡΤΥΝΙΩΝ; Apollon assis sur un rocher.
Ar. Mod. 18 milim. B. C.

1792   La même tête. R*. ΓΟΡΤΥΝΙΩΝ; figure nue, debout; la main droite sur un bouclier, et une lance dans la gauche.
Ar. Mod. 18 milim. T. B. C.

1793 Femme assise sur un tronc d'arbre (peut-être Isis), tournée à droite. R*. Taureau debout, tourné à droite et regardant derrière lui.
Tétradrachme d'Ar. Mod. 26 milim. B. C.

1794 ΓΑΙΩΝ. ΚΑΙΣΑΡΑ. ΓΕΡΜΑΝΙΚΟΝ. ΣΕΒΑΣΤΩΝ. Tête laurée de Caligula, à gauche. R*. ΓΕΡΜΑΝΙΚΟΝ. ΚΑΙΣΑΡΑ. ΕΠΙ. ΑΥΓΟΥΡΕΙΝΟΥ. ΓΟΡΤ.; tête de Germanicus à droite.
Æ. P. Br. Mod. 22 milim. C. O. Deux exemplaires.

LYTTUS.

1795 Tête de sanglier? R*. Carré creux, informe.
Ar. Mod. 15 milim. B. C.

1796 Jupiter Aetophore, assis, à gauche. R*. Partie antérieure d'une chèvre agenouillée, tournée à gauche.
Tétradrachme d'Ar. Mod. 26 milim. B. C.

RAUCOS.

1797 Tête de Neptune à droite. R*. PAUKIΩN; trident entre deux dauphins.
Æ. Mod. 15 milim. B. C.

EUBŒA, INSULA.

1798 Tête de femme à gauche. R*. EY; tête de bœuf, à gauche, ornée de bandelettes.
Ar. Mod. 17 milim. B. C. Percée.

1799 Tête de femme, voilée, à droite. R*. EYBOI; taureau se couchant, tourné vers la droite.
Æ. Mod. 18 milim. B. C.

CHALCIS.

1800 Tête de femme, de face, ornée de perles. R*. ΧΑΛ; proue de vaisseau.
Ar. Mod. 10 milim. Inédite.

1801 Tête de femme à droite. R*. ΛΑΧ; Aigle éployée à droite, tenant un serpent entre les serres.
Drachme d'Ar. Mod. 18 milim. T. B. C.

1802 Cinq autres. B. C.
1803 Autre. Mod. 13 milim.
1804 Cinq monnaies de cuivre de Chalcis, avec la tête de femme de face, et l'aigle dans le revers. Variées.
Æ. Mod. varié aussi.

ERETRIA.

1805 Bœuf debout, se grattant la tête avec le pied droit. R*. Polype au milieu d'un carré creux.
Ar. Mod. 15 milim. C. O., flanc épais. Cette monnaie a une petite anse qui sert pour la suspendre, et cela fait croire qu'elle a servi d'amulette.

1806 Tête de femme à droite. R*. ΕΡΕΤΡΙ-ΔΑΜΑΣ ; deux grappes de raisin tenant au même cep.
Ar. Mod. 17 milim. C. O.

HISTIÆA.

1807 Tête de femme à droite. R*. ΙΣΤΙ-ΑΙΩΝ ; femme assise sur une proue de vaisseau, tenant de la main gauche un mât, auquel est attachée une voile enflée par les vents; dans le champ, fer du trident et la lettre M.
Ar. Mod. 26 milim. T. B. C.

1808 Treize monnaies du même type, variées. B. C.

INSULÆ EUROPÆÆ.

ANDROS.

1809 1.° Tête de Bacchus à droite. R*. A-N-Δ-P ; Tyrse orné de bandelettes.
Æ. Mod. 16 milim. B. C.

DELOS.

1809 2.° Colombe volant à gauche. R*. ΔΙΙ, dans une couronne de laurier.
Æ. Mod. 14 milim. B. C. Très-rare. Voyez Mionnet, supplément IV, pag. 390.

SERIPHUS.

1810 1.° Tête jeune avec un casque ailé. R*. ΣΕΡΙ. *Harpa*.
Æ. Mod. 16 milim. B. C.

THENOS.

1810 2.° Tête jeune avec des cornes de bélier. R*. TH ; grappe de raisin.
Æ. Mod. 16 milim. B. C.

1811 Trois cents dix monnaies de la Grèce et îles, presque toutes de petit et minime bronze, lisibles, et beaucoup en B. C.

ASIA.

BOSPHORUS CIMMERIUS.

PHANAGORIAS.

1812 Tête barbare nue et barbue, à droite. R*. ΦΑ ; arc et flèche.
Æ. Mod. 12 milim. B. C.

PONTUS.

AMISUS.

1813 Aegide ornée ; au centre, la tête de Méduse. R*. ΑΜΙ-Σ-ΟΥ ; Victoire marchant à droite.
Æ. Mod. 21 milim. C. O.

1814 Tête de Diane à droite. R'. AMI-ΣΟΥ; trépied.
　　Æ. Mod. 18 milim. B. C.

1815 Tête ailée de Cupidon, à droite. R". AMIΣΟΥ; carquois at arc.
　　Æ. Mod. 16 milim. T. B. C.

PAPHLAGONIA.

AMASTRIS.

1816 ΑΥΤ.-ΚΑΙCΑΡ-ΑΝΤΩΝΕΙΝΟC. Tête laurée à droite. R'. AMACTPIA-NΩΝ; Neptune debout.
　　Æ. Mod. 22 milim. B. C.

SINOPE.

1817 Tête casquée à droite. R". ΣΙΝΩ-ΠΗΣ; carquois.
　　Æ. Mod. 20 milim. T. B. C.

1818 Tête de Jupiter à droite. R'. ΣΙΝΩΠΗΣ; aigle sur un foudre; dans le champ, monogramme, composé de A et de E.
　　Æ. Mod. 20 milim. B. C.

BITHYNIA.

1819 ΑΥΤ. ΚΑΙC. ΤΡΑΙ. ΑΔΡΙΑΝΟC. CEB. Tête d'Hadrianus à droite. R'. Temple octostyle; ΚΟΙΝΟΝ-ΒΕΙΘΥΝΙΑC.; dessous, une petite proue de vaisseau.
　　Æ. G. Br. Mod. 34 milim. T. B. C.

DIA.

1820 Tête d'Hercule à droite, couverte d'une peau de lion. R'. ΔΙΑΤΩΝ; massue et grappe de raisin.
　　Æ. Mod. 17 milim. B. C. Inédite.

HADRIANOPOLIS.

1821 ΑΥΤ. Κ. Μ. ΑΥΡ... ΑΛΕΞΑΝΔΡΟΥ.-ΙΟΥΛΙΑ, ΜΑΙCΑ. Têtes d'Alexandre et de Mesa, se regardant. R". VIII. ΟΥΛ. ΑΝΤΟΙ-ΗΑΡΙΑΝΟΠΟΛΙ-ΤΩΝ; Mercure debout; dans le champ, E.
　　Ar. de billon. Mod. 27 milim. B. C. Inédite.

NICÆA.

1822 ΔΙΔΙΑ. ΚΛΑΡΑ. CEB. Tête de Didia Clara, à droite. R'. ΝΙΚΑΙΩΝ; femme debout.
　　Ar. Mod. de denarium. C. O.

1823 Μ. ΑΥΡ. CΕΥΗ. ΑΛΕΞΑΝΔΡΟC. Α. Tête laurée à droite. R'. ΝΙΚΑΙΕΩΝ; trois enseignes militaires.
　　Æ. Mod. 21 milim. T. B. C.

1824 Deux autres semblables. B. C.

1825 M. ANT. ΓΟΡΔΙΑΝΟC. AY. Tête radiée à droite. R*. ΝΙΚΑΙΕΩΝ; quatre enseignes militaires.
Æ. Mod. 20 milim. B. C.

1826 Autre. Trois enseignes. C. O.

1827 TI. ΦΟΙΛ..... ΚΡΙΑΝΟC. CEB. Tête de Macrianus le jeune, à droite, avec *paludamentum*. R*. ΝΙΚΑΙΕΩΝ; champ prétorien entouré de murailles crénelées.
Æ. Mod. 23 milim. C. O.

MYSIA.

ASSUS.

1828 Tête de Pallas, de face, dans le champ en contre-marque un *pileum*. R*. ΑΣΣΙ; griphon courant à gauche.
Æ. Mod. 21 milim. B. C.

CYZICUS.

1829 Partie antérieure d'un sanglier marin, à droite. R*. Tête de lion, peut-être de loup, avec la gueule ouverte, regardant à gauche, dans un carré creux.
Ar. Mod. 11 milim. B. C.

1830 ΚΥΖΙΚΟC. Tête du fondateur Cycicus, diadémée, à droite. R*. ΚΥΖΙΚΗΝΩΝ. ΝΕΟΚΟ, Pallas debout.
Æ. Mod. 26 milim. B. C.

1831 ΚΟΜΜΟΔΟΣ. Tête de Commodus. R*. ΚΥΖΙΚΗΝΩΝ; vache marchant.
Æ. Mod. 21 milim. B. C.

LAMPSACUS.

1832 Tête de Priapus, couronnée de pampre, à droite. R*. ΛΑΜΨΑΚΗΝΩΝ; cheval marin à droite.
Æ. Mod. 20 milim. B. C.

PARIUM.

1833 Tête de femme à droite. R*. ΑΝΑΣΙΚ-ΠΑΡΙ; Chèvre à droite.
Ar. Mod. 22 milim. B. C.

1834 Masque de face. R*. ΠΑΡΙ; bœuf marchant à gauche et regardant à droite; au-dessus, massue.
Ar. Mod. 13 milim. T. B. C.

1835 Tête voilée de Cérès, couronnée d'épis. R*. ΠΑΡΙ, au milieu d'une couronne de lierre.
Ar. Mod. 21 milim. T. B. C.

1836 Tête de Jupiter à gauche. R*. Cheval au galop, allant de droite à gauche; au-dessus, un astre.
Æ. Mod. 17 milim. B. C.

1837 IMP. CAES. M. AVR. COMODVS (sic). Tête de Commodus, à droite. R*. CRISPINA. AVGVSTA; tête de Crispina, à droite.
Æ. Mod. 20 milim. B. C., patine. Attribution du feu M. de Lorichs.

1838 Tête de Venus, à droite; autour, lég. barbare. R*. C. G. J. H. P.; colon labourant avec deux bœufs.
Æ. Mod. 15 milim. B. C.

PERGAMUS.

1839 Tête de Pallas à gauche. R*. ΠΕΡΓΑΜΗΝΩΝ; Aesculape debout.
Æ. Mod. 27 milim. B. C.

1840 Tête d'Aesculape, à droite. R*. ΑΣΚΛΗΠΙΟΥ-ΣΩΤΗΡΟΣ; serpent dressé enveloppant un cône.
Æ. Mod. 20 milim. B. C.

1841 Autre semblable.
Æ. Mod. 18 milim. B. C.

1842 ΑΥΡΑΙΑ-COMMOΔOS. Tête de Commodus César, à droite. R*. ΠΕΡΓΑ-ΜΗΝΩΝ; Aesculape, debout.
Æ. Mod. 20 milim..T. B. C.

TROAS.

ABYDUS.

1843[1.] AYT. KAI. M. AYPH. ANT..... Tête de M. Aurelius, à droite. R*. Les Dioscures avec les chevaux pris par la bride; dessous, ΑΒΥΔΩΣ.
Æ. G. Br. Mod. 35 milim. C. O. Inédite.

ALEXANDRIA-TROAS.

1843[2.] Tête de Commodus, à droite. R*. COL. AVG. TROAD; Apollon, à droite, sur un cype, ayant dans la main gauche un arc, et dans la droite une patère; devant lui, trépied; et derrière, arbre.
Æ. Mod. 22 milim. C. O.

1844 IM. S. ALEXANΔER. AVG. Tête laurée à droite. R*. COL. AL. AV. TRO; cheval paissant.
Æ. Mod. 23 milim. B. C.

SCEPSIS.

1845 Tête de Cérès, à droite. R*. ΣΚΑ; palmier et symbole inconnu.
Æ. Mod. 18 milim. T. B. C. Inédite. (Attribution douteuse.)

SIGEUM.

1846 Tête de Pallas, de face. R*. ΣΙΓΕ; chouette; derrière, un croissant.
Æ. Mod. 13 milim. B. C.

AEOLIS.

CYME.

1847 Aigle debout, à droite; derrière, ...ΙΛΑΚΟΣ. R*. KY.; vase à une anse.
Æ. Mod. 17 milim. B. C.

1848 KY. Partie antérieure d'un cheval, à droite. R*. Vase à une anse; dans le champ, monogramme.
Æ. Mod. 17 milim. B. C.

ELAEA.

1849 H-P. Tête de femme couronnée d'épis, à droite. R*. ΕΛΑΙΤΩΝ; pavot; le tout dans une couronne d'olivier.
Æ. Mod. 22 milim. T. B. C.

TEMNUS.

1850 ΤΗΜΝΟC. Tête tourrelée de femme, à droite. R*. TEMNEITΩN. Fortune debout à gauche.
Æ. Mod. 19 milim. B. C.

1851 ΙΕΡΑ. CYNKΛHTOC. Tète nue du Sénat, à droite. R*. E. AY. CTPATO-NEIKI-ANOY-TEMN. Deux Némésis debout.
Æ. Mod. 25 milim. B. C.

LESBUS, INSULA.

ERESUS.

1852 Tête de Cérès, à gauche. R*. Les lettres E et P en monogrammes.
Ar. Mod. 15 milim. B. C.

1853 Tête de Cérès à gauche. R*. E. P; flambeau; le tout dans une couronne d'épis.
Æ. Mod. 13 milim. B. C. (Ces monnaies semblent plutôt apartenir à Erétrie d'Eubée.)

JONIA.

CLAZOMENE.

1854 Sanglier ailé à droite. R*. Tête incuse de lion, en carré creux.
AV. Poids gr. 2,25. B. C. Percée. (Mionnet, t. III, p. 63, R. 8.)

1855 Sanglier ailé à droite. R*. Carré creux informe.
Ar. Mod. 17 milim. T. B. C. Fabrique antique.

1856 Tête de Pallas, à droite. R*. ΚΛΑΣΟΜΕΝΙΩΝ-ΡΟΝΤΟΣ; bélier couché.
Æ. Mod. 18 milim. C. O.

EPHESUS.

1857 Tête laurée de Domitianus, à droite. R*..... ΘΑΥΗΠΙΟC ; Jupiter nicéphore, assis à gauche ; dans le champ, EΦECI-ΩN.
Æ. G. Br. Mod. 31 milim. C. O. Inédite.

1858 AYT. K. ΠO. ΛIK. OYAΛEPIANOC. Tête de Valerianus, à droite. R*. EΦECIΩN ; Fortune debout, à gauche.
Æ. Mod. 21 milim. B. C.

ERYTHREA.

1859 Tête d'Hercule, à droite. R*. EPI.-ΠAYΣANIAΣ ; massue et carquois.
Æ. Mod. 14 milim. B. C.

METROPOLIS.

1860 AYT. K. M. ANT. ΓOPΔIANOC. Tête de Gordianus, laurée, à droite. R*. MHTPO. ΠOΛEITON. TΩN. IONIA ; Cybèle, assis entre deux lions.
Ar. de billon. Mod. 30 milim. B. C.

MILETUS.

1861 Tête d'Apollon, laurée, à gauche. R*. IOΠOMΠO ; lion regardant derrière lui.
Ar. Mod. 13 milim. C. O.

1862 Apollon Dydimeus, nu, debout, à droite, tenant un arc et un petit cerf. R*. MIΛHCI ; lion accroupi, à droite.
Æ. Mod. 18 milim. C. O.

1863 Tête de Commodus Cesar à droite. MIΛHCIΩN-EΠI. ΦΛΛ. AP...
Æ. Mod. 20 milim. C. O.

PHOCEA.

1864 ΦΩKEA. Tête tourrelée de femme à droite. R*. ΦΩKAIEIΩN ; chien tourné à droite et dévorant un dauphin, à droite.
Æ. Mod. 19 milim. B. C.

SMYRNA.

1865 Tête d'Apollon, à droite. R*. ΞMYPNAIΩN-KPΩKINE ; Homère assis à gauche.
Æ. Mod. 21 milim. B. C.

1866 Le même type. R*. ΞMYPNAIΩN-AΠOΛΛΩNIOΣ. HΠIA, Homère assis à gauche.
Æ. Mod. 21 milim. T. B. C.

1867 CEYC. AKPAIOΣ. Tête de Jupiter, à droite. R*. CMYPNAIΩN ; proue de vaisseau.
Æ. Mod. 19 milim. B. C.

1868 Λ. CEΠ. ΓETAC. KAI. Tête de Geta, nue, à droite. R*. EΠ. CTP. K. POYΦINOY. CO-CMYPNAIΩN ; deux Némésis debout.
Æ. Mod. 25 milim. T. B. C., patine.

1869 A. K. Π. AYP. CEV. ΑΛΕΞΑΝΔΡΟC. Tête d'Alexandre Sévère, à droite. R*. CMYP-ΝΑΙΩΝ. ΝΕΩΚΟΡΩΝ; deux Némésis debout.
Æ. Mod. 26 milim. B. C.

1870 AYT. K. Π. ΛΙΚ. ΓΑΛΔΙΗΝΟC. C. Tête laurée de Gallienus, à droite. R*. CMYPNAIΩN. F. ΝΕΩΚΟΡΩΝ; Rome assise, tenant dans la main droite un petit temple, et dans la gauche une haste; dans le champ et exergue, M. AYP-CEΞCTOY.
Æ. Mod. 26 milim. B. C.

TEOS.

1871 Griphon accroupi, à droite. R*. ΤΗΙΩΝ, écrit en deux lignes, dans une couronne de lierre.
Æ. Mod. 16 milim. T. B. C.

INSULÆ JONIÆ.

CHIOS.

1872 Sphinx ailé, assis à gauche. R*. ΕΝΕΚΡΑΤΗΣ-ΧΙΟΟΣ (sic) *Diota*.
Ar. Mod. 19 milim. C. O. Inédite.

1873 Sphinx accroupi, à droite; devant, une massue. R*. ΚΑΥΚΑ-ΧΙΟΣ; *Diota*; dans le champ, un gouvernail.
Æ. Mod. 15 milim. T. B. C.

1874 Sphinx, à droite; devant, un épi. R*. ΘΕΡΕΗΣ-ΧΙΟΣ; *Diota*; dans le champ, grappe de raisin.
Æ. Mod. 19 milim. B. C.

1875 ACCAPIA. TPIA. Sphinx accroupi, à droite; devant, une proue. R. ΧΙΩΝ; Bacchus et Apollon debout; au milieu d'eux, un autel.
Æ. G. Br. Mod. 33 milim. T. B. C., patine.

SAMOS.

1876 Tête de lion, de face. R*. ΣΑΜΙΩΝ; partie antérieure de bœuf à droite; dessous, *Diota* et un monogramme.
Ar. Mod. 17 milim. B. C. Rare.

1877 Tête de Junon à droite. R*. CAMIΩN; Paon, à droite, posé sur un caducée, avec un sceptre transversé.
Æ. Mod. 15 milim. B. C.

1878 *Diota*. R*. ΣΑΜΙΩΝ; type inconnu.
Æ. Mod. 9 milim. B. C.

1879 M. IOY. ΦΙΛΙΠΠΟC. KAICAP. Tête nue, à droite. R.* CAMIΩN; Fleuve couché à gauche.
Æ. Mod. 25 milim. T. B. C.

CARIA.

APOLLONIA.

1880 ΑΛΕΞΑ. ΚΤΙC. ΑΠΟΛΛΟΝΙΑ. Tête d'Alexandre le Grand, couverte d'une peau de lion, à droite. R*. ΙΠΠΟΦΟΡΑC; Fleuve couché à gauche.
Æ. Mod. 29 milim.

CNIDUS.

1881 Tête de Venus, à droite. R*. ΚΝΙΔ ; partie antérieure d'un lion tourné à droite.
Ar. Mod. 15 milim. B. C.

1882 Tête de Venus à gauche. R*. ΚΝΙ-ΚΑΛΛΙΦΡΩΝ ; le même type anterieur.
Ar. Mod. 17 milim. C. O.

HALICARNASSUS.

1883 Tête de Neptune, à droite. R*. ΑΛΙΚΑΡ; trident.
Æ. Mod. 17 milim. B. C.

TRIPOLIS.

1884 Buste de Pallas, à droite. R*. ΤΡΙΠΟΛΕΙΤΩΝ ; Jupiter debout, vêtu de la toge.
Æ. Mod. 21 milim. C. O.

INSULÆ CARIÆ.

CALYMNA.

1885 Tête virile casquée, à mentonnière, à droite. R*. ΚΑΛΥΜΝΙΩΝ ; lyre.
Ar. Mod. 21 milim. C. O.

COS.

1886 Tête d'Aesculape, à droite. R*. Serpent autour d'un baton ; anépigraphe.
Æ. Mod. 17 milim. B. C.

RHODUS.

1887 Tête radiée du soleil, de face. R*. ΡΟ-ΤΙΜΟΘΕΩΞ ; fleur du *balaustium* (peut-être de grenadier); dans le champ, un terme.
Ar. Mod. 20 milim. T. B. C.

1888 Autre, avec la lég. ΡΟ-ΑΡΙΣΤΟΝΟΜΟC ; le même type ; symbole inconnu.
Ar. Mod. 18 milim. B. C.

1889 Autre ; on ne peut pas lire le nom du magistrat.
Ar. Mod. 19 milim. C. O.

1890 Tête du soleil, de face. R*. ΡΟ-ΑΜΕΙΝΙΑΣ ; fleur du *balaustium ;* dans le champ, un terme.
Ar. Mod. 11 milim. T. B. C.

1891 Autre, dans laquelle on ne peut pas lire le nom du magistrat.
Ar. Mod. 15 milim. B. C.

1892 Tête de Méduse ou du soleil, avec la chevelure ondulante; sur le visage, en contre-marque, une autre tête de femme, de face, ornée de perles comme les monnaies de Chalcis que nous avons décrites au n.° 1,800 de ce Catalogue. R*. K...ΩN; fleur du *balaustium;* dans le champ, Φ.
Ar. Mod. 17 milim. C. O.

1893 Tête du soleil, de face. R*. PO-EYKPATHΣ; fleur du *balaustium;* dans le champ, une ancre.
Ar. Mod. 11 milim. B. C.

1894 Autre, avec la lég. PO-.. ΙΣΙΚΡΑΤΗΣ.
Ar. Mod. 12 milim. B. C.

1895 Quatre autres de modules variés. M. C.

1896 Tête de Bacchus couronnée de lierre, à gauche. R*. POΔIΩN-ΕΠΙ-ΑΝ-ΤΙΠΑΤΡΟΥ; Victoire marchant à droite.
Æ. Mod. 56 milim. B. C.

1897 Tête du soleil radiée à droite. R*. P-O-; fleur du *balaustium.*
Æ. Mod. 28 milim. B. C.

1898 Autre, avec les symboles d'un épi et d'un foudre.
Æ. Mod. 28 milim. B. C.

1899 Trois petites monnaies de Rhodus.
Min. Br. Mod. 11 milim. B. C.

LYCIA.

1900 ΑΥΤ. ΚΑΙC. ΝΕΡ. ΤΡΑΙΑΝΟC. CEB. ΓΕΡΜ. Tête laurée, à droite. R*. ΔΗΜ. ΕΞ.-ΥΠΑΤ. B. Chouette perchée sur deux lyres.
Ar. Mod. de *denarium*. B. C.

MYRA.

1901 ΑΥΤ. ΚΑΙ. Μ. ΑΝΤ. ΓΟΡΔΙΑΝΟC. CEB. Tête laurée, à droite. R*. ΜΥΡΕΩΝ; Junon *Pronuba* dans un temple tétrastyle.
Æ. Mod. 30 milim. B. C.

PAMPHILIA.

PERGA.

1902 Simulacre de la Diane de Perga, assise dans un temple distyle. R*. ΑΡΤΕΜΙΔΟΣ-ΠΕΡΓΑΙΑΣ; un carquois et un arc.
Æ. Mod. 17 milim. B. C.

1903 ΛΥ. Κ. Μ. ΙΟΥ. ΦΙΛΙΠΠΟC. Tête laurée à droite. R*. ΠΕΡΓΑΙΑΣ-ΑΡΤΕΜΙΔΟΣ; un cône dans un temple distyle.
Æ. Mod. 25 milim. C. O.

SIDE.

1904 Tête de Pallas à droite. R*. ΣΙΔΗΤΩΝ; Victoire debout, à gauche.
Æ. Mod. 18 milim. B. C.

PISIDIA.

SELGE.

1905 Deux lutteurs combattant. R*. ΕΣΤΓΕΔΙΙΥ; un frondeur debout ajustant la fronde; dans le champ, la *triquetra*; le tout dans le milieu d'un carré creux.
Ar. Mod. 25 millim. B. C.

CILICIA.

MOPSUS.

1906 Tête voilée et tourrelée de femme, à droite. R*. ΜΟΨΕΑΤΩΝ. ΤΗΣ. ΙΕΡΑΣ.-ΚΑΙ. ΑΥΤΟΝΟΜΟΥ; Jupiter nicéphore assis à gauche.
Æ. Mod. 22 millim. C. O.

SOLUS.

1907[1.] Homme avec un genou en terre, tourné à gauche, tenant un arc, et ayant à son côté un carquois attaché. R*. Type effacé dans un carré creux.
Ar. Mod. 21 millim. M. C.

CYPRUS, INSULA.

1907[2.] Tête de bélier, à droite. R*. Tête de lion en creux.
AV. Poids gr. 2,45. B. C., percée.

1908[1.] IMP. ANTONINVS. AVGVSTI (*sic*). Tête de Marcus Aurelius, barbue, à droite. R*. ΛΙΤΟΙ.-ΥΙΣΕΝΑΙ; femme debout tenant dans la main droite un objet qui doit être un pain, suivant l'indication que fait Spanheim à l'article *Puellæ Faustinianæ*.
Ar. Mod. de *denarium* B. C.

LYDIA.

ANINESUM.

1908[2.] Tête virile, barbue, à droite. R*. ΑΝΙΝΗΣΙΩΝ. ΔΗΜΟΣ; aigle à gauche.
Æ. Mod. 17 millim. B. C. Inédite.

THYATIRA.

1909 ΑΥ. ΚΑΙ. Μ. ΑΥ. Λ. ΑΝΤΩΝ. ΑΡΜ. Tête nue de Marcus Aurelius, à droite. R*. ΘΥΑΤΕΙΡΗΝΩΝ; figure nue dans un quadrige; au bas, un fleuve couché.
Médaillon. Æ. Mod. 59 millim. T. B. C., patine.

1910 ΑΥ. ΚΑΙ. Μ. ΑΥΡΗ. ΚΟΜΟΔΟC (*sic*). Tête laurée de Commodus, à gauche. R*. ΕΠΙ. CΤΡΑ. ΜΟCΧΓΑΝΟΥ. ΦΙ. ΘΥΑΤΕΙΡΗΝΩΝ; Pluton dans un quadrige, à droite; dessous, un vase renversé.
Médaillon. Æ. Mod. 44 millim. T. B. C., patine.

PHRYGIA.

SYNAOS.

1911 ΔΗΜ. CYNAEITΩN. Tête jeune, laurée, à droite. R*. EΠI. MENANΔPOY. Fortune debout, à gauche.
Æ. Mod. 24 milim. B. C. Inédite. (Voyez Mionnet, supplément 7, page 619.)

CAPPADOCIA.

CÆSAREA.

1912 Tête de Vespasianus, à droite. R*. ΔOMITIANOC. KAICAP. CEBAS.... Domitianus vêtu de la toge.
Ar. Mod de *denarium*. C. O.

1913 AΔPIANOC. CEBACTOC. Tête laurée d'Hadrianus, à droite. R*. YΠA-TOC. Γ. ΠATHP. ΠATPIΔOC, fortune assise.
Ar. Mod. de *denarium*. B. C.

1914 Même tête et lég. R*. YΠATOC. Γ. ΠATHP. ΠATPIΔOC; Victoire marchant à droite.
Ar. Mod. de *denarium*. B. C. Inédite.

1915 AYT. M. AYP. KOMO. ANTΩNEINOC. Tête laurée à droite. R*. YΠA-TOC. Γ. ΠATHP. ΠATPI; Victoire sur un globe.
Ar. Mod. de *denarium*. B. C.

1916 M. AY. ANTΩNEI. CEB. Tête de Caracalla, à droite. R*. ΔHMAP. EΞ. OYEIVΙΙΓ; femme tourrelée, assise, portant dans la main droite le mont Argée, et tenant dans la gauche un trophée.
Ar. Mod. de *denarium*. B. C.

1917 AY. K. CEOY. AΛEΞANΔ. Tête laurée d'Alexander Severus, à droite. R*. MHTPO. KAICAP. ET. H; le mont Argée surmonté d'une couronne.
Æ. Mod. 25 milim. B. C.

REGES CAPPADOCIÆ.

ARIOBARZANES I.

1918 Tête diadémée, à droite. R*. BAΣIΛEΩΣ. APIOBAPΣANOY. ΦIΛ. PΩ-MAIOY; Pallas nicéphore, debout, à gauche.
Ar. Mod. de *denarium*. C. O. Percée et *subærata*.

REGES SYRIÆ.

SELEUCI INCERTI.

1919 Tête de Pallas, à droite. R*. BAΣIΛEΩΣ. ΣEΛEYKOY; Victoire debout.
Æ. Mod. 18 milim. C. O.

ANTIOCHUS I.

1920 Tête diadémée d'Antiochus *Soter*. R°. ΒΑΣΙΛΕΩΣ. ΑΝΤΙΟΧΟΥ; Apollon nu, assis sur la cortine, à gauche; dans le champ, un monogramme.
Tétradrachme d'Ar. Mod. 30 milim. T. B. C. (Douteuse.)

1921 Autre, avec deux monogrammes.
Tétradrachme d'Ar. Mod. 31 milim. T. B. C.

ANTIOCHUS VII.

1922 Buste ailé de Cupidon, à droite. R°. ΒΑΣΙΛΕΩΣ. ΑΝΤΙΟΧΟΥ.... *Lotus* sur un croissant.
Ar. Mod. 17 milim. C. O.

ALEXANDER II.

1923 Tête radiée et diadémée d'Alexandre II, à droite. R°. ΒΑΣΙΛΕΩΣ. ΑΛΕΞΑΝΔΡΟΥ; Pallas debout; dans le champ, E.
Æ. Mod. 24 milim. B. C. Deux exemplaires.

COMMAGENE.

DOLICHE.

1924 Têtes affronties et laurées de Marcus Aurelius et de Lucius Verus. R°. ΔΟΛΙΧΑΙΩΝ. Λ. dans une couronne de laurier.
Æ. Mod. 21 milim. B. C. Deux exemplaires.

SAMOSATA.

1925¹. ΑΥΤΟΚ. Κ. Μ. ΙΟΥΛΙ. ΦΙΛΙΠΠΟΣ. ΣΕΒ. Tête laurée, à droite. R°. ΣΑΜΟϹΑΤΕΩΝ; femme tourrelée, assise; dessous, le Pégase.
Æ. Mod. 29 milim. B. C.

1925². R°. ΦΛ. ϹΑΜΟϹΑΤΕΩΝ. ΜΗΤΡΟΠ. ΚΟΜ; femme assise.
Æ. G. Br. Mod. 32 milim. B. C.

ZEUGMA.

1926 ΑΥΤΟΚ. Κ. Μ. ΙΟΥΛΙ. ΦΙΛΙΠΠΟΣ. ΣΕΒ. Tête laurée, à droite. R°. ΖΕΥΓΜΑΤΕΩΝ; temple tétrastyle, sur le sommet d'un mont; dessous, Capricorne.
Æ. Mod. 29 milim. B. C.

CYRRHESTICA.

BEROEA.

1927 Tête de Trajanus, à droite. R°. ΒΕΡΟΙΑΙΩΝ.-Γ. au milieu d'une couronne de laurier.
Æ. Mod. 23 milim. C. O.

1928 Autre avec la lettre B; C. O.

CHALCIDENE.

CHALCIS.

1929 ΑΥΤ. ΚΑΙ. ΤΡΑΙΑΝΟC. ΑΔΡΙΑΝΟC. CEB. Tête laurée à droite. R'. ΦΛ. ΧΑΛΚΙΔΕΩΝ. Δ. au milieu d'une couronne de laurier.
Æ. Mod. 25 milim. B. C.

SELEUCIS ET PIERIA.

ANTIOCHIA.

1930 Tête de Jupiter laurée à droite. R'. ΑΝΤΙΟΧΕΩΝ. ΜΗΤΡΟΠΟΛΕΩΣ. ΑΥΤΟΝΟΜΟΥ; Jupiter nicéphore assis; exergue, ΔΙ.
Æ. Mod. 20 milim. B. C.

1931 Trois autres semblables. M. B. C.

1932 Tête laurée de Jupiter, à droite. R'. ΑΝΤΙΟΧΕΩΠ. ΕΠΙ. ΣΙΛΑΝΟΥ.-ΔΜ; bélier courant à droite et regardant derrière lui; dans le champ, un astre.
Æ. Mod. 20 milim. B. C. Autre exemplaire varié.

1933 Tête de femme, laurée, à droite. R'. ΑΝΤΙΟΧΕ.-ΕΤ. ΗΡ; lyre.
Æ. Mod. 15 milim. B. C.

1934 ΑΝΤΙΟΧΕΩΝ. ΤΗΣ. ΜΗΤΡΟΠΟΛΕΩΣ. Tête tourrelée de femme, à droite. R'. ΕΤ. ΖΟΡ; autel.
Æ. Mod. 17 milim. B. C.

1935 ΑΓΡΙΠΠΕΙΝΗΣ. ΣΕΒΑΣΤΗΣ.-Γ.-ΕΡ. Tête d'Agrippina jeune, à droite. R'. ΝΕΡΟΝΟΣ. ΚΛΑΟΥΔΙΟΥ..... tête de Néron laurée, à droite.
Ar. de billon. Mod. 24 milim. B. C.

1936 IMP. OTHO. CAESAR. AVG. TR. P. Tête d'Otho, à droite. R'. S. C. dans une couronne de laurier.
Æ. Mod. 18 milim. B. C. (Douteuse.)

1937 ΑΥΤ. ΝΕΡΟΥΑ. ΚΑΙΣ. CEB. Tête de Nerva laurée, à droite. R'. ΕΤΟΥ. ΝΕΟΥ. ΙΕΡΟΥ.-Α; aigle sur un foudre.
Ar. Mod. 26 milim. B. C.

1938 Tête de Trajanus, à droite R'. S. C. au milieu d'une couronne de laurier.
Æ. Min. Br. C. O.

1939 ΑΥΤ. ΚΑΙ. ΘΕ. ΤΡΑ. ΠΑΡ. ΥΙ. ΘΕ. ΝΕΡ. ΥΙ. ΤΡΑΙ. ΑΔΡΙΑΝΟC. CEB. Tête d'Hadrianus laurée, à droite. R'. ΔΗΜΑΡΧ. ΕΞ. Υ. ΠΑΤ. Β; aigle sur une cuisse d'animal.
Ar. Mod. 25 milim. T. B. C.

1940 ΑΥΤ. ΚΑΙ. ΑΝΤΩΝΙΝΟC. CE. Tête laurée de Caracalla, à droite. R'. ΔΗΜΑΡΧ. ΕΞ. ΥΠΑΤΟC. Δ; aigle éployée; dessous, tête d'une divinité dans le centre d'un autel, posée sur deux roues.
Ar. de billon. Mod. 21 milim. T. B. C.

1941 Autre. R*. ΔHMAPX. EΞ. ΥΠATOC. TO. Δ; aigle sur un foudre.
Ar. de billon. Mod. 26 milim. T. B. C.

1942 Autre; dessous de l'aigle une tête de bélier.
Ar. de billon. Mod. 25 milim. T. B. C.

1943 Autre semblable. B. C.

1944 AY. KAI. M. AV. ANTONINOC. Tête laurée de Caracalla, à droite. R*. S. C. au milieu d'une couronne de laurier.
Æ. Mod. 18 milim. B. C.

1945 AYT. KAI. M. O. CE. MAKPINOC. Tête laurée de Macrinus, à droite. R*. KAI. M. O. ΔIA. ANTONINOC; tête nue de Diadumenianus, a droite; dans le champ, S. C.
Æ. Mod. 20 milim. B. C.

1946 AYTOK. K. M. ANT. ΓΟΡΔIANOC. CEB. Tête laurée de Gordianus, à droite. R*. ΔHMAPX. EΞOYCIAC; aigle sur un sceptre.
Billon. Mod. 25 milim. B. C.

1947 AYTOC. K. M. IOYAI. ΦIΛIΠΠOC. CEB. Tête radiée de Philippus le père, à gauche. R.* ANTIOXEΩN. MHTPO. COΛΩN; tête tourrelée de femme, à droite; dans le champ, Δ.-E.-S.-C.; dessous, astre.
Æ. Mod. 28 milim. B. C. Autre exemplaire.

1948 AYTOK. K. Γ. OYIB. TPEB. ΓAΛΛOC. CEB. Tête de Trebonianus laurée à droite. R*. ΔHMAPX. EΞOYCIAC. ΥΠATOP; aigle sur un foudre; dans le champ, B; dessous, S. C.
Æ. Mod. 26 milim. T. B. C.

LAODICEA.

1949 IMP. C. M. AVR. ANTONINVS. AVG. Tête d'Elagabalus, à droite. R*. LADICEON; tête tourrelée dans un temple distyle; exergue, Δ. E.
Æ. Mod. 18 milim. T. B. C.

CŒLE SYRIÆ.

DAMASCUS.

1950 IMP. CAESAR. C. M. QVIN. ΔECIOC. TPAIANOYC (sic). Tête radiée de Decius, à droite. R*. COLON. ΔAMAC.-OΔIMΠIA.-S. C. L'empereur debout, à gauche, présentant une urne à une femme voilée et tourrelée; derrière, une figure militaire debout; devant, un petit animal.
Médaillon. Æ. Mod. 39 milim. C. O.

TRACHONITIS, ITURÆA.

CÆSAREA PANIAS.

1951 AVGVSTVS. Tête nue d'Augustus, à droite. R*. C. A. dans un grenetis; autour, couronne de laurier.
Æ. G. Br. Mod. 54 milim. B. C.

DECAPOLIS.

DIUM.

1952 ΠΟVIIC. ΓETAC. K. Buste nu de Geta, à droite. R*. ΔΕΙΗΝΩΝ.-HΞC; femme debout, le *modium* sur la tête; dans la main droite une haste surmonté d'un aigle; et dans la gauche une petite Victoire; à ses pieds deux bœufs.
Æ. Mod. 23 milim. T. B. C., patine.

PHŒNICE.

BERYTUS.

1953 Tête de Neptune laurée, coifée d'un bonnet carré; derrière, trident; au-dessus, L. AN. R*. BHPITIΩN; Victoire marchant à droite.
Æ. Mod. 21 milim. B. C. Inédite.

1954 Tête d'Hadrianus laurée, à droite. R*. COL. BER; deux aigles légionnaires.
Æ. Mod. 23 milim. C. O.

1955 Tête de Caracalla, à droite. R*. COL. IVL......-BER; Astarté debout couronné par la Victoire; dans un temple tétrastyle avec échelle.
Æ. Mod. 24 milim. C. O.

INCERTI PHŒNICE.

1956 Six monnaies avec des caractères phéniciens, en P. Br., curieuses, et la plupart B. C.

SIDON.

1957 Tête voilée de femme, à droite; devant, astre. R*. ΣΙΔΩΝΟΣ-ΙΕΡΑΣ.; simulacre d'Astarte dans un char couvert; dessous; ZKΣ.
Æ. Mod. 24 milim. T. B. C.

1958 Temple tétrastyle sur une base. R*. ΣΙΔΟΝΙΩΝ; Europe sur un taureau marchant à gauche: dessous, L. ΓP.
Æ. Mod. 19 milim. B. C.

GALILÆA.

PTOLEMAIS.

1959 Tête de Claudius, à droité, ayant sur la tête en contre-marque un autre petit buste d'un empereur. R*. ΠΤΟΛ-ΕΜΑΙΔ. ΙΕΡ; Fortune debout, à gauche; dans le champ, L. Al.
Æ. Mod. 21 milim. C. O. Inédite.

SEPPHORIS.

1960 TPAIAN. AYTOKPATOP. EΔOKEN. Tête laurée de Trajanus, à droite. R*. Palmier; dessous, écrit en deux lignes. ΣΕΠ.-ΦΩ-PH-NΩN.
Æ. Mod. 24 milim. B. C.

TIBERIAS.

1961 AY. TP. AΔPIANΩC. KAIC. CEB. Tête laurée, à droite. R*. TIBEP. KΛAY.-L. AP; Victoire debout.
Æ. Mod. 18 milim. B. C.

SAMARIA.

CÆSAREA.

1962 IMP. C. SEVER. ALEXAN. Buste d'Alexander, à droite. R*. C. I. F. AVG. CAE. METROPOLI; aigle avec une espèce d'auréole ou *nimbus* au tour de la tête, dans laquelle on lit S. P. Q. R.
Æ. Mod. 26 milim. B. C.

JUDÆA.

ASCALON.

1963 Tête d'Antoninus laurée, à droite. R*. ACKAΛΩ-BC; femme debout.
Æ. Mod. 17 milim. C. O.

GAZA.

1964 Tête d'Hadrianus, à dr. R*. ΓAZAE. EΠI. ΔqP; Hercule debout.
Æ. Mod. 18 milim. B. C.

REGES JUDÆÆ.

AGRIPPA II.

1965 ΑΓΡΙΠΑ. ΒΑΣΙΛΕΩΣ. Parasoleil. R*. Trois épis; dans le champ. L. E.
Mod. 17 milim. B. C.

1966 Une autre, L. ϛ.
Mod. 17 milim. B. C.

HERODES III (*Chalcidis*).

1967 ΒΑΣΙΛΕΩΣ. ΗΡΩΔΗΣ. ΦΙΛΟΚΛΑΥΔΙΩΣ. Tête laurée, à droite. R*. ΚΛΑΥΔΙΩ-ΚΑΙΣΑΡΙ. ΣΕΒΑΣΤΩ. ET. B. dans une couronne de laurier.
Æ. Mod. 27 milim. B. C.

NUMI JUDAICI AGG. NOMINE CUVI.

1968 KAICAPOC. Epi. R*. L. M. Palmier.
Æ. Mod. 16 milim. B. C.

1969 TIBEPIOY. KAIΣAPOC. L. I. ϛ. *Simpulum*. R*. IOVΛIA. KAIΣAPOC. Trois épis liés ensemble.
Æ. Mod. 16 milim. T. B. C.

1970 NEP.-ΩNO.-C. dans une couronne de laurier. R*. KAICAPOC. L. E. Palme.
Æ. Mod. 18 milim. B. C.

INCERTI JUDÆÆ.

1971 Deux palmiers; dans le milieu, un astre. R*. Cep de vigne avec une grappe de raisin pendante. Les feuilles du cep semblent être formées avec des caractères inconnus.
Ar. Mod. 15 milim. B. C. Inédite.

ARABIA.

BOSTRA.

1972 Tête d'Elegabalus, à droite. B*. BOSTRA.... Tête de Jupiter Serapis, à droite.
Æ. Mod. 16 milim. C. O.

MESOPOTAMIA.

EDESSA.

1973 AYTO. KAIΣAP. M. AVP. CE. AΛEΞANΔPOC. Tête radiée à droite. R*. MH. COΛ. EΔECCHNΩN. Femme tourrelée, assise sur un rocher, à gauche; devant, autel; dans le champ, deux astres; dessous, un fleuve nageant.
Æ. Mod. 50 milim. B. C.

1974 Autre semblable.
Mod. 24 milim.

INCERTI MESOPOTAMIÆ.

1975 AYT. K. M. AVP. ANTΩNINOC. Tête laurée, à droite. R*. YΠEP. NIKHC. PΩMAIΩN. Femme debout.
Ar. Mod. de *denarium*. B. C.

INCERTI REGUM PERSIÆ.

1976 Figure barbare, avec un genou sur la terre, tenant un arc dans la main droite et un carquois dans la gauche. R*. Carré creux.
AV. Poids gr. 8,40. B. C. *Daricus*.

1977 Autre semblable.
AV. Poids gr. 8,34.

REGES PARTHIÆ.

ARSACES XXI (*Gotares*).

1978 Tête barbue et diadémée de Gotares, à gauche, coiffée en forme persienne. R*. BAΣIΛEOC. BAΣIΛEΩN. APCAKO. EYEPΓETOY. ΔI-XAIOY. EΠIΦANOYC. ΦΛIEAΛHXOC. Le roi assis, le *candys* sur les épaules, et un arc dans la main droite; dans le champ, monogramme.
Ar. Mod. 22 milim. B. C.

AFRICA.

REGES ÆGYPTI.

PTOLEMÆUS SOTER.

1979 Tête de Ptolemæus Soter, à droite. R*. ΒΑΣΙΛΕΩΣ. ΠΤΟΛΕΜΑΙΟΥ. Tête de Berenice, à droite.
Æ. Mod. 21 milim. B. C.

1980 Trois autres semblables. A. B. C.

1981 Autre variée.
Mod. 15 milim. B. C.

BERENICE.

1982 Tête de Berenice, à droite. R*. ΠΤΟΛΕΜΑΙΟΥ. ΒΑΣΙΛΕΟΣ. Aigle sur un foudre, à gauche.
Æ. Mod. 27 milim. T. B. C.

PTOLEMÆUS VII (*Evergetes II*).

1983 Tête de Jupiter Ammon, à droite. R*. ΒΑΣΙΛΕΩΣ. ΠΤΟΛΕΜΑΙΟΥ. ΕΥ-ΕΡΓΕΤΟΥ. Aigle éployée sur un foudre, tournée à droite; devant, la lettre Φ.
Médaillon. Æ. Mod. 44 milim. B. C.

1984 R*. ΒΑΣΙΛΕΩΣ. ΠΤΟΛΕΜΑΙΟΥ. Aigle sur un foudre, à gauche; devant, les lettres ΘΕ.
Æ. Mod. 19 milim. B. C.

CLEOPATRA (*Ptolemæi VII uxor*).

1985 ΒΑΣΙΛΙΣΣΗΣ. ΚΛΕΟΠΑΤΡΑΣ. Tête de Cléopatre, coiffée avec une peau d'éléphant, à droite. R*. ΠΤΟΛΕΜΑΙΟΥ. ΒΑΣΙΛΕΩΣ. Aigle éployée à gauche.
Æ. Mod. 21 milim. C. O., patine.

PTOLEMÆUS IX. ALEXANDER.

1986 Tête jeune, couverte avec une peau d'éléphant, à droite. R*. ΠΤΟΛΕ-ΜΑΙΟΥ. ΒΑΣΙΛΕΩΣ. Aigle sur un foudre, à gauche.
Æ. Mod. 23 milim. B. C.

1987 Deux autres variées. B. C.

PTOLEMÆUS VIII ET PTOLEMÆUS IX.

1988 Tête de Jupiter, à droite. R*. ΠΤΟΛΕΜΑΙΟΥ. ΒΑΣΙΛΕΟΣ. Deux aigles sur un foudre, à gauche; devant, corne d'abondance.
Æ. Mod. 23 milim. T. B. C.

1989 Trois autres. B. C.
1990 Autre.
Mod. 20 milim. B. C., patine.

PTOLEMÆI INCERTI.

1991 Tête de Jupiter Ammon, à droite. R*. ΠΤΟΛΕΜΑΙΟΥ. ΒΑΣΙΛΕΩΣ; devant, corne d'abondance; dans le champ, entre les pattes de l'aigle, un monogramme.
Médaillon. Mod. 42 milim. T. B. C.

1992 R*. ΠΤΟΛΕΜΑΙΟΥ. ΒΑΣΙΛΕΩΣ. Aigle sur un foudre, à gauche, avec un corne d'abondance sur l'aile gauche, et entre ses pattes la lettre E.
Médaillon. Æ. Mod. 38 milim. B. C.

1993 Autre.
Mod. 37 milim.

1994 Sept autres monnaies de *Ptolemæi incerti*, variées.
Æ. Mod. de 28 à 14 milim.

NUMI AUGUSTORUM, *vulgo* ALEXANDRINI.

1995 *Ti Claudius.* — ΤΙ. ΚΛΑΥ. ΚΑΙ.-CEBA. ΓΕΡΜ. Tête laurée de Claudius, à droite; devant, astre. R*. ΑΥΤΟΚΡΑ-L. B. Hippopotame à droite.
Æ. Mod. 25 milim. B. C. Deux exemplaires.

1996 Autre semblable.
Mod. 20 milim. B. C.

1997 La même tête et lég. R*. ΑΥΤΟΚΡΑ.-L. Ϛ. Taureau cornupète, à droite.
Æ. Mod. 25 milim. B. C.

1998 R*. ΑΥΤΟΚΡΑ. L. IB. Aigle à droite sur un foudre.
Æ. Mod. 25 milim. B. C.

1999 R*. ΑΥΤΟΚΡΑ-L. I. Main tenant un rameau d'épis et de pavots.
Æ. Mod. 20 milim. B. C.

2000 *Messalina.* — ΤΙ. ΚΛΑΥΔΙ. ΚΑΙΣ. ΣΕΒΑ. ΓΕΡΜ. ΑΥΤ.-L. Ϛ. Tête de Claudius, laurée, à droite. R*. ΜΕΣΣΑΛΙΝΑ. ΚΑΙΣ. ΣΕΒΑ. Femme debout, appuyée sur une colonne, supportant de la main droite deux petites figures, et tenant des épis dans la gauche.
Potin. Mod. 25 milim. B. C.

2001 *Nero.* — ΝΕΡΩ. ΚΛΑΥ. ΚΑΙΣ. ΣΕΒ. ΓΕΡΜ. Tête radiée de Nero, à gauche; devant, L. Δ. R*. ΣΕΥΣ. ΝΕΜΕΙΩΣ. Tête laurée de Jupiter, à droite.
Potin. Mod. 24 milim. B. C.

2002 ΝΕΡΩ. ΚΛΑΥ. ΚΑΙ. ΣΕΒ. ΓΕΡ. Tête radiée à droite. R*. ΑΥΤΟΚΡΑ. L. IA. Aigle sur un foudre, à gauche.
Potin. Mod. 25 milim. B. C.

2003 R*. AYTOKPA. L. IB. Tête de femme coiffée d'une peau d'éléphant, à droite.
Potin. Mod. 24 milim. B. C.

2004 R*. ΔΙΚΑΙΟΣΥΝΕ-L. 𝟿. L'Équité debout.
Potin. Mod. 25 milim. B. C.

2005 AYTOKPA. Tête de Jupiter Sérapis, à droite.
Potin. Mod. 25 milim. B. C.

2006 *Poppœa.* — ΝΕΡΩ. ΚΔΑΥ. ΚΑΙΣ. ΣΕΒ. ΓΕΡ. AY. Tête radiée de Nero, à droite. R*. ΠΟΠΠΑΙΑ. ΣΕΒΑΣΤΗ-L. I. Tête de Poppœa, à droite.
Potin. Mod. 25 milim. B. C.

2007 *Domitianus.* — ΑΥΤΟΚ. ΚΑΙΣΑΡ. ΔΟΜΙΤ. ΣΕΒ. ΓΕΡΜ. Tête laurée de Domitianus, à droite. R*. L.. Serpent femelle, s'élançant vers la gauche.
Æ. Mod. 25 milim. B. C.

2008 R*. L. IB. Aigle éployée sur un foudre.
Æ. Mod. 18 milim. B. C.

2009 *Hadrianus.* — ΑΥΤ. ΚΑΙ. ΤΡΑΙ. ΑΔΡΙΑ. ΣΕΒ. Buste laurée d'Hadrianus, à droite. R*. ΠΑΤΗΡ.-ΠΑΤΡΙ-ΔΟC.-L. ΙΓ. Deux mains jointes.
Potin. Mod. 25 milim. B. C.

2010 ΑΔΡΙΑΝΟC. ΣΕΒ. ΑΥΤΟΚΡΑ. Tête laurée d'Hadrianus, à gauche. R*. L. KB. Nilus couché; dessous, crocodile.
Potin. Mod. 24 milim. B. C.

2011 ΑΥΤ. ΚΑΙΣ. ΤΡΑΙΑΝ. ΑΔΡΙΑΝ. ΣΕΒ. Tête laurée d'Hadrianus, à droite. R*. L. K. Nilus couché.
Æ. G. Br. Mod. 34 milim. B. C.

2012 R*. L. IZ. Aigle sur un foudre, surmontée d'une tête de Jupiter Sérapis.
Æ. G. Br. Mod. 35 milim. T. B. C.

2013 R*. Tête de Jupiter Sérapis, à droite.
Æ. Mod. 25 milim. M. B. C.

2014 R*. L. IZ. Taureau à droite.
Æ. Mod. 24 milim. B. C.

2015 R*. L. IH. Le même type.
Æ. Mod. 25 milim. B. C.

2016 R*. Tête de Jupiter Sérapis, à droite.
Æ. P. Br. Mod. 19 milim. C. O.

2017 *Antoninus.* — ΑΥΤ. Κ. Τ. ΑΙΛ. ΑΔΡ. ΑΝΤΩΝΙΝΟC. ΕΥC. ΣΕΒ. Tête laurée, à droite. R*. L-B. Mars nu, casqué, marchant et portant un trophée.
Æ. G. Br. Mod. 34 milim. B. C.

2018 R*. L. IΘ. L'Équité assise.
Æ. G. Br. B. C.

18

2019   R*. Lion passant à droite ; au-dessus, un astre.
       Æ. Mod. 24 milim. B. C.

2020   *Commodus.* — M. A. KOM. ANTΩ. CEB. EYCEB. Tête de Commodus radiée, à droite. R*. L. K-E. Mercure debout ; le *modius* sur la tête, un caducée dans la main droite, et une longue palme dans la gauche ; à ses pieds un chien.
       Æ. G. Br. Mod. 28 milim. B. C.

2021   R*. L. KΔ. Tête de Jupiter Sérapis, à droite.
       Æ. M. Br. T. B. C.

2022   *Caracalla.* — A. KAIΣAP. M. AYP. ANTONINOC. Tête de Caracalla, à droite. R*. Aigle debout, à droite.
       Æ. Mod. 23 milim. B. C.

2023   *Aquilia Severa.* — IOVΛIA. AKIΔIA. CEYHPA. CEB. Tête d'Aquilia, à droite. R*. L. Γ.; femme debout.
       Æ. Mod. 23 milim. C. O.

2024   *Gordianus Pius.* — AYT. K. M. ANT. ΓOPΔIANOC. EY. CEB. Tête de Gordianus, à droite. R*. L. Δ. Aigle à droite.
       Æ. Mod. 22 milim. B. C.

2025   *Philippus Senior.* — A. K. M. IOVΛ. ΦIΛIΠΠOC. CEB. Tête de Philippus, à droite. R*. L. Ϛ. Fortune debout.
       Æ. Mod. 23 milim. T. B. C.

2026   L. B. Nilus couché.
       Æ. Mod. 22 milim. B. C.

2027   *Decius.* — A. K. Γ. M. K. TPAIANOC. ΔEKIΩΣ. CEB. Tête laurée, à gauche. R*. L. A. Aigle à droite.
       Æ. Mod. 21 milim. T. B. C.

2028   *Gallienus.* — AYT. K. Π. ΔIK. ΓAΛΔIHNOC. CEB. Tête laurée, à droite. R*. L. IΔ. Femme debout.
       Æ. Mod. 24 milim. B. C.

2029   L. IB. Aigle ; les ailes éployées entre deux palmes.
       Æ. Mod. 22 milim. T. B. C.

2030   L. IΓ. Femme debout, tenant des épis dans la main droite, et la haste transversale dans la gauche ; derrière, une palme.
       Æ. Mod. 22 milim. B. C.

2031   L. IE. Tête du soleil, à droite.
       Æ. Mod. 22 milim. T. B. C.

2032   L. IE. Aigle à gauche.
       Æ. Mod. 21 milim. B. C.

2033   *Salonina.* — KOPNHΛIA. CAΛΩNEINAC. CEB. Tête de Salonina, à droite. R*. L. IΓ. Aigle à gauche.
       Æ. Mod. 22 milim. T. B. C.

2034 Autre. L. IΓ.
Æ. Mod. 22 milim. B. C.

2035 *Saloninus.* — Π. ΛΙ. ΚΟ. ΣΑ. ΟΥΑΛΕΡΙΑΝΟC. ΚΑΙC. CEB. Tête nue, à droite. R*. L. Δ. Femme debout, portant deux cornes d'abondance dans le bras gauche.
Potin. Mod. 24 milim. B. C.

2036 *Claudius Gothicus.* — Α. Κ. ΚΛΑΥΔΙΟC. CEB. Tête droite. R*. L. A. Aigle à droite.
Æ. Mod. 20 milim. T. B. C.

2037 Autre variée.
Mod. 22 milim. B. C.

2038 L. B. Tête d'Appollon surmontée du *modius*, à droite; devant, épi.
Æ. T. B. C. Deux exemplaires.

2039 L. B. Aigle à gauche.
Æ. Mod. 18 milim. B. C.

2040 L. B. Aigle à droite.
Æ. Mod. 21 milim. B. C.

2041 L. B. Victoire debout, à gauche.
Æ. Mod. 21 milim. B. C. Deux exemplaires.

2042 L. B. L'Équité assise.
Æ. Mod. 20 milim. B. C. Deux exemplaires.

2043 L. Γ. Aigle à droite.
Æ. Mod. 19 milim. B. C.

2044 *Aurelianus.* — ΑΥΤ. Κ. Λ. Δ. ΑΥΡΗΛΙΑΝΟC. CEB. Tête laurée à droite. R*. Aigle entre deux étendarts.
Æ. Mod. 20 milim. B. C. Deux exemplaires.

2045 L. Δ. Aigle à droite, sur couronne.
Æ. Mod. 21 milim. T. B. C.

2046 L. Δ. Aigle à gauche.
Æ. Mod. 21 milim. C. O.

2047 ΕΤΟΥC. Ε. Aigle à droite.
Æ. Mod. 23 milim. B. C.

2048 ΕΤΟΥC. Ϛ. Aigle avec un epalme sur l'aile, à droite.
Æ. Mod. 21 milim. T. B. C.

2049 *Vaballathus.* — ΑΥΤ. Κ. ΟΥΑΒΑΛΛΑΘΟC. ΑΘΗΝΟ. CEB. Tête diadémée, à droite; dans le champ, L. E. R*. ΑΥΤ. Κ. Λ. Δ. ΑΥΡΗΛΙΑΝΟC. CEB. Tête d'Aurelianus, à droite; dans le champ, L. B.
Æ. Mod. 21 milim. B. C. Deux exemplaires.

2050 *Tacitus.* — Α. Κ. ΚΛ. ΤΑΚΙΤΟC. CEB. Tête laurée à droite. R*. ΕΤΟΥC. Α. L'Espérance debout, à gauche.
Æ. Mod. 21 milim. T. B. C.

2051 *Probus.*—A. K. M. AY. ΠPOBOC. CEB. Tête laurée à droite. R˙. L. B. Espérance debout.
Æ. Mod. 22 milim. T. B. C.

2052 L. B. Équité debout.
Æ. Mod. 20 milim. B. C.

2053 L. B. Aigle à droite.
Æ. Mod. 20 milim. B. C.

2054 L. B. Aigle à gauche.
Æ. Mod. 21 milim. B. C.

2055 L. Δ. Cérès debout, à gauche.
Æ. Mod. 20 milim. B. C.

2056 L. E. Félicité debout.
Æ. Mod. 19 milim. T. B. C.

2057 L. E. Aigle à droite.
Æ. Mod. 19 milim. T. B. C.

2058 L. Ϛ. Rome Nicéphore, assise.
Æ. Mod. 18 milim. T. B. C. Deux exemplaires.

2059 L. Z. Aigle à gauche.
Æ. Mod. 18 milim. T. B. C.

2060 *Carinus.*—A. K. M. A. KAPINOC. CEB. Tête laurée à droite. R˙. ΛEΓ. B. TPAI.-L-Γ. Aigle à gauche.
Æ. Mod. 17 milim. B. C.

2061 *Diocletianus.*—A. K. Γ. OYAΛ. ΔIOKΛHTIANOC. CEB. Tête laurée, à droite. R˙. L. A. Espérance debout, à gauche.
Æ. Mod. 19 milim. B. C.

2062 L. B. Femme debout, tenant la tête de Sérapis dans la main droite, et une haste dans la gauche.
Æ. Mod. 19 milim. B. C.

2063 L. B. Femme debout, tenant une branche d'olivier dans la main droite, et une haste transversal dans la gauche.
Æ. Mod. 18 milim. B. C. Deux exemplaires.

2064 L. B. Équité debout, à gauche.
Æ. Mod. 19 milim. B. C.

2065 L. Γ. Fortune debout, à gauche.
Æ. Mod. 19 milim. B. C. Trois exemplaires.

2066 L. Γ. Espérance debout.
Æ. Mod. 19 milim. B. C.

2067 ETOYC. Γ. Fortune debout.
Æ. Mod. 19 milim. B. C.

2068 L. E. La Piété voilée, debout, à gauche; devant, autel.
Æ. Mod. 17 milim. B. C.

2069 L. Z. Jupiter debout; devant, aigle.
       Æ. Mod. 18 milim. B. C.

2070 L. H. Jupiter assis, à gauche.
       Æ. Mod. 19 milim. B. C.

2071 ENATOY. L. Espérance debout.
       Æ. Mod. 18 milim. B. C.

2072 *Maximianus.*—A. K. M. A. OYA. MAΞIMIANOC. CEB. Tête laurée de Maximianus, à droite. R*. L. A. Femme debout, tenant la tête de Sérapis dans la main droite, et une haste dans la gauche.
       Æ. Mod. 18 milim. B. C.

2073 L. Δ. Aigle à gauche.
       Æ. Mod. 17 milim. B. C.

2074 L. E. Femme debout, avec deux cornes d'abondance dans la gauche.
       Æ. Mod. 17 milim. B. C.

CYRENAICA.

CYRENE.

2075 Tête de Jupiter Ammon, à droite. R*. KYPA; *silphium;* dans le champ, trépied et un monogramme.
       Ar. Mod. 21 milim. T. B. C.

2076 Tête jeune de Jupiter Ammon, à droite. R*. KY-PA; *silphium;* dans le champ, étoile et un monogramme.
       Ar. Mod. 20 milim. B. C.

2077 Autre semblable. B. C.

2078 Tête barbue de Jupiter Ammon, à droite. R*. K.-Y.-PA; palmier, dans le champ, *silphium*, et la lettre Γ.
       Æ. Mod. 17 milim. T. B. C.

2079 Autre semblable, avec la lettre A. B. C.

2080 AYT. KAIΣ. NEP. TPAIAN. ΣEB. ΣEPM. Tête laurée de Trajanus, à droite. R*. ΔHMAPX. EΞ. YΠAT. E. Tête barbue de Jupiter Ammon, à droite.
       Ar. Mod. de *quinarium.*

2081 AYTOKPA. KAIΣ. NEP. TPAIANOC. CEB. ΓEPM. ΔAC. Tête laurée de Trajanus, à droite. R*. ΔHMAPX. EΞ. YΠAT. E. Tête de Jupiter Ammon, à droite.
       Æ. Mod. 30 milim. B. C.

2082 AYTOKP. KAIC. M. AYPHΛ. ANTΩNEINOC. CEB. Tête de Marcus Aurelius laurée, à droite. R*. ΔHMAPX. EΞOYC. KΔ. Tête de Jupiter Ammon, à droite.
       Æ. Mod. 28 milim. B. C.

ZEUGITANA.

CARTHAGO.

2083 Tête de Cérès, à gauche. R*. Cheval.
  AV. Poids gr. 7,47. T. B. C.

2084 Autre.
  AV. Mod. de *quinarium*. Poids gr. 2,87. B. C.

2085 Tête de Cérès, à gauche. R*. Cheval à droite; dessus, astre.
  Ar. de billon. Mod. 27 milim. B. C.

2086 Tête de Cérès, à gauche. R*. Cheval à droite, avec la tête tournée à gauche.
  Ar. Mod. 20 milim. B. C.

2087 Autre semblable.
  Ar. Mod. 20 milim. B. C.

2088 Tête d'Hercule, nue, à gauche. R*. Cheval à droite; devant, un palmier.
  Ar. Mod. 22 milim.

2089 Autre semblable.
  Ar. Mod. 22 milim. B. C.

2090 Autre sans le palmier.
  Ar. Mod. 14 milim. B. C.

2091 Tête d'Hercule nue, à gauche, avec la massue sur l'épaule. R*. Eléphant allant à droite.
  Ar. Mod. 14 milim. B. C.

2092 Tête de Cérès, à gauche. R*. Cheval à droite, regardant à gauche; derrière de lui, un palmier.
  Ar. Mod. 20 milim. B. C.

2093 Autre semblable sans le palmier.
  Ar. Mod. 18 milim. C. O.

2094 Tête de Cérès, à gauche. R*. Cheval à droite; au-dessus, un symbole égyptien, peut-être d'Isis.
  Ar. de billon. Mod. 22 milim. C. O.

2095 Tête de Cérès à gauche. R*. Cheval à droite; au-dessus, le même symbole égyptien; dessous le cheval, les caractères phéniciens n.° 37.
  Æ. G. Br. Mod. 32 milim. T. B. C.

2096 Quarante-deux monnaies en cuivre de *Carthago*, de type et de module variées; la plupart avec des caractères puniques isolés.

2097[1..] TI. CAESAR. IMP. P. P. Tête de Tibérius, à droite. R*. L. A. FAVSTVS. D. C. BASSVS. II. VIR. Femme assise, à droite; dans le champ, P. P-D. D.
  Æ. Mod. 24 milim. B. C. Deux exemplaires.

REGES MAURETANIÆ.

BOCHUS.

2097[2.] Tête de Neptune, à droite; devant, dauphin; derrière, trident. R*. Proue à gauche; au-dessus, REX; dessous, BOCHO.
    Æ. Mod. 25 milim. Un peu effacé le nom du roi. (Voyez le Catalogue de la vente La Torre, n.° 562.)

IUBA II.

2098 REX. IVBA. Tête diadémée, à droite. R*. XL-VIII; deux cornes d'abondance.
    Ar. Mod. 14 milim. B. C.

2099 Autre semblable. B. C.

2100 Même tête et lég. R*. Corne d'abondance et un sceptre en sautoir.
    Ar. Mod. 17 milim. B. C.

2101 Même tête. R*. ΒΑCΙΛΙC-ΚΛΕΟΠΑΤΡ. Fleur de *lothus*, et épi.
    Ar. Mod. 17 milim. B. C.

2102 IOBA. Lion courant, à droite. R*. BACIΛ. Taureau cornupète.
    Æ. Mod. 21 milim. B. C. Inédite.

PTOLEMÆUS.

2103 PTOLEMAEVS. REX. Tête diadémée, à gauche. R*. Croissant et étoile.
    Æ. Mod. 18 milim. C. O.

TINGITANA.

TINGIS.

2104 Tête ou masque d'*Antheus*, à gauche; derrière, sceptre. R*. Deux épis, à droite; au milieu, croissant; dessus, la lég. phénicienne n.° 20; dessous, la lég. n.° 38.
    Æ. Mod. 20 milim. B. C.

2105 Autre semblable. C. O.

LIXUS.

2106 Tête africaine, jeune et imberbe, à gauche, ornée d'une haute coiffure ou tiare. R*. Deux grappes de raisin; la lég. phénicienne est effacée
    Æ. Mod. 27 milim. C. O.

2107 Autre variée.
    Mod. 22 milim.

NUMI INCERTI EX AFRICA.

2108 Vingt monnaies africaines incertaines, plusieurs d'elles avec lég. puniques, plus ou moins effacées. Toutes sont en cuivre.

INCERTI VARIARUM REGIONUM.

2109 Tête jeune, diadémée, à gauche. R*. Carré creux, divisé en quatre parties.
    Ar. Mod. 9 milim. B. C., globuleuse.

2110 Tête de lion à droite. R*. Carré creux; au milieu, un signe inconnu.
Ar. Mod. 9 milim. B. C.

2111 Moitié d'un grain d'orge (après Mionnet, t. ɪx, n.° 81). R*. Épi d'orge.
Ar. Mod. 8 milim. B. C.

2112 ΘΕΑ. ΦΑΥCΤΕΙΝΑ. Tête de Faustina senior à droite. R*. ΑΚΤΙΑ, au milieu d'une couronne, (peut-être de Nicopolis Epiri, selon Eckhel et Sestini.)
Ar. T. B. C.

2113 ΑΥΤ. ΚΑΙC. ΝΕΡ. ΤΡΑΙΑΝΟC. CEB. ΓΕΡ. Tête de Trajanus, à droite. R*. ΔΗΜ. ΕΞ. ΥΠΑΤ. Β. Chouette sur deux lyres.
Ar. Mod. de denarium. B. C.

2114 Tête du soleil, de face. R*. Lion courant à gauche; dessous, un serpent.
Ar. Mod. 20 milim. B. C.

2115 Partie antérieure d'un cerf, à gauche. R*. Poisson et autres signes dans un carré creux.
Ar. Mod. 10 milim. B. C.

2116 Tête de lion à gauche. R*. PK. dans un carré creux.
Ar. Mod. 10 milim. B. C.

2117 Deux croissants liés par le centre; autour... T. R*. Deux autres croissants; autour... A.
Ar. Mod. 8 milim. B. C.

2118 Deux signes inconnus; termine chacun par un autel... R*. Creux informe.
Ar. Mod. 9 milim. C. O.

2119 L. FABRIC. dans une tablette croisée avec une autre. R*. P. ATELLI. Serpent accroupi.
Æ. Mod. 21 milim. B. C. Deux exemplaires.

2120 ΚΑΙCΑΡ. CEB.... Tête laurée d'Augustus, à droite. R*. ΕΠΙ. ΛΑΡΙΝΟΥ, au milieu d'une couronne de laurier.
Æ. Mod. 19 milim. B. C.

2121 ΑΥΤΟ. ΚΑΙ. CEBAC. Tête d'Hadrianus, à droite. R*. ΑΥΤΟ. ΚΑΙ. CEBAC. Tête d'Antoninus, à droite.
Æ. Mod. 17 milim. B. C.

2122 Onze monnaies B. C. pour classifier. Toutes sont en cuivre et curieuses.

2123 Trois-cents vingt neuf monnaies antiques d'Asie et d'Afrique; plusieurs d'elles sont en B. C., et les autres servent pour étudier; entre ces monnaies il y en a cinq d'argent.

Cinq-cents dix-huit monnaies; la plupart sont grecques; il faut les nettoyer et les étudier; il y a entre toutes celles-ci, plusieurs qui sont curieuses. Toutes sont en cuivre.

2125 Trois-cents cinquante monnaies grecques en cuivre; presque toutes procèdent d'Athènes. M. C.

2126 Trois-cents vingt-cinq monnaies en cuivre, grecques, et de la même procédence que celles du numéro antérieur. M. C.

2127 Trois-cents vingt-cinq monnaies grecques en cuivre; la plupart procèdent d'Athènes. M. C.

2128 jusqu'au n.° 2142, inclusivement. Quatorze numéros, composés chacun de cinquante monnaies variées de l'*Hispania ultérior*, doubles de la colection, et un autre seulement avec trente monnaies.

2143 jusqu'au 2166, aussi inclusivement. Vingt-quatre numéros composés chacun de cinquante monnaies variées de l'*Hispania citérior*, doubles de la colection.

2167 au 2174, inclusivement. Huit numéros composés chacun de quarante monnaies celtibériennes, variées, doubles de la colection.

DEUXIÈME SÉRIE.

MONNAIES DE LA RÉPUBLIQUE ROMAINE.

NUMI EX AERE GRAVI.

2175 *As.*—Double tête de Janus. R*. Proue à droite; au-dessus, le signe I.
Æ. Poids gr. 237,90. Mod. 63 milim. T. B. C., patine.

2176 *Triens.* — Dauphin à droite; dessous, ... R*. Foudre; dans le champ, .. — ..
Æ. Poids gr. 125,67. Mod. 50 milim. B. C.

2177 *Triens.*—Tête de cheval, à droite; dessous, ... R*. Tête de cheval, à gauche; dessous, ...
Æ. Poids gr. 112,15. Mod. 47 milim. T. B. C.

2178 *Triens.*—Tête de Pallas, à gauche; dessous, ...Proue, à droite; dessous, ...
Æ. Poids gr. 78,30. Mod. 43 milim. B. C.

2179 *Cuadrans.*—Main ouverte; dans le champ, massue et ... R*. Le même type.
Æ. Poids gr. 69,95. Mod. 43 milim. T. B. C.

2180 *Cuadrans.*—Tête d'Hercule couverte d'une peau de lion, à gauche; derrière, ... R*. Proue à droite; dessous, ...
Æ. Poids gr. 63,22. Mod. 40 milim. B. C.

2181 *Cuadrans.*—Sanglier courant à droite; dessous, ... R*. Sanglier courant à gauche; dessous, ...
Æ. Poids gr. 72,10. Mod. 41 milim.

2182 *Cuadrans.*—Chien courant à gauche; dessous, ... R*. Roue de six rayons, et entre ceux-ci, ...
Æ. Poids gr. 41,98. Mod. 38 milim. B. C.

2183 *Sextans.*—Coquille; dessous, .. R*. Caducée; aux côtés, ..
Æ. Poids gr. 57,72. Mod. 33 milim.

2184 *Sextans.*—Tête de Mercure, à gauche; dessous, .. R*. Proue à droite; dessous, ..
Æ. Poids gr. 30,02. Mod. 30 milim. B. C.

FRAPPÉS À TUDER.

2185 *Semis.*—Chien dormant et accroupi; au-dessous, la lég. ƎƆꞀTVT; dessous, C; lyre; dans le champ, à droite, C.
  Æ. Poids gr. 55,55. Mod. 35 milim. T. B. C., percée.

2186 *Triens.*—Main armée du *cestum;* dans le champ, .. — .. R*. La lég. ƎƆꞀTVT, entre deux massues; dans le champ, .. — ..
  Æ. Poids gr. 29,20. Mod. 54 milim. T. B. C.

2187 *Diota.*—R*. Caducée; dessous, caractères mal fondus et ilisibles.
  Æ. Poids gr. 12,10. Mod. 23 milim. Inédite et incertaine; peut-être d'Hadria.

ASES FRAPPÉS AVEC DES NOMS DE FAMILLE.

2188 *Acilia.*—Tête de Janus. R*. BA. Proue de vaisseau; dessous, ROMA.
  Æ. Mod. 22 milim. B. C.

2189 *Clovia.*—Tête de Janus. R*. C. 4/X. Proue de vaisseau; dessous, ROMA.
  Æ. Mod. 33 milim. B. C.

2190 *Cæcina.*—Tête de Janus. R*. A. CAE. Proue de vaisseau; dessous, ROMA.
  Mod. 35 milim. B. C.

2191 *Maiannia.*—Tête de Janus. R*. C. MAIANI. Proue de vaisseau; dessous, ROMA.
  Mod. 35 milim. B. C.

2192 *Matia.*—Tête de Janus. R*. MAT. Proue de vaisseau; dessous, ROMA.
  Mod. 35 milim. B. C.

2193 *Ogulnia.*—Tête de Janus. R*. OGVLN. VERG. Proue de vaisseau; au-dessus, la lettre P.
  Mod. 25 milim. B. C.

2194 Huit ases des familles Afrania, Appuleya, Atilia, Cæcina; Cornelia, Licinia, Maiannia et Marcia. B. C.

2195 Autres huit des familles Acilia, Afrania, Atilia (SAR), Marcia, Opeimia, Pompeia, Papiria et Scribonia. B. C.

2196 Huit autres des familles Licinia, Marcia, Pompeia, Sempronia, Terencia, Valeria, Vibia et de *Sex Pompejus*, PIVS IMP.

2197 *Incertains.*—Tête de Janus. R*. Proue de navire à gauche. Transition entre la fusion et la percussion.

2198 Tête de Janus. R*. Proue de vaisseau, à droite; au-dessus, I; dessous, ROMA.
  Poids gr. 48,20. Mod. 35 milim. B. C.

2199 Autre semblable.
  Poids gr. 42,50. B. C

2200 Autres six ases incertains, ayant pour symboles ancre, étoile, deux globes, dauphin, pierre conique et la lettre V.; B. C.

2201 Autres sept ases incertains, avec variétés dans les signes. B. C.

DRODRANS.

2202 Tête de Vulcanus, à droite. R*. C. CASSI.-ROMA-S... R*. Proue de vaisseau, à droite.
Mod. 25 milim. B. C.

SEMISES.

2203 Tête de Jupiter, à droite; derrière, S. R*. M. METELLI, écrit à un côté de la proue d'un navire; derrière, S.
Mod. 22 milim. B. C.

2204 Seize Semises variés, entre lesquels il y en a de très-curieux.
Mod. de 31 à 18 milim. B. C.

TRIENTES.

2205 Trois : un de la famille Matia, autre de la Plautia et un autre avec la lettre V.; B. C.

QUADRANTES.

2206¹·° Un de la famillle Matia, et trois incertains. B. C.

2206²·° *Cornelia.*—Buste d'Hercule à gauche, avec la massue à l'épaule; derrière, ... R*. CN. BLASIO. Proue. Inédite.

SEXTANTES.

2207 Un de la famille Cornelia, avec le nom de CINA; et trois autres incertains. B. C.

2208 Louve à droite, allaitant à Romulus et à Remus; dessous, .. R*. ROMA. Aigle à droite; dans le champ, .. et une fleur.
Mod. 28 milim. B. C. Deux exemplaires.

UNCIÆ.

2209 Tête du soleil, de face, radiée. R*. ROMA; croissant et deux étoiles; au-dessus, .
B. C. Deux exemplaires.

2210 Sept autres avec le type ordinaire, variées dans le module.
Æ. Mod. de 26 à 18 milim. B. C.

2211 Tête de Janus. R*. NASO, au milieu d'une couronne.
Æ. Mod. 21 milim. B. C. (Cette monnaie paraît, selon le type, un as; néanmoins d'être d'un module très-petit.

2212 Dix monnaies avec le nom de ROMA, frappées dans la Campania; toutes sont en petite bronze et de types variés.

2213 Cinquante et une monnaies de la république romaine, en cuivre, variées.

ARGENTUM (1).

2214 *Aburia.*—M. ABVRI.-C. ABVRI. Deux exemplaires. B. C.
2215 *Accoleia.*—Les trois nimphes de Lari. B. C.
2216 Autre semblable.
2217 *Acilia.*—BALBVS. Tête de Rome. R*. MAN. ACILI. Jupiter dans un quadrige; dessous, un bouclier. B. C.
2218 M. ACILIVS. M. F. Tête de Rome. R*. ROMA. Hercule dans un quadrige. B. C.
2219 MAN. ACILIVS. III. VIR. VALETV. La convalescence. Deux exemplaires variés.
2220 *Aelia.* P. PAETVS. Les Dioscures.
2221 BALA. Tête de femme. R*. C. ALLI. Diane dans un bige de cerfs; dessous, cigarre. Trois exemplaires variés avec les lettres A, R et N; B. C.
2222 Deux autres exemplaires, dont l'un a pour symbole un griphon et l'autre une ancre. B. C.
2223 *Aemilia.*—REX. ARETAS-M. SCAVR. AED. CVR.-EX-S. C. Aretas agenouillé, ayant un chameau pris par la bride. Trois exemplaires variés.
2224 MAN. AEMILIO. LEP. Estatue équestre sur un pont. Deux exemplaires B. C.
2225 Trois autres semblables, incuses.
2226 ALEXANDREA. Tête tourrelée, à droite. R*. M. LEPIDVS. PONT. MAX. TVTOR. REG. Lepidus avec la toge, debout, posant une diadème sur la tête de Ptolemæus Epiphanes. B. C.
2227 TER. PAVLLVS. Trophée entre quatre figures. B. C.
2228[1.°] PVTEAL. SCRIBON. LIBO. Puteal orné avec deux lyres. B. C.
2228[2.°] CAESAR. IMP. Tête de César, à droite; derrière, croissant. R*. L. AEMILIVS. BVCA; Vénus nicéphore, debout. B. C.
2229 C. CAESAR. IMP. III. VIR. R. P. C. Tête d'Octavianus. R*. LEPIDVS. PONT. MAX. III. V. R. P. C. Tête de Lépidus. B. C. *subærata*.
2230 *Afrania.*—S. AFRA. ROMA. Victoire dans un bige. B. C. Deux exemplaires.
2231 *Annia.*—C. ANNI. T. F. T. N. PRO. COS. EX. S. C. Tête de femme. R*. L. FABI. L. F. HISP.-Q. Victoire dans un quadrige. Deux exemplaires variés avec les lettres N. et D.
2232 Autre semblable avec la lettre O.; B. C.
2233 Autres trois, aussi variées. B. C.

(1) Comme la plupart des monnaies d'argent de la république romaine sont du module de *denarium*, nous ferons l'indication du module seulement en cas qu'elles soient d'une autre valeur.

2234 *Antestia.*—C. ANTESTI. Tête de Rome. R*. Les Dioscures; dessous, un chien. B. C. Deux exemplaires.
2235 Tête de Rome; derrière, un chien. R*. C. ANTESTI. ROMA; Dioscures à cheval. B. C. Deux exemplaires.
2236 GRAC. Tête de Rome. R*. L. ANTES.-ROMA. Jupiter dans un quadrige. B. C. Deux exemplaires.

2237 Huit exemplaires variés, des familles Aburia, Antestia, Afrania, Aelia, Acilia et Aemilia. B. C.
2238 Autres huit semblables des mêmes familles.

2239 *Antia.*—Tête virile, imberbe, à droite; derrière, RESTIO. R*. C. ANTIVS. C. F. Hercule debout avec la massue et un trophée. C. O.
2240 *Antistia.*—CAESAR. AVGVSTVS. Tête d'Augustus, à droite. R*. C. ANTISTIVS. REGINVS. III. VIR. Instruments de sacrifices. B. C.
2241 Autre semblable. M. B. C.
2242 *Antonia.*—Q. ANT. BALB. PR. Victoire dans un quadrige. Quatre variées, avec les lettres B. E. I. et K.; B. C.
2243 Autres quatre variées, avec les lettres L. N. K. et V.
2244 M. ANT. IMP. AVG. III. VIR. R. P. C. M. NERVA. PRO. Q. P. Tête nue d'Antonius, à droite. R*. L. ANTONIVS. COS. Tête de L. Antonius, à droite. B. C.
2245 M. ANTON. IMP. Tête nue de Marcus Antonius, à droite; derrière, *lituus*. R*. CAESAR. DIC. Tête laurée de Julius Cæsar; derrière, *præfericulum*. B. C.
2246 M. ANTON. IMP. III. VIR. R. P. C. Tête d'Antonius, à droite. R*. CAESAR. IMP. III. VIR. R. P. C. Tête d'Octavianus, à droite. B. C.
2247 Autre semblable. B. C.
2248 M. ANT. IMP. AVG. III. VIR. R. P. C. L. GELL. Q. P. Tête d'Antonius, à droite; derrière, *præfericulum*. R*. CAESAR. IMP. PONT. III. VIR. R. P. C. Tête d'Octavianus, à droite; derrière, *lituus*. B. C.
2249 Autre semblable. C. O.
2250 M. ANT. IMP. AVG. III. VIR. R. P. C. M. BARBAT. Q. P. Tête nue d'Antonius, à droite. R*. CAESAR. IMP. PONT. III. VIR. R. P. C. Tête nue d'Octavianus à droite. B. C.
2251 Deux autres semblables. B. C.
2252 M. ANT. C. CAESAR. Deux mains jointes soutenant un caducée. R*. III. VIR. R. P. C. Tête casquée de la Concorde, à droite. B. C. *Quinarium*.
2253 Autre *quinarium* semblable. M. B. C.

— 151 —

2254 M. ANT. IMP. *Lituus, præfericulum* et oiseau. R*. Victoire couronnant un trophée. B. C. *Quinarium.*
2255 M. ANTONI. IMP. Tête nue de Marcus Antonius, à droite. R*. III. VIR. R. P. C. Tête du soleil dans un temple distyle. B. C.
2256 Autre semblable. B. C.
2257 COS. DESIG. III. VIR. R. P. C. Tête radiée du soleil à droite. R*. M. ANTONIVS. M. F. M. N. AVGVR. Antonius voilé, debout, avec le *lituus* des augures dans la main droite.
2258 Autre semblable. B. C.
2259 ANTON. AVG. IMP. III. COS. DES. III. III. V. R. P. C. Tête nue d'Antonius à droite. R*. ANTONIVS. AVG. IMP. III., écrit dans le champ.
2260 Autre semblable. M. B. C.
2261 Autre. C. O.
2262 III. VIR. R. P. C. Tête ailée de la Victoire, à droite, ou d'Octavia. R*. ANTONI. IMP. A. XLI. Lion arrêté, à droite. B. C. *Quinarium.*
2263 Autre semblable. B. C.
2264 Quatre des légions II, III, IV et V.; B. C.
2265 Autres quatre des légions III, V, VI et VII.
2266 Autres trois des légions VI, VII et VIII.
2267 Une de la légion IX.
2268 Quatre des légions VI, VIII, X et XI. B. C.
2269 Autres quatre des légions VI, VIII, XI et XII.
2270 Autre avec la lég. LEGIONE. XII. ANTIQVAE. C. O.
2271 Trois des légions VI, XII et XV.
2272 Autre de la légion XIV. C. O.
2273 Trois des légions XIII, XV et XVI.
2274 Autre avec la lég. LEGIONE XVII. CLASSICAE. B. C.
2275 Trois des légions XIII, XVI et XIX.
2276 Deux des légions XIX et XX. B. C.
2277 Deux autres des légions XX et XXI. B. C.
2278 Deux autres des légions XX et XXII. C. O.
2279 Une autre de la légion XXIII.
2280 Une autre de la COHORTIS. SPECVLATORVM. B. C.
2281 Une autre semblable. B. C.

2282 Huit des familles Aburia, Aemilia, Acilia, Aelia, Antestia, Antonia, Barbatia et LEG. X.
2283 Autres huit des familles Aburia, Acilia, Aemilia, Antestia, Barbatia, Antonia, et des légions VI et XII.

2284 *Appuleja.* — Quatre avec les noms de L. SATVRN. et les lettres A. C, et G.

2285 Trois autres. L. SATVRN, avec les lettres A, H et V.
2286 *Aquilia.* —Tête du soleil. R*. MAN. AQVIL. Diane sur un bige; dessous, ROMA. B. C.
2287 Autre semblable. B. C.
2288 VIRTVS. III. VIR. Tête de la Valeur. R*. MAN.-AQVIL. MAN. F. MAN. N.- Soldat debout, armé d'un bouclier, relevant une femme agenouillée; dessous, SICIL.
2289¹* Autre semblable. B. C.
2289²* CAESAR. AVGVSTVS. Tête nue d'Augustus, à droite. R*. L. AQVILLIVS. FLORVS. III. VIR. Soldat avec un bouclier, levant une femme agenouillée.
2290 L. AQVILLIVS. FLORVS. III. VIR. Buste casqué à droite. R*. CAESAR. AVGVSTVS. L'Empereur dans un bige d'éléphant. C. O.
2291 *Atilia.* —SARAN. Tête de ROME. R*. M. ATIL. ROMA. Dioscures, T. B. C. Autre seulement avec la lég. M. ATILI.-ROMA.; T. B. C.
2292 Tête de Rome. R*. SAR.-ROMA. Victoire dans un bige. T. B. C.

2293 Huit des familles Antestia, Acilia, Aquilia, Atilia, Aemilia, Antonia LEG. III. et autre avec la tête de Marcus Antonius.

2294 *Aufidia.* —RVS-XAI (*sic*). Tête de Rome. R*. M. AVF.-ROMA. Jupiter dans un quadrige. T. B. C.
2295 *Aurelia.* —COTA. Tête de Rome. R*. M. AVRELI.-ROMA. Hercule dans un bige de centaures. T. B. C.
2296 Autre semblable. B. C.
2297 Tête de Vulcain. R*. L. COT. Aigle sur un foudre. Deux exemplaires, lettres D. et E.; B. C.
2298 Autres deux exemplaires avec les lettres F. et V.; B. C. Une *subœrata*.
2299 R*. AV. RVF-ROMA. Jupiter dans un quadrige. B. C.
2300 M. AVRELI. ROMA. Tête de Rome. R*. SCAVRI.-L. LIC. CN. DOM. Mars dans un bige. B. C.
2301 Autre semblable. B. C.
2302 TAMPIL. Tête de Rome. R*. M. BAEBI. Q. F. ROMA. Apollon dans un quadrige. T. B. C. Deux exemplaires.
2303 Tête de Rome. R*. Monogramme de Tampilus et ROMA, dessous des Dioscures. B. C.
2304 *Barbatia.* —Tête de Marcus Antonius et d'Octavianus; semblable au n.° 2250. T. B. C.
2305 Autre semblable. T. B. C.
2306 Autre. B. C.

2307 *Cæcilia.*—ROMA. Tête de Rome. R*. M. METELLVS. Q. F., écrit circulairement autour d'un bouclier macédonien, au milieu duquel il y a une tête d'éléphant. T. B. C.
2308 Autre semblable. B. C.

2309 Huit des familles Aquilia, Aemilia, Atilia, Acilia, Baebia, Antonia, Caecilia, et LEG. IV de *Marcus Antonius*.

2310 *Cæcilia.*—R*. C. METELLVS. Jupiter dans un quadrige d'éléphants. Deux exemplaires. B. C.
2311 R*. Figure d'une femme dans unn bige; dessous, ROMA et tête d'éléphant, avec une clochette. Deux exemplaires. B. C.
2312 Q. METE. Tête de Rome. R*. ROMA. Jupiter dans un quadrige marchant. B. C.
2313 R*. GN. FOVL-M. CALID. Q. METE. Victoire dans un bige. T. B. C.
2314 L. METEL. A. ALB. S. F. Tête d'Apollon. R*. C. MAL.-ROMA. Figure militaire assise couronnée par la Victoire. B. C.
3315 Q. METEL. PIVS. Tête laurée d'un vieillard, à droite. R*. SCIPIO. IMP. Eléphant. T. B. C.
2316 Q. METEL. SCIPIO. IMP. Tête d'Afrique; devant, épi. R*. EPPIVS. LEG. F. C. Hercule debout. T. B. C.
2317 Tête de la Piété; devant, cigogne. R*. Q. C. M. P. I. Eléphant. Deux exemplaires. B. C.
2318 Le même type. R*. IMPÈR.; *præfericulum* et *lituus*, dans une couronne de laurier. B. C. Deux exemplaires.
2319 *Cæsia.*—AP. Buste de Veyove foudroyant. R*. L. CAESI.-LA-RE.; deux *Lares* assis.

2320 Huit des familles Aemilia, Acilia, Baebia, Aquilia, trois de la Caecilia, et une de la légion XIII d'Antonius.
2321 Autres huit des familles Acilia, Aquilia, Antonia, Baebia, Caesia et trois de la Caecilia, variées.

2322 *Calidia.*—R*. M. CALID.-Q. MET. CN. FOVL. Victoire dans un bige. B. C.
2323 R*. GN. FOVL.-M. CAL. Q. MET. Victoire dans un bige. Deux exemplaires.
2324 *Calpurnia.*— Tête laurée d'Apollon. R*. L. PISO. FRVGI. Cavalier avec une palme, courant à toute bride. Six exemplaires B. C. avec lettres isolées et les symboles variés.
2325 Autres six exemplaires variés, B. C.
2326 Autres six exemplaires variés, B. C.

2327 R*. C. PISO. L. F. FRVG. Cavalier avec une palme et courant à toute bride. Quatre exemplaires variés, B. C.
2328 Autre semblable avec la tête d'Apollon, à gauche. T. B. C.
2329 R*. P. CALP. ROMA. Femme dans un bige. B. C.
2330 PISO. CAEPIO. Q. Tête de Saturnus, à droite. R*. AD. FRV. EMV. EX. S. C. Deux figures liées et assises entre des épis. B. C.
2331 Tête d'Apollon, à droite. R*. L. PISO. FRVGI. Victoire marchant. *Quinarium*. C. O.
2332 *Caninia.* — AVGVSTVS. Tête d'Augustus, à droite. R*. L. CANINIVS. GALLVS. III. VIR. Parthe agenouillé, présentant un enseigne militaire.
2333 Autre semblable. A. B. C.
2334 *Carisia.* — ROMA. Tête de Rome. R*. T. CARISI; sceptre, globe, corne d'abondance et gouvernail. B. C. Deux exemplaires.
2335 MONETA. Tête de Juno moneta, à droite. R*. T. CARISIVS. Instruments du monnoyage. B. C.
2336 Tête de femme, à droite. R*. T. CARISIVS. III. VIR. Sphinx. B. C. Deux exemplaires.
2337 Buste de la Victoire, à droite. R*. T. CARISI. Victoire dans un bige. B. C.
2338 Le même type et la même lég. Victoire dans un quadrige. Deux exemplaires B. C.
2339 IMP. CAESAR. AVGVSTVS. Tête d'Augustus, à droite. R*. P. CARISIVS. LEG. PRO. PR. Trophée. T. B. C.
2340 Autre semblable M. B. C.
2341 IMP. CAESAR. AVGVSTVS. Tête d'Augustus, à gauche. R*. P. CARISIVS. LEG. PRO. PR. Casque de face, épée courte et *bipenne*.
2342 IMP. CAESAR. AVGVSTVS. Tête d'Augustus, à droite. R*. P. CARISIVS. LEG. PRO. PR. Bouclier et deux armes antiques espagnoles. B. C.
2343 Autre semblable B. C.
2344 AVGVST. Tête d'Augustus. R*. P. CARIS. LEG. Victoire couronnant un trophée. *Quinarium*. Deux exemplaires.
2345 Autre avec la tête d'Augustus, à gauche.

2346 Huit des familles Acilia, Baebia, Caecilia et de Carisia; variées.

2247 *Cassia.* — Tête de Rome. R*. C. CASSI. ROMA. Liberté dans un quadrige, à droite. Deux exemplaires B. C.
2348 Q. CASSIVS. VEST. Tête voilée de Vesta. R*. Temple rond. B. C.
2349 Q. CASSIVS. LIBERT. Tête de la Liberté. R*. Temple rond. B. C.
2350 Tête jeune avec un sceptre derrière. R*. Q. CASSIVS. Aigle sur un foudre, entre un *lituus* et un *præfericulum*. B. C. Deux exemplaires.

2351 CAEICIAN. Tête de Cérès. R*. L. CASSI. Q. Deux bœufs marchant avec la charrue sur les cornes. B. C. Deux exemplaires.
2352 Tête de Bacchus. R*. L. CASSI. Q. F. Tête de la déesse Libera. M. C.
2353 Tête de Vesta. R*. LONGINVS. III. V. Citoyen votant dans une urne avec la tablette. V.; B. C. Cinq exemplaires avec les lettres A, C, K, L et S.
2354 C. CASSI. IMP.-LEIBERTAS. Tête voilée de la Liberté, à droite. R*. LENTVLVS. SPINT.; *lituus* et *præfericulum*. B. C.

2355 Huit des familles Acilia, Baebia, Caesia, deux de la Cassia, deux et un *quinarium* de la Carisia.
2356 *Cipia.*—M. CIPI. M. F. Tête de Rome. R*. ROMA. Victoire dans un bige. B. C. Deux exemplaires.
2357 Deux autres semblables, incuses.
2358 *Claudia.*—R*. MARCELLVS. COS. QVINQ. Temple tétrastyle, auquel s'approche un homme voilé offrant un trophée. (Il y manque un petit morceau à cette monnaie.)
2359 R*. C. PVLCHER. Victoire dans un bige. B. C. Deux exemplaires.
2360 Tête de Diane. R*. TI. CLAVD. TI. F. AP. N. Victoire dans un bige. Quatre exemplaires avec les numéros A. IIII. XVII. XXV. XXXV.; B. C.
2361 Tête du soleil. R*. P. CLODIVS. M. F. Croissant et étoile. B. C.
2362 Autre semblable. B. C.
2363 Tête féminine, laurée, d'Apollon; derrière, une lyre. R*. P. CLODIVS. M. F. Diane avec deux flambeaux. B. C. Deux exemplaires.
2364 R*. AP. CL. T. MANL. Q. VR. Victoire dans un trige.
2365 R*. T. MANL. AP. CL. Q. VR. Victoire dans un trige.

2366 Huit monnaies des familles Baebia, Cipia, Cassia, Claudia et Carissia; variées.

2367 *Cloulia.*—R*. TI. CLOVI. Victoire dans un bige. Deux exemplaires. B. C.
2368 R*. TI. CLOVLI. Q. Victoire couronnant un trophée; au-dessous duquel il y a un prisonnier. B. C. Trois exemplaires variés.
2369 *Cœlia.*—R*. CALD. Victoire dans un bige. Quatre exemplaires variés avec les lettres C, Q, S et T; B. C.
2370 R*. C. COIL.-CALD. Victoire dans un bige. Quatre exemplaires variés, avec les lettres L, N, Q et R; B. C.
2371 R*. C. CALDVS. IMP. A. X. écrit en deux lignes perpendiculaires. Deux trophées; au milieu, un prêtre; dessous, L. CALDVS. VII. VIR. EPVL. et plus bas, CALDVS.; B. C.
2372 R*. CALDVS. III. VIR. Tête du soleil et deux boucliers. C. O.

2373 *Considia.* — C. CONSIDI. NONIANI. Tête de Venus. R*. ERVC. Temple tétrastyle sur une montagne entourée de murailles. B. C.
2374 Autre semblable. M. B. C.
2375 Tête féminine, laurée, à droite; derrière, A. R*. C. CONSIDI. PAETI.; chaise curule. B. C. Deux exemplaires.
2376 R*. C. CONSIDIVS. PAETVS.; chaise curule. B. C. Deux exemplaires.
2377 Autre semblable, avec la tête de l'anvers dans une couronne de laurier. B. C.
2378 PAETI. Tête féminine, laurée, à gauche. R*. C. CONSIDI. Victoire dans un bige, à gauche. B. C. Deux exemplaires.
2379 Deux autres avec la tête regardant à droite. B. C.
2380 Tête de Pallas, à droite. R*. C. CONSIDI. Victoire dans un quadrige, à droite. B. C.

2381 Huit monnaies des familles Cipia, Cassia, Cloulia, Considia, Claudia et Carisia; variées.

2382 *Coponia.* — Q. SICINIVS. III. VIR. Tête d'Apollon, à droite. R*. C. COPONIVS. PR. S. C. Peau de lion sur une massue, au milieu d'un arc et d'un *pharetra*.
2383 Autre semblable. B. C.
2384 Deux autres. B. C.
2385 *Cordia.* — RVFVS. III. VIR. Têtes accolées des Dioscures. R*. MAN. CORDIVS. Vénus debout, avec une balance et un amour sur l'épaule. B. C. Deux exemplaires.
2386 R*. MAN. CORDIVS. Petit enfant sur un dauphin. Deux exemplaires B. C.
2387 RVFVS. Casque surmonté d'une chouette. R*. MAN. CORDIVS. Bouclier avec la tête de Méduse. B. C.
2388 Autre semblable. M. B. C.

2389 Huit monnaies des familles Casia, Cipia, Cordia, Considia, Cloulia, Claudia et Carisia.
2390 Autres huit de Cipia, Cloulia, Claudia, Cordia et Carisia.

2391 *Cornelia.* — GN. BLASIO. GN. F. Tête casquée à droite. R*. Jupiter debout entre deux figures; dessous, ROMA. Sept exemplaires avec lettres ou symboles variés. B. C.
2392 Buste de Mars. R*. GN. LENTVL. Victoire dans un bige. B. C.
2393 GN. LENT. Victoire couronnant un trophée. Module de *quinarium*. Deux exemplaires.
2394 C. P. R. Tête du peuple romain. R*. GN. LENT. Q. EX. S. C. Sceptre, couronne de laurier, globe et gouvernail. Deux exemplaires. B. C.

2395 Deux autres, avec la lég. LENT. CVR. ⚹ FL.; B. C.
2396 LENT. MAR. COS. Jupiter debout avec foudre, et une aigle. R*. *Trinacria*, avec la tête de Méduse. T. B. C.
2397 Deux autres. T. B. C.
2398 Autre semblable. B. C.
2399 ROMA. Buste d'Hercule, à droite. R*. LENT. MAR. F. Figure militaire couronnant à une autre togée; lettre L; B. C.
2400 Autre semblable; dessous de la tête d'Hercule, P, E, S, C, dans le champ, la lettre Y; B. C.
2401 R*. L. SCIP. ASIAG. Jupiter dans un quadrige. Cinq exemplaires variés avec les lettres A, C, K, M et N; B. C.
2402 Autres cinq exemplaires, avec les lettres M, N, P, S et V.
2403 R*. P. SVLA-ROMA. Victoire dans un bige. Deux exemplaires B. C.
2404 R*. L. MANLI. PRO. Q. Tête de Rome. R*. L. SILLA. IMP. Sila dans un quadrige triomphal. Deux exemplaires B. C.
2405 SVLLA. COS. Q. POMPEI. RVF. Chaise curule. R*. Q. POMPEI. Q. F. RVFVS. COS. Autre chaise curule. C. O.
2406 FAVSTVS. Tête de Diane. R*. FELIX. Sila assis entre Jugurtha et Bachus. B. C.
2407 Tête de Vénus. R*. Trois trophées entre *præfericulum* et *lituus*; dessous, FAVSTVS. en monogramme. B. C.
2408 Autre semblable. B. C.
2409 Tête d'Hercule à droite; derrière, S, C. R*. Globe au milieu de quatre couronnes de laurier; dessous, *acrostolium* et un épi. B. C.

2410 Huit monnaies. Cipia, Cordia, Claudia, Cloulia, trois de Cornelia et un *quinarium* de Carisia.
2411 Autres huit monnaies. Cipia, Cloulia, Cornelia, deux de Claudia, deux de Cordia et un *quinarium* de Carisia.
2412 Huit. Cipia, Claudia, Cordia, quatre de Cornelia et un *quinarium* de Carisia.
2413 Autres huit, des mêmes familles.
2414 Autres huit monnaies des mêmes familles.

2415 *Cosconia.*—COSCO. M. F. Tête de Rome. R*. L. LIC. GN. DOM. Mars dans un bige. B. C.
2416 *Cossutia.*—SABVLA. Tête de Méduse. R*. L. COSSVTI. C. F. Bélerephont sur le Pégase à droite. B. C.
2417 Autre semblable. M. B. C.
2418 *Crepusia.*—L. CENSORIN. Buste de femme voilée. R*. L. LIMETA. P. CREPVSI. Figure d'une femme dans un bige. B. C.
2419 Autre semblable. M. B. C.

2420 Tête d'Appollon, à droite. R*. Cavalier galopant et brandissant un javelot; dessous, P. CREPVSI. Trois exemplaires variés. Lettres F, O, et Q; B. C.
2421 Trois autres, avec les lettres T, F et Q; B. C.
2422 *Critonia.*—AED. PL. Tête de Cérès, à droite. R*. M. FAN. L. CRIT. Deux figures togées, assises à droite; devant, un épi. C. O.
2423 *Cupiennia.*—L. CVP. ROMA. Dioscures. Deux exemplaires B. C.
2424 *Curiatia.*—C. CVR. ROMA. Femme dans un quadrige couronnée par la Victoire. B. C. Deux exemplaires.
2425 *Curtia.*—Q. CVR. Tête de Rome. R*. M. SILA. ROMA. Jupiter dans un quadrige. Deux exemplaires B. C.
2426 *Decimia.*—R*. FLAVS-ROMA. Diane dans un bige. B. C. Deux exemplaires.

2427 Huit monnaies. Cipia, Cordia, Crepusia, Claudia, trois de Cornelia et un *quinarium* de Carisia.
2428 Autres huit. Cipia, Cordia, Crepusia, Cupiennia, Curiatia, deux de Cornelia et un *quinarium* de Carisia.
2429 Autres huit. Crepusia, Cordia, Cupiennia, Curtia, Decimia, et trois de Cornelia.

2430 *Didia.*—R*. T. DEIDI. Soldat frappant avec un fouet un homme nu, armé d'une lance et d'un bouclier. B. C.
2431 R*. T. DIDI. IMP. VIL. PVL. Edifices. B. C.
2432 Autre semblable. B. C.
2433 *Domitia.*—R*. SCAVRI.-L. LIC. GN. DOM. Mars dans un bige. B. C.
2434 COSCO. M. F. Tête de Rome. R*. L. LIC. GN. DOM. Mars dans un bige. B. C.
2435 C. MALLE. C. F. R*. L. LIC. GN. DOM. Mars dans un bige. B. C.
2436 L. PORCI. LICI. R*. L. LIC. GN. DOM. Mars dans un bige. B. C.
2437 R*. GN. DOM. Victoire dans un bige; dessous, gladiateur nu combattant avec un lion. Deux exemplaires. B. C.
2438 R*. GN. DOMI. Jupiter dans un quadrige marchant. B. C. Deux exemplaires.
2439 *Durmia.*—CAESAR. AVGVSTVS. Tête d'Augustus. R*. M. DVRMIVS. III. VIR. Lion dévorant un cerf. B. C.
2440 *Egnatia.*—MAXSVMVS. Tête de Vénus avec un Cupidon sur l'épaule. R*. C. EGNATIVS. GN. F. GN. N. Femme dans un bige marchant, couronnée par une Victoire volante. T. B. C.
2441 Buste de Cupidon. R*. C. EGNATIVS. GN. F. GN. N. Deux figures dans un temple distyle. M. C. *Anima subœratæ.*

2442 *Egnatuleia*.—C. EGNATVLEI. C. F. Tête d'Appollon. R*. ROMA. Victoire couronnant un trophée. *Quinarium*. Deux exemplaires. B. C.
2443 *Eppia*.—R*. EPPIVS. LEG. F. C. Hercule debout. B. C.
2444 Autre semblable. M. B. C.
2445 *Fabia*.—R*. Q. FABI. Jupiter dans un quadrige; dessous, proue de vaisseau. Deux exemplaires: B. C.
2446 Q. MAX.-ROMA. Tête de Rome. R*. Corne d'abondance sur foudre. Deux exemplaires. B. C.
2447 R*. N. FABI. PICTOR. ROMA. Romule assis et appuyé sur un bouclier dans lequel on lit QVIRIN. B. C.
2448 Autre semblable. B. C.
2449 Tête de femme voilée et tourrelée, à droite. R*. C. FABI. C. F. Victoire dans un bige; dessous, cigogne. Trois exemplaires variés; lettres A, O, N et O, avec des points.
2450 C. ANNI. T. F. T. N. PRO. COS. S. C. Tête de déesse. R*. L. FABI. L. F. HISP. Q. Victoire dans un bige. B. C.

2451 Huit monnaies. Cordia, Cupiennia, Crepusia, Cloulia, Curtia, Didia, et deux de Cornelia.
2452 Autres huit monnaies. Cordia, Licinia, Decimia, deux de Domitia, deux de Fabia et un *quinarium* d'Egnatuleia.

2453 *Fannia*.—R*. M. FAN. C. F. Victoire dans un bige. Deux exemplaires B. C.
2454 *Farsuleia*.—R*. L. FARSVLEI. Pallas dans un bige, donnant la main à une figure togée pour l'aider à monter. B. C. Deux exemplaires. Les numéros variés.
2455 Deux autres semblables.
2456 Autres deux semblables.
2457 *Flaminia*.—R*. L. FLAMINI.-CILO. Victoire dans un bige. Deux exemplaires B. C.
2458 *Fonteia*.—Tête de Janus imberbe. R*. C. FON. ROMA. Vaisseau. Quatre exemplaires; variétés dans les lettres C, D, I, L; B. C.
2459 Autres quatre, avec les lettres C, M, N et O; B. C.
2460 Quatre autres avec les lettres N, O, S et C; B. C.
2461 Têtes accolées des Dioscures. MAN. FONTEI. Vaisseau; dessous, A.; B. C.
2462 MAN. FONTEI. C. F. Tête d'Apollon Vejove, à droite. R*. Petit enfant sur un bouc. B. C. Deux exemplaires.
2463 Autres deux exemplaires; devant de la tête d'Apollon, AP. en monogramme. B. C.
2464 P. FONTEIVS. P. F. CAPITO. Buste de Mars. R*. MAN. FON. TR. MIL.

Cavalier à droite, avec une haste; dessous, deux soldats debout combattant. T. B. C.

2465 Autre semblable. T. B. C.

2466 *Fufia.* — KALENI.-HO.-VIRT. Têtes accolées de la Valeur et de l'Honneur. R*. CORDI.- ITAL.- RO. L'Italie et Rome se donnant les mains. B. C.

2467 *Fulvia.* — R*. GN. FOVL. M. CAL. Q. MET. Victoire dans un bige. B. C.

2468 *Fundania.* — C. FVNDAN. Q. Figure vêtue avec la toge, dans un quadrige, avec une autre figure assise sur le premier cheval; lettre A; B. C.

2469 Autre semblable avec la lettre B; B. C.

2470 Tête de Jupiter. C. FVND. Q. Victoire couronnant un trophée, ayant aux pieds un prisonnier; *quinarium*, lettre F, et autre avec la lettre S.

———

2471 Huit monnaies. Curtia, Fabia, Fannia, Fonteia, Flaminia, Egnatuleia, et deux de Domitia.

2472 Autres huit. Curtia, Flaminia, Fannia, Egnatuleia, deux de Fabia, et autres deux de Domitia.

2473 Autres huit. Curtia, Decimia, Flaminia, Fannia, Egnatuleia, Fabia, et deux de Domitia.

2474 Autres huit. Domitia, Fabia, Fannia, Flaminia, Egnatuleia, et trois de Fonteia.

———

2475 *Furia.* — PVR. ROMA. Victoire dans un bige; au-dessus, *murex*. Deux exemplaires. B. C.

2476 M. FOVRI. L. F. Tête de Janus. R*. PHILI. ROMA. Victoire couronnant un trophée. Deux exemplaires B. C.

2477 BROCHI. Tête de Cérès entre épis de blé et d'orge. R*. L. FVRI. C. F. Chaise curule. Deux exemplaires B. C.

2478 AED. CVR. Tête de femme tourrelée. R*. CRASSIPES. Chaise curule. B. C.

2479 *Gellia.* — GN. GEL. ROMA. Deux figures dans un quadrige. Deux exemplaires. B. C.

2480 R*. M. ANT. IMP. AVG. III. VIR. R. P. C. L. GELL. Q. P. Tête de Marcus Antonius; derrière, *præfericulum*. R*. CAESAR. IMP. PONT. III. VIR. R. P. C. Tête d'Octavianus. T. B. C.

2481 *Herennia.* — R*. M. HERENNI. Homme nu, marchant avec un vieillard sur les épaules. Quatre exemplaires variés; lettres A, G, I et S.

2482 Autres quatre avec les lettres I, S, Q et V.

2483 *Hosidia.* — GETA. III. VIR. Buste de Diane. R*. C. HOSIDI. Sanglier percé d'un javelot; dessous, chien. Deux exemplaires. B. C.

2484 *Hostilia.* — Tête de l'Epouvante. R*. L. HOSTILIVS. SASERNA. Homme

— 161 —

nu combattant dans un bige; une figure sur le premier cheval. B. C.
2485 Autre semblable. B. C.
2486 Tête de la Paleur; derrière, *lituus* militaire. R*. L. HOSTILIVS. SASER-NA. Diane, de face, tenant par les cornes un cerf, et ayant dans la main gauche une lance.
2487 Autre semblable.
2488 R*. L. HOSTILIVS. SASERNA. Victoire marchant. B. C. Deux exemplaires.
2489 *Itia.* — Tête de Rome; derrière, X. R*. L. ITI. Dioscures. C. O.
2490 *Julia.* — R*. L. IVLI. ROMA. Dioscures. B. C. Deux exemplaires.
2491 CAESAR. Tête de Rome. R*. L. IVLI. L. F. Vénus dans un bige de Cupidons. Deux exemplaires; lettres B et Q, F et F; B. C.
2492 Autres deux exemplaires, lettres N et N, P et P; B. C.
2493 Tête d'Apollon. R*. L. IVLI. BVRSIO. Victoire dans un bige. Quatre exemplaires, variés dans les numéros ou dans les signes. B. C.
2494 Trois autres semblables, variés.
2495 Trois autres.
2496 Tête de Vénus. R*. Q. Deux cornes d'abondance liés. B. C.
2497 R*. CAESAR. Enéas avec Anquises à l'épaule, et le *paladium* à droite. Deux exemplaires. B. C.
2498 IIT. Tête de Vénus; R*. CAESAR. Trophée. Deux exemplaires. B. C.
2499 Tête de Vénus; derrière, Cupidon. R*. CAESAR. Trophée avec des prisonniers. Deux exemplaires. B. C.
2500 Tête de Vénus, à gauche, derrière, sceptre; devant, Cupidon avec *lituus* R*. CAESAR. Trophée avec deux prisonniers. Deux exemplaires. B. C.
2501 CAESAR. Eléphant. R*. Signes pontificaux. Deux exemplaires. B. C.
2502 COS. TER. DICT. ITER. Tête de Cérès. R. AVGVR.-PON. MAX. Signes pontificaux. Deux exemplaires variés, lettres D et M.
2503 CAESAR. DICT. PERPETVO. Tête de Julius Cæsar. R*. P. SEPVLLIVS. MACER. Vénus debout. C. O.
2504 Autre semblable. C. O.
2505 IMP. CAESAR. DIVI. F. III. VIR. ITER. R. P. C. Tête d'Octavianus. R*. COS. ITER. ET. TER. DESIG. Temple tétrastyle avec un simulacre; dans le frontis, DIVO. IVL. B. C.
2506 CAESAR. III. VIR. R. P. C. Tête casquée, à droite. R*. S. C. Trophée, aigle légionnaire, et deux signes militaires. B. C.
2507 IMP. CAESAR. DIVI. F. III. VIR. ITER. R. P. C. Tête d'Octavianus. R*. COS. ITER. ET. TER. DESIG. Signes pontificaux. B. C.
2508 CAESAR. IMP. Tête d'Octavianus. R*. ANTONIVS. IMP. Caducée. B. C.
2509 Tête d'Octavianus. R*. IMP. CAESAR. Prêtre conduisant des bœufs. B. C.
2510 R*. Arc de triomphe, sur lequel on lit IMP. CAESAR. Deux exempl. B. C.

2511   R*. IMP. CAESAR. Trophée naval. Deux exemplaires. B. C.
2512   IMP. Tête casquée. R*. CAESAR. au milieu d'un bouclier. Deux exemplaires.
2513   Tête nue d'Octavianus. R*. Statue sur un cype orné avec des dépouilles navales. Deux exemplaires. B. C.
2514   R*. IMP. CAESAR. écrit sur un temple orné avec des statues. B. C.
2515   Autre semblable. *Subærata*.
2516   Victoire sur un vaisseau. R*. IMP. CAESAR. Octavianus dans un quadrige. T. B. C.
2517   Autre semblable. T. B. C.
2518   Tête d'Octavianus. R*. IMP. CAESAR. DIVI. F. Bouclier rond. B. C.
2519   Autre semblable. M. B. C.
2520   C. CAESAR. IMP. Tête nue d'Octavianus. R*. S. C. Figure équestre avec la main levée. B. C.
2521   Tête ailée de la Victoire. R*. CAESAR. DIVI. F. Neptune debout avec *acrostolium* et trident. B. C.
2522   Tête d'Octavianus. R*. CAESAR. DIVI. F. Victoire sur un globe. Deux exemplaires. B. C.
2523   R*. CAESAR. DIVI. F. Vénus nue casquée, à droite; dans la main gauche, une haste; derrière, bouclier. Deux exemplaires. B. C.
2524   Tête de Vénus. R. CAESAR. DIVI. F. Figure militaire, à gauche. B. C.
2525   Tête d'Octavianus. R. CAESAR. DIVI. F. Femme debout, dans la main droite un rameau, et dans la gauche, un corne d'abondance. B. C.
2526   Tête d'Octavianus. R*. CAESAR. DIVI. F. Apollon assis sur un rocher, jouant la lyre. Deux exemplaires. B. C.
2527   Tête de la Victoire, à droite. R*. CAESAR. DIVI. F. Apollon assis sur un rocher, jouant la lyre. *Subærata*. B. C. Inédite.

2528   Huit monnaies. Flaminia, Fannia, Gellia, deux de Fonteia, et trois de Furia.
2529   Autres huit. Fonteia, Gellia, Hosidia, Hostilia, deux de Furia, et deux de Julia.
2530   Autres huit. Egnatuleia, Fundania, Flaminia, Fannia, deux de Fonteia, et deux de Furia.
2531   Autres huit. Une d'Hosidia, et sept de Julia, variées.
2532   Autres huit. Fonteia, Hostilia, Furia, Hosidia et quatre de Julia, variées.
2533   Autres huit. Hosidia, Fannia, Flaminia, Gellia, deux de Julia, variées.
2534   Autres huit. Fonteia, Furia, Hosidia et cinq de Julia, variées.
2535   Autres huit. Fonteia, Furia, Hosidia, et cinq de Julia, variées.
2536   Autres huit. Fannia, Flaminia, Herennia, Gellia, deux de Fonteia, et autres deux de Furia.

2537 *Junia.*—R˙. C. IVNI. C. F.-ROMA. Dioscures. Deux exemplaires. B. C.
2538 R˙. M. IVNI. ROMA. Dioscures. Deux exemplaires. B. C.
2539 Masque de *Silenus*. R˙. D. SILANVS. Victoire dans un bige. B. C.
2540 SALVS. Tête de la Santé. R˙. D. SILANVS-ROMA. Victoire dans un bige. B. C.
2541 Tête de Rome. R˙. D. SILANVS. Victoire dans un bige. Cinq exemplaires variés; lettres A, P, D, F et K.
2542 Autres cinq, avec les lettres K, M, R, H et F.
2543 Q. CVRT. Tête de Rome. R˙. M. SILA.-ROMA. Figure dans un quadrige. Deux exemplaires. B. C.
2544 BRVTVS. Tête de Junius Brutus. R˙. AHALA. Tête de *Servilius* Ahala. B. C.
2545 Deux autres semblables. B. C.
2546 Deux autres B. C.
2547 LIBERTAS. Tête de la Liberté. R˙. BRVTVS. Le Consul marchant entre deux licteurs et précédé d'un messager. B. C.
2548 Deux autres semblables. B. C.
2549 Deux autres. B. C.
2550 BRVTVS. IMP. L. PLAET. CEST. Tête de Marcus Brutus. R˙. EID. MAR. *Pileum* entre deux poignards. T. B. C. (La parfaite conservation de cette monnaie, son diamètre, un peu plus étendu que d'ordinaire, et le dessin trop fini du revers, nous fait croire qu'elle est de coin moderne.)
2551 LEIBERTAS. Tête de la Liberté. R˙. CAEPIO. BRVTVS. PRO. COS. Lyre et une branche de laurier. B. C.
2552 Tête de Mars, à droite. R˙. ALBINVS. BRVTI. F. Deux *lituus* militaires croisés entre deux boucliers. B. C.
2553 PIETAS. Tête de la Piété, à droite. R˙. ALBINVS. BRVTI. F. Deux mains tenant un caducée. Deux exemplaires. B. C.
2554 ANTON. AVG. IMP. Tête de Marcus Antonius. R˙. M. SILANVS. AVG. Q. PRO. COS. écrit dans le champ. B. C.
2555 A. POSTVMIVS. COS. Tête du consul *Postumius*. R˙. ALBINVS. BRVTI. F. en deux lignes. B. C.
2556 *Licinia.*—L. COSCO. M. F. Tête de Rome. R˙. L. LIC. CN. DOM. Figure dans un bige. B. C.
2557 L. MALLE. C. F. Tête de Rome. R˙. L. LIC. CN. DOM. Figure dans un bige. B. C.
2558 Buste d'Apollon Vejove, à droite, foudroyant. B˙. L. LICINIVS. MACER. Pallas dans un quadrige. Deux exemplaires. B. C.
2559 Tête laurée de femme, à droite; derrière, S. C. R˙. P. CRASSVS. M. F. Soldat avec un cheval de la bride. T. B. C.

2560 Autre semblable. T. B. C.
2561 NERVA. FIDES. Tête laurée de femme, à droite. R*. A. LICIN. III. VIR. Cavalier en course entraînant un prisonnier par les cheveux. B. C.
2562 Autre semblable. B. C.

2563 Huit monnaies. Six de Julia, et deux de Furia, variées.
2564 Autres huit. Cinq de Junia, et trois de Julia, variées.

2565 *Livineia.* — Tête imberbe, à droite. R*. L. LIVINEIVS.-REGVLVS. Chaise curule entre deux faisceaux, sans les ségurs. B. C.
2566 Même tête. R*. L. LIVINEIVS. REGVLVS. *Modium* entre deux épis. B. C. Autre exemplaire. M. B. C.
2567 *Lollia.* — LIBERTATIS. Tête de la Liberté, à droite. R*. PALIKANVS. Pont avec plusieurs arcs; dessus, une table; dessous, trois vaisseaux. B. C.
2568 Deux autres semblables. M. B. C.
2569 *Lucilia.* — R*. M. LVCILI.-RVF. Victoire dans un bige. Deux exemplaires. B. C.
2570 *Lucretia.* — GN. LVCR.-ROMA. Dioscures. Deux exemplaires. B. C.
2571 Tête du soleil, radiée. R*. L. LVCRETI. TRIO. Demi-lune entre étoiles. B. C.
2572 *Lutatia.* — CERCO. ROMA. Tête de Rome. R*. Q. LVTATI. Q. Vaisseau. Deux exemplaires. B. C.
2573 *Maenia.* — R*. P. MAE. ANT. ROMA. Victoire dans un quadrige. Deux exemplaires. B. C.
2574 *Maiannia.* — R*. C. MAIANI.-ROMA. Victoire dans un bige. B. C.
2575 *Mamilia.* — Tête de Mercure. R*. C. MAMIL. LIMETAN. Ulises reconnu par son chien. Deux exemplaires; lettres A et I.
2576 Autres deux semblables; lettres M. et V.

2577 Huit monnaies. Lucretia, Lucilia, Licinia, deux de Julia, et trois de Junia.
2578 Autres huit. Julia, Mamilia, Licinia, Maenia, Lutatia, Lucretia, et deux de Junia.

2579 *Manlia.* — R*. T. MANL. AP. CL. Q. VR. Victoire dans un trige. B. C.
2580 L. MANLI. PRO. Q. Tête de Rome. R*. L. SVLLA. IMP. Sila dans un quadrige triomphal. Deux exemplaires. B. C.
2581 R*. L. TORQVA. Q. EX. S. C. Cavalier galopant, à gauche, avec bouclier et haste. B. C.
2582 SIBYLLA. Tête de Sibylle. R*. TORQVAT. III. VIR. Tripode. T. B. C.

2583 *Marcia.*—R*. M. MARC. ROMA. Victoire dans un bige ; dessous, deux épis. Deux exemplaires. B. C.
2584 R*. Q. MARC. ROMA. Dioscures. Deux exemplaires. B. C.
2585 Tête d'Apollon. R*. L. CENSOR. Le satyre Marcias, debout. B. C. Deux exemplaires.
2586 R*. Q. PILIPVS.-ROMA. Cavalier avec lance, galoppant, à droite. Deux exemplaires. B. C.
2587 ROMA en monogramme. Tête avec des cernes de bouc; devant, Φ. R*. Statue équestre sur un piédestal, dans lequel il y a écrit L. PHILIP-PVS. Deux exemplaires. B. C.
2588 ANCVS. Tête d'Ancus Martius. R*. AQVA. MAR-PHILIPPVS. Statue équestre sur un acqueduc. Deux exemplaires. B. C.
2589 CENSORIN. Tête voilée. R*. C. LIMETA.-ROMA. Figure de femme dans un bige. B. C.
2590 *Maria.*—CAPIT. Tête de Cérès. R*. C. MARI. C. F. S. C. Colon conduisant des bœufs. Deux exemplaires variés dans les numéros.
2591 *Matia.*—R*. MAT. en monogramme. ROMA. Dioscures. B. C.
2592 *Memmia.*—ROMA. Tête de Saturnus. R*. L. MEMMI. GAL. Vénus dans un bige, couronnée par une Victoire volante. Trois exemplaires variés; lettres D, F et Q.
2593 EX. S. C. Saturnus. R*. L. C. MEMIES. L. F. GAL. Vénus dans un bige, couronnée par la Victoire volante. Deux exempl. variés; lettres B et X.
2594 C. MEMMI. C. F. QVIRINVS. Tête de Romulus, à droite. R*. MEMMIVS. AED. CEREALIA. PREIMVS. FECIT. Cérès assise.
2595 Tête d'Apollon. R*. L. MEMMI. Dioscures avec les chevaux pris par la bride. Deux exemplaires. B. C.
2596 *Mescinia.*—Couronne civique, dans laquelle on lit I. O. M. S. P. Q. R. V. S. PR. S. IMP. CAE. QVOD. PER. EV. R. P. IN. AMP. ATQ. TRAN. S. E., écrit en sept lignes. R*. L. MESCINIVS. RVFVS. III. VIR. Piédestal, dans lequel on lit IMP. CAES. AVGV. COMN. CONS.; aux côtés, S. C.; B. C.
2597 Tête d'Octavianus. R*. L. MESCINIVS. RVFVS. Statue de Mars sur un cype, dans lequel il y a écrit S. P. Q. R. V. P. RED. CAES.; B. C.
2598 CAESAR. AVGVSTVS. TR. POT. Tête d'Augustus. R*. L. MESCINIVS. RVFVS. III. VIR. Piédestal, dans lequel on lit IMP. CAES. AVG. LVD. SAEC.; aux côtés, XV.-S. F.
2599 Autre semblable. M. B. C.
2600 *Minutia.*—R*. C. AVG. Statue sur une colonne, et aux côtés, deux figures togées. Deux exemplaires. B. C.
2601 R*. TI. MINVCI. C. F. AVGVRINI. Statue sur une colonne; et aux côtés, deux figures togées. Deux exemplaires. B. C.

2602 R*. Q. MINV.-ROMA. Dioscures. Deux exemplaires. B. C.
2603 R*. Q. THERM. M. F. Deux soldats combattant, et entre eux un autre blessé et tombé. Deux exemplaires. B. C.
2604 R*. L. MINVCI. ROMA. Jupiter dans un quadrige. Deux exemplaires. B. C.
2605 *Mucia.*—KALENI. Têtes accolées de l'Honneur et de la Vertu; aux côtés, HO-VIRT. R*. CORDI.-RO-ITAL. Italie et Rome se donnant les mains. T. B. C.
2606 *Mussidia.*—CONCORDIA. Tête de la Concorde. R*. L. MVSSIDIVS. LONGVS. Deux figures dans les comices; dessous, CLOACIN.
2607 Le même anvers. R*. L. MVSSIDIVS. LONGVS. Deux mains jointes avec un caducée. B. C.

2608 Huit monnaies. Licinia, Lucretia, Lutatia, Maenia et quatre de Marcia.
2609 Autres huit. Licinia, Matia, Lucretia, et cinq de Marcia.
2610 Autres huit. Licinia, Manlia, Lucretia, Lutatia, Maenia, et trois de Marcia.
2611 Autres huit. Deux de Marcia, deux de Memmia, et quatre de Minucia.

2612 *Naebia.*—Tête de Vénus, derrière, S. C. R*. C. NAE. BALB. Victoire dans un trige. Trois exemplaires variés; lettres A, L et O.
2613 Quatre exemplaires semblables, variés. B. C.
2614 Autres quatre, variés. B. C.
2615 *Neria.*—NERI. Q. VRB. Tête barbue, à droite. R*. L. LENT. C. MARC. COS. Aigle entre deux enseignes militaires. B. C.
2616 *Nonia.*—SVFENAS. Tête barbue, à droite. R*. SEX. NONI. Victoire couronnant une figure assise sur des armes. B. C.
2617 Deux autres semblables. B. C.
2618 *Numitoria.*—ROMA. Tête de Rome. R*. C. NVMITORI. Victoire dans un quadrige, à droite. B. C.
2619 *Ogulnia.*—Tête d'Apollon à droite; dessous, foudre. R*. OGVL. GAR. Figure de femme, peut-être de Pallas, dans un quadrige. C. O.
2620 *Opeimia.*—R*. L. OPEIMI. ROMA. Victoire dans un quadrige. Deux exemplaires. B. C.
2621 R*. M. OPEIMI.-ROMA. Apollon dans un bige. Deux exemplaires. B. C.
2622 *Papia.*—Tête de Junon Sospita. L. PAPI. Griphon en course. Trois exemplaires curieux, avec les symboles variés.
2623 Trois autres, avec les symboles variés aussi.
2624 *Papiria.*—R*. M. CARBO.-ROMA. Jupiter dans un quadrige. Deux exemplaires. B. C.
2625 R*. CARB.-ROMA. Jupiter dans un quadrige. Deux exemplaires. B. C.

2626 *Petillia.*—CAPITOLINVS. Tête de Jupiter. R'. PETILLIVS. Temple hexastyle. B. C.
2627 PETILLIVS. CAPITOLINVS. Aigle sur foudre. R'. Temple hexastyle, orné de statues. B. C.
2628 Autre semblable. B. C., avec les lettres S, F aux côtés du temple.
2629 *Petronia.*—CAESAR. AVGVSTVS. Tête d'Augustus. R'. P. PETRON. TVRPILIAN. III. VIR. Pégase. *Subærata.* B. C.
2630 R'. TVRPILIANVS. La vierge Tarpeia couverte de boucliers. B. C.
2631 FERON. TVRPILIANVS. III. VIR. Tête de la déesse Feronia. R'. CAESAR. AVGVSTVS. SIGN. RECE. Parthe agenouillé, avec un signe militaire.
2632 TVRPILIANVS. III. VIR. Tête de Bacchus. R'. Comme l'antérieur. B. C.
2633 CAESAR. AVGVSTVS. Tête d'Augustus. R'. TVRPILIANVS. III. VIR. Demi-lune et étoiles. B. C.
2634 *Pinaria.*—NAT. ROMA. Victoire dans un bige. Deux exemplaires. B. C.
2635 R'. NATAT. ROMA. Victoire dans un bige. Deux exemplaires. B. C.
2636 IMP. CAESARI. SCARPVS. IMP. Main ouverte. R'. AVG. PONT. DIVI. F. Victoire.
3637 *Plaetoria.*—CESTIANVS. Tête de Cibèles, à droite. R'. M. PLAETO-RIVS. AED. CVR. EX. S. C. Chaise curule.
2638 CESTIANVS. S. C. Buste casquée de femme, avec arc et faretra au dos. R'. P. PLAETORIVS. M. F. AED. CVR. Aigle sur un foudre. B. C.
2639 Deux autres semblables. B. C.
2640 Tête d'Apollon. R'. M. PLAETORI. CEST. EX. S. C. Caducée. Deux exemplaires.
2641 Tête de femme, ornée, à droite. R'. Comme l'antérieur. T. B. C.
2642 *Plancia.*—CN. PLANCIVS. AED. CVR. S. C. Tête de femme couverte avec pétase. R'. Chèvre sauvage; derrière, arc et faretra. B. C.
2643 Autre semblable. M. B. C.
2644 *Plautia.*—R'. C. PLVTI.-ROMA. Dioscures. Deux exemplaires. B. C.
2645 A. PLAVTIVS. AED. CVR. S. C. Tête de Cibèles. R'. BACCHIVS. IV-DAEVS. Figure de femme agenouillée, avec un chameau de la bride. Deux exemplaires. B. C.
2646 P. YPSAE. S. C. Tête de Neptune. R'. C. YPSAE. COS. PRIV. CEPIT. Figure dans un quadrige.
2647 P. YPSAE. S. C. Tête de femme. R'. Comme celui de l'anterieur. C. O.
2648 REX. ARETAS. Comme les monnaies de la famille Aemilia. Trois exemp.
2649 L. PLANTIVS. Masque de face. R'. PLANCVS. L'Aurore avec ses chevaux. Deux exemplaires.

2650 Huit monnaies. Mussidia, Marcia, Plautia, Pinaria, Papiria, Plaetoria, et deux de Minucia.

2651 Autres huit. Memmia, Marcia, Mussidia, Naebia, Nonia, Opeimia, et deux de Minucia.

2652 Autres huit. Mussidia, Papia, Matia, Marcia, deux de Minucia, et deux de Papiria.

2653 Autres huit. Papiria, Plaetoria, deux de Minutia, et quatre de Plautia, variées.

2654 *Poblicia.*—C. MALLE. C. F. Tête de Rome. R*. L. LIC. CN. DOM. Mars dans un bige. Deux exemplaires. B. C.

2655 R*. C. MAL. Homme nu; derrière, proue. Deux exemplaires.

2656 L. METE.-A. ALB. S. F. Tête d'Apollon. R*. C. MALL. ROMA. Victoire couronnant une figure militaire assise sur des armes. B. C.

2657 ROMA. Tête de Rome. R*. C. POBLICI. Q. F. Hercule etouffant un lion. Trois exemplaires avec les lettres E, I et K.

2658 Trois autres, avec les lettres M, S et T.

2659 M. POBLICI. LEG. PRO. Tête casquée. R*. CN. MAGNVS. IMP. Figure militaire qui sort d'un vaisseau, et une autre de femme, qui lui donne la main. B. C.

2660 *Pompeia.*—R*. SEX. PO. FOSTLVS. ROMA. Louve avec les jumeaux, et un pasteur derrière, et un arbre. Deux exemplaires. B. C.

2661 GN. PISO. PRO. Q. Tête de Numa; dans la diadème, NVMA. R*. MAGN. PRO. COS. Proue de vaisseau.

2662 La monnaie de Pompeius débarquant en Espagne, égal au n.° 2659.

2663 . . . . . IMP. SAL. Tête de Sextus Pompeius. R*. PIETAS. La Piété debout. C. O.

2664 MAG. PIVS. IMP. ITER. Phare de Messine sur un vaisseau; et au côté, aigle légionnaire. R*. PRAEF. ORAE. MARIT. EX. S. C. Monstre Scilla. Monnaie mal frappée. B. C.

2665 MAC. PIVS. IMP. ITER. Tête de Pompeius, entre *præfericulum* et *lituus*. R*. PRAEF. CLAS. ET. ORAE. MARIT. EX. S. C. Neptune entre les deux frères de Catannia, avec ses pères à l'épaule. B. C.

2666 Autre semblable. B. C.

2667 Deux autres.

2668 MAG. PIVS. IMP. ITER. Tête de Neptune. R*. PRAEF. CLAS. Trophée naval. C. O.

2669 *Pomponia.*—L. POMPONI. GN. F. Fête de Rome. R*. L. LIC. GN. DOM. Mars dans un quadrige. Deux exemplaires.

2670 L. POMPON. MOLO. Tête d'Apollon. R*. NVMA. POMPIL.; différentes figures en sacrifice. B. C.

2671 Q. POMPONI. MVSA. Tête d'Apollon. R*. HERCVLES. MVSARVM. Hercule jouant de la lyre. T. B. C.

2672 Autre semblable.

2673 Tête de la muse Calliope. R*. Q. POMPONI. MVSA. Muse à dr. jouant de la lyre, appuyée sur une petite colonne. B. C., néanmoins d'être *subœrata*.

2674 Tête de la muse Clio. R*. Muse à gauche, appuyée sur une colonne, tenant un volume étendu dans la main droite. C. O.

2675 Tête de la muse Euterpe. R*. Muse debout, à droite, avec le bras gauche appuyé sur une colonne, et deux *tibiœ* dans la main droite. B. C.

2676 Autre semblable. M. B. C.

2677 Tête de la muse Urania. R*. Q. POMPONI. MVSA. Muse debout signalant un globe avec une baguette. *Subœrata*.

2678 *Porcia*.—P. LAECA. ROMA. Tête de Rome. R*. PROVOCO. Citoyen affranchissant un esclave; à un côté, licteur. Deux exemplaires. B. C.

2679 R*. C. CATO. ROMA. Victoire dans un bige. Deux exemplaires. B. C.

2680 L. PORCI. LICI. Tête de Rome. R*. L. LIC. GN. DOM. Mars dans un bige. Deux exemplaires. B. C.

2681 LAECA. Tête de Rome. R*. M. PORCI.-ROMA. Liberté dans un quadrige, couronnée par la Victoire volante. Deux exemplaires. B. C.

2682 M. CATO. Tête de femme; derrière, ROMA. R*. VICTRIX. Victoire assise sur une chaise, et dessous de celle-ci, S T.; B. C.

2683 Autre semblable. B. C.

2684 Autre sans les lettres S T; B. C.

2685 M. CATO. PRO. PR. Tête juvenil, à droite, avec la chevelure longue. R*. VICTRIX. Victoire assise. *Quinarium*. Deux exemplaires. B. C.

2686 Deux *quinarium* sans la lég. PRO. PR. Deux exemplaires. B. C.

2687 *Postumia*.—Buste de Diane, à droite. R*. A. POST. A. F. S. N. ALBIN. Sacrifice sur un mont. B. C.

2688 HISPAN. Tête de femme, à droite, avec la chevelure longue. R*. A. POST. A. F. S. N. ALBIN. Figure togée debout; devant, aigle légionnaire, derrière faisceaux des licteurs. B. C. Deux exemplaires.

2689 R*. L. POST. ALB. ROMA. Mars dans un quadrige, à droite. Deux exemplaires. B. C.

2690 Tête de Diane, à droite. R*. A. ALBINVS. S. F. Trois cavaliers à gauche, et devant un soldat qui fuit. Deux exemplaires.

2691 Tête d'Apollon. R*. A. ALBINVS. S. F. Dioscures avec les chevaux pris par la bride. B. C.

2692 Deux autres semblables. B. C.

2693 Tête de Diane. R*. C. POSTVMI. AT. Chien courant. Deux exempl. B. C.

2694 A. POSTVMIVS. COS. Tête de Posthumius, à droite. R*. ALBINVS. BRVTI. écrit au milieu d'une couronne.

2695 PIETAS. Tête de femme, à droite. R*. ALBINVS. BRVTI. F. Deux mains jointes avec un caducée.

2696 *Procilia.*—Tête de Jupiter, à droite; derrière, S. C. R*. L. PROCILI. F. Junon Suspita, à droite, lançant un javelot. Deux exemplaires. B. C.
2697 Tête de Junon Sospita; derrière, S. C. R*. L. PROCILI. F. Junon Sospita dans un bige, à droite.
2698 *Quinctia.*—Tête de Rome. R*. T. Q.-ROMA. Dioscures. B. C.
3699 Buste d'Hercule, à gauche. R*. TI. Q. Cavalier avec le cheval de la bride, à gauche; dessous, une souris, et dans un carré, D, S, S, incuse. Quatre exemplaires variés, lettres B, C, N et O.
2700 Trois autres, avec les lettres B, O et L.
2701 Autres trois, avec les lettres B, L et X.
2702 *Renia.*—R*. C. RENI. ROMA. Femme dans un bige de deux boucs. Deux exemplaires. B. C.

2703 Huit monnaies. Plaetoria, Poblicia, Papiria, deux de Pompeia, et trois de Plautia.
2704 Autres huit. Pompeia, Postumia, deux de la Plautia, et quatre de Porcia; variées.
2705 Autres huit. Renia, Porcia, Pompeia, deux de Procilia, et trois de Postumia; variées.
2706 Autres huit. Postumia, Pompeia, deux de Plautia, et quatre de Porcia; variées.
2707 Autres huit. Pompeia, Plautia, deux de Porcia, et quatre de Postumia; variées.

2708 *Roscia.*—L. ROSCI. Tête de Junon Sospita. R*. FABATI. Femme allaitant un serpent. Trois exemplaires. Les symboles variés.
2709 Quatre autres; variées aussi dans les symboles.
2710 *Rubria.*—DOSSEN. Tête de Jupiter. R. RVBRI. Quadrige marchant. Deux exemplaires. B. C.
2711 DOS. Tête voilée de Junon, à droite. R*. L. RVBRI. Quadrige marchant, avec un autel. Deux exemplaires.
2712 DOS. Tête de Pallas. R*. C. BVBRI. Même cuadrige marchant. Deux exemplaires.
2713 DOSSEN. Tête de Neptune avec trident. R*. L. RVBRI. Victoire volante; devant, autel avec serpent. *Quinarium.* Deux exemplaires. B. C.
2714 *Rustia.*—Tête de Mars; derrière, S. C. R*. L. RVSTI. Bélier, à dr. B. C.
2715 Autre semblable. B. C.
2716 Autre. B. C.
2717 L. RVSTIVS. FORTVNAE. Deux bustes accolées. R*. CAESARI. AV-GVSTO-S. C. Autel, sur lequel on voit écrit FOR. RED.; T. B. C.
2718 Autre semblable; desous des têtes, ANTIAT.; B. C.

2719	*Rutilia.* —FLAC. Tête de Rome. R*. L. RVTILI. Victoire dans un bige. Deux exemplaires. B. C.
2720	*Salvia.* —C. CAESAR. III. VIR. R. P. C. R*. Q. SALVIVS. IMP. COS. DESIG. Foudre. B. C.
2721	*Sanquinia.*—AVGVSTVS. DIVI. F. Tête d'Augustus. R*. M. SANQVI-NIVS. III. VIR. Tête virile laurée, avec une étoile.
2722	Autre semblable. B. C.
2723	Autre. B. C. Douteuse.
2724	*Satriena.*—Tête de Rome. R*. ROMA.-L. SATRIENVS. Louve marchant. Deux exemplaires avec les numéros variés.
2725	Deux autres. Les numéros variés.
2726	Autre variété. AMOR.- SATRIS. Louve à droite. *Subœrata.*
2727	*Saufeia.* — L. SAVF. ROMA. Victoire dans un bige. Deux exemplaires.
2728	*Scribonia.* —C. SCR.-ROMA. Dioscures. Deux exemplaires. B. C.
2729	BON. EVENT. LIBO. Tête de femme, avec une diadème elevée sur le front. R*. PVTEAL. SCRIBON. Autel orné avec deux lyres et un fronton; dessous, marteau. Deux exemplaires. B. C.
3730	Deux autres semblables, avec tenailles, au lieu de marteau. B. C.
2731	Autre avec un coin, au lieu d'autre symbole. C. O.
2732	*Sempronia.*—PITIO. Tête de Rome. R*. L. SEMP.-ROMA. Dioscures. Deux exemplaires. B. C.
2733	Tête de Rome. R*. GR.-ROMA. Les Dioscures. B. C.
2734	Autre semblable. M. B. C.
2735	*Sentia.*— ARG. PVB. Tête de Rome. R*. L. SENTI. C. F. Jupiter dans un quadrige; lettre P.
2736	Autre semblable, avec la lettre S.
2737	*Sepullia.*—CAESAR. DIC. PERPETVO. Tête laurée de César à droite. R*. P. SEPVLLIVS. MACER. Vénus debout.
2738	Autre semblable avec la tête de César voilée. B. C.
2739	Autre. B. C.
2740	*Sergia.*—ROMA. EX. S. C. Tête de Rome. R*. M. SERGI. SILVS. Q. Cavalier à gauche, avec une épée et tête humaine dans la main gauche. Deux exemplaires. B. C.
4741	*Servilia.*—Tête de Rome. M. SERVEILI. C. F. Deux guerriers combattant, ayant ses chevaux derrière d'eux ; lettres Y et E.; B. C.
2742	ROMA. Tête de Rome; derrière, *lituus.* R*. C. SERVEIL. Cavalier avec lance, à gauche, combattant avec un autre.
2743	ROMA. Tête laurée de femme; derrière, *lituus* et la lettre B. R*. Comme celui de l'antérieur. B. C.
2744	ROMA. Tête de Rome; derrière, couronne. R*. C. SERVEILI. M. F. Dioscures courant en sens contraire. B. C. Deux exemplaires.

2745 RVLLI. Tête de Rome. R*. P. SERVILI. M. F. Victoire dans un bige ; dans le champ, P. Deux exemplaires. B. C.

2746 FLORAL. PRIMVS. Tête de femme; derrière, *lituus*. R*. C. SERVEIL. C. F. Deux soldats se présentant les épées. B. C. Deux exemplaires.

2747 PISO. CAEPIO. Tête de Saturne. R*. AD. FRV. EMV. EX. S. C. Deux figures togées assises sur des chaises curules. B. C.

2748 AHALA. Tête de Servilius Ahala. R*. BRVTVS. Tête de Junius Brutus. B. C.

2749 Huit monnaies. Procilia, Renia, Saufeia, Rutilia, deux de Rubria et deux de Postumia.

2750 Autres huit. Rutilia, Renia, Saufeia, Sempronia, deux de Rubria, et deux autres de Scribonia.

2751 Autres huit. Sempronia, Rubria, Rutilia, Saufeia, Renia, Sepullia, et deux de Scribonia.

2752 Autres huit. Scribonia, Sergia, Sepullia, Renia, Sempronia, Saufeia, et deux de Servilia; variées.

2753 *Sestia*. — L. SESTI. PRO. Q. Tête de femme voilée. R*. Q. CAEPIO. BRVTVS. PROCOS. Trépied. B. C.

2754 *Sicinia*. — FORT. P. R. Tête de femme, à droite. R*. Q. SICINIVS. III. VIR. Caducée et palme en sautoir; au-dessus, une couronne. B. C. Deux exemplaires.

2755 Q. SICINIVS. III. VIR. Tête imberbe, diadémée, à droite. R*. C. CO-PONIVS. PR S. C. Massue avec peau de lion. B. C.

2756 Autre semblable. B. C.

2757 *Silia*. — ROMA. Buste de Rome, à gauche. R*. P. NERVA. Trois figures dans les comices. Deux exemplaires. B. C.

2758 Autre semblable, incuse.

2759 *Spurilia*. — R*. A. SPVRI.-ROMA. Victoire dans un bige. Deux exemplaires. B. C.

2760 *Statia*. — Tête de Neptune. R*. MVRCVS. IMP. Trophée; et devant, deux figures. C. O.

2761 *Sulpicia*. — D. P. P. Deux têtes jointes, à gauche. R*. C. SVLPICI. C. F. Deux hommes debout, et devant eux une truie accroupie. B. C. Trois exemplaires variés; lettres C, D et F.

2762 S. C. Tête voilée. R*. P. GALP. AE. CVR. Couteau, *simpulum* et hache. B. C.

2763 Autre semblable. B. C.

2764 Autre. B. C.

2765 Autre. B. C.

2766 SER. SVLP. Tête d'Apollon à dr. R*. Trophée naval avec deux figures. B. C.
2767 *Tarquitia.*—R*. C. TARQVITI. Q. Victoire dans un bige. C. O.
2768 *Terentia.*—R*. VAR. ROMA. Les Dioscures. B. C.
2769 R*. C. TER-LVC.-ROMA. Dioscures. Deux exemplaires. B. C.
2770 *Thoria.*—I. S. M. R. Tête de Junon Sospita. R*. L. THORIVS. BALBVS. Taureau en course. Quatre exemplaires; lettres A, B, D et F.
2771 Quatre autres, avec les lettres H, I, K et L.
2772 Autres quatre, avec les lettres N, O, P et Q.
2773 Autres quatre, avec les lettres R, T, V et X.
2774 *Titia.*—Tête de Titius. R*. Q. TITI. Pégase. Deux exemplaires. B. C.
2775 Tête de Bacante. R*. Q. TITI. Pégase. Deux exemplaires. B. C.
2776 Tête ailée de la Victoire. R*. Q. TITI. Pégase. B. C. *Quinarium.* Deux exemplaires.
2777 *Titinia.*—Tête de Rome; derrière, XVI. R*. C. TITINI. ROMA. Victoire dans un bige. Deux exemplaires. B. C.
2778 *Tituria.*—SABIN.-AT. Tête barbue, à droite. R*. L. TITVRI. Enlèvement des sabines. Deux exemplaires. B. C.
2779 Deux autres; au lieu de AT., une palme. B. C.
2780 SABIN. A. PV. Tête barbue, à droite. R*. L. TITVRI. Vierge Tarpeia. B. C.
2781 Deux autres; au lieu de A. PV. une palme. B. C. Deux exemplaires.
2782 SABIN. Tête barbue, à droite. R*. L. TITVRI. Victoire dans un bige. Deux exemplaires variés.

2783 Huit monnaies. Silia, Sicinia, Sergia, Scribonia, Titia, et trois de Servilia.
2784 Autres huit. Scribonia, Sicinia, Spurilia, Silia, Sergia, et trois de Servilia.
2785 Autres huit. Terentia, Scribonia, Spurilia, Silia, Sergia, Sulpicia, et deux de Servilia.
2786 Autres huit. Scribonia, Terentia, Servilia, Titia, Tituria, et Silia.
2787 Autres huit. Sepullia, Scribonia, Servilia, Sergia, Titia, et trois de Tituria; variées.

2788 *Trebania.*—R*. L. TREBANI. ROMA. Jupiter dans un quadrige. B. C. Deux exemplaires.
2789 *Tullia.*—R*. M. TVLLI. Victoire dans un quadrige. B. C. Deux exempl.
2790 *Turilia.*—ANTONIVS. AVG. IMP. III. COS. TER. III. VIR. R. P. C. Tête de Marcus Antonius, à droite. R*. D. TVR. Victoire, à gauche; le tout dans une couronne de laurier. T. B. C.
2791 *Valeria.*—R*. C. VAL. C. F. FLAC.-ROMA. Victoire dans un bige. Deux exemplaires. B. C.
2792 Tête de la Victoire, à droite. R*. L. VALERI. FLACCI. Mars debout, entre épi et *apex*. Deux exemplaires. B. C.

2793 ACISCVLVS. Tête juvenile, à droite; au-dessus, astre; derrière, marteau. R*. L. VALERIVS. Europe sur un taureau. B. C.
2794 Autre semblable. B. C.
2795 Tête de la Victoire. R*. C. VAL. FLAC. IMPERAT. EX. S. C. Aigle légionnaire entre deux enseignes militaires. Deux exemplaires. B. C.; variés.
2796 *Vargunteia.*—M. VARG. Tête de Rome. R*. ROMA. Jupiter dans un quadrige. Deux exempl. B. C.
2797 *Vettia.*—SABINVS. S. C. TA. Tête du roi Sabinus. R*. L. VETTIVS. IVDEX. Figure togée dans un bige, marchant, à gauche. B. C.
2798 1.° Tête de Jupiter. R*. P. SABIN. Victoire couronnant un trophée. *Quinarium.* Trois exemplaires avec les lettres K, I et V.
2798 2.° Autre semblable, incuse.
2799 *Veturia.*—TI. VET. Tête de Rome. R*. ROMA. Deux soldats jurant sur une petite truie, qu'une figure agenouillée soutient entre ses bras.
2800 *Vibia.*—Tête de Jupiter, à droite. R*. VIB.-ROMA. Victoire couronnant un trophée. *Victoriatum.* C. O.
2801 PANSA. Tête d'Apollon, à droite. R*. Rome dans un quadrige, à droite; dessous, C. VIBIVS. C. F. Quatre exemplaires, variés les symboles de devant la tête.
2802 Quatre autres, variés les symboles.
2803 Deux autres, avec le quadrige à gauche.
2804 PANSA. Tête de Libera, à droite. R*. C. VIBIVS. C. F. C. N. Cérès dans un bige de serpents avec flambeaux dans les mains; devant, charrue. Deux exemplaires. B. C.
2805 PANSA. Masque scénique. R*. C. VIBIVS. C. F. C. N. IOVIS. AXVR. Jupiter Axur assis avec haste et *patera.* Deux exemplaires. B. C.
2806 LIBERTATIS. Tête de la Liberté. R*. C. PANSA. C. F. C. N. Rome assise sur un mont, couronnée par une Victoire volante. B. C.
2807 C. NORBANVS. Tête de femme avec diadème; devant, XVIII. R* Proue de vaisseau; faisceau de licteur, caducée et épi. B. C.
2808 Autres quatre, sans la prouc, et variés les numéros de l'anvers. B. C.
2809 Tête de Bacchus, à droite. R*. C. VIBIVS. VARVS. Panthère avec les mains sur un autel. B. C. Deux exemplaires.
2810 Tête d'Octavianus. R*. C. VIBIVS. VARVS. Vénus nicéphore, debout, avec corne d'abondance. T. B. C.
2811 *Vipsania.*—DIVI. IVLI. F..... Tête d'Octavianus. R*. Dans le champ, M. AGRIPPA. COS.-DESIG. C. O.
2812 *Voconia.*— Tête de César. R*. Q. VOCONIVS. VITVLVS. Q. DESIG. S. C. Veau marchant à gauche.
2813 *Volteia.*—Tête de Jupiter. R*. M. VOLTEI. M. F. Temple tétrastyle. B. C.

2814 Autre semblable. B. C.
2815 Tête d'Hercule. R*. M. VOLTEI. M. F, Sanglier courant à droite. B. C.
2816 Tête imberbe de Bacchus. R*. M. VOLTEI. M. F. Cérès dans un bige de serpents. B. C. Quatre exemplaires, variés.
2817 Tête de Pallas, à droite. R*. Cibèles dans un bige de lions, à droite; dessous, M. VOLTEI. M. F. Deux exemplaires, variés.
2818 *Urbinia*. — R*. AP. CL. T. MANL. Q. VR. Victoire dans un trige. Deux exemplaires. B. C.

2819 Huit monnaies. Scribonia, Servilia, Tullia, Tituria, Sergia, Vibia, et deux de Valeria.
2820 Autres huit. Tullia, Sergia, Vibia, Vettia, Titia, Vargunteia, et deux de Valeria; variées.
2821 Autres huit. Veturia, Vibia, Vargunteia, Tituria, Titia, et trois de Valeria.
2822 Autres huit. Tullia, Vergunteia, Urbinia, deux de Valeria, et trois de Vibia.
2823 Autres huit. Veturia, Vargunteia, Valeria, Tullia, Urbinia, et trois de Vibia.
2824 Autres huit. Veturia, Urbinia, Vargunteia, Volteia, deux de Valeria, et deux de Vibia.
2825 Autres huit. Antestia, Aemilia, Vargunteia, Veturia, Urbinia, et trois de Vibia.
2826 Autres huit. Marcia, Cossutia, Calpurnia, Vargunteia, Julia, Sergia, et deux de Vibia.

INCERTI.

2827 Une monnaie des Samnites comme celle que nous avons décrit au numéro 1370[1].
2828 Tête de Rome; derrière, X. R*. Dioscures; dessous, ROMA. B. C. Deux exemplaires.
2829 Deux autres semblables, avec un croissant sur les Dioscures.
2830 Deux autres; dessous des Dioscures, Chimère.
2831 Deux autres, avec demi-vaisseau dessous des Dioscures.
2832 Deux autres, ayant un dauphin dessous des Dioscures.
2833 Autre, avec un trident.
2834 Autre, avec une roue.
2835 Autre, avec un oiseau.
2836 Autre, avec un épi.
2837 Autre, avec un petit taureau cornupète.
2838 Autre, avec un rameau.

2839 Autre, signe inconnu.
2840 Tête de Rome; derrière, V. R*. Dioscures. *Quinarium*. Trois exemplaires.
2841 Tête de Rome; derrière, X. R*. Victoire dans un bige; dessous, ROMA, sans signes. Deux exemplaires.
2842 Autre semblable; dessous du bige, un sceptre.
2843 Tête de Rome. R*. Diane dans un bige, avec une demi-lune sur la tête; dessous, épi. Deux exemplaires.
2844 Tête laurée d'Apollon Vejove; dessous, foudre. R*. Jupiter dans un quadrige. Deux exemplaires. B. C.
2845 Tête de Rome; dessous, ROMA; derrière, X; figure de femme casquée, assise; devant, louve avec jumeaux; dans le champ, deux corbeaux volants. Deux exemplaires. B. C.
2846 Deux *Victoriati* sans signes.
2847 Deux autres *Victoriati* avec fer de lance pour symbole.
2848 Autre, avec corne d'abondance pour symbole.
2949 Autre, avec la lég. ROMA, incuse.
2850 Autre, avec la lettre V.
2851 Autre, ayant pour symbole un pentagone.
2852 Deux autres, avec la lettre Q.
2853 Quatre demi-*Victoriati* avec différents symboles.
2854 Autres quatre, avec les signes variés.
2855 Tête de Janus. R*. Jupiter foudroyant dans un quadrige, et Victoire conduisant les chevaux; dessous, ROMA, incuse.
    Mod. 33 milim. B. C.
2856 Autre semblable.
    Mod. 22 milim.
2857 Autre, ayant en relief la lég. ROMA.
    Mod. 21 milim.
2858 Autre.
    Mod. 20 milim.
2859 Autre du même module.
2860 Autre; le quadrige à gauche.
    Mod. 17 milim.

2861 Quarante monnaies d'argent, consulaires. B. C.
2862 Autres quarante monnaies, aussi d'argent. B. C.
2863 Soixante-six monnaies. M. B. C.
2864 Autres soixante-six monnaies. C. O.
2865 Cinquante-neuf monnaies *subæratæ*, ou de C. O.

TROISIÈME SÉRIE.

MONNAIES DES EMPEREURS ROMAINS.

Aurum.

AUGUSTUS.

2866 R*. ACT.-IMP. X. Apollon citharede.
Poids gr. 7,90. T. B. C.

2867 DIVVS. AVGVSTVS. Tête radiée, à droite. R*. HISPANIA. Femme debout, tenant des épis, deux javelots et un bouclier. B. C.

2868 IMP. CAESARI. S. P. Q. R. Tête d'Augustus. R*. QVOD. VIAE. MVN. SVNT. Arc triomphale construit sur un pont, surmonté d'un bige d'éléphants, avec l'empereur couronné par la Victoire. B. C.

2869 DIVOS. AVGVST. DIVI. F. Tête laurée d'Augustus; au-dessus, astre. R*. TI. CAESAR. DIVI. AVG. F. AVGVSTVS. Tête laurée de Tibérius, à droite. B. C.

TIBERIUS.

2870 R*. IMP. VII.-TR. POT. XVII. Empereur dans un quadrige. B. C.

2871 R*. PONTIF. MAXIM. Figure de femme avec une branche, assise sur une chaise. T. B. C.

2872 Autre semblable. T. B. C.

2873 Autre. B. C.

2874 Autre. B. C.

2875 Autre. B. C.
Poids gr. 7,90.

ANTONIA.

2876 ANTONIA AVGVSTA. La tête à droite. R*. CONSTANTIAE. AVGVSTI. Femme debout, tenant un flambeau, et un corne d'abondance. T.B.C.

CLAUDIUS.

2877 R*. CONSTANTIAE. AVGVSTI. Femme assise, à gauche. T. B. C.

2878 DIVVS. CLAVDIVS. AVGVSTVS. Tête laurée à gauche. R*. EX. S. C. Quadrige triomphale avec des figures.
Poids gr. 7,75. T. B. C.

AGRIPPINA MINOR.

2879   AGRIPPINAE. AVGVSTAE. Tête d'Agrippina au revers de Claudius. B. C.

NERO.

2880   R'. AVGVSTVS. GERMANICVS. Figure radiée, et de face; dans la droite, une branche; et dans la gauche, une petite Victoire.
Poids gr. 7,55. T. B. C.

2881   Autre semblable. B. C.
2882   R'. CONCORDIA. AVGVSTA. Femme assise. B. C.
2883   Autre semblable.
Poids gr. 7,25. T. B. C.

2884   R'. AVGVSTVS. AVGVSTA. Deux figures debout.
2885   R'. IVPITER. CVSTOS. Jupiter assis. B. C.
2886   Autre semblable.
2887   Autre.
2888   Autre.
2889   PACE. P. R. TERRA. MARIQ. PARTA. IANVM. CLVSIT. Temple de Janus. T. B. C.
2890   Autre semblable. C. O.
2891   PONTIF. MAX. TR. P. VII. COS. IIII. P. P. S. C. Figure militaire debout.
Subærata d'Ar., après, et modernement, dorée. Poids gr. 3,50. B. C.

2892   PONTIF. MAX. TR. P. VII. COS. IIII. P. P.-EX. S. C. Cérès debout.
Poids gr. 7,65. T. B. C.

2893   ROMA. Rome nicéphore, assise. B. C.
2894   Autre semblable.
2895   SALVS. Femme assise.
2896   Autre.
2897   Autre.
2898   Autre.
2899   Autre semblable. B. C.
2900   Autre.
2901   VESTA. Temple hexasthyle, avec un simulacre.

GALBA.

2902   R'. IMP. L'Empereur à cheval.
2903   ROMA. RENASCENS. Figure militaire debout, avec une petite Victoire.
Poids gr. 7,70. T. B. C.

2904   ROMA. VICTRIX. Figure militaire tenant un globe et un haste. B. C.
2905   S. P. Q. R. OB. C. S., écrit dans le milieu d'une couronne.

OTHO.

2906 SECVRITAS. P. R. Figure de femme debout, avec couronne et haste.
Poids gr. 6,95.

2907 Autre semblable.
Poids gr. 7,10. B. C.

VITELLIUS.

2908 CONCORDIA. P. R. Femme assise.
2909 Autre semblable.
2910 L. VITELLIVS. COS. III. CENSOR. Figure togée, assise sur une chaise curule.
Poids gr. 7.

2911 PONT. MAXIM. Figure assise.

VESPASIANUS.

2912 AETERNITAS. Femme debout, avec les têtes du soleil et de la lune; devant, autel. B. C.
2913 ANNONA. AVG. Annona, assise.
2914 COS. ITER. TR. P. P. P. Femme debout, avec une balance et une verge.
2915 Autre semblable.
2916 COS. ITER. TR. P. P. P. Femme debout, avec une branche et un caducée.
2917 COS. ITER. TR. POT. Même figure.
Poids gr. 7,20.

2918 COS. ITER. TR. POT. Femme assise, tenant à gauche un caducée, et à droite une branche.
2919 Autre semblable.
2920 COS. III. FORT. RED. Femme debout, tenant un globe à droite, et un caducée à gauche.
2921 Autre semblable. C. O.
2922 Autre. B. C.
2923 Autre. B. C.
2924 COS. III. FORT. RED. Femme debout, tenant une corne d'abondance à gauche, et la main droite posée sur une proue.
2925 COS. VI. Taureau cornupète, à droite.
2926 Autre semblable.
2927 COS. VII. Bœuf marchant à droite.
Poids gr. 7,10.

2928 Autre semblable.
Poids gr. 7,20.

2929 COS. VIII. Victoire couronnant l'Empereur.

2930 Autre semblable.
Poids gr. 7,27.
2931 Autre.
2932 DIVVS. AVGVSTVS. VESPASIANVS. Tête radiée. R*. EX. S. C. Colonne surmontée d'un vase, au milieu bouclier; aux côtés deux branches de laurier. B. C.
2933 Autre semblable.
2934 R*. IMP. CAES. TRAIAN. AVG. GER. DAC. P. P. REST. Trophée, et aux pieds un captif.
2935 NEP. RED. Neptune debout.
2936 PAX. AVGVSTI. La Paix assise.
2937 PAX. AVG. La Paix debout; devant, un trépied.
2938 Autre semblable.
2939 Autre.
2940 PON. MAX. TR. P. COS. VI. Victoire sur un piédestal, du pied duquel sortent deux serpents.
2941 TRI. POT. II. COS. III. P. P. Femme assise avec une branche, à droite, et un caducée à gauche.
2942 VIC. AVG. Victoire sur un globe.

TITUS.

2943 T. CAESAR. VESPASIANVS. Tête laurée de Titus. R*. ANNONA. AVG.
2944 COS. VI. Rome assise sur un monceau d'armes; devant, louve; dans le champ, deux oiseaux volants. B. C.
2945 PAX. AVGVST. Femme assise.
2946 PONTIF. TRI. POT. Empereur assis, tenant une verge et une branche. B. C.
2947 Autre semblable.
2948 Le même épigraphe. Fortune sur un cippe.
2949 Autre semblable.
Poids gr. 7,05.
2950 TP. P. VIIII. IMP. XIIII. COS. VII. P. P. Vénus debout.
2951 TR. P. IX. IMP. XV. COS. VIII. P. P. Dauphin enlacé à une ancre.

DOMITIANUS.

2952 COS. IIII. Corne d'abondance.
2953 Autre semblable.
2954 COS. V. Barbare agenouillé, présentant un trophée.
2955 Autre semblable.
2956 COS. V. Louve avec jumeaux; dessous, une barque.
2957 PRINCEPS. IVVENTVTIS. L'Esperance debout.

2958 Autre semblable.
　　　Poids gr. 7,25.
2959 Le même épigraphe. Deux mains jointes, soutenant un aigle légionnaire fixée à la proue d'un navire.
2960 Le même épigraphe. Figure assise.

TRAJANUS.

2961 CONSERVATORI. PATRIS. PATRIAE. Jupiter debout, avec le bras droit étendu sur l'Empereur. B. C.
2962 R*. COS. V. P. P. S. P. Q. R. OPTIMO. PRINCIPI. Aigle sur un foudre.
2963 P. M. TR. P. COS. V. P. P. Empereur dans un quadrige.
2964 COS. V. P. P. S. P. Q. R. OPTIMO. PRINCIPI. Le même type.
2965 Le même épigraphe. Cérès debout.
2966 FORT. RED. P. M. TR. P. COS. VI. P. P. S. P. Q. R. Fortune assise.
2967 P. M. TR. P. COS. II. P. P. Fortune debout.
2968 P. M. TR. P. COS. III. P. P. Hercule debout sur un cippe.
2969 P. M. TR. P. COS. IIII. P. P. Même type.
2970 P. M. TR. P. COS. VI. P. P. S. P. Q. R. Jupiter debout, avec le bras étendu sur l'Empereur.
2971 REST. ITAL.-COS. V. P. P. S. P. Q. R. OPTIMO. PRINCIPI. L'Empereur relevant une femme qui est agenouillée.
2972 SALVS. GENERIS. HVMANI. Figure debout sacrificant près d'un autel.
2973 S. P. Q. R. OPTIMO. PRINCIPI., écrit en trois lignes, au milieu d'une couronne de laurier.
2974 Le même épigraphe. L'Empereur à cheval, renversant un ennemi.
　　　Poids gr. 7,05.

HADRIANUS.

2975 AFRICA. Femme couchée, avec la main droite posée sur un lion.
　　　Poids gr. 7,15.
2976 COS. III. Louve avec jumeaux.
2977 Autre.
2978 Autre, avec la louve en direction contraire à celle des antérieures.
2979 Autre semblable.
　　　Poids gr. 7,35.
2980 COS. III. L'Empereur à cheval marchant à droite.
2981 Le même épigraphe. L'Empereur à cheval avec la haste, en course, à dr.
2982 Le même épigraphe. Le soleil dans un quadrige à gauche.
2983 COS. III. P. P. L'Empereur à cheval avec la haste, courant à droite.
　　　Poids gr. 7,37.
2984 GEN. P. R.-P. M. TR. P. COS. III. P. P. Génie debout avec corne d'abondance et patère.

2985   GENIO. P. R. Génie debout sacrifiant sur un autel.
2986   IOVI. VICTORI. Jupiter nicéphore, assis à gauche.
2987   ORIENS.-DIVI. NER. NEP. P. M. TR. P. COS. Tête du soleil à droite.
2988   ORIENS.-P. M. TR. P. COS. DES. II. Même tête.
2989   P. M. TR. P. COS. III. Jupiter assis à gauche.
2990   Le même épigraphe. Neptune debout.
2991   Le même épigraphe. Figure militaire debout et de face.
2992   Le même épigraphe. Tibéris couché.
2993   SAEC. AVR. P. M. TR. P. COS. III. Figure debout avec l'oiseau Ibis dans la main droite; le tout au milieu d'une auréole.
2994   RESTITVTORI. AFRICAE. L'Empereur relevant une femme agenouillée. B. C.
2995   P. M. TR. COS. III. Jupiter debout.
2996   Le même épigraphe. Neptune debout.

SABINA.

2997   IVNONI. REGINAE. Junon debout.
       Poids gr. 7,07.
2998   VESTA. Vesta assise, tenant le *paladium*.

L. AELIUS.

2999   CONCORD.-TRIB. POT. COS. II. Femme assise, avec une patère.
       Poids gr. 7,15.
3000   PIETAS.-TRIB. POT. COS. II. Figure sacrifiant sur un autel.

ANTONINUS PIUS.

3001   AVG. PIVS. P. M. TR. P. COS. DES. II. Jupiter sacrifiant sur un autel.
3002   AVRELIVS. CAES. AVG. PII. F. COS. DES. Tête nue de Marcus Aurelius, à droite.
3003   COS IIII. L'Empereur togé, debout, avec un globe.
       Poids gr. 7,27.
3004   ANTONINVS. AVG. PIVS. P. P. II. (*sic*) R". COS. IIII. L'Empereur sacrifiant sur un autel.
3005   PIETAS. TRIB. POT. COS. La Piété sacrifiant sur un autel, à droite.
3006   PIETATI. AVG. COS. IIII. Femme debout avec un petit enfant dans ses bras, et deux à ses pieds.
3007   Autre avec quatre enfants dans les bras.
3008   TR. POT. COS. II. Femme debout sacrifiant sur un autel.
3009   TR. POT. COS. IIII. Rome nicéphore assise.
3010   TR. POT. XIX. COS. IIII. Empereur togée avec un globe.

FAUSTINA SENIOR.

3011 AVGVSTA. Femme debout, tenant une patère, et un gouvernail.
3012 AVGVSTA. Femme debout, tenant un flambeau, et une baguette.
  Poids gr. 6,94.
3013 PIETAS. AVG. Femme sacrifiant sur un autel.

M. AURELIUS.

3014 (Sic.) ANTONINVS. AVG. ARMENIACVS. Tête laurée à droite. R*. P. M. TR. P. XVIII. IMP. II. COS. III. Victoire écrivant sur un bouclier. VIC. AVG.
3015 TR. POT. COS. II. Pallas debout.
3016 TR. POT. II. COS. II. La foi publique debout.
3017 TR. POT. VIIII. COS. II. Figure militaire nicéphore debout.
3018 TR. POT. XXXII. IMP. VIIII. COS. III. P. P. Figure de femme avec des épis et une corne d'abondance; devant *modium*.
  Poids. gr. 7,20.

FAUSTINA MINOR.

3019 AVGVSTI. PII. FIL. Diane debout avec un dard et un arc.
3020 VENERI. GENETRICIS. Vénus debout.
  Poids gr. 6.75.

L. VERUS.

3021 SALVTI. AVGVSTOR. TR. POT. III.-COS. II. Hygia sacrifiant près d'une autel.
3022 TR. P. VI. IMP. IIII. COS. II. Empereur à cheval, renversant un ennemi.
  Poids gr. 7,25. T. B. C.

LUCILLA.

3023 LVCILLAE. AVG. ANTONINI. AVG. F. Tête de Lucilla, à droite. R*. VOTA. PVBLICA, au milieu d'une couronne de laurier. T. B. C.

COMMODUS.

3024 L. AVRELIVS. COMMODVS. AVG. Tête laurée, à droite. R*. TR. P. III. IMP. II. COS. P. P. Homme avec un cheval pris par la bride.
  Poids gr. 7,23.

PERTINAX.

3025 IMP. CAES. P. HELV. PERTIN. AVG. Tête laurée, à droite. R*. PROVID. DEOR. COS. II. Figure debout, levant les mains pour prendre un globe.
  Poids gr. 7,28.

ELAGABALUS.

3026 IMP. ANTONINVS. PIVS. AVG. Tête laurée à droite. R*. P. M. TR. P.

IIII. COS. III. P. P. Soleil radié avec un globe et un fouet; le pied droit sur un autre globe; dans le champ, étoile.
Poids gr. 6,70. T. B. C.

LICINIUS SENIOR.

3027 LICINIVS. P. F. AVG. Tête laurée, à droite. R*. VBIQVE. VICTORES. L'Empereur, debout, avec un globe et une haste, ayant à ses pieds deux captifs; exergue, P. TR.
Poids gr. 4,60.

CONSTANTINUS MAGNUS.

3028 VBIQVE. VICTORES. L'Empereur debout, avec un globe et une haste, ayant à ses pieds deux captifs; exergue, TR.
Mod. de *quinarium*. Poids gr. 1,67.

CONSTANTIUS GALLUS.

3029 D. N. FL. CL. CONSTANTIVS. NOB. CAES. Tête nue, à droite. R*. GLORIA. REIPVBLICAE. Figures de Rome et de Constantinople, assises de face, soutenant un bouclier, dans lequel il y a écrit VOTIS. V.; exergue, S. M. N. Ϛ.
Poids gr. 4,50.

JULIANUS.

3030 FL. CL. IVLIANVS. P. F. AVG. Tête barbue et diadémée, à droite. R*. VIRTVS. EXERCITVS. ROMANORVM. Figure militaire avec un trophée à l'épaule, entrainant un captif par les cheveux; exergue, ANT. Ϛ.

VALENTINIANUS.

3031 R*. VICTORIA. AVG. Deux empereurs assis, soutenant un globe; au-dessus, une Victoire les embrassant; exergue, SIS. Ar. dorée.
3032 Autre semblable. Ar. dorée.
3033 RESTITVTOR. REIPVBLICAE. L'Empereur nicéphore, debout; dans la main droite, *labarum*; exergue, ANT. H.; B. C. *Solidum*.
3034 Autre semblable; à l'exergue, ANT. Ϛ.; B. C. *Solidum*.
3035 D. N. VALENTINIANVS. P. F. A. Buste diadémé, à droite. R*. Croix au milieu de deux cercles ornés; exergue, CONOB.; au-dessus, étoile. (Cette monnaie doit être de Placidus Valentinianus.) Tiers de *solidum*.

VALENS.

3036 D. N. VALENS. P. F. AVG. Tête diadémée, à droite. R*. VICTORIA. AVGVSTOR. Victoire marchant; exergue, TR. OB. *Quart de solidum*.

THEODOSIUS MAGNUS.

3037 CONCORDIA. AVGGG. Δ. Constantinople assise, ayant le pied sur un vaisseau; exergue, CON. OB.
Poids gr. 4,48. *Solidum.*

ARCADIUS.

3038 CONCORDIA. AVGGG. Même type; exergue, COM. OB. *Solidus.*
3039 Autre semblable, avec le buste casqué, de face. *Solidus.*
3040 VICTORIA. AVGGG. L'Empereur debout, nicéphore, foulant un captif; exergue, COM. OB.; dans le champ, M. D. *Mediolanum.*
3041 Autre semblable.
3042 Autre; dans le champ, R. V. *Ravenna.*
3043 Autre; dans le champ, S. M. *Sirmium.*
3044 Autre semblable.
3045 Autre semblable.
3046 VICTORIA. AVGVSTORVM. Victoire debout, avec la haste et un globe crucifère; exergue, COM.; dans le champ, R. M. *Roma.*
3047 CONCORDIA. AVGGG. Constantinople assise; ayant le pied sur un vaisseau; exergue, COM. OB.; dans le champ, astre. Le buste casqué, de face. *Solidus.*

HONORIUS.

3048 CONCORDIA. AVGG. H. Constantinople nicéphore, assise; exergue, CON. OB. Le buste casqué, de face. *Solidus.*
3049 VICTORIA. AVGG. Empereur nicéphore, debout, avec *labarum*, et foulant un captif; exergue, COM. OB; dans le champ, M. D.
3050 Autre semblable.
3051 Autre.
3052 Autre.
3053 Autre.
3054 Autre.
3055 Autre.
3056 Autre; dans le champ, R. M. *Roma.*
3057 Autre; dans le champ, R. V. *Ravenna.*
3058 Autre.
3059 Croix au milieu d'une couronne de laurier; exergue, COM. OB. *Quart de solidus.*

CONSTANTINUS TIRANUS.

3060 D. N. CONSTANTINVS. P. F. AVG. Tête diadémée, à droite. R*. VICTORIA. A. AVGGG. L'Empereur nicéphore, debout, avec *labarum*, foulant un captif; exergue, TR. OB. *Solidus.*

PLACIDIUS VALENTINIANUS.

3061   D. N. PLA. VALENTINIANVS. F. AVG. Buste diadémé, à droite. R*. Croix au milieu d'une couronne de laurier; exergue, COM. OB. *Quart de solidus.*

3062   Autre semblable.

3063   Autre.

MAIORIANUS.

3064   D. N. IVLIVS. MAIORIANVS. AVG. Buste casqué, à droite. R*. VICTORIA. AVGGG. L'Empereur nicéphore, debout, foulant une tête de dragon, ayant dans la main droite une croix longue; exergue, COM. OB.; dans le champ, M. D. *Solidus.*

LIVIUS SEVERUS.

5065   D. N. SEVERVS. P. F. A. Tête à droite. R*. VICTORIA. AVGGG. Victoire assise, ayant une longue croix dans les mains; exergue, COM. OB. *Quart de solidus.*

ZENO.

3066   D. N. ZENO. PERP. AVG. Tête diadémée, à droite. R*. VICTORIA. AVGGG. S. Victoire debout, ayant une longue croix dans les mains; exergue, CON. OB. *Quart de solidus.*

MÉDAILLONS D'ARGENT.

M. ANTONIUS.

3067   M. ANTONIVS. IMP. COS. DESIG. ITER. ET TER. Tête de Marcus Antonius, à droite, couronnée de lierre, au milieu d'autre couronne de lierre. R*. III. VIR.-R. P. C. Tête d'Octavia sur un cippe, dans lequel il y a dessiné un triton; autour, deux serpents pliés.
<small>Tétradrachme. Mod. 31 milim. T. B. C. Fabrique asiatique.</small>

3068   *Le même épigraphe.* — Têtes accolées de Marcus Antonius et d'Octavia, à droite. R*. Figure de femme posée sur une *cista* mystique, ayant une patère et une haste; autour deux serpents pliés.
<small>Tétradrachme. Mod. 28 milim. Fabrique asiatique; maltraitée.</small>

AUGUSTUS.

3069   IMP. CAESAR. Tête nue d'Augustus, à droite. R*. AVGVSTVS. Autel avec des festons, dans lequel il y a figurés deux cerfs.
<small>Mod. 26 milim. T. B. C. Fabrique asiatique.</small>

3070   IMP. CAES. DIVI. F. COS. VI. LIBERTATIS. P. R. VINDEX. Tête lau-

rée d'Augustus, à droite. R'. PAX. Femme debout avec un caducée; le tout dans une couronne de laurier.
Mod. 26 milim. B. C.

CALIGULA.

3071 ΓΑΙΟΣ. ΚΑΙΣΑΡ. ΣΕΒ. ΓΕΡΜ. ΑΡΧ. ΜΕΓ. ΔΗΜ. ΕΞΟΥ. Tête nue, à droite, un sceptre à l'épaule. R*. L'Empereur dans un quadrige d'éléphants avec aurigue; dans le champ, sept étoiles.
Mod. 26 milim. B. C. Fabrique crétoise.

CLAUDIUS.

3072 ΤΙ. ΚΛΑΥΔΙΟC. ΚΑΙΣΑΡ. CEB. ΓΕΡ. ΑΡΧ. ΜΕΓ. ΔΗ. ΕΞΟΥ. ΥΠ. Tête nue, à gauche. R*. L'Empereur dans un quadrige d'éléphants, à gauche, semblable à l'antérieur.
Æ. Mod. 24 milim. B. C. Fabrique crétoise.

HADRIANUS.

3073 HADRIANVS. AVG. P. P. Tête nue, à droite. R*. COS. III. Deux figures de femme, debout; peut-être les furies.
Mod. 30 milim. B. C. Fabrique asiatique.

PHILIPPUS SENIOR.

3074 IMP. CAES. M. IVL. PHILIPPVS. AVG. Buste lauré, à droite. R*. AEQVITAS. AVGVSTI. Les trois monnaies debout.
Mod. 38 milim. T. B. C.

CONSTANTIUS II.

3075 D. N. CONSTANTIVS. P. F. AVG. Buste diadémé, à droite. R*. VIRTVS. EXERCITVS. Figure militaire, debout; exergue, C. Z.
Mod. 24 milim. T. B. C.

ARGENT, MODULE ORDINAIRE.

AUGUSTUS.

3076 AEGYPTO-CAPTA. Crocodile. T. B. C. Deux exemplaires, variés.

3077 ACT.-IMP. X. Apollon, debout, vêtu de femme. T. B. C. Deux exemplaires.

3078 AVGVSTVS. Capricorne, globe, gouvernail et corne d'abondance. Deux exemplaires, variés. T. B. C.

3079 CAESAR. AVGVSTVS. Deux branches de laurier. Deux exemplaires; une *subœrata*.

3080 C. CAESAR.-AVGV. Caius Cæsar, à cheval; derrière, trois enseignes militaires. B. C. Deux exemplaires.

3081 C. L. CAESARES. AVGVSTI. F. Caius et Lucius, togés; au milieu d'eux, deux boucliers et deux hastes; au-dessus, *simpulum* et *lituus*. Quatre exemplaires, variés.

3082 ASIA RECEPTA. Victoire sur une *cista*, aux côtés deux serpents pliés. *Quinarium*. Deux exemplaires.

3083 CIVIS. ET. INSIC. MILIT. A. PARTH. RECVPER. Arc de triomphe avec deux figures et une quadrige.

3084 Autre semblable, varié.

3085 CAESAR. AVGVSTVS-S. P. Q. R. Bouclier, où on voit écrit CL. V.; aux côtés, deux lauriers.

3086 FORT. RED. CAES. AVG. S. P. Q. R., écrit sur un autel.

3087 IMP. X. Taureau cornupète. Trois exemplaires, variés.

3088 IMP. XII. Taureau cornupète.

3089 IMP. X. Deux figures présentant deux branches de laurier à l'Empereur. B. C.

3090 IOV. TON. Jupiter dans un temple hexastyle. B. C.

3091 MART. VLT. Temple rond avec des enseignes militaires. B. C. Deux exemplaires.

3092 MART. VLT. Mars dans un temple tétrastyle. B. C.

3093 OB. CIVES. SERVATOS. Bouclier dans une couronne civique.

3094 *Le même épigraphe.* — Couronne civique. Deux exemplaires.

3095 *Le même épigraphe.* — Au milieu d'une couronne civique. Deux exempl.

3096 S. P. Q. R. PAREN. CONS. SVO. *Paludamentum*, couronne et aigle légionnaire. R'. CAESARI. AVGVSTO. Quadrige triomphal.

3097 Autre semblable.

3098 SIGNIS. PARTHICIS. RECEPTIS., écrit en trois lignes. B. C.

3099 SIGNIS. RECEPTIS. Figure militaire, debout, avec aigle légionnaire et enseigne militaire. B. C.

3100 SIGNIS. RECEPTIS. S. P. Q. R. Bouclier, dans lequel il y a écrit CL. V., entre une aigle légionnaire et une enseigne militaire. Deux exemplaires, variés.

3101 S. P. Q. R. Temple tétrastyle; et au milieu, un quadrige. Deux exemplaires, variés.

3102 S. P. Q. R. CL. V., écrit sur un bouclier. Deux exemplaires.

3103 TI. CAESAR. AVG. F. TR. POT. XV. Empereur dans un quadrige. B. C. Trois exemplaires.

3104 VOT. SVSC. PRO. SAL. ET. RED. I. O. M. SACR. Figure militaire, debout, avec *vexiculum* et un étendart.

3105 Autre semblable. B. C.

TIBERIUS.

3106 IMP. VII. TR. POT. XVII. Empereur dans un quadrige. B. C. Deux exempl.

3107 PONTIF. MAXIM. Figure de femme, assise. Trois exemplaires.

DRUSUS SENIOR.

3108 NERO. CLAVDIVS. DRVSVS. GERMANICVS. Tête de Drusus. R*. Arc de triomphe, sur lequel il y a écrit DE GERM. B. C. *Subærata*.

GERMANICUS.

3109 GERMANICVS. CAESAR. P. C. CAES. AVG. GERM. Tête de Germanicus, dans le revers de Caligula. B. C.
3110 Autre semblable. B. C.

AGRIPPINA SENIOR.

3111 AGRIPPINA. MAT. C. CAES. AVG. GERM. Tête de Agrippine, au revers de Caligula.

CALIGULA.

3112 R*. DIVVS. AVGVSTVS. PATER. Tête radiée d'Augustus, à droite.
3113 Tête d'Augustus, radiée entre deux astres.
3114 Autre semblable.
3115 Autre.
3116 Autre.
3117 Autre. C. O.

CLAUDIUS.

3118 S. P. Q. R. P. P. OB. C. S., au milieu d'une couronne.
3119 PACI. AVGVSTAE. Victoire, debout; devant, serpent.
3120 Autre semblable.
3121 Arc de triomphe, sur lequel on voit écrit. DE GERM.

AGRIPPINA MINOR.

3122 AGRIPPINAE. AVGVSTAE., au revers de Claudius.
3123 Autre semblable.
3124 Autre.

NERO.

3125 EQVESTER. ORDO. PRINCIPI. IVVENT., écrit sur un bouclier. B. C. Deux exemplaires.
3126 Deux autres semblables.
3127 ARMENIAC. Victoire marchant. B. C. *Quinarium*.
3128 IVPITER. CVSTOS. Jupiter assis.
3129 PONTIF. MAX. TR. POT. P. P.; au milieu d'une couronne il y a écrit EX. S. C. Deux exemplaires. B. C.
3130 Sans épigraphe. Aigle entre deux enseignes militaires. B. C. Deux exemplaires.
3131 VESTA. Temple rond, avec simulacre.

3132 SALVS. La Santé assise. B. C. Deux exemplaires.
3133 Deux autres semblables.
3134 SACERD. COOPT. IN. OMN. CONM. SVPRA. NVM. EX. S. C. Instruments de sacrifice.
3135 Autre semblable. B. C. *Subærata*.

INTERREGNUM.

3136 I. O. M. CAPITOLINVS. Buste de Jupiter, à gauche. R*. VESTA. Vesta assise à gauche. B. C.
3137 BON. EVEN. Tête nue, à droite. R*. ROMA. RENASC. Rome nicéphore, debout, avec un aigle sur l'épaule. B. C. Deux exemplaires.
3138 LIBERTAS. RESTITVTA. Tête de la liberté. R*. S. P. Q. R. écrit sur un bouclier dans une couronne civique. Deux exemplaires. B. C.
3139 FIDES. EXERCITVVM. Deux mains jointes. R. CONCORDIA. PRAETORIANORVM. Femme debout, avec branche et corne d'abondance. B. C.
3140 S. P. Q. R. Dans une couronne civique. R. SALVS. GENERIS. HVMANI. Victoire sur un globe. B. C. Inédite.

GALBA.

3141 CONCORDIA. PROVINCIARVM. Femme debout; dans la main droite, une branche; et dans la gauche, corne d'abondance.
3142 Deux autres semblables.
3143 Deux autres.
3144 HISPANIA. Tête de femme, avec bouclier rond et deux javelots. R*. GALBA. IMP. Empereur à cheval. B. C.
3145 R*. HISPANIA. Espagne, debout, avec des épis dans la main droite, et deux javelots et un bouclier rond dans la gauche. B. C.
3146 LIBERTAS. PVBLICA. Liberté, debout.
3147 ROMA. RENASCENS. Rome nicéphore, debout. Deux exemplaires.
3148 ROMA. VICTRIX. Rome, debout, sur un globe. B. C.
3149 VIRTVS. Tête de la Valeur. R*. SER. GALBA. IMP. L'Empereur à cheval.
3150 S. P. Q. R.-OB. C. S., au milieu d'une couronne civique. B. C. Deux exemplaires.
3151 S. P. Q. R., écrit sur un bouclier posé au milieu d'une couronne civique.
3152 VICTORIA. P. R. Victoire sur un globe.
3153 VIRTVS. La Valeur, debout. B. C.
3154 VICTORIA. GALBAE. AVG. Victoire sur un globe. B. C. *Quinarium*.
3155 Autre varié. M. B. C.

OTHO.

3156 PON. MAX. Femme debout avec branche et corne d'abondance.

VITELLIUS.

3157 FIDES. EXERCITVVM. Deux mains liées. B. C. Deux exemplaires.
3158 PONT. MAXIM. Femme assise avec haste et patère. B. C.
2159 IVPITER. VICTOR. Jupiter nicéphore, assis.
3160 VICTORIA. AVGVSTI. Victoire marchant; elle a un bouclier sur lequel il y a les lettres, S, P, Q, R. Deux exemplaires, variés. T. B. C.
3161 XV. VIR. SACR. FAC. Trépied avec un petit oiseau et un dauphin. B. C. Deux exemplaires.

3162 Huit monnaies d'Augustus, variées.
3163 Autres huit monnaies d'Augustus, variées.
3164 Autres huit monnaies d'Augustus, variées.
3165 Autres huit d'Augustus, variées.
3166 Huit, dont cinq sont d'Augustus, deux de Tibérius, et une d'Antonia en mauvaise conservation; variées.
3167 Huit. Une d'Augustus, deux de Tibérius, une de Caligula douteuse, et quatre de Néron.
3168 Huit. Deux d'Augustus, deux de Tibérius, une de Caligula, et autre d'Agrippina douteuse, et deux de Néron; variées.
3169 Huit. Une d'Augustus, deux de Tibérius, deux de Néron, deux de l'interregne, et une de Galba.
3170 Huit. Deux de Tibérius, une de Néron, deux de Galba, et trois de Vitellius.
3171 Huit. Deux de Tibérius, une de Néron, autre de Galba, et quatre de Vitellius.

VESPASIANUS.

3172 ANNONA. AVG. Annona, assise. Deux exemplaires.
3173 AVGVR. PONT. MAX. Instruments de sacrifice.
3174 AVGVR. TRI. POT. Instruments de sacrifice.
3175 CAESAR. AVG. F. TR. P. CAESAR. AVG. F. COS. Têtes de Titus et Domitianus se regardant.
3176 COS. $\overline{V}$. Deux lauriers. Deux exemplaires.
3177 COS. VII. Aigle sur un autel. Deux exemplaires.
3178 Deux autres semblables. B. C.
3179 COS. $\overline{VIII}$. Deux bœufs. Deux exemplaires.
3180 COS. $\overline{VIII}$. Proue; au-dessus, astre.

3181 COS. V̄ĪĪI. Mars debout. Deux exemplaires.
3182 COS. ITER. FOR. RED. Fortune, debout.
3183 COS. ITER. TR. POT.; femme assise, avec branche et caducée. Deux exemplaires.
3184 Même épigraphe. Femme debout, avec balance et branche.
3185 DIVVS. AVGVSTVS. VESPASIANVS. Tête laurée, à droite. R'. EX. S. C.; *Carpentum.*
3186 EX. SC. Vase sur une colonne; devant, bouclier; aux côtés, deux lauriers.
3187 IMP. XIX. *Modium.*
3188 IMP. XIX. Sanglier à gauche. Deux exemplaires.
3189 IOVIS. CVSTOS. Jupiter, debout. Deux exemplaires.
3190 IVDAEA. Femme assise; dessous, un trophée. Deux exemplaires.
3191 LIBERI. IMP. AVG. VESP. Têtes de Titus et de Domitianus, se regardant.
3192 PACI. AVGVSTAE. Victoire marchant; dans le champ, EPHE.
3193 PONTIF. MAX. TR. P. COS. V. L'Empereur, assis, ayant une verge et une branche. Deux exemplaires.
3194 PON. MAX. TR. P. COS. V. Caducée. Deux exemplaires.
3195 Le même épigraphe. Femme assise.
3196 SALVS. AVG. La Santé, assise.
3197 S. C., écrit sur un bouclier, soutenu par deux capricornes. Deux exempl.
3198 TRI. POT. Vesta assise, à gauche. Deux exemplaires.
3199 TR. POT. X. COS. VIIII. Victoire posant un bouclier sur un trophée. Deux exemplaires.
3200 TR. POT. COS. VIIII. Capricorne et globe.
3201 VESTA. Vesta, debout.
3202 VICTORIA. AVGVSTI. Victoire couronnant un trophée, à droite.

TITUS.

3203 ANNONA. AVG. Annona, assise. Deux exemplaires.
3204 CERES. AVGVSTA. Cérès, debout.
3205 COS. VI. Mars, debout.
3206 IOVIS. CVSTOS. Jupiter, debout, sacrifiant sur un autel. Deux exempl.
3207 TR. P. IX. IMP. XV. COS. VIII. P. P. Trophée avec captifs.
3208 TR. P. VIIII. IMP. XIIII. COS. VII. P. P. Capricorne avec un globe.
3209 TR. P. VIIII. IMP. XV. COS. VII. P. P. Statue de l'Empereur sur une colonne. T. B. C.
3210 TR. P. IX. IMP. XV. COS. VIII. P. P. Ancre et dauphin. Deux exempl.
3211 TR. P. VIIII. IMP. XIIII. COS. VII. P. P. Figure, assise, avec un branche et un caducée.

3212 TR. P. IX. IMP. XV. COS. VIII. P. P. Foudre sur *lectisternium*. Deux exemplaires.
3213 Même épigraphe. Couronne sur deux chaises curules.
3214 Même épigraphe. Dauphin sur trépied. B. C. Deux exemplaires.
3215 Deux autres semblables.
3216 Même épigraphe. Trépied avec deux oiseaux et un dauphin.
3217 Même épigraphe.
3218 Même épigraphe. Éléphant.

JULIA TITI.

3219 IVLIA. AVGVSTA. T. AVG. F. Tête diadémée, à droite. R*. VENVS. AVG. Vénus victorieuse, debout, appuyée sur une colonne.
3220 Autre semblable. VENVS. AVGVSTA. Douteuse.

DOMITIANUS.

3221 IMP. COS. IIII. Pégase.
3222 COS. V. Louve avec jumeaux; dessous, navire. B. C. Deux exempl.
3223 COS. V. L'Empereur à cheval.
3224 COS. VII. DES. VIII. Pallas, debout.
3225 EX. S. C. Vase sur une colonne ; devant, bouclier; aux côtés, lauriers.
3226 CERES. AVGVST. Cérès, debout.
3227 GERMANICVS. COS. XIIII. Pallas, debout.
3228 IMP. XII. COS. XII. CENS. P. P. P. Germanus, nu, pleurant sur un bouclier. B. C.
3229 IMP. XXII. COS. XVII. CENS. P. P. P. Autel orné avec un aigle.
3230 Dix monnaies de Domitianus, au revers de Pallas, variées.
3231 Dix autres monnaies de Domitianus, variées, et du même type.
3232 Autres dix monnaies de Domitianus, variées, avec le même type de Pallas.
3233 Dix autres variées, et du même type.
3234 Dix autres, du même type; variées.
3235 Autres dix.
3236 Dix autres.
3237 R*. PRINCEPS. IVVENTVTIS. Autel. Deux exemplaires.
3238 Le même épigraphe. Deux mains posant une enseigne militaire sur une proue.
3239 SALVS. AVGVST. La Santé, assise.
3240 TR. P. COS. VI. DES. VII. P. P. Dauphin sur un trépied.
3241 Sans épigraphe. L'Empereur à cheval. Deux exemplaires.
3242 TR. POT. COS. VII. P. P. Autel. T. B. C.

DOMITIA.

3243 DOMITIA. AVGVSTA. IMP. DOMIT. Tête de Domitia. R*. CONCORD. AVGVST. Paon. T. B. C.
3244 R*. PIETAS. AVGVST. Femme assise, avec un enfant. B. C. *Subæ-rata*.

NERVA.

3245 R* AEQVITAS. AVGVST. Femme debout, ayant une balance et une corne d'abondance. Deux exemplaires.
3246 CONCORDIA. EXERCITVVM. Deux mains liées.
3247 Même épigraphe. Deux mains posant une enseigne militaire sur une proue. Trois exemplaires.
3248 COS. III. PATER. PATRIAE. Signes pontificaux. Deux exemplaires.
3249 FORTVNA. P. R. Femme assise.
3250 FORTVNA. AVGVST. Fortune debout. Deux exemplaires.
3251 IMP. II. COS. IIII. P. P. Signes pontificaux. T. B. C.
3252 Même épigraphe. Deux mains jointes. T. B. C.
3253 LIBERTAS. PVBLICA. Liberté debout.
3254 SALVS. PVBLICA. Santé assise. Deux exemplaires.

TRAJANUS.

3255 AET. AVG.-COS. V. P. P. S. P. Q. R. OPTIMO. PRINCIPI. Femme debout, ayant dans les mains les têtes du soleil et de la lune. B. C. Deux exemplaires.
3256 ARAB. ADQ -COS. V. P. P. S. P. Q. R. OPTIMO. PRINCIPI. R*. L'Arabie debout, à ses pieds un chameau.
3257 COS. V. P. P. S. P. Q. R. OPTIMO. PRINCIPI. L'Équité, debout. Deux exemplaires.
3258 Même épigraphe. L'Espérance, debout. Deux exemplaires.
3259 Même épigraphe. La Fortune, debout. Deux exemplaires.
3260 Même épigraphe. La Paix, debout. Deux exemplaires.
3261 Même épigraphe. L'Arabie, debout, avec un chameau. Deux exemplaires.
3262 Même épigraphe. La Félicité, debout.
3263 Même épigraphe. Rome nicéphore, debout. Deux exemplaires.
3264 Même épigraphe. Victoire, debout. Deux exemplaires.
3265 Même épigraphe. Rome nicéphore, assise. Deux exemplaires.
3266 Même épigraphe. L'Équité, assise. Deux exemplaires.
3267 Même épigraphe. Trophée. Deux exemplaires.
3268 COS. VI. P. P. S. P. Q. R. Jupiter, debout, avec le bras étendu sur la figure de l'Empereur.

3269 Même épigraphe. *Bonus eventus*, debout.
3270 Même épigraphe. Colonne de Trajan.
3271 DACIA. COS. V. P. P. S. P. Q. R. OPTIMO. PRINC. La Dacia captive, debout.
3272 DAC. CAP. Dacia captive, assise sur des armes. Deux exemplaires.
3273 Autre, étant variée la position de la figure.
3274 DANVVIVS.-COS. V. P. P. S. P. Q. R. OPTIMO. PRINC. Fleuve Danuve couché. T. B. C.
3275 DIVVS. PATER. TRAIANVS. Figure togée, assise ser une chaise curule, avec patère. Deux exemplaires.
3276 FORT. RED. P. M. TR. P. COS. VI. P. P. S. P. Q. R. Fortune assise. Deux exemplaires.
3277 PARTHICO. P. M. TR. P. COS. III. P. P. S. P. Q. R. Valeur, debout. Deux exemplaires.
3278 Même épigraphe. Mars marchant avec trophée à l'épaule. Deux exemplaires.
3279 PARTHICO. P. M. TR. P. COS. VI. P. P. S. P. Q. R. Tête de soleil, radiée, à droite.
3280 Même épigraphe. Félicité, debout. Deux exemplaires.
3281 PAX.-COS. V. P. P. S. P. Q. R. OPTIMO. PRINC. La Paix, debout, brûlant un monceau d'armes.
3282 PIET. COS. V. P. P. S. P. Q. R. OPTIMO. PRINC. Figure sacrifiant.
3283 P. M. TR. COS. II. P. P. Félicité, debout. Deux exemplaires.
3284 Même épigraphe. Hygia, assise, sacrifiant sur un autel. Deux exemplaires.
3285 Même épigraphe. Figure de femme, assise sur deux cornes d'abondance. Deux exemplaires.
3286 Dix monnaies de Trajan. B. C. Le revers varié, et de chacun deux exempl.
3287 Dix autres monnaies de Trajan. B. C. Les revers variés et de chacun deux exemplaires.
3288 Dix autres de Trajan.
3289 Autres dix de Trajan.
3290 Autres dix de Trajan.
3291 Six autres de Trajan.
3292 S. P. Q. R. OPTIMO. PRINCIPI. Femme assise; dans la main droite, une branche; devant, une figure.
3293 VIA. TRAIANA. S. P. Q. R. OPTIMO. PRINCIPI. Femme cauchée; dans la main droite, une roue; et dans la gauche, une branche.

PLOTINA.

3294 PLOTINA. AVG. IMP. TRAIAN. Tête de Plotina. R*. CAESAR. AVG. GERM. PAR. COS. VI. P. P. Vesta assise. B. C.

MARCIANA.

3295   DIVA. AVGVSTA. MARCIANA. Tête à droite. R*. CONSECRATIO. Aigle avec les ailes éployées. T. B. C.

MATIDIA.

3296   MATIDIA. AVG. DIVAE. MARCIANAE. F. Tête à droite. R*. PIETAS. AVGVSTA. Femme, debout, avec les mains posées sur trois enfants. B. C. (A cette monnaie il y manque un petit morceau.)

HADRIANUS.

3297   AFRICA. Afrique couchée.
3298   CONCORD.-PARTHIC. DIVI. TRAIAN. AVG. F. P. M. TR. P. COS. P. P. Concorde assise. T. B. C.
3299   DIVVS. HADRIANVS. AVG. Tête nue à droite. R*. CONSECRATIO. Aigle sur un globe. T. B. C.
3300   COS. III. Demi-lune et astre. B. C.
3301   COS. III. Vaisseau prétorien. T. B. C.
3302   FORTVNAE. REDVCI. Deux figures se donnant les mains. B. C.
3303   GERMANIA. Germanie debout avec bouclier et lance. T. B. C.
3304   INDVLGENTIA. AVG. P. P. COS. III. Femme assise.
3305   LIBERAL. AVG. III.-P. M. TR. P. COS. III. L'Empereur assis sur un estrade, et trois figures.
3306   PAX. PARTH. F. DIVI. NER. NEP. P. M. TR. P. COS. Femme debout. B. C.
3307   RESTITVTORI. GALLIAE. L'Empereur relevant une femme. B. C.
3308   ROMA. FELIX. Rome assise.
3309   ROMVLO. CONDITORI. Romulus marchant.
3310   SPES. P. R. Espérance debout.
3311   TELLVS. STABIL. Figure debout, tenant un rateau.
3312   VOTA. PVBLICA. L'Empereur, voilé, sacrifiant sur un autel. T. B. C.
3313   Dix monnaies variées du même empereur. B. C.
3314   Dix autres variées. B. C.
3315   Dix autres aussi variées. B. C.
3316   Autres dix. B. C.
3317   Sept autres. B. C.
3318   Autres six. B. C.

SABINA.

3319   CONCORDIA. AVG. Concorde assise. Deux exemplaires.
3320   Même épigraphe. Concorde debout. Deux exemplaires.
3321   PVDICITIA. Figure assise.

3322 VENERI. GENITRICI. Vénus, debout.

ANTONINUS PIUS.

3323 AVG. PIVS. P. M. TR. P. COS. DES. II. L'Equité debout.
3324 AVRELIVS. CAESAR. AVG. PII. F. Tête nue d'Aurelius.
3325 CONSECRATIO. Foudre. T. B. C.
3326 CONSECRATIO. Aigle sur une foudre. B. C.
3327 COS. III. Deux mains jointes avec caducée et épis.
3328 COS. III. Temple distyle, avec simulacre.
3328 GENIVS. POP. ROMANI. Genius debout, avec corne d'abondance et haste.
3330 PIETAS. TR. POT. XV. COS. IIII. Femme debout près d'un autel, avec un plat de fruits, entraînant un petit animal. T. B. C.
3331 PRIMI. DECEN. COS. III, dans le milieu d'une couronne.
3332 PROVIDENTIAE. DEORVM. Foudre ailé.
3333 TEMPLVM. DIVI. AVG. REST.-COS. IIII. Temple octastyle, avec simulacre.
3334 TRANQ.-TR. POT. XV. COS. IIII. Femme debout. B. C.
3335 TR. POT. COS. II. Instruments de sacrifice.
3336 Huit monnaies d'Antoninus, avec les revers variés. B. C.
3337 Huit autres semblables.
3338 Huit autres.
3339 Six autres.
3340 Six autres.

FAUSTINA SENIOR.

3341 AVGVSTA. Vesta debout; à dr., *simpulum*; à gauche, *palladium*. T. B. C.
2342 CONSECRATIO. Paon.
3343 R*. CONCORDIA. AVG. Femme debout.
3344 Sept monnaies de Faustina, les revers variés. B. C.
3345 Autres sept.

MARCUS AURELIUS.

3346 ARMEN.-P. M. TR. P. XVIII. IMP. II. COS. III. Arménie captive, couchée sur des dépouilles militaires.
3347 AVRELIVS. CAESAR. AVG. PII. F. Tête d'Aurelius. R*. Celui d'Antoninus.
3348 CONSECRATIO. Aigle.
3349 DE. GERM.-TR. P. XXXI. IMP. VIII. COS. III. P. P. Monceau d'armes. T. B. C.
3350 DE SARM.-TR. P. XXXI. IMP. VIII. COS. III. P. P. Monceau d'armes.
3351 IMP. VI. COS. III. Femme assise, avec le pied sur un trophée.
3352 LIBERALI. AVG. V. COS. III. Libéralité debout.

3353 PIETAS. AVG. TR. P. XX. COS. III. Femme debout, près d'un autel. T. B. C.
3354 PIETAS. AVG. Signes pontificaux.
3355 TR. P. XX. IMP. III. COS. III. Victoire écrivant sur un bouclier. VIC. PAR.; T. B. C.
3356 Sept monnaies de Marcus Aurelius, avec les revers variées. B. C.
3357 Autres six monnaies de Marcus Aurelius, avec les revers variés.
3358 Six autres semblables, avec les revers variés.

FAUSTINA MINOR.

3359 CONSECRATIO. Paon.
3360 CONSECRATIO. Paon et *lectisternium*.
3361 IVNONI. REGINAE. Junon assise.
3362 SAECVLI. FELICIT. Deux figures.
3363 VENERI. AVGVSTAE. Vénus assise.
3364 VENVS. GENITRIX. Vénus debout.
3365 Cinq monnaies de cette impératrice; les revers variés. B. C.

LUCIUS VERUS.

3366 ARMEN.-TR. P. IIII. IMP. II. COS. II. L'Arménie captive, assise sur des dépouilles. T. B. C.
3367 PROV. DEORVM. TR. P. II. COS. II. Providence debout.
3368 TR. P. V. IMP. II. COS. II. Rome nicéphore, debout, avec un trophée à l'épaule.

LUCILLA.

3369 PIETAS. Femme debout.
3370 PVDICITIA. Femme debout. T. B. C.
3371 VENVS. VICTRIX. Femme debout. B. C.

COMMODUS.

3372 OPTIME. MAXIME. C. V. P. P. Jupiter debout.
3373 FIDES. EXERC. P. M. TR. P. X. IMP. VII. COS. IIII. P. P. Type d'alocution.
3374 HERCVLI. ROMANO. AVG. Arc, massue et carquois.
3375 HILAR. AVG. P. M. TR. P. XII. IMP. VIII. COS. V. P. P. Hilaritas, debout.
3376 IOV. IVVENT. P. M. TR. P. XVII. COS. V. P. P. Jupiter debout.
3377 LAETITIA. AUG. Latitia debout.
3378 MARTI. VLTORI. AVG. Mars debout.
3379 NOBILIT. AVG. P. M. TR. P. XII. IMP. VIII. COS. V. P. P. Femme debout, à droite, avec une petite figure dans la gauche.

3380 P. M. TR. P. VIIII. IMP. VI. COS. IIII. P. P. *Modium*.
3381 Sept monnaies de Commodus ; les revers variés.

CRISPINA.

3382 CERES. Déesse debout.
3383 CONCORDIA. Deux mains jointes.

HELVIUS PERTINAX.

3384 IMP. CAES. P. HELV. PERT. IMP. Tête barbue, à droite. R*. PROVID. DEORVM. COS. II. Femme debout, avec la main levée. B. C.

DIDIA CLARA.

3385 DIDIA. CLARA. AVG. Tête à droite. R*. HILAR. TEMPOR. Hilarité debout ; à droite, palme ; dans la gauche, corne d'abondance. T. B. C.

ALBINUS.

3386 IMP. CAES. D. CLOD. SEP. ALB. AVG. Tête avec paludamentum. R*. AEQVITAS. AVG. COS. II. L'Equité debout. T. B. C.

SEPTIMIUS SEVERUS.

3387 FELICITAS. AVGG. Félicité debout.
3388 CONCORDIA. MILITVM. Femme avec deux signes militaires.
3389 FVNDATOR. PACIS. L'Empereur debout, voilé, avec une branche.
3390 HERCVLI. DEFENS. Hercule debout.
3391 PART. MAX. TR. P. XIIII. Trophée avec deux captifs.
3392 P. M. TR. P. III. COS. II. P. P. Pallas debout.
3393 RESTITVTOR. VRBIS. L'Empereur vêtu militairement, sacrifiant sur un trépied.
3394 P. M. TR. P. V. COS II. P. P. Femme assise.
3395 P. M. TR. P. XV. COS. III. P. P. Afrique debout.
3396 P. M. TR. P. XVIII. COS. III. P. P. Jupiter entre deux petites figures.
3297 VOTA. SVSCEPTA. X. L'Empereur voilé, sacrifiant sur trépied.
3398 Sept monnaies ; les revers variés.
3399 Sept autres.
4000 Autres sept.

JULIA DOMNA.

3401 VENVS. GENITRIX. Vénus assise. (Petit médaillon.)
3402 MATER. AVGG. Cibèles dans un quadrige de lions.
3403 FORTVNAE. FELICI. Fortune assise.
3404 HILARITAS. Hilarité debout.
3405 MATRI. DEVM. Cibèles debout ; à ses pieds, un lion.

5406 PIETAS. PVBLICA. Femme voilée, debout, avec les mains elevées; devant, un autel.
5407 PIETAS. AVGG.
5408 SAECVLI. FELICITAS. Femme debout, avec un enfant entre les bras.
5409 VESTA. MATER. Vesta assise, avec le *palladium*.
5410 Cinq monnaies variées.
5411 Autres cinq.

CARACALLA.

5412 FIDES EXERCITVS. Femme assise, avec deux signes militaires. (Grand module.)
5413 P. M. TR. P. XVIII. COS. IIII. P. P. Figure nue, debout, avec lance à gauche. (Gran module.)
5414 P. M. TR. P. XX. COS. IIII. P. P. Jupiter Sérapis, debout. (Grand module.)
5415 MARS. VICTOR. Mars marchant. (Grand module.)
5416 VENVS. VICTRIX. Vénus nicéphore, debout. (Grand module.)
2417 INDVLG. FECVND. Femme assise. (Mod. ordinaire.)
5418 LIBERAL. AVG. VIIII. Libéralité debout.
5419 MARTI. PROPVGNATORI. Mars marchant.
5420 P. M. TR. P. XV. COS. III. P. P. Hygie assise, sacrifiant.
5421 P. M. TR. P. XVIII. COS. IIII. P. P. Apollon debout.
5422 P. M. TR. P. XVIIII. COS. IIII. P. P. Jupiter Sérapis.
5423 P. M. TR. P. XX. COS. IIII. P. P. Jupiter debout.
5424 PONTIF. TR. P. VIIII. COS. II. Mars debout.
5425 PONTIF. TR. P. X. COS. II. Mars marchant avec un trophée à l'épaule.
5426 PONTIF. TR. P. XII. COS. III. La Valeur debout.
5427 VIRTVS. AVGVSTOR. Rome nicéphore, assise.
5428 VOTA. SVSCEPTA. X. L'Empereur sacrifiant.
5429 Cinq monnaies de Caracalla, avec les revers variés.
5430 Autres cinq monnaies semblables.
5431 Cinq autres.

PLAUTILLA.

5432 CONCORDIA. AVGG. Femme debout.
5433 Autre semblable. B. C.
5434 Autre semblable. M. B. C.
5435 VENVS. VICTRIX. Femme debout. C. O.

GETA.

5436 P. SEPT. GETA. CAES. PONT. Tête nue, à droite. R*. AETERNIT. IMPERI. Têtes affrontées de Septimius Severus et de Caracalla.
5437 CASTOR. Figure tenant un cheval par la bride.

3438 IVLIA. AVGVSTA. Tête de Julia Pia.
3439 PONT. COS. II. Pallas debout.
3440 PRINCEPS. IVVENTVTIS. César debout; derrière, trophée.
3441 Cinq autres de Geta, avec les revers variées.

MACRINUS.

3442 FIDES. MILITVM. Femme debout avec deux signes militaires. T. B. C.
3343 Autre. B. C.
3444 Autre. M. B. C.
3445 PONTIF. MAX. TR. P. COS. P. P. Jupiter debout.

DIADUMENIANUS.

3446 PRINC. IVVENTVTIS. César entre deux signes militaires. M. C.

ELAGABALUS.

3447 P. M. TR. P. II. COS. II. P. P. Rome nicéphore, assise.
3448 ABVNDANTIA. AVG. Femme debout; dans le champ, étoile.
3449 INVICTVS. SACERDOS. AVG. L'Empereur sacrifiant; dans le champ, étoile.
3450 SVMMOS. SACERDOS. AVG. L'Empereur sacrifiant; dans le champ, étoile.
3451 P. M. TR. P. IIII. COS. II. P. P. L'Empereur sacrifiant; derrière, deux signes pontificaux; dans le champ, étoile.
3452 LIBERALITAS. AVG. II. Libéralité debout.
3453 LIBERTAS. AVG. Liberté debout; dans le champ, étoile.
3454 P. M. TR. P. II. COS. II. P. P. Fortune assise.
3455 P. M. TR. P. III. COS. III. P. P. Soleil marchant; dans le champ, étoile.
3456 Cinq autres variées.

JULIA PAULA.

3457 CONCORDIA. Femme assise.
3458 VENVS. GENITRIX. Vénus assise. T. B. C.

AQUILIA SEVERA.

3459 IVLIA. AQVILIA. SEVERA. AVG. Tête à droite. R'. TR. P. III. COS. II. P. P. Femme debout. M. C. Subærata. Inédite.

JULIA SOEMIAS.

3460 VENVS. CAELESTIS. Vénus debout.

JULIA MAESA.

3461 FECVNDITAS. Femme debout.
3462 PVDICITIA. Femme assise.

ALEXANDER SEVERUS.

3463 PAX. AETERNA. AVG. Paix debout.
3464 P. M. TR. P. COS. P. P. Jupiter debout.
3465 P. M. TR. P. XIII. COS. III. P. P. Soleil marchant.
3466 PROVIDENTIA. AVG. Providence debout.
3467 Quatre exemplaires du même Empereur, variés.

JULIA MAMMOEA.

3468 FECVND. AVGVSTAE. Femme debout.
3469 FELICITAS. PVBLICA. Félicité debout, appuyée sur une colonne.
3470 IVNO. CONSERVATRIX. Junon debout.
3471 IVNO. AVGVSTAE. Junon assise.

MAXIMINUS PIUS.

3472 FIDES. MILITVM. Femme avec deux enseignes militaires.
3473 PAX. AVGVSTI. Femme debout.
3474 SALVS. AVGVSTI. Hygie assise, sacrifiant.
3475 VICTORIA. AVG. Victoire marchant.
3476 Autre semblable.

PAULINA.

3477 CONSECRATIO. L'Impératrice sur un paon, volant.

GORDIANUS AFRICANUS, SENIOR.

3478 IMP. M. ANT. GORDIANVS. AFR. AVG. Tête laurée, à droite. R*. ROMAE. AETERNAE. Rome nicéphore assise.

GORDIANUS PIUS.

3479 AEQVITAS. AVG. L'Équité debout (1).
3480 FIDES. MILITVM. Femme avec un signe militaire et une verge.
3481 FORT. REDVX. Fortune assise.
3482 IOVI. CONSERVATORI. Jupiter debout, avec une figure au pied.
3483 IOVI. STATORI. Jupiter debout.
3484 LAETITIA. AVG. N. Femme debout.
3485 LIBERALITAS. AVG. II. Libéralité debout.
3486 ORIENS. AVG. Soleil debout, avec un globe.
3487 P. M. TR. P. II. COS. P. P. L'Empereur debout.
3488 P. M. TR. P. III. COS. II. P. P. Femme assise.

---

(1) En avant toutes les monnaies impériales d'argent que nous décrivons sont de grand module.

3489 P. M. TR. P. III. COS. P. P. Empereur à cheval. (Mod. ordinaire.)
3490 P. M. TR. P. IIII. COS. II. P. P. Empereur debout avec globe.
3491 ROMAE. AETERNAE. Rome nicéphore assise.
3492 PROVID. AVG. Providence debout.
3493 VICTORIA. AVG. Victoire marchant.
3494 VIRTVTI. AVGVSTI. Hercule debout, ser la masue. (Mod. ordinaire.)
3495 Huit monnaies de Gordianus, variées. B. C.
3496 Autres huit.
5497 Autres huit.
3498 Autres huit.

PHILIPPUS, SENIOR.

3499 AEQVITAS. AVGG. Femme debout.
3500 FELICITAS. TEMP. Félicité debout.
3501 NOBILITAS. AVGG. Femme debout.
3502 SECVRIT. ORBIS. Femme assise.
3503 SAECVLARES. AVGG. Cippe, sur lequel on lit COS. III.
3504 SPES. FELICITATIS. ORBIS. Espérance debout.
3505 ROMAE. AETERNAE. Rome nicéphore assise.
3506 VIRTVS. AVG. La Valeur assise.
3507 VIRTVS. AVGG. Les deux empereurs à cheval.
3508 Cinq monnaies du même empereur, avec les revers variés.
3509 Cinq autres.

OTACILIA SEVERA.

3510 CONCORDIA. AVGG. Femme assise.
3511 PIETAS. AVG. Femme debout.

PHILIPPUS, JUNIOR.

3512 AETERNIT. IMPER. Soleil marchant.
3513 PRINCIPI. IVVENT. Le César debout. Deux exemplaires.

TRAJANUS DECIUS.

3514 ABVNDANTIA. AVG. L'Empereur debout.
3515 ADVENTVS. AVG. L'Empereur à cheval.
3516 GENIVS. EXERCITVS. ILIRICIANI. Génie debout.
3517 PANNONIAE. Deux femmes debout. Deux exemplaires.
3518 VBERITAS. AVG. Femme debout.

HERENNIA ETRUSCILLA.

3519 PVDICITIA. Femme debout.

QUINTUS HERENNIUS.

3520 PRINC. IVVENT. Femme assise.
3521 PIETAS. AVGVSTORVM. Instruments de sacrifice. C. O.

VALENS HOSTILIANUS.

3522 PRINCIPI. IVVENTVTIS. Le César debout.

TREBONIANUS GALLUS.

3523 APOLL. SALVTARI. Apollon debout.
3524 AETERNITAS. AVG. Femme debout, avec l'oiseau phénix dans la main.
3525 ANNONA. AVGG. Femme debout.
2526 FELICITAS. PVBLICA. Femme debout.
2527 PIETAS. AVGG. Femme debout, avec les mains elevées.

VOLUSIANUS.

3528 AEQVITAS. AVGG. Femme debout.
3529 CONCORDIA. AVGG. La Concorde assise.
3530 FELICITAS. PVBL. Félicité debout.
3531 IVNONI. MARTIATI. Junon assise.
3532 PAX. AVGG. La Paix debout; dans le champ, étoile.
3533 P. M. TR. P. IIII. COS. II. L'Empereur debout. Deux exemplaires.

AEMILIANUS.

3534 SPES. PVBLICA. Espérance debout. (Suspecte.)

VALERIANUS.

3535 Sept monnaies de cet empereur, avec les revers variés. B. C. Billon.
3536 Six autres.

MARINIANA.

3537 CONSECRATIO. Pabon, de face. Billon.
3538 Autre semblable. B. C.
3539 Même lég. Pavon élevant l'impératrice.

GALLIENUS.

3540 Six monnaies de billon argenté; les revers variés. B. C.

SALONINA.

3541 IVNO. REGINA. Junon debout. T. B. C.
3542 VENVS. FELIX. Vénus assise; devant, une biche.

VALERIANUS, CÆSAR.

3543 CONSECRATIO. Autel. Billon.
3544 CONSECRATIO. Aigle levant le César. Billon.
3545 IOVI. CRESCENTI. Jupiter sur une chèvre. Deux exemplaires.

SALONINUS, CÆSAR.

3546 SPES. PVBLICA. Deux figures debout.
3547 Même épigraphe. Espérance debout.

POSTUMUS.

3548 Neuf monnaies variées. B. C. Billon.

MACRIANUS.

3549 PIETAS. AVGG. Mercure debout. T. B. C. Ar. de billon. Inédite.

QUIETUS.

3550 IOVI. CONSERVATORI. Jupiter assis. Billon.
3551 AEQVITAS. AVG. Femme debout. Billon.
3552 SPES. PVBLICA. L'Espérance debout. Billon.

FLORIANUS.

3553 AEQVITAS. AVG. L'Equité debout; exergue, XXI; dans le champ, F. Ar. de billon. T. B. C.

CONSTANTINUS MAX.

3554 Tête diadémée de Constantinus, à droite; sans lég. R*. CONSTANTI-NVS. AVG. Victoire. T. B. C.

CONSTANTIUS II.

3555 VOTIS. XXX. MVLT. XXXX.; exergue, C.-Γ.

JULIANUS.

3556 D. N. IVLIANVS. NOB. CAES. Tête nue. R*. VOTIS. V. MVLT. X.; exergue, T. CON.; T. B. C.

VALENTINIANUS I.

3557 VRBS. ROMA.; exergue, TR. P. S.

THEODOSIUS MAGNUS.

3558 VIRTVS. ROMANORVM. Rome nicéphore assise; exergue, MD. P. S. *Quinarium.*

MAGNUS MAXIMUS.

3559 VIRTVS. ROMANORVM. Rome assise; exergue, TR. P. S.

VICTOR.

3560 VIRTVS. ROMANORVM. Rome nicéphore, assise; exergue, MD. P. S.

ARCADIUS.

3561 VOT. X. MVLT. XV., au milieu d'une couronne. Inédite.

HONORIUS.

3562 VRBS. ROMA. Rome nicéphore, assise, barbare. Deux exemplaires. *Quinarium.*
3563 VICTORIA. AVGG. Rome nicéphore assise. *Quinarium.*
3564 VIRTVS. ROMANORVM. Rome nicéphore assise; exergue, MD. P. S.; B. C. *Quinarium.*

CONSTANTINUS, TIRANUS.

3565 VICTORIA. AVGG. Rome nicéphore assise; exergue, TR. M. S.
3566 Autre semblable; exergue, S. M. LD.

PRISCUS ATTALUS.

3567 REPARATIO. REIP. Rome nicéphore assise; exergue, TR. P. S.

MARCIANUS.

3568 VICTORIA. AVGGG. L'Empereur nicéphore, debout, tenant dans la main gauche une croix large; exergue, COM. OB.; dans le champ, M. D. Pareille fondue sur une médaille d'or.

3569 Huit monnaies. Tibérius, Néron, Galba, Vitellius, et quatre de Vespasianus.
3570 Autres huit. Tibérius, Néron, Galba, Vitellius, et quatre de Vespasianus.
3571 Huit. Galba, et sept de Vespasianus, variées.
3572 Huit. Sept de Vespasianus, et une de Titus.
3573 Huit monnaies de Vespasianus, variées.
3574 Sept de Vespasianus, et une de Titus.
3575 Huit de Vespasianus.
3576 Huit de Vespasianus.
3577 Six de Vespasianus et deux de Titus.
3578 Trois de Vespasianus, quatre de Titus, et une de Domitianus.
3579 Quatre de Vespasianus, et quatre de Titus.
3580 Huit. Trois de Vespasianus, deux de Titus, et trois de Domitianus.

3581 Huit. Quatre de Vespasianus, une de Titus, et trois de Domitianus.
3582 Huit de Vespasianus.
3583 Huit. Quatre de Domitianus, et quatre de Nerva.
3584 Huit. Deux de Nerva, et six de Trajanus.
3585 Huit. Une de Nerva, et sept de Trajanus.
3586 Huit. Une de Nerva, et sept de Trajanus.
3587 Huit de Trajanus.
3588 Huit de Trajanus.
3589 Huit de Trajanus.
3590 Huit de Trajanus.
3591 Huit de Trajanus.
3592 Huit d'Hadrianus.
3593 Huit d'Hadrianus.
3594 Huit d'Hadrianus.
3595 Huit. Une de Sabina, et sept d'Antoninus.
3596 Huit. Une de Sabina, cinq de Faustina, une de M. Aurelius, et autre de Faustina, la jeune.
3597 Huit. Trois de Faustina senior, et cinq de Marcus Aurelius.
3598 Huit. Une de Marcus Antonius, deux de Faustina, la jeune, une de Lucilla, une d'Alexander Severus, une de Maximinus, une de Julia Paula, et autre de Decius.
3599 Huit. Une d'Elagabalus, une de Mamœa, une d'Otacilia, une de Philippus, le jeune, une d'Etruscilla, une de Gallus, et deux de Decius.
3600 Huit. Quatre de Gallus, et quatre de Volusiarus.
3601 Huit. Une de Philippus, trois de Gallus, une de Mariniana, deux de Valerianus, et une de Salonina.
3602 Vingt. Dix-huit de Valerianus, une de Salonina, et une de Saloninus.
3603 Soixante-quinze monnaies d'argent, impériales; mal conservées ou communes.
3604 Autres soixante-quinze monnaies d'argent, impériales, mal conservées ou communes.
3605 Cent monnaies impériales, *subœratœ*, ou argent de billon, mal conservées.

IMPÉRIALES EN BRONZE.

JULIUS CÆSAR.

3606 Tête nue d'Augustus, à droite. R*. DIVOS. IVLIVS., dans une couronne de laurier. G. Br.
3607 CAESAR. DIVI. F. Tête d'Augustus. R*. DIVOS. IVLIVS. Tête laurée de César. G. Br.
3608 Autre semblable. M. Br. B. C.

3609 CAESAR. DICT. TER. Tête de la Victoire, ailée. R*. C. CLOVI.PRAEF. Pallas marchant. Méd. Br. B. C.

MARCUS ANTONIUS.

3610 M. ANT. IMP. TER. COS. III. VIR. R. P. C. Têtes affrontées de Marcus Antonius et de Cleopatra. R*. L. ATRATINVS. AVGVR. COS. DESIG. Deux vaisseaux prétoriens; monogramme. Gr. Br. B. C., patine.
3611 Deux têtes comme celles de l'antérieur. R*. Le même épigraphe. Deux figures dans un quadrige de tritons ou chevaux marins. M. Br. C. O.

AUGUSTUS.

3612 OB. CIVIS. SERVATOS. Couronne de chêne et deux branches de laurier. R*. C. CASSIVS. Q. F. CELER. III. VIR. A. A. A. F. F.; au milieu, S. C. Gr. Br.
3613 Le même anvers. R*. C. ASINIVS. C. F. GALLVS.; au milieu, S. C. Gr. Br. T. B. C., patine.
3614 Même anvers. R*. GN. PISO. CN. F. III. VIR. A. A. A. F. F.; au milieu, S. C.; Gr. Br.
3615 Quatre moyens bronzes des monnétaires Lurius, Agrippa, Maecilius Tullus, Cassius Celer, et Gnæus Piso. B. C.
3616 Quatre autres moyens bronzes, avec les noms des monnétaires Sanquinius Surdinus, Asinius Gallus, et Plotius Rufus.
3617 Autres trois moyens bronzes, avec les noms des monnétaires Salvius Otho, Valerius Messalla, et Gallus Lupercus.
3618 AVGVSTVS. TRIBVNIC. POTEST., au milieu d'une couronne. R*. T. CRISPINVS. SVLPICIANVS. III. VIR. A. A. A. F. F.; au milieu, S. C.
3619 DIVVS. AVGVSTVS. PATER. Tête d'Augustus. R*. S. C., au milieu d'une couronne de chêne. B. C.
3620 Six moyens bronzes d'Augustus, avec les revers variés. B. C.
3621 Vingt-deux moyens bronzes d'Augustus, avec les revers variés. B. C.
3622 Autres vingt-deux moyens bronzes d'Augustus, avec les revers variés. B. C.
3623 Sept petits bronzes d'Augustus, dont quatre ont les noms des monnétaires. B. C.
3624 Quinze petits bronzes du même empereur; tous avec les noms des monnétaires.
3625 DIVVS. AVGVSTVS. Tête radiée, à droite. R*. IMP. NERVA. CAESAR. AVG. REST.-S. C.; gouvernail sur un globe. M. Br. B. C.

LIVIA, OU JULIA AUGUSTA.

3626 SALVS. AVGVSTA. Tête de Livia. R*. TI. CAESAR. DIVI. AVG. F. AVG.

P. M. TR. POT. XIIII.; au milieu, S. C.; M. Br. T. B. C., patine.

3627 PIETAS. Tête voilée de Livia. R*. DRVSVS. CAESAR. TI. AVG. F.; au milieu, S. C.; M. Br. M. C.

M. AGRIPPA.

3628 Quatre moyens bronzes avec le Neptune. T. B. C. Un de ces quatre a la contre-marque n.° 29.

TIBERIUS.

3629 ROM. ET AVG. Autel de lion; dans le champ, la contre-marque n.° 30. Gr. Br., patine.
3630 CIVITATIBVS. ASIAE. RESTITVTIS. L'Empereur, assis, à gauche. Gr. Br.
3631 Sans épigraphe; un quadrige. Gr. Br.
3632 Autre avec patine. C. O. Gr. Br.
3633 Sans épigraphe. Grand temple hexastyle, avec simulacre et plusieurs figures. C. O.
3634 Autre semblable.
3635 Quatre moyens bronzes de Tibérius, avec les revers variés. B. C.
3636 Quatre autres moyens bronzes. B. C.
3637 Quinze moyens bronzes de Tibérius, variés.

DRUSUS MINOR.

2638 DRVSVS. CAESAR. TI. AVG. F. DIVI. AVG. N. PONT. TR. POT. II.; dans le milieu, S. C. R*. Sans épigraphe; deux cornes d'abondance surmontées de têtes. Gr. Br. T. B. C.
3639 Autre semblable. B. C.
3640 PONTIF. TRIBVN. POTEST. ITER., au milieu, S. C. M. Br.

DRUSUS SENIOR.

3641 NERO. CLAVDIVS. DRVSVS. GERMANICVS. Tête nue de Drusus, à gauche. R*. TI. CLAVDIVS. CAESAR. AVG. P. M. TR. P. IMP. L'Empereur assis sur une chaise curule; dessous, S. C.; Gr. Br. T. B. C.
3642 Deux autres exemplaires semblables. B. C.
3643 Deux autres. B. C.

ANTONIA.

3644 TI. CLAVDIVS. CAESAR. AVG. P. M. TR. P. IMP. S. C.; M. Br. T. B. C.—Autre avec la contre-marque n.° 91.

GERMANICUS.

3645 GERMANICVS. CAESAR. Germanicus dans un quadrige de triomphe.

R*. SICNIS. RECEP.-DEVICTIS. GERM.-S. C. Le César debout. M. Br.

3646 Trois moyens bronzes avec sa tête, frappés au nom de Caligula ou de Claudius.

3647 Quinze moyens bronzes de Drusus minor, Antonia et Germanicus. B. C.

AGRIPPINA SENIOR.

3648 S. P. Q. R. MEMORIAE. AGRIPPINAE. Carpentuus. Gr. Br. B. C.
3649 TI. CLAVDIVS. CAESAR. AVG. GERM. P. M. TR. P. IMP.; au milieu, S. C.; Gr. Br. B. C.
3650 Autre semblable.

CALIGULA.

3651 ADLOCVT. COH. L'Empereur harangant les soldats. Cette monnaie n'a pas les lettres S. C.; Gr. Br. T. B. C.
3652 Autre variée; aux côtés, S. C.
3653 AGRIPPINA. DRVSILLA. IVLIA.-S. C. Les trois sœurs debout. Gr. Br. T. B. C. Cette monnaie semble être de coin moderne.
3654 S. P. Q. R. P. P. OB. CIVES. SERVATOS., dans une couronne civique. Gr. Br. B. C. Suspecte.
3655 DIVO. AVG. S. C. Temple hexastyle, avec des figures sacrifiant un taureau. Gr. Br. T. B. C.
3656 Autre semblable. B. C.
3657 Deux moyens bronzes, avec la Vesta, et trois petits bronzes. T. B. C.

CLAUDIUS.

3658 R*. NERO. CLAVDIVS. DRVSVS. GERMANICVS. Arc de triomphe, avec des figures. Gr. Br. B. C.
3659 Deux autres semblables. M. B. C. Une d'elles a la contre-marque n.° 31.
3660 EX. S. C. OB. CIVES. SERVATOS., au milieu d'une couronne civique. Gr. Br. T. B. C.
3661 Autre semblable. T. B. C.
3662 Deux autres. B. C.
3663 Deux autres. B. C.
3664 R*. SPES. AVGVSTA.-S. C. L'Espérance. Gr. Br. T. B. C.
3665 Autre semblable. B. C.
3666 Deux autres. B. C.
3667 Deux autres. B. C.
3668 Seize monnaies de Claudius en moyens et petits bronzes, variées. B. C.
3669 Soixante-quatre moyens et petits bronzes de Caligula et de Claudius. B. C.

NERO.

3670 ADLOCVT. COH. Allocution de l'Empereur aux soldats. Gr. Br. T. B. C.

3671 S. P. Q. P. OST. C.-AVGVSTI. Porte d'Ostia. T. B. C.
3672 Autre. B. C.
3673 PORT. OST. AVG. Port d'Ostia. Gr. Br. C. O.
3674 ANNONA. AVGVSTI. CERES. L'Empereur et l'Amnone debout. Gr. Br. T. B. C.
3675 Trois autres exemplaires; deux en fleur, et l'autre B. C.
3676 CONG. DAT. POP. L'Empereur sur un estrade distribuant le congiaire. Gr. Br. C. O.
3677 DECVRSIO. Deux cavaliers galopant à droite. Six exemplaires. T. B. C. Variétés dans les lég. de l'anvers.
3678 PACE. P. R. TERRA. MARIQVE. PARTA. IANVM. CLVSIT. Temple de Janus. Sept exemplaires, variés à l'anvers. Gr. Br. T. B. C.
3679 ROMA. Rome nicéphore assisè. Quatre exemplaires. Gr. Br. B. C.
3680 R*. S. C. Arc de triomphe. Admirable conservation.
3681 Cinq autres. T. B. C.
3682 Sept moyens bronzes, avec les revers variés. B. C.
3683 Sept autres semblables.
3684 Autres sept semblables.
3685 Sept autres semblables.
3686 PONTIF. MAX. TR. POT. IMP. P. P. S. C. Apollon citharède. M. Br. Admirable conservation.
3687 Autre semblable. P. Br. B. C.
3688 GENIO. AVGVSTI. S. C. Génie debout. P. Br. T. B. C.
3689 PONTIF. MAX. TR. POT. IMP. P. P. S. C. Figure militaire assise. P. Br. B. C. Deux exemplaires.
3690 TR. PON. P. (sic) P. P.-S. C. Même figure. Min. Br. T. B. C.
3691 CER. QVINQ. ROM. CO. Table avec différents outils. P. Br. T. B. C. Trois exemplaires.
3692 NERO. CLAV. CAE. AVG. GER. Chouette sur un autel. R*. P. M. TR. P. IMP. P. P.-S. C. Rameau de laurier. Admirable petit bronze. T. B. C.
3693 NERO. CLAV. CAE. AVG. GER. Casque sur une colonne. R*. P. M. TR. P. IMP. P. P.-S. C.; branche de laurier. Min. Br. B. C. Trois exemplaires.
3694 Treinte deux moyens et petits bronzes de Nero et quelques uns de Claudius. B. C.

GALBA.

3695 LIBERTAS. PVBLICAS.-S. C. La Liberté debout. Gr. Br. B. C.
3696 Deux autres semblables. B. C.
3697 ROMA. Rome assise. Gr. Br. C. O.
3698 S. C. Victoire marchant. Gr. Br. B. C.

3699 S. C. Rome nicéphore debout. Gr. Br.
3700 S. P. Q. R.-OB. CIV. SER., au milieu d'une couronne. M. Br.
3701 Six moyens bronzes avec les revers variés. B. C.

VITELLIUS.

3702 CONSENSVS. EXERCITVVM. S. C. Mars passant. M. Br. B. C.
3703 CLEMENTIA. IMP. GERM.-S. C. Femme assise. M. Br. B. C. Inédite.
3704 FIDES. EXERCITVVM. S. C. Deux mains jointes. M. Br. B. C. Deux exemplaires.
3705 R*. LIBERTAS. RESTITVTA.-S. C. La Liberté debout. M. Br. B. C. Deux exemplaires.
3706 VICTORIA. AVGVSTI. S. C. Victoire passant avec *clipeum*, dans lequel il y a S. P. Q. R.; M. Br. B. C. Deux exemplaires.
3707 Un grand bronze de Galba, et autres treize moyens bronzes de Galba et de Vitellius.

VESPASIANUS.

3708 ANNONA. AVGVST. Annona assise. Gr. Br. B. C.
3709 T. IMP. AVG. F. COS. CAESAR. DOMITIANVS. AVG. COS. DESG. II.-S. C. Titus et Domitianus debout. Gr. Br. B. C.
3710 IVDEA. CAPTA.-S. C. La Judée, assise, et une esclave debout, entre eux, un palmier. Gr. Br. B. C.
3711 Trois autres semblables. M. B. C.
3712 S. P. Q. R.-P. P.-OB. CIVES. SERVATOS., au milieu d'une couronne. Gr. Br.
3713 VICTORIA. AVGVSTI. S. C. Victoire écrivant dans un *clipeum*, sur palmier, devant, femme pleurant. Gr. Br.
3714 ROMA. S. C. Rome nicéphore debout. Deux exemplaires. Gr. Br.
3715 PAX. AVGVSTI.-S. C. Le Paix debout. Gr. Br. T. B. C., patine; admirable.
3716 Deux autres exemplaires. M. B. C.
3717 Sept grands bronzes. C. O.
3718 CERES. AVGVST. S. C. Cérès debout. M. Br. B. C.
3719 Dix moyens bronzes, variés. B. C.
3720 Quarante moyens bronzes; plusieurs d'eux sont variés, et presque tous en B. C.

TITUS.

3721 FELICIT. PVBLIC.-S. C. La Félicité debout. Gr. Br. B. C., patine.
3722 PAX. AVGVST.-S. C. La Paix debout. Gr. Br.
3723 S. C. L'Espérance debout. Gr. Br.
3724 S. C. L'Empereur à cheval, et une figure devant. C. O.
3725 Cinq moyens bronzes, variés. C. O.

JULIA TITI FILIA.

3726 DIVAE. IVLIAE. DIVI. TITI. F. *Carpentum.* Gr. Br. B. C.
3727 Deux autres exemplaires. M. B. C.
3728 IVLIA. IMP. T. AVG. F. AVGVSTA. Tête de Julia. R*. VESTA.-S. C. M. Br. T. B. C. Argentée modernement.
3729 Quatre grands bronzes, et huit moyens, de Titus et de Julia.

DOMITIANUS.

3730 ANNONA. AVGVSTI. S. C. Annona et Cérès debout. Gr. Br. B. C.
3731 TR. P. COS. VIII. DES. VIIII. P. P.-S. C. Pallas debout. Gr. Br. B. C.
3732 IOVI. VICTORI.-S. C. Jupiter nicéphore assis. Gr. Br. T. B. C., patine.
3733 Cinq autres, variés. B. C.
3734 S. C. Victoire couronnant l'Empereur. Gr. Br.
3735 S. C. L'Empereur debout, et la Germanie agenouillée. Gr. Br. B. C.
3736 S. C. L'Empereur à cheval renversant un ennemi. Gr. Br. T. B. C. Belle fabrique.
3737 AETERNITATI. AVGVST. S. C. Femme debout avec les têtes du soleil et de la lune. M. Br.
3738 S. C. Pallas debout, avec haste et foudre. M. Br. T. B. C.
3739 S. C. Le César à cheval. M. Br.
3740 S. C. PRINCIPI. IVVENT.-S. C. Le César à cheval. M. Br. T. B. C.
3741 TR. P. COS. VIII. DES. VIIII. P. P. S. C. Pallas debout. M. Br. T. B. C.
3742 Dix moyens bronzes, avec les revers variés. B. C.
3743 Autres six.
3744 Autres sept.
3745 IMP. DOMIT. AVG. GERM. COS. XI. Tête d'Apollon, à droite ; devant, branche. R*. S. C. Oiseau sur une branche. P. Br. B. C.
3746 S. C. *Modius.*
3747 IMP. DOMIT. AVG. GERM.; dans le milieu, S. C. R*. Rhinoceros. P. Br. B. C. Trois exemplaires, variés.
3748 IMP. DOMIT. AVG. GERM. Tête casquée, à droite. R*. S. C.; laurier. P. Br. B. C. Deux exemplaires.
3749 S. C. Dans une couronne de laurier. P. Br. Deux exemplaires.
3750 Quarante-huit monnaies de Domitianus, en grands, moyens et petits bronzes.

DOMITIA.

3751 IMP. DOMIT. AVG. GERM. COS. XI. Tête de Domitia, à droite. R*. S. C. *Modius.* P. Br. B. C.

NERVA.

3752 FORTVNA. AVGVSTI. S. C. La Fortune debout. Gr. Br. T. B. C., patine.

3753 Autre semblable. M. B. C.
3754 CONGIAR. P. R.-S. C. L'Empereur sur un estrade distribuant le congiaire. Gr. Br. B. C.
3755 LIBERTAS. PVBLICA. S. C. La Liberté debout. Gr. Br.
3756 VEHICVLATIONE. ITALIAE. REMISSA.-S. C. Deux mules paissant. Gr. Br. Deux exemplaires.
3757 CONCORDIA. EXERCITVVM.-S. C. Deux mains jointes posant un signe militaire sur une proue. Gr. Br. C. O.
3758 Trois moyens bronzes, avec les revers variés. B. C.
3759 IMP. NERVA. CAES. ... *Modius*. R*. S. C. Caducée. P. Br.
3760 Dix monnaies de Nerva, en grands et petits bronzes.

TRAJANVS.

3761 ARAB. ADQVIS.-S. P. Q. R. OPTIMO. PRINCIPI.-S. C. L'Arabie debout; à ses pieds un chameau. Gr. Br. B. C.
3762 ARMEN. ET MESOPOT. IN. POTESTATEM. P. R. REDACTAE. L'Empereur debout sur deux figures de fleuves, et une autre représentant une province. Deux exemplaires. Gr. Br.
3763 AQVA. TRAIANA.-S. P. Q. R. OPTIMO. PRINCIPI. Figure couchée sur aqueduc. Gr. Br. C. O.
3764 R*. S. P. Q. R. OPTIMO. PRINCIPI. S. C. La Fortune debout. Gr. Br. T. B. C.
3765 Même épigraphe. Femme debout; à ses pieds, une figure de demi-corps. Gr. Br. T. B. C. Deux exemplaires.
3766 Même épigraphe. Victoire écrivant sur un *clipeum*. VIC. DAC. Gr. Br. B. C. Deux exemplaires.
3767 Même épigraphe. R*. Victoire couronnant un trophée. Gr. Br. B. C. Deux exemplaires.
3768 Même épigraphe. Femme pleurant au pied d'un trophée. Gr. Br. B. C. Deux exemplaires.
3769 S. P. Q. R. OPTIMO. PRINCIPI. S. C. Romme nicéphore debout; devant, figure agenouillée. Gr. Br. T. B. C., patine. Belle fabrique.
3770 Même épigraphe. Victoire couronnant l'Empereur. Gr. Br. T. B. C.
3771 REX. PARTHIS. DATVS. S. C. L'Empereur sur un estrade, et plusieurs figures. Gr. Br. B. C. Deux exemplaires.
2772 S. P. Q. R. OPTIMO. PRINCIPI. L'Empereur à cheval, renversant un captif. Gr. Br. B. C. Trois exemplaires.
3773 L'Empereur à cheval. M. B. C. Gr. Br.
3774 Même épigraphe. Temple octastyle. Gr. Br. B. C.
3775 Même épigraphe. Naumachia. Gr. Br. B. C. Deux exemplaires.
3776 Même épigraphe. Hygia assise, sacrifiant. Gr. Br. B. C. Deux exempl.

3777 Même épigraphe. Rome nicéphore assise. Gr. Br. B. C.
3778 Même épigraphe. Femme assise ; devant, figure agenouillée. Gr. Br. B. C.
3779 La même lég., écrite au milieu d'une couronne de laurier. Gr. Br. T. B. C.
3780 SENATVS. POPVLVSQVE. ROMANVS. Colonne Trajanne. Gr. Br.
3781 Même épigraphe. La Félicité debout. Gr. Br. T. B. C.
3782 VIA. TRAIANA. S. P. Q. R. OPTIMO. PRINCIPI. S. C. Femme couchée avec une roue. Gr. Br.
3783 TR. POT. COS. P. P. S. C.-TR. POT. COS. II.-S. C.-TR. POT. COS. III. P. P. Femme assise. Gr. Br. T. B. C. Trois exemplaires.
3784 Neuf grands bronzes de Trajanus, variés. B. C.
3785 Huit monnaies en grands bronzes, du même empereur. B. C.
3786 Autres huit.
3787 Autres huit.
3788 Autres huit.
3789 Dix moyens bronzes du même empereur, avec les revers variés. B. C.
3790 Dix autres.
3791 DAC. PARTHICO. P. M. TR. P. COS. VI. P. P., au milieu d'une couronne. S. C. P. Br. B. C.
3792 S. C. Table des jeux. P. Br. B. C. Deux exemplaires.
3793 S. C. Massue. P. Br. B. C. Deux exemplaires.
3794 S. C. Sanglier. P. Br. B. C. Quatre exemplaires.
3795 Quarante-neuf monnaies de cuivre, de Trajanus; savoir: dix grands bronzes, trente-quatre moyens bronzes, et cinq petits bronzes, la plupart variées.

PLOTINA.

3796 PLOTINA. AVG. IMP. TRAIANI. Tête de Plotina, à droite. R*. FIDES. AVGVST.-S. C. Femme debout. Gr. Br. T. B. C. Suspecte.

HADRIANUS.

3797 ADVENTVS. AVG. MAVRETANIAE. S. C. Deux figures sacrifiant. Gr. Br.
3798 AEGYPTOS. S. C. Femme couchée. Gr. Br.
3799 AFRICA. S. C. Femme couchée. Gr. Br.
3800 ALEXANDRIA. S. C. Femme couchée. Gr. Br.
3801 CAPPADOCIA. S. C. Figure virile debout. Gr. Br.
3802 AEQVITAS. AVG. S. C. Femme debout. Gr. Br. B. C.
3803 CONCORDIA.-PONT. MAX. TR. POT. COS.-S. C. Femme assise. Gr. Br. B. C.
3804 COS. III. S. C. Rome nicéphore. L'Équité debout. Gr. Br. B. C. Deux exemplaires.
3805 COS. III. S. C. Neptune debout. La Valeur debout. Gr. Br. B. C. Deux exemplaires.

3806 ESPED. AVG.-COS. III. L'Empereur à cheval. Gr. Br.
3807 FELICITATI. AVG.-COS. III. P. P. Vaisseau. Gr. Br.
3808 FORT. RED.-PONT. MAX. TR. P. COS. II. S. C. Fortune assise. Gr. Br. B. C. Deux exemplaires.
3809 FORT. REDVCI.-S. C. Deux figures debout. Gr. Br. B. C., patine.
3810 FORTVNA. AVG.-S. C. La Fortune debout. Gr. Br. B. C. Deux exemplaires.
3811 HILARITAS. P. R.-COS. III.-S. C. L'Hilarité debout, avec deux figures à ses pieds. Gr. Br. T. B. C., patine.
3812 Trois autres exemplaires. T. B. C. Gr. Br.
3813 HISPANIA. S. C. Femme couchée. Gr. Br. B. C.
3814 IVSTITIA. AVG. COS. III. P. P. S. C. Femme assise. Autre variée. Gr. Br. B. C. Deux exemplaires.
3815 LIBERTAS. RESTITVTA.-PONT. MAX. TR. POT. COS. III. S. C. L'Empereur sur un estrade, et deux figures devant. Gr. Br. B. C.
3816 RELIQVA. VETERA. H. S. NOVIES. MILL. ABOLITA. R*. Figure debout, brûlant des objets. Gr. Br. C. O. Deux exemplaires.
3817 RESTITVTORI. ORBIS. TERRARVM.-S. C. L'Empereur levant une femme agenouillée. Gr. Br.
3818 RESTITVTORI. GALLIAE. S. C. Même type. Gr. Br. B. C. Deux exemplaires.
3819 RESTITVTORI. BITHINIAE. S. C. Même type. Gr. Br. C. O.
3820 RESTITVTORI. HISPANIAE. S. C. Même type Gr. Br.
3821 LIBERALITAS. AVG. III. S. C. L'Empereur et plusieurs figures sur un estrade. Gr. Br.
3822 LOCVPLETATORI. ORBIS. TERRARVM. S. C. L'Empereur en estrade, avec plusieurs figures. Gr. Br. C. O.
3823 PROVIDENTIA. DEORVM.-S. C. L'Empereur togé, debout, et oiseau sur une branche, dans le champ. Gr. Br.
3824 P. M. TR. P. COS. III. S. C. Pallas debout, sacrifiant sur un autel. Gr. Br. T. B. C.
3825 PONT. MAX. TR. POT. COS. III. S. C. Jupiter nicéphore assis. Gr. Br. B. C.
2826 SECVR. AVG.-PONT. MAX. TR. POT. COS. III.-S. C. Figure assise. Gr. Br. B. C.
3827 S. C. Diane debout. Gr. Br. B. C.
3828 VIRT. AVG.-P. M. TR. P. COS. III.-S. C. La Valeur debout. Gr. Br.
3829 Dix-huit grands bronzes d'Hadrianus, avec les revers variés.
3830 Dix-huit autres grands bronzes d'Hadrianus, avec les revers variés.
3831 Autres dix-huit grands bronzes du même empereur.
3832 AFRICA. S. C. Femme couchée. M. Br. B. C.

3833   DACIA. S. C. Figure assise. M. Br. B. C.
3834   ADVENTVS. AVG. PONT. MAX. L'Empereur debout et Rome assise. M. Br. B. C.
3835   COS. III. L'Empereur à cheval. M. Br. B. C.
3836   FELICITATI. AVG.-COS. III. P. P.-S. C. Vaisseau. M. Br. B. C.
3837   FELICITAS. AVG. S. C. La félicité debout. M. Br.
3838 [1.°] Vingt-huit moyens bronzes d'Hadrianus, variés.
3838 [2.°] Trente monnaies, moyens bronzes d'Hadrianus, variés.
3839   P. M. TR. P. COS. III. S. C. Corne d'abondance et balance. P. Br. T. B. C.
3840   Vingt grands bronzes d'Hadrianus, variés.
3841   Autres vingt grands bronzes du même empereur.
3842   Dix-huit grands bronzes, du même empereur.
3843   Vingt et un moyens bronzes, du meme empereur.

SABINA.

3844   CONCORDIA. AVG.-S. C. Femme debout. Deux exemplaires variés. Gr. Br.
3845   Deux autres variés.
3846   CONCORDIA. AVG. S. C. Femme assise. Gr. Br.
3847   VENERI. GENITRICI. S. C. Vénus debout. Gr. Br. T. B. C., patine. Belle fabrique.
3848   S. C. Femme assise. Gr. Br.
3849   VESTA. S. C. Vesta assise. Gr. Br.

L. AELIUS.

3850   CONCORD.-TR. POT. COS.-S. C. Femme assise. Gr. Br. B. C.
3851   TR. POT. COS. II. S. C. L'Espérance debout. Deux exempl. Gr. Br.
3852   PIETAS. S. C. Femme debout. Gr. Br.
3853   PANNONIA.-TR. POT. COS. II. S. C. Femme debout. Deux exemplaires. Gr. Br.
3854   Cinq moyens bronzes d'Aelius, variés.

ANTONINUS PIUS.

3855   ANNONA. AVG. S. C. Annona debout. G. Br. Deux exemplaires.
3856   ANNONA. AVG. TR. POT. COS. IIII. S. C. Annona assise. G. Br. B. C. Deux exemplaires.
3857   APOLLINI. AVGVSTO. S. C. Apollon citarède, debout. Deux exemplaires. Gr. Br.
3858   R*. ASIA. COS. II.-S. C. L'Asie debout. G. Br. T. B. C., patine. Belle fabrique.

3859 AVRELIVS. CAESAR. AVG. PII. FIL. S. C. Tête de Aurelius. Gr. Br. Deux exemplaires variés.
3860 CONSECRATIO.-S. C. Bûcher. Gr. Br. B. C. Deux exemplaires.
3861 CONSECRATIO. S. C. Aigle sur un globe. Gr. Br. B. C.
3862 COS. IIII. S. C. Hygia sacrifiant. L'Équité debout. Gr. Br. B. C. Deux exemplaires.
3863 COS. IIII. S. C. L'Empereur dans un quadrige. Gr. Br. Trois exempl.
3864 DIVO. PIO. S. C. Colonne Antonine. Gr. Br. B. C. Deux exemplaires.
3865 DIVO. PIO. S. C. Autel. Gr. Br. B. C. Deux exemplaires.
3866 FELICITAS. AVG. S. C. Femme debout, avec un capricorne dans la main droite, et une haste dans la gauche. Gr. Br. B. C.
3867 FIDES. EXERC. COS. IIII.-S. C. Femme debout avec deux enseignes militaires. Gr. Br. B. C.
3868 GENIO. SENATVS. S. C. Genie togé debout. Gr. Br. B. C.
3869 HONORI. AVG. COS. IIII. S. C. Figure togée, debout, avec corne d'abondance et branche. Gr. Br.
3870 IMPERATOR. II. S. C. La Foi publique debout. Gr. Br. B. C. Deux exemplaires.
3871 Même épigraphe. S. C. Victoire avec un trophée dans les mains. Gr. Br. B. C. Deux exemplaires.
3872 INDVLGENTIA. AVG. COS. IIII. Femme assise. Deux exempl. Gr. Br.
3873 ITALIA. S. C. Femme assise sur un globe. Gr. Br. B. C. Deux exempl.
3874 IVNONI. SOSPITAE. S. C. Junon Sospita debout, lançant un javelot. Gr. Br. C. O.
3875 LIBERALITAS. AVG. S. C. La Liberalité debout. Gr. Br. T. B. C., patine.
3876 LIBERTAS. AVG. S. C. La Liberté debout. Gr. Br. Deux exemplaires.
3877 LIBERTAS. COS. IIII. S. C. La Liberté debout. Gr. Br. B. C.
3878 MONETA. AVG. S. C. Femme debout avec une balance. Gr. Br. B. C. Deux exemplaires.
3879 PAX. AVG.-COS. IIII. Femme debout, brûlant un monceau d'armes. Gr. Br. Deux exemplaires.
3880 PIETAS.-TR. POT. COS. Femme debout, sacrifiant. Deux exemplaires, variés. Gr. Br.
3881 ROMA. AETERNA.-S. C. Temple décastile. Gr. Br.
3882 R. SALVS. AVG.-S. C. La Santé debout. Deux exemplaires. Gr. Br.
3883 S. C. L'Espérance debout. Mars allant. Gr. Br. B. C. Deux exemplaires.
3884 S. C. Deux Empereurs sur un estrade. Gr. Br.
3885 TR. POT. COS. II.-S. C. La Felicité debout. Gr. Br. B. C.
3886 TEMPORVM. FELICITAS. S. C. Deux cornes d'abondance avec têtes d'enfants. Deux exemplaires. Gr. Br.
3887 TIBERIS.-S. C. Le Fleuve Tiber couché. Gr. Br. B. C. Trois exemplaires.

3888 VOTA. SOLVTA. DEC. II.-S. C. L'Empereur sacrifiant. Gr. Br.
3889 VOTA. SVSCEPTA. DEC. III. S. C. L'Empereur sacrifiant. Gr. Br.
3890 Quinze grands bronzes d'Antoninus, variés.
3891 Autres quinze grands bronzes d'Antoninus, variés.
3892 Dix-sept autres grands bronzes d'Antoninus.
3893 Dix-sept autres grands bronzes, du même empereur.
3894 Dix-huit autres grands bronzes, du même empereur.
3895 PAX.-TR. POT. COS. IIII. S. C. La Paix debout. M. Br. T. B. C.
3896 PRIMI. DECENNALES. COS. IIII. S. C., au milieu d'une couronne de laurier. M. Br. T. B. C.
3897 PROVIDENTIAE. DEORVM. S. C. Foudre. M. Br. B. C.
3898 Vingt-deux moyens bronzes d'Antoninus.
3899 Vingt-trois moyens bronzes du même empereur.
3900 S. C. Aigle, petit bronze.

FAUSTINA SENIOR.

3901 AETERNITAS. S. C. Femme assise ayant l'oiseau Ibis dans la main droite. La tête de l'anvers est voilée. Gr. Br. T. B. C.
3902 AETERNITAS. S. C. Femme debout avec un globe. Gr. Br. T. B. C.
3903 AETERNITAS. S. C. Cybèle dans un bige de lions. Gr. Br. Mod. 35 milim. T. B. C.
3904 R*. AVGVSTA.-S. C. Femme debout, avec deux flambeaux. Gr. Br. T. B. C.
3905 R*. CERES. S. C. Cérès debout avec des épis et un flambeau. Gr. Br. T. B. C.
3906 R*. IVNO. S. C. Junon debout. Gr. Br. T. B. C.
3907 Vingt-cinq grands bronzes de Faustina, avec les revers variés. B. C.
3908 S. C. Demi-lune et sept étoiles. B. C. M. Br.
3909 Once monnaies en moyens bronzes de Faustina, presque toutes B. C.

MARCUS AURELIUS.

3910 CONCORDIA. AVGVSTOR. TR. P. XVI. COS. III. S. C. Deux figures togées se donnant les mains. Gr. Br. B. C.
3911 IMP. VI. COS. III. S. C. Jupiter assis. Gr. Br. B. C.
3912 TR. POT. COS. II. S. C. Pallas debout. Gr. Br. T. B. C.
3913 HONOS.-TR. POT. VI. COS. II. S. C. Homme togé, debout, avec corne d'abondance et branche. Gr. Br. T. B. C.
3914 GERMANIA. SVBACTA. IMP. VI. COS. III. S. C. Femme pleurant au pied d'un trophée. Gr. Br. B. C.
3915 FELICITAS. AVG. IMP. VIIII. COS. III. P. P. S. C. Félicité debout. Gr. Br. B. C.

3916 RELIGIO. AVG.-IMP. VI. COS. III. S. C. Temple soutenu par quatre cariatides, avec simulacre de Mercure; dans le fronton, coq, caducée et agneau. Gr. Br. B. C.
3917 IVVENTAS. S. C. Femme sacrifiant sur trépied. Gr. Br. B. C.
3918 TR. POT. XIV. COS. II.-S. C. Mars allant. Gr. Br. B. C.
3919 LIBERALITAS. AVG. VI. IMP. VII. COS. III. S. C. La Libéralité debout. Gr. Br.
3920 RESTITVTORI. ITALIAE. IMP. VI. COS. III. S. C. L'Empereur levant une femme agenouillée. Gr. Br. B C. Deux exemplaires.
3921 SALVTI. AVGVSTOR. TR. P. XVI.-COS. III. S. C. La Santé debout. Gr. Br. T. B. C. Trois exemplaires.
3922 SALVTI. AVGVSTOR. TR. P. XVII.-COS. III. S. C. La Santé debout. Gr. Br. T. B. C.
3923 SALVTI. AVG. COS. III. S. C. La Santé debout. Gr. Br. T. B. C.
3924 TR. POT. XIX. IMP. VI. COS. III. S. C. L'Empereur debout entre quatre enseignes militaires. Gr. Br. B. C. Deux exemplaires.
3925 TR. POT. XXII. IMP. VI. COS. III. S. C. Victoire allant. Gr. Br. T. B. C.
2926 IMP. VII. COS. III. S. C. Bonus eventus, sacrifiant. Gr. Br. B. C.
3927 DE SARMATIS.-TR..... IMP. VIII. COS. III. P. P. S. C. Monceau d'armes. Gr. Br. B. C.
3928 COS. III. S. C. Jupiter assis. Gr. Br. B. C.
3929 TR. POT. XIX. IMP. III. COS. III. S. C. La Providence debout. Gr. Br. B. C.
3930 CONSECRATIO. S. C. Bûcher. Gr. Br.
3931 Vingt-six grands bronzes, variés, de Marcus Aurelius. B. C.
3932 Autres vingt-six du même empereur.
3933 Autres vingt-sept du même empereur.
3934 Autres vingt-huit du même empereur.
3935 PRIMI. DECENNALES. COS. III. S. C., dans une couronne de laurier. M. Br. B. C.
3936 HONOS.-TR. POT. II. COS. II. S. C. Femme debout. M. Br. B. C.
3937 IVVENTVS. S. C. Dans une couronne de laurier, S. C.; M. Br.
3938 DE SARM. IMP. VIII. COS. III. P. P. S. C. Trophée avec deux captifs. M. Br. T. B. C., patine. Très-belle.
3939 Vingt moyens bronzes d'Aurelius. B. C.
3940 Dix-neuf moyens bronzes d'Aurelius. B. C.
3941 COS. III. Tête de Jupiter Ammon. P. Br.

FAUSTINA MINOR.

3942 AVGVSTI, PII. FIL. S. C. L'Espérance debout. Gr. Br. B. C.
3943 CONSECRATIO. S. C. Paon. Gr. Br. B. C.

3944 SAECVLI. FELICIT. S. C. Deux figures en *lectisternium*. M. Br. B. C. Deux exemplaires.
3945 HILARITAS. S. C. Femme debout. M. Br. B. C.
3946 DIANA. LVCIFERA. S. C. Diane debout, avec flambeau. M. Br. B. C.
3947 FECVNDITAS. S. C. Femme debout. M. Br. B. C.
3948 PIETAS. S. C. La Piété debout, avec un enfant dessous. M. Br. B. C.
3949 PVDICITIA. S. C. Femme assise. M. Br. T. B. C.
3950 Dix-neuf grands bronzes, variés, de Faustina.
3951 Autres dix-neuf grands bronzes, de Faustina.
3952 Seize moyens bronzes, variés, de la même impératrice.

LUCIUS VERUS.

3953 CONCORD. AVGVSTOR. TR. P. II. COS. II. S. C. Deux empereurs se donnant les mains. Gr. Br. B. C. Trois exemplaires.
3954 TR. POT. V. IMP. III. COS. II. S. C. Femme assise au pied d'un trophée. Gr. Br. T. B. C.
3955 CONSECRATIO. S. C. Aigle sur un globe. Gr. Br. B. C.
3956 TR. POT. VI. IMP. IIII. COS. II. S. C. Victoire écrivant sur un *clipeum*. VIC. PAR. Gr. Br. T. B. C.
3957 TR. P. IIII. IMP. II. COS. II. S. C. Mars allant. Gr. Br. B. C. Deux exemplaires.
3958 VICT. AVG. TR. POT. VI. IMP. III. COS. II. S. C. Victoire allant, avec la haste entre les mains. Gr. Br. T. B. C., patine.
3959 Douze grands bronzes de Lucius Verus. B. C.
3960 Cinq moyens bronzes du même empereur.

LUCILLA.

3961 FECVNDITAS. Femme assise avec quatre enfants. Gr. Br. B. C. Deux exemplaires.
3962 IVNONI. LVCINAE. Junon assise. Gr. Br. T. B. C.
3963 VESTA. S. C. Vesta debout; devant, un autel. Gr. Br. B. C.
3964 PIETAS. S. C. Femme debout.
    Gr. Br. Mod. de médaillon 35 milim. T. B. C., patine, et épaisseur proportionnée.
3965 Vingt-deux grands bronzes de Lucilla; quelques uns B. C.
3966 Trois moyens bronzes de Lucilla.

COMMODUS.

3967 LIBERTAS. AVG. TR. P. VI. IMP. IIII. COS. III. P. P. S. C. La Liberté debout. Gr. Br. T. B. C.
3968 VIC. FEL. P. M. TR. P. VI. IMP... COS. V. P. P. Victoire écrivant sur un bouclier. VO. DE.-S. C. Gr. Br. T. B. C.

3969 TR. P. VIII. IMP. VI. COS. IIII. P. P. S. C. Pallas marchant. Gr. Br. B. C.
3970 IOVI. VICTORI. IMP. VI. COS. II. P. P. S. C. Jupiter nicéphore assis. Gr. Br. B. C.
3971 IMP. III. COS. II. P. P. S. C. Pallas sacrifiant. Gr. Br. T. B. C.
3972 COS. V. P. P.-S. C. L'Empereur dans un quadrige de triomphe. Gr. Br. B. C.
3973 IOVI. IVVENT. P. M. TR. P. VIII. COS. V. DES. VI. S. C. Jupiter debout. Gr. Br. B. C.
3974 ITALIA. P. M. TR. P. X. IMP. VII. COS. IIII. P. P. L'Italie assise sur un globe. Gr. Br. B. C.
3975 HERCVL.-ROMANO. AVGV. S. C. Massue dans une couronne de laurier. La tête de l'Empereur couverte d'une peau de lion. Gr. Br. B. C.
3976 LIB. AVG. P. M. TR. P. XV. IMP. VIII. COS. VI. S. C. La Libéralité debout. Gr. Br. B. C. Deux exemplaires, desquels un très-beau.
3977 Dix-huit grands bronzes, variés, de Commodus.
3978 Autres dix-neuf, variés, du même empereur.
3979 P. P. S. P. Q. R. LAETITIAE. CL. V., au milieu d'une couronne de laurier. M. Br.
3980 PRIM. DECENN. P. M. TR. P. X. IMP. VII. COS. III. P. P., dans une couronne de laurier. Gr. Br. B. C.
3981 HERCVL. ROMANO. AVGV. S. C. Massue ; le tout dans une couronne. L'anvers, tête couverte avec la dépouille d'un lion. M. Br.
3982 PIETAS. AVG. S. C. Instruments de sacrifice. M. Br. B. C.
3983 Vingt et un moyens bronzes de Commodus.

CRISPINA.

3984 CONCORDIA. S. C. La Concorde assise. Gr. Br. B. C.
3985 VENVS. FELIX. S. C. Vénus nicéphore assise. Gr. Br. T. B. C., patine.
3986 Neuf grands bronzes, variés, de Crispina.
3987 IVNO. REGINA. S. C. Junon debout. Gr. Br. B. C.
3988 Sept moyens bronzes de Crispina, variés.

DIDIUS JULIANUS.

3989 IMP. CAES. M. DID. SEVER. IVLIAN. AVG. Tête de Didius Julianus, laurée, à droite. R*. RECTOR. ORBIS. S. C. L'Empereur debout, avec un globe et un sceptre. Gr. Br. B. C.

MANLIA SCANTILLA.

3990 MANLIA. SCANTILLA. AVG. Tête de Manlia, à droite. R*. IVNO. REGINA. S. C. Junon debout. Gr. Br. C. O.

DIDIA CLARA.

3991 DIDIA. CLARA. AVG. Sa tête. R*. HILARITAS. S. C. Femme debout. Gr. Br. C. O.

ALBINUS.

3992 D. CLOD. SEPT. ALBIN. CAES. Tête nue, à droite. R*. CONCORDIA. S. C. La Concorde assise. Gr. Br. B. C.
3993 Autre semblable. M. B. C.
3994 FELICITAS. COS. II. S. C. La Félicité debout. Gr. Br. B. C.

SEPTIMIUS SEVERUS.

3995 ADVENTVI. AVG. FELICISSIMO.—S. C. L'Empereur à cheval, précédé d'un légionnaire. Gr. Br. B. C.
3996 PART. ARAB . . . . . COS. II. P. P. S. C. Trophée entre deux captifs. Gr. Br. B. C.
3997 DIVI. M. PII. F. P. M. TR. P. III. COS. II. P. P. S. C. La Valeur debout, couronnant l'Empereur nicéphore debout. Gr. Br. T. B. C.
3998 FIDEI. LEG. TR. P. COS. S. C. Femme debout, ayant dans la droite une pétite Victoire; et dans la gauche, le *vexillum*. Gr. Br. B. C.
3999 Douze grands bronzes, variés, de Severus.
4000 Quatre moyens bronzes, du même empereur.

JULIA DOMNA.

4001 MAT. AVGG. MAT. SENAT. M. PATR.—S. C. Femme assise. Gr. Br.
4002 CERES. S. C. Cérès debout. Gr. Br. T. B. C., patine. Très-belle.
4003 IVNONEM. S. C. Junon debout. Gr. Br. T. B. C., patine. Très-belle.
4004 Autre semblable. M. B. C.
4005 HILARITAS. S. C. Femme debout. B. C. Gr. Br.
4006 Sept grands bronzes, variés, de Julia Domna.
4007 MATER. DEVM. S. C. Cybéle assise. M. Br. T. B. C. Très-belle.
4008 Deux moyens bronzes, variés.

CARACALLA.

4009 PROVIDENTIA. DEORVM. S. C. La Providence debout. Gr. Br.
4010 P. M. TR. P. XVIII. IMP. III. COS. III. P. P. S. C. Jupiter Sérapis assis. Gr. Br. B. C.
4011 P. M. TR. P. XVII. IMP. III. COS. II. P. P. S. C. Pallas nicéphore debout; devant, un captif. Gr. Br.
4012 M. AVREL. ANTONINVS. PIVS. AVG. BRIT. Tête laurée, à droite. R*. LIBERALITAS. AVGG. VI. ET V.—S. C. Caracalla et Geta en *congia-*

rium; devant, la Liberalité et une petite figure montant à l'estrade. Gr. Br. T. B. C., patine. Très-belle.

4013 P. M. TR. P. XVII. IMP. III. COS. IIII. P. P. S. C. L'Empereur sur l'estrade, avec des figures, exhortant les soldats. Gr. Br. B. C.
4014 Onze grands bronzes, variés, de Caracalla.
4015 Quatre moyens bronzes, variés, du même empereur.

GETA.

4016 TR. P. III. COS. II. P. P. S. C. Femme assise. Gr. Br. C. O., patine noire.
4017 VICTORIAE. BRITANNICAE.-S. C. Victoire écrivant sur un trophée. Gr. Br. C. O.
4018 PONTIF. TR. P. II. COS. II.-S. C. L'Empereur debout, couronnant un trophée. M. Br. B. C.
4019 Trois empereurs sur estrade. M. Br. M. C.

MACRINUS.

4020 FELICITAS. TEMPORVM. S. C. Femme assise. Gr. Br. B. C.
4021 IOVI. CONSERVATORI. S. C. Jupiter debout. Gr. Br. B. C. Suspecte.

DIADUMENIANUS.

4022 PRINC. IVVENTVTIS. S. C. Le César debout; devant, un signe militaire; derrière, autres deux signes. Gr. Br. B. C.
4023 Même type et lég. M. Br.
4024 Autre semblable.

ELAGABALUS.

4025 FORTVNAE. REDVCI. S. C. Fortune debout. Gr. Br. C. O.
4026 LIBERTAS. AVGVSTI. S. C. La Liberté debout; dans le champ, une étoile. Gr. Br. B. C.
4027 Autre semblable Gr. Br. M. B. C.
4028 PAX. AVGVSTI. S. C. La Paix marchant. Gr. Br. B. C.
4029 P. M. TR. P. III. COS. III. P. P. S. C. Soleil marchant. Gr. Br. B. C.
4030 Autre semblable. Gr. Br. M. B. C.
4031 VICTORIA. ANTONINI. AVG. S. C. Victoire allant. Gr. Br. C. O.
4032 MARS. VLTOR. S. C. Mars allant. M. Br., percée.
4033 P. M. TR. P. COS. III. P. P. S. C. Figure sacrifiant. M. Br.

JULIA SOEMIAS.

4034 VENVS. CAELESTIS. S. C. Femme assise; devant, un enfant. Gr. Br. C. O.

JULIA MÆSA.

4035 PIETAS. AVG. S. C. La Piété debout. Gr. Br. B. C.

ALEXANDER SEVERUS.

4036 IOVI. PROPVGNATORI. S. C. Jupiter foudroyant. Gr. Br. T. B. C. Très-belle.
4037 IOVI. CONSERVATORI. Jupiter debout; dessous, une figure. Gr. Br. T. B. C.
4038 IVSTITIA. AVGVSTI. S. C. Figure assise. Gr. Br. T. B. C.
4039 MARS. VLTOR. S. C. Mars allant. Gr. Br. T. B. C.
4040 P. M. TR. P. IIII. COS. P. P. S. C. Mars allant. Gr. Br. T. B. C.
4041 P. M. TR. P. VIII. COS. III. P. P. S. C. L'Empereur dans un quadrige. Gr. Br. B. C.
4042 P. M. TR. P. VIIII. COS. III. P. P. S. C. Le soleil debout. Gr. Br. T. B. C.
4043 VIRTVS. AVGVSTI. S. C. La Valeur allant. Gr. Br. T. B. C.
4044 Même épigraphe. L'Empereur debout. Gr. Br. T. B. C.
4045 Vingt-quatre grands bronzes d'Alexander Severus, avec les revers variés. B. C.
4046 Vingt-quatre autres semblables.
4047 Vingt-quatre autres.
4048 Vingt-quatre autres.
4049 Vingt-cinq autres.
4050 Huit moyens bronzes d'Alexander Severus, avec les revers variés. B. C.

SALUSTIA BARBIA ORBIANA.

4051 CONCORDIA. AVGVSTORVM. S. C. Femme assise. Gr. Br. B. C.
4052 Autre semblable. M. C.
4053 Même épigraphe. L'Empereur et l'Impératrice se donnant les mains. Gr. Br.

JULIA MAMMÆA.

4054 Vingt grands bronzes, avec les revers variés. B. C.
4055 Autres dix-neuf grands bronzes, avec les revers variés. B. C.
4056 VENVS. FELIX. S. C. Vénus assise. M. Br.

MAXIMINUS PIUS.

4057 FIDES. MILITVM.-S. C. Femme avec des enseignes militaires. Gr. Br. T. B. C.
4058 SALVS. AVGVSTI. S. C. Hygia assise.
Gr. Br. Mod. 34 milim. T. B. C.

4059 P. M. TR. P. III. COS. P. P. S. C. L'Empereur debout entre trois enseignes militaires. Gr. Br. B. C.
4060 VICTORIA. GERMANICA. S. C. Victoire couronnant l'Empereur. Gr. Br. B. C.
4061 PAX. AVGVSTI. S. C. La Paix allant. M. Br. Deux exemplaires.
4062 Quinze grands bronzes variés, de Maximinus. B. C.
4063 Autres quinze grands bronzes du même empereur. B. C.
4064 Quinze autres. B. C.

PAULINA.

4065 CONSECRATIO. S. C. L'Impératrice voilée, volant sur un paon. Gr. Br. B. C.
4066 Autre semblable.

MAXIMUS.

4067 C. IVL. VERVS. MAXIMVS. CAES. Tête de Maximus. R*. PIETAS. Instruments de sacrifice. Gr. Br. B. C.
4068 Autre avec la lég. de l'anverse variée.
4069 PRINCIPI. IVVENTVTIS. S. C. Le César avec des enseignes militaires. B. C.
4070 Quinze grands bronzes de Maximus. B. C.
4071 Trois moyens bronzes du même César. C. O.

GORDIANUS AFRICANUS JUNIOR.

4072 IMP. CAES. M. ANT. GORDIANVS. AFR. AVG. Tête de Gordianus, à droite. R*. PROVIDENTIA. AVGG.-S. C. La Providence debout. Gr. Br. T. B. C.

BALBINUS.

4073 LIBERALITAS. AVGG.-S. C. La Libéralité debout. Gr. Br. T. B. C. Très-belle.
4074 Autre semblable. Gr. Br. T. B. C.
4075 P. M. TR. P. COS. II. P. P. S. C. L'Empereur debout. Gr. Br. B. C.
4076 Deux autres semblables. Gr. Br. M. B. C.
4077 PROVIDENTIA. DEORVM. S. C. La Providence debout. Gr. Br.
4078 VICTORIA. AVGG. S. C. La Victoire debout. Gr. Br. B. C.

PUPIENUS.

4079 LIBERALITAS. AVGG. S. C. La Libéralité debout. Gr. Br.
4080 PAX. PVBLICA. S. C. La Paix assise. Gr. Br.
4081 VICTORIA. AVGG. S. C. La Victoire debout. Gr. Br.
4082 Deux grands bronzes du même empereur. C. O.
4083 CONCORDIA. AVGG. S. C. La Concorde assise. M. Br. T. B. C., patine. Très-belle.

GORDIANUS PIUS.

4084 M. ANT. GORDIANVS. CAES. Tête nue de Gordianus, à droite. R'. PIE-TAS. AVGG. S. C. Instruments de sacrifice. Gr. Br. B. C.
4085 LAETITIA. AVG. N. Femme debout. Gr. Br. Très-belle; fleur.
4086 IOVI. STATORI. S. C. Jupiter debout. Gr. Br. T. B. C.
4087 LAETITIA. AVG. N. Femme debout. Gr. Br. T. B. C.
4088 P. M. TR. P. IIII. COS. II. P. P. S. G. Femme assise. Gr. Br. T. B. C.
4089 MARTEM. PROPVGNATOREM. S. C. Mars allant. Gr. Br. T. B. C.
4090 LIBERALITAS. AVG. II. S. C. La Libéralité debout. Gr. Br. T. B. C.
4091 P. M. TR. P. V. COS. II. P. P. S. C. Femme assise. Gr. Br. T. B. C.
4092 P. M. TR. P. VI. COS. II. P. P. S. C. L'Empereur debout. Gr. Br. T. B. C.
4093 LIBERALITAS. AVG. III. S. C. La Libéralité debout. M. Br. B. C.
4094 IOVI. STATORI. S. C. Jupiter debout. M. Br. B. C.
4095 FELICIT. TEMP. S. C. La Félicité debout. M. Br. B. C.
4096 VIRTVTI. AVGVSTI. S. C. Hercule debout. M. Br. B. C.
4097 Trente-cinq grands bronzes, variés, de Gordianus. B. C.
4098 Autres trente-cinq. B. C.
4099 Autres trente-cinq semblables. B. C.
4100 Autres trente-cinq. B. C.
4101 Huit moyens bronzes, variés, du même empereur.

PHILIPPUS, SENIOR.

4102 AETERNITAS. AVGG. G. S. (sic.) Figure sur un éléphant. B. C.
4103 FIDES. EXERCITVS. S. C. Quatre enseignes militaires. B. C.
4104 LIBERALITAS. AVGG. II. S. C. La Libéralité debout. B. C.
4105 MILIARIVM. SAECVLVM. S. C. Cippe, dans lequel il y a écrit COS. III; dans le champ, S. C.; Gr. Br. B. C.
4106 P. M. TR. P. III. COS. P. P. S. C. La Félicité debout. Gr. Br. B. C.
4107 P. M. TR. P. V. COS. III. P. P. S. C. La Félicité debout. Gr. Br. B. C.
4108 SAECVLVM. NOVVM. S. C. Temple octastyle, avec simulacre. T. B. C.
4109 SAECVLARES. AVGG. S. C. Cerf. Gr. Br. T. B. C.
4110 Vingt-quatre grands bronzes, variés, de Philippus. B. C.
4111 Autres vingt-quatre semblables. B. C.
4112 Autres vingt-quatre. B. C.
4113 Autres vingt-quatre.
4114 Quatre moyens bronzes du même empereur. B. C.

OTACILIA SEVERA.

4115 CONCORDIA. AVGG. S. C. La Concorde assise. Gr. Br. T. B. C.
4116 PIETAS. AVGVSTAE. La Piété debout. Gr. Br. T. B. C. Belle.

4117 SAECVLARES. AVGG. S. C. Hippopotame. Gr. Br. T. B. C.
4118 PVDICITIA. AVG. S. C. Gr. Br. T. B. C.
4119 SAECVLARES. AVGG. S. C. Cippe. M. Br. T. B. C., patine. Très-belle.
4120 Deux moyens bronzes, variés, de la même impératrice.
4121 Dix-sept grands bronzes d'Otacilia. B. C.

PHILIPPUS JUNIOR.

4122 LIBERALITAS. AVGG. III. S. C. Les deux empereurs assis. Gr. Br. T. B. C.
4123 PRINCIPI. IVVENT. S. C. Le César debout. Gr. Br. B. C.
4124 SAECVLARES. AVGG. S. C. Cerf. Gr. Br. B. C.
4125 Vingt-trois grands bronzes de Philippus César. B. C.
4126 Deux moyens bronzes du même Empereur.

TRAJANUS DECIUS.

4127 DACIA. S. C. Decius debout. Gr. Br. B. C.
4128 EXERCITVS. INLVRICV. S. C. Femme avec deux enseignes. B. C.
4129 PAX. AVGVSTI. S. C. La Paix debout. B. C.
4130 PANNONIAE. S. C. Deux femmes. B. C.
4131 LIBERALITAS. AVG. S. C. Type du congiaire. B. C.
4132 GENIVS. EXERCIT. ILLIRICIANI. S. C. Génie debout; avec signes légionnaires. Gr. Br. B. C.
4133 VICTORIA. AVG. S. C. Victoire passant. B. C.
4134 LIBERALITAS. AVG. S. C. La Libéralité debout. M. Br. B. C.
4135 S. C. La Valeur debout. P. Br. B. C.
4136 Deux autres semblables. B. C.
4137 Dix-neuf grands bronzes de Decius. B. C.

ETRUSCILLA.

4138 FECVNDITAS. S. C. Femme debout. B. C.
4139 PVDICITIA. S. C. Femme assise. Gr. Br. B. C.
4140 Cinq grands bronzes. B. C.
4141 FECVNDITAS. AVGG. S. C. La Fécondité debout, avec un enfant devant. M. Br. T. B. C., patine. Très-belle.

HERENNIUS ETRUSCUS.

4142 PRINCIPI. IVVENTVTIS. S. C. César debout. Gr. Br. T. B. C.
4143 Autre semblable. Gr. Br.
4144 Autre semblable. Gr. Br. M. B. C.
4145 PIETAS. AVGG. S. C. Mercure debout. Gr. Br.

VALENS HOSTILIANUS.

4146 PRINCIPI. IVVENTVTIS. S. C. César debout, avec enseignes militaires et la haste. Gr. Br. B. C.
4147 Autre semblable. Gr. Br.
4148 Même épigraphe. S. C. Femme assise. Gr. Br. B. C.
4149 Deux autres semblables. Gr. Br. M. B. C.
4150 Deux autres. Gr. Br. B. C.

TREBONIANUS GALLUS.

4151 IVNONI. MARTIALI. S. C. Temple distyle, avec simulacre. Gr. Br. B. C.
4152 AETERNITAS. AVGG. S. C. L'Espérance debout, avec le phénix. Gr. Br. T. B. C.
4153 LIBERTAS. AVGG. S. C. La Liberté debout. Gr. Br. B. C.
4154 LIBERALITAS. AVGG. S. C. La Liberalité debout. B. C.
4155 PIETAS. AVGG. S. C. La Piété debout. Gr. Br. B. C.
4156 SECVRITAS. AVGG. S. C. La Sécurité debout. Gr. Br. B. C.
4157 APOLL. SALVTARI. S. C. Apollon debout, appuyé sur une lyre. Gr. Br. B. C.
4158 ROMAE. AETERNAE. S. C. Rome nicéphore assise. Gr. Br. B. C.
4159 VIRTVS. AVGG. S. C. La Valeur debout. Gr. Br. B. C.
4160 Catorze grands bronzes, variés, de Gallus.

VOLUSIANUS.

4161 CONCORDIA. AVGG. La Concorde debout. Gr. Br. B. C.
4162 FELICITAS. PVBLICA. S. C. La Félicité debout. Gr. Br. B. C.
4163 IVNONI. MARTIALI. S. C. Temple distyle. Gr. Br. B. C.
4164 PAX. AVGG. S. C. La Paix, debout. Gr. Br. B. C.
4165 Onze grands bronzes de Volusianus. B. C.

AEMILIANUS.

4166 IMP. CAES. AEMILIANVS. P. F. AVG. Tête d'Aemilianus laurée, à droite. R*. SPES. PVBLICA. S. C. L'Espérance debout. Gr. Br. B. C.

VALERIANUS.

4167 CONCORDIA. EXERCIT. S. C. Femme debout. Gr. Br. B. C.
4168 FELICITAS. AVGG. S. C. La Félicité debout. Gr. Br. B. C.
4169 Autre semblable. B. C.
4170 ORIENS. AVG. S. C. Le Soleil debout. Gr. Br.
4171 VICTORIA. AVG. S. C. Victoire debout. Gr. Br.
4172 Sept grands bronzes de Valerianus.

MARINIANA.

4173 CONSECRATIO. Paon, de face. Gr. Br. B. C.
4174 Autre semblable. B. C.
4175 Paon de côté. C. O.
4176 CONSECRATIO. S. C. Paon, de face. M. Br. T. B. C., patine.

GALLIENUS.

4177 CONCORDIA. EXERCIT. S. C. Femme debout. Gr. Br. T. B. C.
4178 LIBERALITAS. AVGG. La Libéralité debout. Gr. Br. T. B. C.
4179 CONCORDIA. AVGG. S. C. Deux mains jointes. Gr. Br. B. C.
4180 FELICITAS. AVGG. S. C. La Félicité debout. Gr. Br. B. C.
4181 Cinq grands bronzes, variés, de Gallienus.
4182 APPOLLINI. PROPVG. Apollon lançant une flèche avec l'arc. P. Br.
4183 IVVENTVS. (sic.) AVG. Figure nicéphore, debout; exergue, VII. G. P. Br.
4184 LEG. II. ADI. VI. P. VI. F. Pégase. P. Br.
4185 LIBERALITAS. AVGG. Femme debout. P. Br.
4186 ORIENS. AVG. Deux figures debout. P. Br.
4187 ROMAE. AETERNAE. Rome nicéphore assise. P. Br.
4188 VICTORIA. GERMANICA. Victoire marchant. P. Br.
4189 VIRTVS. AVGVSTI. Hercule debout; dans le champ, étoile. P. Br.
4190 VICTORIA. GERMAN. Victoire couronnant l'Empereur. P. Br.
4191 Trente-trois petits bronzes, variés, de Gallienus.
4192 Autre trente trois petits bronzes, variés.
4193 Autres trente-trois petits bronzes, variés.
4194 Autres trente-trois petits bronzes, variés.
4195 Trente-cinq petits bronzes, variés.

CORNELIA SALONINA.

4196 IVNO. REGINA. S. C. Junon debout. Gr. Br. B. C.
4197 Autre semblable. M. B. C.
4198 Quatre petits bronzes, savoir: IVNO. REGINA.—PIETAS. AVGG.—FECVNDITAS.,—et VENVS. GENITRIX. B. C.
4199 Quatre autres petits bronzes. R*. VENVS. VICTRIX.: VESTA. —CERERI. AVGG.,—et PIETAS. AVGG. B. C.
4200 Vingt-sept petits bronzes, variés, de la même impératrice. B. C.

POSTUMUS.

4201 P. M. TR. P. COS. II. P. P.-S. C. L'Empereur debout. Gr. Br.
4202 LAETITIA. AVG. Navire. Gr. Br. B. C.

4203 FIDES. MILITVM. La Foi debout, avec des enseignes. Gr. Br., diminué. C. O.
4204 VICTORIA. AVG. S. C. Victoire marchant. Gr. Br., surfrappée, mais lisible.
4205 HERCVL. DEVSONIENSE. Hercule debout, dans un temple tétrastyle. Gr. Br., diminué. B. C.
4206 Quatre petits bronzes de Postumus, varies, savoir : HERCVLI. DEVSONIENSE.—FELICITAS. AVG.—P. M. TR. P. COS. II. P. P., et LAETITIA. AVG. B. C.
4207 Huit petits bronzes en billon, du même tyran, variés.

VICTORINUS.

4208 Cinq petits bronzes de ce tyran. Les revers, INVICTVS.—PAX. AVG.—SALVS. AVG.—PROVIDENTIA. AVG.,—et PIETAS. AVG.; B. C.
4209 Sept petits bronzes du même tyran.

MARIUS.

4210 CONCORDIA. MILITVM. Deux mains liées. P. Br. B. C.
4211 Autre semblable. M. B. C.

TETRICUS, SENIOR.

4212 SALVS. AVGG.—PAX. AVG.—HILARITAS.—COMES. AVG. Victoire,—et deux autres barbares.—Total, six. P. Br.
4213 Douze exemplaires du même, variés.

TETRICUS CÆSAR.

4214 Cinq. FORTVNA.—SPES. AVGG., et PIETAS. AVG., avec instruments de sacrifice. P. Br. B. C.

QUIETUS.

4215 APOLLINI. CONSERVAT. Apollon debout. P. Br. B. C.

MACRIANUS.

4216 SOLI. INVICTO. Soleil marchant. P. Br. B. C.
4217 ROMAE. AETERNAE. Rome assise. P. Br. B. C.
4218 IOVI. CONSERVATORI. Jupiter assis. P. Br. C. O.

CLAUDIUS GOTHICUS.

4219 ADVENTVS. AVG. L'Empereur à cheval. APOLLINI. CONS. Apollon debout.—FORTUNA. REDVX.—S. P. Q. R. Fortune debout. Trois exemplaires. P. Br.

4220 MEMORIAE. AETERNAE. Aigle. P. Br. B. C. Trois exemplaires.
4221 REQVIES. OPTIMO. PRINCIP. Figure assise. P. Br. B. C. Deux exempl.
4222 Vingt-six petits bronzes, variés. La plupart sont en B. C.
4223 Vingt-six autres petits bronzes semblables.
4224 Autres vingt-six petits bronzes.
4225 Vingt-huit petits bronzes, variés.

QUINTILLUS.

4226 Trois petits bronzes en billon.—LAETITIA. AVG.—FIDES. MILIT. et AETERNITAS.; B. C.
4227 Trois autres. PROVIDENT. AVG.; PAX. AVGVSTI, et VIRTVS. AVG. P. Br. B. C.
4228 Douze petits bronzes, variés.

AURELIANUS.

4229 CONCORDIA. AVGG. Deux figures se donnant les mains; au milieu, tête du soleil. M. Br. B. C., patine.
4230 Autre semblable. M. B. C.
4231 Trois autres semblables. B. C.
4232 Trois autres.
4233 Quatre petits bronzes. CONCORDIA. MILITVM.—IOVI. CONSERV.—FIDES. MILITVM.—RESTITVTOR. ORIENTIS.; T. B. C.
4234 Autres quatre petits bronzes. PROVID. DEOR.—ROMAE. AETERNAE.—VIRTVS. MILITVM.—RESTITVTOR. ORBIS.; T. B. C.
4235 Vingt-trois petits bronzes d'Aurelianus, variés. B. C.
4236 Autres vingt-trois petits bronzes d'Aurelianus, variés. B. C.
4237 Vingt-quatre petits bronzes d'Aurelianus, variés. B. C.

SEVERINA.

4238 IVNO. REGINA. Junon debout. M. Br. B. C. Deux exemplaires.
4239 Trois petits bronzes. CONCORDIA. MILIT.—VENVS. FELIX. et PROVIDEN. DEOR.; T. B. C.
4240 Treize petits bronzes.

TACITUS.

4241 Trois petits bronzes. CONCORDIA. MILITVM.—LAETITIA. AVG.,—et SECVRIT. PERP.; T. B. C.
4242 Quatre autres. SALVS. AVG.—PROVIDE. AVG.—MARS. VICTOR. et SPES. PVBLICA.; T. B. C.
4243 Autres quatre. FIDES. MILITVM.—MARTI. PACIF.—CONSERVAT. MILITVM.—SPES. PVBLICA.; B. C.
4244 Douze petits bronzes du même, variés; presque tous B. C.

FLORIANUS.

4245 Deux petits bronzes. LAETITIA. FVND.; exergue, XXI. P.-PROVIDE. AVG.; B. C.
4246 Deux autres petits bronzes. CONCORDIA. MILITVM.—VIRTVS. AVG. B. C. Deux exemplaires.
4247 Quatre petits bronzes, variés. C. O.

PROBUS.

4248 Trois petits bronzes. ADVENTVS. PROBI. AVG. L'Empereur à cheval. —SOLI. INVICTO. Quadrige de face.—VIRTVS. AVG. Mars allant. T. B. C.
4249 Quatre autres petits bronzes. PAX. AVGVSTI.—HERCVLI.-PACIFERO. — CONCORD. MILIT.— CLEMENTIA. TEMP.; T. B. C.
4250 Quatre autres. VIRTVS. PROBI. AVG. L'Empereur à cheval, foulant un ennemi.—SECVRIT. PERP.—ADVENTVS. PROBI. AVG.—VICTORIA. AVG.; T. B. C.
4251 Quatre autres. P. M. TR. P. COS. P. P. L'Empereur entre deux signes militaires. — PROVIDENTIA.-AVG. — SECVRIT. PERP. — SOLI. INVICTO. Soleil dans un quadrige, à gauche. T. B. C.
4252 Quatre autres. SALVS. AVG.—VICTORIA. GERM. Trophée.—MARTI. PACIF.—TEMPOR. FELIC.; T. B. C.
4253 Trente-cinq petits bronzes, variés, de Probus. B. C.
4254 Trente-cinq petits bronzes, variés, de Probus.
4255 Trente-cinq autres petits bronzes, variés, du même empereur.
4256 Trente-cinq autres.
4257 Trente-cinq autres.

CARUS.

4258 Trois petits bronzes. PAX. AVG.—PROVIDENT. AVGG.—ABVNDANTIA. AVG.; T. B. C.
4259 Deux autres. CONSECRATIO. Aigle,—et IOVI. VICTORI.; T. B. C.
4260 Deux autres. SPES. PVBLICA. et PAX. EXERCIT.; T. B. C.
4261 Sept petits bronzes, variés.

NUMERIANUS.

4262 Deux petits bronzes. IOVI. VICTORI.—MARS. VICTOR.; B. C.
4263 Deux autres. PROVID. AVGG.—ORIENS. AVGG.; T. B. C.
4264 Deux autres. MARS. VICTOR.—VIRTVS. AVGG.; T. B. C.
4265 Six petits bronzes du même empereur, variés. B. C.

CARINUS.

4266 Trois petits bronzes. GENIVS. EXERCITI.—IOVI. VICTORI.—et FIDES. MILITVM.; B. C.
4267 Trois autres. FELICIT. PVBLIC.— AETERNITAS. — et AEQVITAS. AVGG.; T. B. C.
4268 Trois autres. PRINCIPI. IVVENTVT.—LAETITIA. AVG.—PIETAS. AVG. Mercure. T. B. C.
4269 Trois autres. VIRTVTI. AVGG. Hercule.—VIRTVS. AVG. Deux figures. —PIETAS. AVGG. Instruments de sacrifice. T. B. C.
4270 Vingt et un petits bronzes de Carinus, variés. B. C.

MAGNIA URBICA.

4271 MAGNIA. VRBICA. AVG. Tête de Magnia Urbica. R*. VENVS. VICTRIX. Vénus debout. T. B. C. Très-belle.
4272 Autre semblable. B. C.
4273 Autre semblable. M. B. C.
4274 VENVS. CELESTIS. (sic.) Vénus debout. B. C.

NIGRINIANUS.

4275 DIVO. NIGRINIANO. Tête radiée de Nigrinianus, à droite. R*. CONSECRATIO. Aigle; à l'exergue, KA∪A.; T. B. C. Belle.

DIOCLETIANUS.

4276 D. N. DIOCLETIANO. FELICISSIMO. SEN. AVG. Buste de Diocletianus, avec le *paludamentum* et un volume à la main. R*. VOTA. PVBLICA. Vaisseau, avec Sérapis portant le gouvernail, et la Victoire elevant la voile. M. Br. T. B. C. Belle.
4277 FELIX. ADVENT. AVGG. N. N. L'Afrique debout.—QVIES. AVGVSTORVM. Femme debout. B. C. Deux moyens bronzes.
4278 Trois petits bronzes. IOVI. CONSERVAT. AVGG. Jupiter.—PRIMIS. X. MVLTIS. XX. Jupiter debout. MARS. VICTOR. Mars allant. T. B. C.
4279 Trois autres petits bronzes. IOVI. FVLGERATORI.—IOVI. TVTATORI. —IOVI. CONSERVAT.; T. B. C.
4280 CONSERVATOR. AVGG. Deux figures.—FIDES. MILITVM. Deux figures.—HERCVLI. CONSERVAT. Hercule debout. P. Br. T. B. C.
4281 Dix-huit moyens bronzes, variés, de Diocletianus. B. C.
4282 Autres dix-huit moyens bronzes, aussi variés, du même empereur. B. C.
4283 Trente et un petits bronzes de Diocletianus, variés. B. C.
4284 Autres trente et un petits bronzes aussi variés, du même empereur. B. C.

MAXIMIANUS HERCULES.

4285 Deux moyens bronzes. CONSERVATORES. AFRICAE. SVAE. Afrique debout. — FELIX. ADVENT. AVGG. N. N. Afrique debout. B. C.
4286 Deux moyens bronzes. FIDES. EXERCITI. AVGG. ET. CAESS. N. N. Femme assise. — FIDES. MILITVM. Femme assise. B. C.
4287 Deux moyens bronzes. PROVIDENTIAE. DEORVM. QVIES. AVGG. Deux figures debout. — VIRTVS. AVGG. ET CAESS. N. N. L'Empereur à cheval renversant un ennemi. B. C.
4288 Quatre petits bronzes. VIRTVS. AVGG. — HERCVLI. PACIFERO. — HERCVLI. CONSERVAT. Types d'Hercule. T. B. C.
4289 REQVIES. OPTIMOR. MERIT. L'Empereur assis. B. C. Trois exempl.
4290 MEMORIAE. AETERNAE. Aigle. Deux exemplaires.
4291 IOVI. CONSERVAT. AVGG. Jupiter debout. Min. Br. B. C.
4292 Vingt moyens bronzes, variés, de Maximianus. B. C.
4293 Autres vingt semblables du même empereur.
4294 Trente et un petits bronzes, variés, du même empereur. B. C.
4295 Trente-deux petits bronzes, variés, du même empereur. B. C.

CARAUSIUS.

4296 IMP. CARAVSIVS. P. AVG. Tête radiée de Carausius, à droite. R*. PAX. AVG. La Paix debout; dans le champ, S. C.; B. C.

ALECTUS.

4297 IMP. C. ALECTVS. P. F. AVG. Tête radiée d'Alectus. R*. PAX. AVG. La Paix debout; dans le champ, S. A.; exergue, ML.; B. C.

CONSTANTIUS CHLORUS.

4298 Deux moyens bronzes. FIDES. MILITVM. Femme assise. FELIX. ADVENTVS. AVG. N. N. Afrique debout. B. C.
4299 DIVO. CONSTANTIO. AVG. Tête laurée de Constantius, à droite. R*. CONSECRATIO. Aigle; exergue, P. LG.; B. C.
4300 MEMORIAE. DIVI. CONSTANTI. Temple rond. M. Br. Deux exempl.
4301 MEMORIA. FELIX. Autel entre deux aigles. M. Br. B. C. Trois exemplaires.
4302 PRINCIPI. IVVENT. Le César debout. P. Br. T. B. C.
4303 REQVIES. OPTIMOR. MERIT.; exergue, R. Q. L'Empereur assis. P. Br. B. C.
4304 MEMORIAE. AETERNAE. Lion avec une massue dessus. Min. Br. Deux exemplaires.
4305 Même épigraphe. Aigle. Min. Br. C. O.

4306   Vingt-quatre moyens bronzes, variés, de Constantius. B. C.
4307   Vingt petits bronzes du même empereur.

HELENA.

4308   FL. HELENA. AVGVSTA. Tête d'Helena. R*. SECVRITAS. REIPVBLI-
       CE. (*sic*.) Sept exemplaires petits bronzes. Les exergues variés.
4309   Autres sept.

THEODORA.

4310   PIETAS. ROMANA. Femme allaitant deux enfants. Min. Br. B. C.

GALERIUS MAXIMIANUS.

4311   PRINCIPI. IVVENT. César avec deux enseignes militaires. M. Br. B. C.
       Deux exemplaires.
4312   Vingt moyens bronzes, variés, du même empereur. B. C.
4313   Dix-neuf petits bronzes du même empereur. B. C.

GALERIA VALERIA.

4314   GAL. VALERIA. AVG. Sa tête. R*. VENERI. VICTRICI. Vénus debout.
       M. Br. argenté.

SEVERUS.

4315   FIDES. MILITVM. Femme assise. T. B. C.
4316   Deux moyens bronzes, variés. C. O.

MAXIMINUS DAZA.

4317   VIRTVS. AVGG. ET. CAESS. N. N. Mars allant. M. Br. T. B. C. Deux
       exemplaires.
4318   GENIO. CAESARIS. Génie debout; exergue, HTΔ.; T. B. C.
4319   GENIO. AVGVSTI. Génie avec la tête d'Isis dans la main; exergue,
       ANT.; dans le champ, Δ.; T. B. C.
4320   Deux petits bronzes. GENIO. AVGVSTI. Génie debout; exerge; M. KV.
       A.—HERCVLI. VICTORI.; exergue, S. M. N. Hercule farnèse.
4321   Dix-sept moyens et petits bronzes de Maximinus, variés. B. C.

MAXENTIUS.

4322   AETERNITAS. AVGG. Femme debout avec des enseignes militaires; exer-
       gue, NOST. S. M. Br.
4323   CONSERV. VRB. SVAE. Rome, l'empereur et un captif dans un tem-
       ple tétrastyle, dans le fronton duquel il y a une louve allaitant les
       jumeaux. Exergue, A. Q. S. M. Br. B. C. Trois exemplaires.
4324   FIDES. MILITVM. AVG. N. Femme avec deux enseignes militaires. M.
       Br. B. C. Deux exemplaires.

4325 VICTORIAE. AETERNAE. AVG. N. Victoire allant. M. Br. B. C. Deux exemplaires, variés.
4326 VICTORIA. AETERNA. AVG. N. Victoire écrivant sur un *clypeum* VOT. XX. FEL. P. Br. B. C. Deux exemplaires.
4327 VOT. Q. Q. MVLT. X., dans une couronne—Une autre. VOT. Q. Q.-MVLT. XX. Min. Br. Quatre exemplaires.
4328 Vingt-trois moyens bronzes de Maxentius, variés. B. C.

ROMULUS.

4329 IMP. MAXENTIVS. DIVO. ROMVLO. NV. FILIO. Sa tête. R*. AETERNAE. MEMORIAE. Temple hexastyle, rond. M. Br. B. C.
4330 DIVO. ROMVLO. NVBIS. Tête de Romulus. R*. Comme celui de l'antérieur. M. Br. C. O.
4331 Deux autres semblables en petits bronzes. C. O.

LICINIUS, SENIOR.

4332 IOVI. CONSERVATORI. AVG. Aigle elevant l'Empereur; exergue, T. ARL. P. Br. T. B. C.
4333 VOT. X. ET. XV. F.-R. S.; le tout dans une couronne. P. Br.
4334 Trente-six petits bronzes du même Licinius; les revers, ou les exergues, variés. B. C.
4335 Trente-sept petits bronzes du même empereur, avec les revers, ou les exergues, variés. B. C.

LICINIUS, JUNIOR.

4336 IOVI. CONSERVATORI.-T. ARL.-R. S. Jupiter foudroyant. P. Br.
4337 VICTORIAE. LAETAE. PRINC. PERP. Deux victoires debout avec *clypeum*, dans lequel il y a écrit VOT. P. R. Petits. Br. De billon.
4338 Quatre petits bronzes du même Licinius, le jeune, avec les revers, ou les exergues, variés. B. C.

CONSTANTINUS MAGNVS.

4339 CONSERVATORES. KART. SVAE. Figure de Carthago dans un temple hexastyle. B. C. Trois exemplaires, variés les exergues.
4340 CONSTANTINIANAE. DAFNAE. Victoire assise, captif et signes militaires. P. Br. B. C. Quatre exemplaires variés.
4341 FVNDATOR. PACIS. Figure militaire marchant, entrainant un captif. P. Br. B. C.
4342 GLORIA. EXERCITVS. L'Empereur debout, avec lance et *clypeum*. B. C. Deux exemplaires.
4343 LIBERTAS. PVBLICA. Victoire sur un navire; exergue, CONS.; dans le champ, B. P. Br. B. C.

4344 LIBERATOR. VRBIS. L'Empereur courant à cheval; desous, lion. P. Br. B. C.
4345 MARTI. CONSERVATORI. Tête de Mars. B. C. Deux exemplaires.
4346 PACI. PERPET. Femme debout, avec enseigne militaire et une branche d'olive. P. Br. B. C. Deux exemplaires.
4347 SARMATIA. DEVICTA. Victoire marchant, avec le pied sur un captif. P. Br. B. C. Trois exemplaires.
4348 SOLI. INVICTO. COMITI. Soleil debout; exergue, P. T.; dans le champ, croix et astre. P. Br. B. C. Deux exemplaires.
4349 SOLI. INVICTO. COMITI. Tête du Soleil. M. Br. B. C. Trois exemplaires.
4350 SOLI. INVICTO. Soleil debout. P. Br. Trois exemplaires variés.
4351 VOTA. PVBLICA. Anubis dans un vaisseau, avec le *sistrum*. P. Br. B.C.
4352 VN. MR. (*Venerandæ memoriæ*.) Figure voilée debout. Min. Br. B. C. Trois exemplaires.
4353 VIRTVS. AVGVSTI. L'Empereur debout, avec lance et *clypeum*. Min. Br. B. C.
4354 Figure dans un quadrige. Min. Br. B. C. Trois exemplaires.
4355 MARTI. PATRI. CONSERVATORI. Mars allant. M. Br. B. C. Trois exemplaires.
4356 PRINCIPI. IVVENTVTIS. L'Empereur avec deux enseignes militaires. M. Br. B. C. Trois exemplaires.
4357 PRINCIPI. IVVENTVTIS. L'Empereur debout, avec globe et lance. P. Br. B. C.
4358 VIRTVS. AVGG. ET. CAESS. N. N. La Valeur marchant. M. Br. B. C.
4359 Même épigraphe. L'Empereur à cheval renversant un ennemi. M. Br. T. B. C.
4360 POP. ROMANVS. Tête du Peuple romain, avec massue à l'épaule. R*. Etoile; dessous, CONS. Min. Br. B. C. Deux exemplaires.
4361 Même anvers. R*. Pont sur un fleuve ; dessous, CONS. Min. Br. B. C.
4362 Cinquante monnaies de moyens et petits bronzes de Constantinus, variés les revers et les exergues. B. C.
4363 Cinquante autres.
4364 Cinquante autres.
4365 Autres cinquante.
4366 Autres cinquante.
4367 Autres cinquante. } Toutes sont de moyens et petits bronzes. B. C.
4368 Autres cinquante.
4369 Autres cinquante.
4370 Autres cinquante.
4371 Trente-deux autres.

4372 VRBS. ROMA. Tête de Rome. R'. Louve avec des jumeaux. B. C. Quatre-vingt six exemplaires, variés.
4373 CONSTANTINOPOLIS. Tête de Constantinople. R'. Figure de Constantinople sur une proue. Soixante-deux exemplaires avec les exergues et les signes variés.

FAUSTA.

4374 SALVS. REIPVBLICAE. Femme debout allaitant des enfants. P. Br. Trois exemplaires.
4375 SPES. REIPVBLICAE. Même type que celui de l'antérieur. P. Br. B. C. Six exemplaires.

CRISPUS.

4376 ALAMANIA. DEVICTA. Victoire marchant et foulant un captif; exergue, SIRM. P. Br.
4377 Trente-cinq petits bronzes, de Crispus, avec les revers et les exergues variés. P. Br.
4378 Quarante autres semblables. B. C.

VALERIUS CONSTANTIUS. (*Frère de Constantinus magnus?*)

4379 PROVIDENTIAE. CAESS; champ prétorien. B. C. Trois exemplaires.

DELMATIUS.

4380 FL. DELMATIVS. NOB. C. Tête de Delmatius. R*. L'anverse incuse. B. C.
4381 GLORIA. EXERCITVS. Deux soldats avec deux enseignes militaires; exergue, CONS. I.
4382 Autre semblable.
4383 GLORIA. EXERCITVS. Deux soldats avec une enseigne militaire au milieu d'eux. P. Br. B. C. Quinze exemplaires avec les exergues variés.

HANNIBALIANUS.

4384 FL. HANNIBALLIANO. REGI. Tête nue d'Hanniballianus, à droite. R*. SECVRITAS. PVBLICA.; fleuve couché; exergue, CONS. P.

CONSTANTINUS, JUNIOR.

4385 Tête de Constantinus, le jeune, à droite, sans épigraphe. R*. CONSTANTINVS. CAESAR., écrit en trois lignes dans le champ; exergue, T. AR., croissant. P. Br. de billon. B. C.
4386 Quarante petits bronzes de Constantinus, le jeune, variés les revers, ou les exergues.
4387 Autres quarante petits bronzes du même empereur, variés.
4388 Autres quarante petits bronzes du même empereur, variés.

4389 Autres quarante et un petits bronzes du même empereur, variés. B. C.

CONSTANS.

4390 Vingt-sept petits bronzes de Constans, avec les revers, ou les exergues, variés. B. C.
4391 Autres vingt-sept du même empereur.

CONSTANTIUS II.

4392 Trente-six petits et moyens bronzes de Constantius II, avec les revers et les exergues variés. B. C.
4393 Autres trente-six du même empereur.
4394 Autres trente-six.
4395 Autres trente-six.
4396 Autres trente-six.

VETRANIO.

4397 D. N. VETRANIO. P. F. AVG. Sa tête diadémée, à droite. R*. HOC. SIGNO. VICTOR. ERIS. Victoire couronnant l'Empereur; exergue, B. SIS. M. Br.
4398 CONCORDIA. MILITVM. Figure avec deux enseignes militaires; exergue, A. SIS.; M. Br. rabaissé. C. O.

MAGNENTIUS.

4399 Trente-trois moyens bronzes de ce tyran; les revers variés et les exergues aussi. B. C.

DECENTIUS.

4400 Douze petits bronzes de ce tyran. B. C.

CONSTANTIUS GALLUS.

4401 Onze petits bronzes de ce César. B. C.

JULIANUS APOSTATA.

4402 Trente-huit moyens et petits bronzes de cet empereur, revers variés. B. C.

HELENA JULIANI.

4403 PAX. PVBLICA. Femme debout. Min. Br. B. C. Quatre exemplaires.

VALENS.

4404 Trente-deux petits bronzes; les revers communs; mais les exergues variés. B. C.

VALENTINIANUS I.

4405 CONCORDIA. AVG. Rome assise avec globe et lance. Potin. P. Br. B. C.
4406 RESTITVTOR. REIPVB. L'Empereur nicéphore, debout. P. Br. B. C.
4407 VOT. X. MVLT. XX., dans une couronne de laurier ; exergue, S. M. K. B. Min. Br. B. C.
4408 Trente et un petits et moyens bronzes de Valentinianus, avec les revers variés et ordinaires, et les exergues aussi. B. C.

GRATIANUS.

4409 GLORIA. NOVI. SAECVLI. L'Empereur debout. P. Br. B. C. Deux exemplaires.
4410 VIRTVS. ROMANORVM. Rome assise ; exergue, TES. P. Br. B. C.
4411 VOT. XV. MVLT. XX., dans une couronne de laurier. Min. Br. B. C.
4412 Quarante-deux petits et moyens bronzes de Gratianus, avec les revers variés. B. C.

VALENTINIANUS, JUNIOR.

4413 VRBS. ROMA. Rome assise ; exergue, ANT. B. ; P. Br. B. C.
4414 Dix-huit petits bronzes de Valentinianus.

THEODOSIUS MAGNUS.

4415 CONCORDIA. AVGG. G. Figure de Rome assise ; exergue, ANT. B. P. Br. B. C. Deux exemplaires.
4416 Cinquante monnaies du même empereur ; revers communs et variés. B. C.

AELIA FLACCILLA.

4417 SALVS. REIPVBLICAE. Victoire écrivant sur un bouclier le monogramme de *Christus* ; six exemplaires, variés les exergues ; tous M. Br.
4418 Deux autres semblables en M. Br.
4419 SALVS. REIPVBLICAE. Femme debout. M. Br. B. C. Six exemplaires variés.

MAGNUS MAXIMUS.

4420 Dix-sept moyens bronzes de cet empereur, avec les revers communs et variés.

ARCADIUS.

4421 Cinquante moyens bronzes de cet empereur, variés.

HONORIUS.

4422 Vingt-quatre moyens bronzes de cet empereur.

AELIA EUDOXIA.

4423[1.] AEL. EVDOXIA. AVG. Sa tête à droite. R*. SALVS. REIPVBLICAE. Victoire écrivant sur un *clypeum*; exergue, CONSΔ.; B. C.

MARCIANUS.

4423[2.] D. N. MARCIANVS. P. F. AVG. Tête diadémée, à droite. R*. Monogramme au milieu d'une couronne. Min. Br.

INCERTAINES DU HAUT EMPIRE.

4424 Tête de Vénus, ou de Faustine, à droite. R*. S. C. Colombe. P. Br. B. C. Cinq exemplaires.
4425 Buste de Mars, barbu, à droite. R*. S. C. *Thorax*. P. Br. B. C. Deux exemplaires.
4426 Tête de Jupiter, à gauche. R*. Louve avec jumeaux. P. Br.
4427 Tête de Pallas, à droite. R*. S. C. Olivier.
4428 Tête de Pallas. R*. S. C. Chouette.
4429 Tête de Mercure. R*. S. C. Caducée. B. C. Trois exemplaires.
4430 Griphon avec la main sur une roue. R*. S. C. Trépied.
4431 Griphon en course. R*. Autre griphon en course. Min. Br.

4432 IMP. NERVA. CAES. AVG. *Modius*. R*. S. C. Caducée. Min. Br. B. C.

4433 Vingt-neuf ases de la République romaine.
4434 Autres vingt-huit ases de la République romaine.
4435 Autres soixante-dix monnaies, parties des ases.

4436 Trente neuf grands bronzes, depuis Augustus jusqu'à Néro. C. O.
4437 Trente-sept grands bronzes de Néro, ou de Vespasianus. C. O.
4438 Trente-deux grands bronzes de Titus et de Domitianus. C. O.
4439 Quarante-trois grands bronzes de Domitianus et de Nerva. C. O.
4440 Trente-deux grands bronzes de Trajanus. C. O.
4441 Quarante grands bronzes de Trajanus. C. O.
4442 Quarante grands bronzes de Trajanus. C. O.
4443 Quarante grands bronzes de Trajanus et Hadrianus. C. O.
4444 Cinquante grands bronzes d'Hadrianus. C. O.
4445 Cinquante grands bronzes d'Hadrianus. C. O.
4446 Cinquante grands bronzes d'Hadrianus. C. O.
4447 Cinquante grands bronzes d'Hadrianus. C. O.
4448 Quarante-cinq grands bronzes d'Hadrianus. C. O.

4449 Quarante grands bronzes d'Hadrianus, Sabina, Aelius, et Antoninus Pius. C. O.
4450 Cinquante Gr. Br. d'Aelius et d'Antoninus. C. O.
4451 Cinquante grands bronzes d'Antoninus. C. O.
4452 Quarante-six grands bronzes d'Antoninus. C. O.
4453 Cinquante grands bronzes de Faustina. C. O.
4454 Cinquante grands bronzes de Marcus Aurelius. C. O.
4455 Cinquante grands bronzes d'Aurelius. C. O.
4456 Cinquante grands bronzes d'Aurelius, et de Faustina minor. C. O.
4457 Cinquante grands bronzes d'Aurelius, et de Faustina minor. C. O.
4458 Cinquante grands bronzes de Faustina minor. C. O.
4459 Autres cinquante grands bronzes de Faustina minor, Verus, et Lucilla. C. O.
4460 Autres cinquante grands bronzes de Lucilla, et de Commodus. C. O.
4461 Cinquante-cinq grands bronzes de Commodus, Crispina et Severus. C. O.
4462 Soixante grands bronzes d'Alexander Severus. C. O.
4463 Soixante grands bronzes d Alexander Severus. C. O.
4464 Soixante grands bronzes de Mammæa. C. O.
4465 Soixante grands bronzes de Maximinus. C. O.
4466 Cinquante grands bronzes de Maximinus, Maximus, et Gordianus. C. O.
4467 Soixante grands bronzes de Gordianus Pius. C. O.
4468 Soixante grands bronzes de Gordianus et de Philippus. C. O.
4469 Soixante grands bronzes de Philippus. C. O.
4470 Soixante grands bronzes de Philippus, Otacilia, Philippus junior, et Decius. C. O.
4471 Cinquante-six grands bronzes de Decius et autres. C. O.
4472 Cent-vingt moyens et petits bronzes du haut et bas empire.
4473 Cent-vingt moyens et petits bronzes du haut et bas Empire.
4474 Cent-vingt moyens et petits bronzes du haut et bas empire.
4475 Cent-vingt moyens et petits bronzes du haut et bas empire.
4476 Cent-vingt moyens et petits bronzes de Claudius et de Néro.
4477 Cent moyens bronzes de Nero et d'autres.
4478 Cent moyens bronzes de Domitianus et autres.
4479 Autres cent moyens bronzes de Trajanus et autres.
4480 Autres cent moyens bronzes d'Hadrianus et autres.
4481 Autres cent moyens bronzes du haut empire. C. O.
4482 Autres deux-cents petits bronzes de Gallienus et autres. Cuivre et billon.
4483 Autres deux-cents petits bronzes de Claudius Gothicus et autres.
4484 Autres deux-cents moyens et petits bronzes de Probus, Diocletianus et autres.
4485 Autres deux-cents moyens et petits bronzes de Diocletianus et autres.

4486 Autres deux-cents moyens et petits bronzes de Constantinus et autres.
4487 Autres deux-cents petits bronzes de Constantinus et autres.
4488 Autres deux-cents petits bronzes du même empereur et autres.
4489 Deux-cents petits bronzes de Constantinus et de sa famille.
4490 Deux-cents petits bronzes de Constantinus et de sa famille.
4491 Deux-cents petits bronzes de Constantinus et de sa famille.
4492 Deux-cents petits bronzes de Constantinus et de sa famille.
4493 Deux-cents petits bronzes de Valentinianus et de sa famille.
4494 Deux-cents petits bronzes de Valentinianus et de sa famille.
4495 Cinquante monnaies de grands, moyens et petits bronzes impériales, quelques unes rares et autres bien conservées, doubles de la colection.

MEDAILLONS IMPERIAUX DE CUIVRE.

MARCIANA.

4496 DIVA. AVGVSTA. MARCIANA. Tête de Marciana, regardant à droite. R*. CONSECRATIO. Marciana dans un quadrige d'éléphants, avec auriga, cheminant à gauche; dessous, S. P. Q. R. (Médaillon d'argent avec un grand cercle de cuivre, de fabrique postérieur à son époque, mais antique; il paraît être contorniate. T. B. C.)

ANTONINUS PIUS.

4497 ANTONINVS. AVG. PIVS. P. P. TR. P. COS. IIII. Tête d'Antoninus, à droite. R*. Hercule debout, regardant à Télesphore, allaitté par la biche, sur un rocher; au-dessus, un aigle.
Mod. 39 milim., avec patine grise, vitrieuse, très-dure.

M. AURELIUS.

4498 M. ANTONINVS. AVG. TR. P. XXVI. Buste d'Aurelius, à droite, avec *paludamentum*. R*. IMP. VI. COS. III. VICT. GERM. Victoire dans un quadrige de chevaux, à gauche.
Mod. 45 milim. B. C., excessivement épais.

FAUSTINA, MINOR.

4499 FAVSTINA. AVG. ANTONINI. AVG. PII. FIL. Buste de Faustina minor, à droite. R*. S. C. Temple de Vesta avec sept figures.
Mod. 54 milim. B. C., épais et d'un grand relief.

4500 FAVSTINA. AVG. PII. AVG. FIL. Tête de Faustina, à droite. R*. Paon, de face, avec la queue éployée.
Mod. 43 milim. B. C., patine rouge et verte.

L. VERUS.

4501 L. VERVS. AVG. ARM. PAR. PON. MAX. TR. VIIII. Buste lauré, à droite. R*. COS. III. Rome assise sur une cuirasse; derrière, une Victoire la couronnant; et devant, l'Empereur lui présentant une branche d'olive.
<small>Mod. 55 milim. B. C.</small>

COMMODUS.

4502 M. COMMODVS. ANTONINVS. PIVS. FELIX. AVG. BRIT. Buste lauré de Commodus, à droite. R*. COS. VI. Figure militaire debout, tenant une lance et une épée; devant elle, une Victoire érigeant un trophée, au pied duquel est la figure d'Afrique, assise, tenant dans la gauche deux cornes d'abondance, et la main droite posée sur un lion.
<small>Superbe médaillon de deux bronzes. Mod. 45 milim. T. B. C., patine verte.</small>

4503 M. COMMODVS. ANTONINVS. AVG. PIVS. BRIT. Buste de Commodus lauré, à droite. R*. SALVS.-P. M. TR. P. X. IMP. VI. COS. III. P. P. Hygia, assise, à gauche, allaitant un serpent avec patère; devant, simulacre de Bacchus sur une colonne posée dessous d'un cep elevé.
<small>Médaillon de fort-belle conservation et d'indubitable légitimité. Mod. 58 milim., patine verte.</small>

4504 M. AVREL. COMMODVS. ANTONINVS. AVG. Buste lauré de Commodus, à droite. R*. TR. P. VIII. IMP. V. COS. IIII. P. P. Figure debout avec lance dans la main gauche, et la droite posée sur un trophée, dessous lequel il y a deux captifs.
<small>Mod. 39 milim. Douteuse.</small>

DECIUS.

4505 IMP. C. M. Q. TRAIANVS. DECIVS. AVG. Tête radiée, à droite. R*. VICTORIA. AVG.-S. C. Victoire marchant.
<small>Mod. 37 milim. B. C., patine.</small>

TREBONIANUS GALLUS ET VOLUSIANUS.

4506 IMP. GALLVS. AVG. IMP. VOLVSIANVS. AVG. Têtes laurées et affrontées de Trebonianus Gallus, et Volusianus. R*. ADVENTVS. AVGG. Les deux empereurs à cheval, précédés de la Victoire et suivis de deux soldats portant des enseignes militaires. (Médaillon de deux bronzes en parfaite conservation.)

AURELIANUS.

4507 IMP. AVRELIANVS. AVG. Tête radiée, à droite. R*. SEVERINA. AVG. Buste de Severina, à droite, sur un croissant.
<small>Petit médaillon. Mod. 30 milim. B. C.</small>

4508 Autre semblable.

FLORIANUS.

4509 IMP. C. M. ANN. FLORIANVS. AVG. Tête laurée, à droite. R*. MONETA. AVG. Les trois monnaies debout.
Médaillon argenté modernement, mod. 34 milim.

PROBUS.

4510 IMP. PROBVS. AVG. Buste de Probus, à droite. R*. MONETA. AVG. Les trois monnaies debout.
Mod. 40 milim. Cassé, et plombé le morceau qui lui manquait.

NUMERIANUS.

4511 IMP. C. NVMERIANVS. P. F. AVG. Buste lauré, à droite. R*. MONETA. AVGG. Les trois monnaies debout.
Médaillon argenté. Mod. 35 milim. T. B. C.

DIOCLETIANUS.

4512 IMP. C. C. VAL. DIOCLETIANVS. P. F. AVG. Tête de Diocletianus laurée, à droite. R*. MONETA. AVG. Les trois monnaies debout.
Médaillon argenté. Mod. 34 milim. C. O.

MAXIMIANUS HERCULES.

4513 IMP. C. M. AVR. VAL. MAXIMIANVS. P. F. AVG. Buste lauré, à droite. R*. MONETA. AVGG. Les trois monnaies debout.
Mod. 37 milim., doré.

CONSTANTINUS, JUNIOR.

4514 CONSTANTINVS. IVN. NOB. C. Buste diadémé, à droite. R*. VIRTVS. CAESARVM. L'Empereur debout avec la main sur un trophée, et dessous un captif.
Mod. 34 milim. B. C., patine.

CONSTANS.

4515 CONSTANS. P. F. AVG. Buste diadémé, à droite; dans le champ, un cercle incuse. R*. VIRTVS. AVG. N. L'Empereur à cheval avec haste, foulant un ennemi.
Mod. 36 milim. B. C.

CONSTANTIUS II.

4516 D. N. CONSTANTIVS. P. F. AVG. Buste diadémé, à droite, avec la main elevée. R*. VICTORIA. AVGVSTORVM. L'Empereur et la Victoire debout.
Mod. 34 milim. T. B. C., patine.

MEDAILLONS CONTORNIATES.

4517 NERO. CLAVDIVS. CAESAR. AVG. GERM .... Tête laurée de Néro, à droite; devant, incuse, une clef. R*. Serpent; devant, un autel dessous d'un arbre.
   Mod. 36 milim. B. C.

4518 Tête qui paraît être d'Alexander magnus, à droite; devant, incuse, une feuille de pampre ou de lierre. R*. Alexander, assis de face, avec *modius* sur la tête, couronné par une figure tourrelée, qui a une verge dans la main gauche; à gauche, figure militaire, debout, avec casque, qui termine avec la tête d'un coq, tenant une lance dans la main gauche, et un trident dans la droite; au pied du trône il y a quatre sphinx ailés; à l'exergue, deux figures couchées.
   Mod. 37 milim. B. C.

TESSERES.

4519 Poule, ou paon, marchant à gauche. R*. A. AT.-L. AT., écrit en deux lignes qui occupent tout le champ.
   Médaillon de plomb Mod. 40 milim., très-épais. Dessiné par Mr. Lorichs, dans son ouvrage, planche VIII, n.° 6.

4520 IMP. AVG.-TR. POT., en deux lignes, au milieu du grènetis. R*. CAPITO, en deux lignes aussi.
   Mod. 24 milim. T. B. C.

4521 Tête radiée d'Augustus à gauche au milieu du grènetis. R*. IIII., au milieu du grènetis. Æ. P. Br. C. O.

4522 Même anvers. R*. VIIII., au milieu du grènetis. B. C.

4523 Moyen bronze de M. Marcus Agrippa, ayant la contre-marque numéro 32. C. O.

4524 Autre moyen bronze de Claudius, avec la contre-marque n.° 33. C. O.

4525 Tête d'Annius Verus, Cæsar, nue, à droite. R*. Les quatre stations, représentés par quatre enfants qui ont des attributs : le premier porte sur la tête une assiette avec des fruits; le second a dans la main droite une faucille, et la main gauche elevée; le troisième a un petit chevreuil dans la main gauche, et dans la droite il a une assiette pleine de fruits; et le quatrième est vêtu avec une tunique.
   Æ. Mod. 24 milim. B. C. Très-belle fabrique.

4526 Gladiateur présentant son bouclier à un taureau cornupète. R*. QVATT.-VOS., au milieu du grènetis.
   Æ. P. Br. Mod. 22 milim.

4527   Gladiateur combattant avec un lion. R*. Cavalier en course jetant sa lance à un lion qui fuit; le tout au milieu d'un petit grènetis.
   Æ. Mod. 20 milim. B. C.
4528   *Modius.* R*. *Diota.* B. C. Deux exemplaires.
4529   Autre semblable, ayant aux côtés du *modius* Θ-E; peut-être de Thébas, dans la Bœotia.
4530   Un petit plomb avec les caractères D. G. D. et des épis à l'autre côté. Un *quadrant* indéchifrable.
   Æ. Mod. 20 milim.

QUATRIÈME SÉRIE.

MONNAIES D'OR BYZANTINES.

ANASTASIUS.

4531 D. N. ANASTASIVS. P. P. AVG. Buste casqué, de face, avec la haste à l'épaule. R*. VICTORIA. AVGGG. A. Victoire debout, tenant une croix large; exergue, COMOB.; dans le champ, étoile. *Solidus.*

4532 R*. VICTORIA. AVGVSTORIA. Victoire marchant à droite, avec palme à l'épaule; exergue, COMOB. Mod. de *Quinarius.*

4533 VICTORAIA. V. AVGVSTORV.; exergue, COM. OB. Mod. de *Quinarius.*

4534 VICTORIA. AVGVSTONVΓ.; exergue, COM. OB. Mod. de *Quinarius.*

4535 Autre semblable.

JUSTINUS I.

4536 D. N. IVSTINVS. P. P. AVG. Buste casqué, de face, avec la haste à l'épaule. R*. VICTORIA. AVGGG. A.; Victoire debout; exergue, COM. OB. *Solidus.*

4537 VICTORIA. AVGVSTORVM. ᛃ. R*. Victoire barbare; exergue, COM. OB. Mod. de *Quinarius.*

4538 VICTORIA. AVGVSTORI. CONOB.; barbare.
Mod. de *Quinarius.* Poids gr. 1,47.

4539 VICTORIA. AVGVSTORVA. CONOB.; barbare. Mod. de *Quinarius.*

4540 VICTΘRIA. AVGVST.; exergue, CARB. Figure de face, avec une couronne et une croix; barbare. Mod de *Quinarius.*

JUSTINIANUS I.

4541 VICTORIA. AVGGG. IA. Victoire de face, avec croix large dans la droite, et globe surmonté d'une croix, dans la gauche; exergue, COMOB.; dans le champ, étoile. *Solidus.*

4542 VICTORIA. AVTORVD. Victoire barbare marchant; exergue, COM. Mod. de *Quinarius.*

4543 VICTOR. VIICVTONAVI. Victoire barbare, marchant; exergue, CONOB. Mod. de *Quinarius.*

4544 VICTORI.-A. VSTIV. Victoire barbare marchant; exergue, CNN. Mod. de *Quinarius.*

4545 VICTORIAVA .... G. Victoire barbare marchant; exergue, COND. Mod. de *Quinarium*.

FOCAS.

4546 D. N. FOCAS. PERP. AVG. Buste de face, avec croix, à droite. R*. VICTORI. AAVCCI. Victoire de face, avec globe surmonté d'une croix, dans la main gauche, et croix large dans la droite, terminée avec le monogramme de Christ.
Solidus. Poids gr. 4,45.

4547 VICTORIA. AVGV. Croix sur trois gradins; exergue, CONOB.
Tiers de *solidus*. Poids. gr. 1,47.

HERACLIUS.

4548 D. N. ERACLIVS. PP. AVG. Buste d'Heraclius. R*. VICTORIA. AVGVSTI. Croix sur un gradin; dans le champ. A-Ω; exergue, CONOB.
Tiers de *solidus*. Poids gr. 1,46.

HERACLIUS ET HERACLIUS CONSTANTINUS.

4549 D. D. N. N. HERACLIVS. T. HERA. CONST. Bustes d'Heraclius et d'Heraclius Constantinus, enfant, de face. R*. VICTORIA. AVGV. E. Croix sur trois gradins; exergue, CONOB.; dans le champ, N.
Solidus. Poids gr. 4,46.

ARTEMIUS ANASTASIUS.

4550 D. N. ANASTASI. MVLT. Buste de face tenant un globe surmonté d'une croix, à droite, et dans la gauche un volume. R*. VICTORI. AVG. Croix sur trois gradins; exergue, CONOB.; au côté, autre croix plus petite.
Solidus. Poids gr. 4,50.

BARBARES.

4551 VINCTAN.-AVSTOVI. Tête à droite. R*. VOTRIA. AVSTOI. Croix; exergue, CONOB. Tiers de *Solidus*.

4552 D. N. VSTAI. NVSIPAVC. Buste ayant une croix dans la poitrine. R*. VICTIVI. AVTONAVI. Victoire barbare; exergue, CONOB. Tiers de *solidus*.

4553 D. N. ANS.-NISPPAVC. Buste avec une croix dans la poitrine. R*. VCTORIA. AGVSROM. Victoire barbare; exergue, CONOB. Tiers de *solidus*.

4554 DN⟨AI. CA. TNVIIVS. P. Tête diadémée. R*. Croix grecque dans une couronne; exergue, CONOB. Tiers de *solidus*.

4555 OVSTII-IINVZIAC. R*. VICTOVATCN. Victoire barbare, exergue, CONOS. Tiers de *solidus*.

THEOPHILUS AVEC MICHAEL TERTIUS ET CONSTANTINUS.

4556 ΘEOFILOS. BASILEVS. Buste de face avec croix dans la droite et volume dans la gauche. R*. MIXAHLS. CONSTANTINI.; deux bustes.
Solidus. Poids gr. 4,20.

ROMANUS DIOGENES.

4557 ΘCE. (*sic.*) hOHO. ROMANV. L'Empereur debout, tenant un globe surmonté d'une croix, dans la droite; à son côté, la Vierge debout, avec la main droite sur la tête de l'Empereur. R*. IHS-XI. Christ assis, de face.
Solidus. Poids gr. 4,43. B. C.

MICHAEL DUCAS.

4558 MIXAHΛ. BACIΛOΔ. Buste de face avec diadème; dans la droite, le *narthex*, et dans la gauche, globe surmonté d'une croix. R*. IC.-XC. Buste de face.
Solidus. Poids gr. 4,37.

IOANNES COMNENUS.

4559 IO.-ΔECΠ. L'Empereur de face, tenant dans la main droite le *narthex*, et dans la gauche un livre; à son côté, la Vierge, aussi de face, avec la main droite posée sur la tête de l'Empereur. R*. IC. XC. Jesus-Christ de face, assis sur une chaise.
Médaillon concave. Poids gr. 4,33.

4560 Autre semblable.
Poids gr. 4,39, percée.

EMMANUEL COMNENUS.

4561 MANVHΛ. ΔECΠOTH.-TO.ΠOPΦYPOΓEN. L'Empereur debout, avec le *narthex* à gauche, et globe surmonté d'une croix, dans la droite. R*. KE. BOHΘEI. Buste de face, de Jesus-Christ; aux côtés, IC.-XC. Médaillon concave.

4562 Autre du même empereur, avec la lég. écrite du haut en bas, et non circulairement.
Poids gr. 4,45. T. B. C.

MONNAIES BYZANTINES DE CUIVRE.

ANASTASIUS.

4563 D. N. ANASTASIVS. P. P. AVG. Buste diadémé à droite. R*. M.; au-dessus, croix; aux côtés, deux étoiles; exergue, CON.; entre les jambes de la M, la lettre B.; Gr. Br.

4564 Autre semblable avec la lettre Δ.; Gr. Br.

4565 R*. K.; dessus et dessous, étoiles; aux côtés, une croix et la lettre A. P. Br. B. C., argenté.

JUSTINUS I.

4566 Deux pièces de cuivre, une avec la lettre M., et l'autre avec la lettre K. B. C.

4567 Quatre petits bronzes avec la lettre V.

JUSTINIANUS I.

4568 D. N. IVSTINIANVS. P. P. AVG. Buste de face. R*. M.; au côté, ANNO. XXXIIII.; exergue, TEVP.; Gr. Br. B. C.

4569 Deux grands bronzes avec les lettres M.; et à l'exergue, CON.

4570 M.; au côté, ANNO. XV.; entre les jambes de la M., la lettre B.; exergue, NIKO.
Médaillon. Mod. 38 milim. T. B. C.

4571 Autre de l'an XV, frappé à Constantinople; entre les jambes de la M., la lettre E.
Mod. 40 milim. T. B. C.

4572 Autre de Nicomedia; an XIV, lettre B.; C. O.

4573 Douze bronzes moyens et petits de Justinianus, de différentes années et ateliers monétaires. B. C.

THEODAHATUS.

4574 D. N. THEODA-HATVS. REX. Buste casqué, à droite. R*. VICTORIA. PRINCIP. Victoire marchant et écrasant un serpent; dans le champ, S. C.; M. Br. T. B. C., patine.

BADUELA.

4575 D. N. BADVE. Buste de face. R*. D. N. BADVELA.-REX., écrit en quatre lignes. P. Br. Deux exemplaires.

INCERTAINES DES ROIS OSTROGOTHS.

4576 INVICTA. ROMA. Tête casquée de Rome. R*. Louve avec jumeaux.— Dans un autre, aigle. M. Br. B. C. Trois exemplaires.

4577 Neuf minimes bronzes avec monogrammes, variés, de noms de rois ostrogoths; il y en a quelques unes bien conservées.

INCERTAINES D'AFRIQUE.

4578 Figure de Carthago dans une couronne. R*. N. XLII. dans une couronne. M. Br. Trois exemplaires.

4579 KARTAGO. Figure militaire, debout. R*. Tête de cheval; dessous, XII. P. Br. Deux exemplaires.

JUSTINUS II.

4580   D. N. IVSTINO. ET. SOFIA. A. Justinus et Sophia, assis de face; dessous, VITA. R*. M. ANNO. X.-KAR. Tout écrit dans le champ. M. Br. B. C.

4581   D. N. IVSTINVS. P. P. AVG. Justinus et Sophia assis, de face. R*. M. ANNO.-Ч.-CON.-B.- et le monogramme de Christ. M. Br. B. C.

4582   Cinq bronzes moyens semblables, frappés à Nicopolis, Theupolis et Constantinopolis. B. C.

4583   IVSTINO. ET SOFIA. Justinus et Sophia assis. R*. Deux victoires tenant un bouclier; dessous, K.; P. Br. B. C.

4584   Quatre petits bronzes de Justinus II, sans le nom de Sophia. B. C.

MAURITIUS.

4585   D. N. MAVRICI. P. P. AVG. Buste de face, avec globe surmonté d'une croix. R*. K. ANNO. XI.-A.; P. Br. Deux exemplaires.

4586   D. N. MAVRICI. P. P. Buste à gauche; dessous, IND. S. R*. Croix. N.-X. M.; P. Br. B. C.

4587   D. N. TIB. MAVRICI. Buste de face. R*. N.-I.-M. IND. III.; P. Br. B. C.

4588   Cinq petits bronzes de Mauritius.

FOCAS.

4589   D. N. FOCAS. PERP. AVG. Buste de face, avec croix et volume. R*. ANNO.-E.-XXXX.-KRT. S.; M. Br. B. C., patine.

4590   Deux bronzes moyens, frappés à Nicopolis et à Constantinopolis. B. C.

4591   Quatre petits bronzes de Focas. B. C.

HERACLIUS, PRÆFECTUS AFRICÆ.

4592   HERACLIO. CONSVL. Buste de face. R*. N.-X-M; le tout écrit dans le champ. P. Br. B. C.

HERACLIUS.

4593   Bronze moyen de Justinianus, de la forme ordinaire; sur l'anvers il a en contre-marque la tête d'Heraclius, avec le monogramme de son nom, et dans le revers autre contre-marque avec les lettres S C L. (Sicilia.) M. Br. B. C.

4594   D. N. ERACL. P. P. AVG. Buste de face. R*. ANNO.-II.-M.-CON.-B; M. Br. B. C.

4595   IN.-TOVTO. NIKA. Heraclius debout. R*. K-KRTG. P. Br. argenté. B. C.

4596   Huit petits bronzes, variés, d'Heraclius. B. C.

HERACLIUS ET HERACLIUS CONSTANTINUS.

4597 Figures d'Heraclius, debout, avec longue barbe et habit militaire; et d'Heraclius Constantinus, togé. R*. ANNO. XX.-M.-CON.-A.; M. Br. B. C., patine.

4598 Bustes d'Heraclius et d'Heraclius Constantinus : anépigraphe. R*. K.-ANNO. Δ.; P. Br.

HERACLIUS, HERACLIUS CONSTANTINUS ET HERACLEONAS.

4599 Trois figures debout. R*. ANNO.-M.-CON.; le tout écrit dans le champ. M. Br. C. O.

CONSTANS II.

4600 D. N. CONSTANTINV. P. P. Buste de face. R*. Croix X-X.-CARTG. P. Br. Cinq exemplaires.

4601 R*. Croix.-C.-T.-X. X.; au-dessus, étoile. P. Br.

CONSTANTINUS POGONATUS, HERACLIUS ET TIBERIUS.

4602 Trois bustes de face; dessous, M.-Γ. en monogramme. R*. Buste d'Heraclius Constantinus, avec la barbe longue; dans le champ, K.; P. Br. B. C.

4603 Deux empereurs de face, l'un avec une barbe longue et habit militaire, et l'autre togé. R*. Monogramme de Constantin, M. et S C L. écrit entre deux figures togées. P. Br. B. C. Deux exemplaires.

BASILIUS MACEDO.

4604 † BASILIOS. BASILEVS. L'Empereur debout tenant le *narthex* à la main droite, et le livre des Evangiles à la gauche. R*. Croix.-BASILIOS. EN. ΘEO. BASILEVS. ROMEON. écrit en quatre lignes dans le champ. M. Br. B. C.

BASILIUS ET CONSTANTINUS VIII.

4605 † BASILIOS. T. CONSTAN. Deux bustes de face, avec le *narthex* au milieu d'eux. R*. BASIL. S. CONSTANTINOS. EN·ΘEO. BASILEIS. R.-OMAON. (sic) écrit en cinq lignes dans le champ. M. Br. B. C.

BASILIUS, CONSTANTINUS VIII ET LEO.

4606 † LEON. BASLI.-CONSTANS. Trois bustes de face. R*. BASIL. CONSTS. LEON. EN·ΘEO. BASILS. ROMEON. écrit en cinq lignes. M. Br. T. B. C.

LEO SAPIENS.

4607 † LEON. BASILEOS. ROM. Buste de face. R*. LEON. EN. ΘEO. BASILEVS·ROMEON., écrit en quatre lignes. M. Br. B. C. Quatre exempl.

LEO ET ALEXANDER.

4608 Deux empereurs debout, de face; lég. effacée. R*. LEON. T. ALEΞAN-ΔΡΟΣ. BASIL. ROMEON., en quatre lignes. M. Br.

CONSTANTINUS PORPHIROGENITUS ET ROMANUS JUNIOR.

4609 † CONS. CE. ROMANE. ROM. Deux bustes de face, avec une longue croix. R*. CONSTT. ROMANEN..... ROMEON., écrit en quatre lignes dans le champ. M. Br. Deux exemplaires.

CONSTANTINUS PORPHIROGENITUS ET ZOE.

4610 † CONSTANT. CE. ZOH. B. Deux bustes de face, avec croix. R*. CONSTANTINO. CE. ZOH. BASILIS. ROMEON., écrit en cinq lignes. M. Br. B. C. Trois exemplaires.

ROMANUS II.

4611 † ROMAN. BASILEOS. ROM. Buste de face. R*. ROMAN. EN. ΘΕΟ. BASILEOS. ROMAION., écrit en quatre lignes. M. Br. Quatre exempl.

JOANNES TZIMISCES.

4612 Douze bronzes grands et moyens des monnaies attribuées à cet empereur, sans son nom. B. C.

4613 Vingt-quatre monnaies des Comnenus, des Ducas, et d'autres; toutes en cuivre; la plupart concaves.

4614 Cent quarante-neuf monnaies bizantines, en cuivre; quelques unes curieuses.

CINQUIÈME SÉRIE.

MONNAIES D'OR DES ROIS WISIGOTHS D'ESPAGNE.

LEOVIGILDUS.

(572 — 586 J.-C.) (1)

4615 † LEOVIGILDVS. RE. Buste barbare; de face. R*. † CE : AR·CO : TA : IV : T : Buste, aussi barbare, de face.
4616 † D. N. LEOVIGILDVS. RE. Buste barbare, de face. R*. † PIVS. EMERITA. VICTOR. Buste, aussi barbare, de face.
4617 † LEOVIGILDVS. RE. Buste barbare, de face. R*. † TOLETO. IVSTVS. Buste, aussi barbare, de face.
4618 † D. N. LIVVIGILDV. Buste diadémé, à droite, avec une croix à la poitrine. R*. TOLETO·PIVS. Croix sur trois gradins ; exergue, CONOB.

RECCAREDUS.

(601 J.-C.)

4619 † RECCAREDVS. RE. Buste barbare, de face. R*. † CONTONS. PIVS. Buste, aussi barbare, de face. Frappée dans une localité incertaine; peut-être *Contosolia*, mentionnée dans l'itinéraire d'Antoninus, route d'Emérita à Cæsar-augusta. Inédite.
4620 † CORDOBA. PIVS. Buste barbare, de face.
4621 Autre semblable.
4622 † TVS. ELVORA. IVS. Buste barbare, de face.
4623 † EMERITA. VICTOR. Buste, aussi barbare, de face.
4624 † PIVS. ISPALI. Buste de face, barbare.
4625 Autre semblable.
4626 † TARA : CONA. IV : T. Buste de face, aussi barbare.
4627 † TOLETO. PIVS. Buste barbare de face.
4628 Autre semblable.
4629 Autre.
4630 Autre.
4631 Autre.

(1) Toutes ces monnaies sont du module et poids du tiers de *solidus* romain.

LIUVA II.
(603 J.-C.)

4632 † D. N. LIVVA. RE. Buste barbare, de face. R*. † EMERITA. PIVS. Buste, barbare aussi, de face.

WITERICUS.
(610 J.-C.)

4633 † VVITTIRICVS. RE. Buste barbare, de face. R*. † TVS. ELVORA. IVS. Buste, barbare aussi, de face.

SISEBUTUS.
(612 — 621 J.-C.)

4634 † SISEBVTVS. RE. Buste barbare, de face. R*. † EMERITA. PIVS. Buste de face, barbare aussi.
4635 † ISPALI. PIVS. Buste de face, barbare aussi.
4636 Autre semblable.
4637 † SISEBVTVS. RE. Buste de face. R*. LAMEGO. PIVS. Buste, barbare aussi, de face. Monnaie inédite et fort estimable. Elle fait mention de la ville célèbre où s'assamblaient les anciennes Cortès de Portugal.
4638 † TOLETO. PIVS. Buste barbare, de face.

SISENANDUS.
(631 — 635 J.-C.)

4639 † SISENANDVS. RE. Buste de face, barbare. R*. EMERITA. PIVS. Buste, barbare aussi, de face.

CHINTILA.
(638 J.-C.)

4640 † AJITNIHƆ. Buste de face, barbare. R*. † IVSTVS. ACI. Buste de face, barbare aussi. Frappé à *Acci*, aujourd'hui *Guadix*. Très-rare et inédite.

TULGA.
(640 J.-C.)

4641 † TVLGAN. RE. Buste barbare, de face. R*. † CORDOBA. PIVS. Buste, barbare aussi, de face.

CHINDASVINTUS.
(650 J.-C.)

4642 † CEASVINTVS. RE. Buste barbare, de face. R*. † BRACARA. PIVS. Autre buste barbare, de face.
Poids gr. 1,56.

RECESVINTUS.
(672 J.-C.)

4643 † RECCESVINΘVS. R'. Buste barbare, de face. R'. † CORDOBA. PATRICIA. Croix sur trois gradins.
4644 † EMERITA. PIVS. Croix sur trois gradins.
4645 Autre semblable.
4646 † ISPALI. PIVS. Croix sur quatre gradins.
4647 † TOLETO. PIVS. Croix sur trois gradins.
4648 Autre semblable.

WAMBA.
(687 J.-C.)

4649 † I. D. NMN. VVAMBA. RE. Buste barbare, diadémé, à droite, avec une petite croix dans la main. R'. † TOLETO. PIVS. Croix sur trois gradins.
4650 Autre semblable.
4651 † IN. DI. NM. VVAMBA. RX. Buste diadémé, à droite, barbare. R'. † CORDOBA. PATRICIA. Croix sur deux gradins.

ERVIGIUS.
(687 J.-C.)

4652 † I. D. NM. ERVIGIVS. RX. Buste barbare, de face. R'. † CESARAPACVSTA. PIS. Croix sur trois gradins.
4653 † CESARACVSTARV. Croix sur trois gradins.
4654 † I. D. NM. ERVIGIVS. RX. Buste barbare, à droite. R'. CORDOBA. TRICA. Croix sur trois gradins.
4655 † I. D. NM. ERVIGIVS. RX. Buste barbare, de face. R'. EMERITA. PIVS. Croix sur trois gradins.
4656 Autre semblable.
4657 Autre semblable. (Douteuse.)
4658 R'. † TOLETO. PIVS. Croix sur gradins.
4659 Autre semblable.
4660 Autre semblable.

EGICA.
(701 J.-C.)

4661 † I. D. NMN. EGICA. RX. Buste de face. R'. † CESAR. AVGVSTA. P. Croix sur trois gradins.
4662 † I. D. NME. EGICA. RX. Buste à droite. R'. † EMERITA. PIVS. Croix sur trois gradins.
4663 † I. DI. NM. EGICA. RX. Buste à droite. R'. † ISPALI. PIVS. Croix sur trois gradins.

4664 † I. D. NM. EGICA. RE. Type informe. R*. MENTESA. PIVS. Croix sur gradins. Très-rare.
4665 † I. D. NM. EGICA. RX. Buste à droite. R*. † NARBONA. PIVS. Croix sur trois gradins.
4666 † IISPALI. PIVS. Croix sur trois gradins.
4667 † TARRACO. IVST. Croix sur trois gradins.
4668 Autre semblable.
4669 † N S PINM. EGICA. RX. VR. Buste à droite avec croix. R*. TOLETO. PIVS. Croix sur gradins.
4670 † IN. DI. NM. EGICA. RX. Buste à droite, avec croix. R*. † TOLETO. PIVS. Croix sur gradins.

EGICA ET WITIZA.

4671 † IN. DI. NME. EGICA. RX. Croix entre deux bustes qui se regardent. R*. † IN. DI. NME. VVITTIZA. RX.; au milieu, en monogramme, C-O-R-B-A-P-A-R-C. (*Cordoba Patricia.*)
4672 Même anvers et même revers; en monogramme, N-A-R-B-O. (*Narbona.*)
4673 † I. D. NM. EGICA. RX. Croix entre deux bustes. R*. † VVITTIZA. RX. REC.; monogramme, N-A-R-B-O. (*Narbona.*)
4674 Même anvers. R*. † IN. DE. NME. VVITTIZA. RX. En monogramme, E-M-R-A. (*Emerita.*)

WITIZA, SEUL.
(711 J.-C.)

4675 † I. DI. NMNE. VVITTIZA. RX. Buste à droite. R*. CORDOBA. PATRICIA. Croix sur trois gradins.

INCERTAINES DES ROIS GOTHS, OU SUEVES.

4676 VRRVAII. † RITAVЯЯV. Buste à droite, avec une croix dans la poitrine. R*. VRRTA-IIOAЯЯV. Victoire très-barbare; exergue, CONO.
4677 Autre barbare.
4678 VISMI.-INPIV. Buste à droite, avec une croix. R*. VICTOAI-MOTIAVN. Victoire très-barbare, allant à droite; exergue, CONO.

SIXIÈME SÉRIE.

MONNAIES ARABES D'OR.

OUALIS DES KHALIFES DE L'ORIENT, DANS L'AFRIQUE
ET L'ANDALOUS.

4679 SLD. FRT. IN. AFRK. AN. XCVIIII (*Solidus feritus in Africa anno nonaginta et octo*); au milieu, IL N'Y A DE DIEU QUE DIEU (1), écrit en deux lignes. R*. IN N DMI N DS N DS N DS ININC (*In nomine Domini. Non est Deus nisi Deus.....*); au milieu, MOHAMMED EST L'APÔTRE DE DIEU, écrit aussi en deux lignes.
   Electrum d'or. Poids gr. 4,25.

4680 SLD. FRT. IN. SP... AN. XO... IN III (*Solidus feritus in Spania anno nonnaginta...*); au milieu, INDC I·I. (*Indictione*). R*. INMDNMESD-NITISDEVS D ; au milieu, étoile.
   Electrum d'or. Poids gr. 3,30.

4681 IN NOMI..... NSDNS ; au milieu, un Tau sur deux gradins. R*..... NOMSNS...; au milieu, RTERCIN. (*Romana tertia indictione.*)
   Tiers de *solidus* d'or. Poids gr. 1,40.

4682 ...SLFESNIN...; petite colonne surmontée d'un globule, et posée sur trois gradins. R*. DSETCRNSDS.; au milieu, R TERCIN.
   Tiers de *solidus* Poids gr. 2,10.

AGLABITES D'AFRIQUE.

ABOU ABDALLAH MOHAMMED, EBN—AHMED.
(250 — 261 de l'Hégire.)

4683 Dans le champ, en quatre lignes, IL N'Y A DE DIEU QUE DIEU, UNIQUE. IL N'A POINT DE SEMBLABLE. — HASEN ; autour, MOHAMMED EST L'APÔTRE DE DIEU, QUI L'A ENVOYÉ AVEC LA DIRECTION ET LA LOI DE LA VÉRITÉ POUR LA MONTRER SUR TOUTE LOI. R*. Au milieu, écrit en quatre lignes, AGLAB MOHAMMED. — MOHAMMED EST L'APÔTRE DE DIEU. Autour, en légende circulaire, AU NOM DE DIEU, ON A FRAPPÉ CE DINAR L'AN 261, Hégire. Dinar d'or.

---

(1) Nous mettons en PETITES MAJUSCULES les versions des légendes arabes.

ABOU ISCHAHAK IBRAHIM.

(261— 286 de l'Hégire.)

4684 Semblable à l'antérieur. Il a au lieu du nom de Mohammed, celui d'Ibrahim, et il n'a pas celui du préfet Hasen. Frappé l'an 275. Hégire. Dinar d'or.

4685 Autre semblable, frappé l'an 288. Dinar d'or.

INCERTAINES D'AFRIQUE.

4686 Au milieu, en trois lignes, EL-IMAM ABDALLAH. MOAD. Autour, légende perdue. R*. Au milieu, IL N'Y A DE DIEU QUE DIEU, UNIQUE. MOHAMMED EST L'APÔTRE DE DIEU. Autour la légende est perdue aussi. Dinar.

4687 Autre dinar indéchiffrable.

4688 Autre.

KHALIFES OMAIYADES DE L'ANDALOUS.

ABDOR-R-RHAHMAN III.

(300 — 350 de l'Hégire.)

4889 Quart de dinar, frappé à l'Andalous, l'an 353, Hégire, avec le nom du préfet Mohammed.

4690 Autre quart de dinar du même khalife, frappé aussi à l'Andalous, avec le nom du préfet Said. N'est pas lisible la date.

4691 à 4695 Cinq autres quarts de dinar semblables à l'antérieur.

AL-HAKAM II.

(350 — 366 de l'Hégire.)

4696 Au milieu, écrit en quatre lignes, IL N'Y A D'AUTRE DIEU QUE DIEU UNIQUE, IL N'A POINT DE SEMBLABLE. AMER; autour, en légende circulaire, AU NOM DE DIEU ON A FRAPPÉ CE DINAR À MEDINA ZAHRA, L'AN 357, Hégire. R*. Au milieu, écrit en cinq lignes, EL-HADJIB DJAFER. EL-IMAM AL-HAKAM, ÉMIR-AL-MOUMENIN, ALMOSTANÇER BILLAH; autour, en légende circulaire, la mission du prophète.
Dinar d'or. Poids gr. 4,42.

4697 Autre dinar du même khalife, frappé à Medina-Zahra, l'an 361, Hégire. Il n'a pas le nom du hadjib; pas même celui du préfet de la Zeca.
Poids gr. 3,70.

HESCHAM II.

(366 — 369 de l'Hégire.)

4698 Quart de dinar d'or, avec le nom de ce khalife.

4699 Autre quart de dinar, avec le nom de Hescham II, et celui du hadjib Amer.

BENI-ABBAD, DE SÉVILLE.

ABBAD, ALMOTADHID-BILLAH.

(433 — 461 de l'Hégire.)

4700 Au milieu, écrit en quatre lignes, IL N'Y A AUTRE DIEU QUE DIEU, UNIQUE, IL N'A POINT DE SEMBLABLE. MOHAMMED. Autour, en légende circulaire, AU NOM DE DIEU CE DINAR A ÉTÉ FRAPPÉ A L'ANDALOUS, L'AN 438, Hégire. (1046 J.-C.) R*. Dans le champ, en cinq lignes, EL HADJIB ABBAD. EL-IMAM HESCHAM, ÉMIR-AL-MOUMENIN, EL-MOUVAYED-BILLAH. Autour, en légende circulaire, la mission prophétique.
Dinar d'or. Poids gr. 4,17.

ROIS DE VALENCE.

ABDO-L-MELIK, AL-MODHAFFER.

(452 — 457 de l'Hégire.)

4701 Au milieu, en deux lignes, ALMODHAFFER. IL N'Y A DE DIEU QUE DIEU. R*. Dans le champ, EBN-AGLAB. EL-IMAM ABDOLLAH. Kérate d'électrum d'or et cuivre.

4702 Autre semblable.

AL-MAMOUN, DHOUL-MEDJDIN.

(457 — 469 de l'Hégire.)

4703 Kérate d'électrum d'or et cuivre.

JAHIA EL-CADIR-BILLAH.

(469 — 483 de l'Hégire.)

4704 Autre kérate d'électrum d'or et cuivre.

ÉMIRS ALMORAVIDES.

JOUSSEF, EBN TESCHFIN.

(484 — 500 de l'Hégire.)

4705 Au milieu, en quatre lignes horizontales, IL N'Y A DE DIEU QUE DIEU. MOHAMMED APÔTRE DE DIEU. ÉMIR-AL-MOUSLEMIN JOUSSEF EBN-TESCHFIN; autour, CELUI QUI SUIVRA UNE AUTRE RELIGION QUE L'ISLAMISME, NE SERA REÇU, ET SERA CONDAMNÉ DANS L'AUTRE VIE. (Sura III, v. 78 du Koran.) R*. Au milieu, en quatre lignes, EL-IMAM ABDALLAH, ÉMIR-AL-MOUMENIN. Autour, en légende circulaire, AU NOM DE DIEU A ÉTÉ FRAPPÉ CE DINAR A SIGILMESA, L'AN 483, Hégire.
Dinar d'or. Poids gr. 4,19.

4706 Autre dinar d'or, du même émir, frappé à Dénia l'an 497, Hégire.
Poids gr. 4,18.

4707 Tiers de dinar, du même Joussef, sans légendes circulaires, écrit en caractères neschi.

ALY, EBN-JOUSSEF.

(500 — 537 de l'Hégire.)

4708 Dinar avec le nom de cet émir, frappé à Malaca l'an 500, Hégire. Il a le même verset du Khoran décrit au n.° 4705.
Poids gr. 4,18.

4709 Autre semblable du même émir, frappé à Valence l'an 504, Hégire.
4710 Autre dinar, frappé à Séville, l'an 516, Hégire.
4711 Autre, frappé à Grenade l'an 517, Hégire.
4712 Autre, frappé à Almérie l'an 517, Hégire.
Poids gr. 3,96.

4713 Autre, frappé aussi à Almérie l'an 520, Hégire.
4714 Au milieu, écrit en cinq lignes, IL N'Y A DE DIEU QUE DIEU. MOHAMMED EST L'APÔTRE DE DIEU. ÉMIR-AL-MOUSLEMIN. ALY-EBN-JOUSSEF. OUALI-AHDA EL ÉMIR SEÏR ; autour, en légende circulaire, le verset 78, sura III, du Khoran, avant décrit. R*. Au milieu, écrit en quatre lignes, EL-IMAM ABDALLAH, ÉMIR-AL-MOUMENIN; autour, en légende circulaire, AU NOM DE DIEU A ÉTÉ FRAPPÉ CE DINAR À MARREKOS L'AN 523, Hégire. Dinar d'or.

4715 Autre semblable, aussi avec le nom de Saïr, frappé à Almérie l'an 526, Hégire.

4716 Autre dinar, frappé à Agmat l'an 533, Hégire, avec le nom du même émir Aly-ebn-Joussef, et du ouali-ahda Teschfin.

TESCHFIN, EBN-ALY.

(537 — 539 de l'Hégire.)

4717 Au milieu, en six lignes, IL N'Y A DE DIEU QUE DIEU. MOHAMMED APÔTRE DE DIEU. ÉMIR AL-MOUSLEMIN TESCHFIN EBN-ALY. OUALI-AHDA EL-ÉMIR IBRAHIM; autour, en légende circulaire, le verset 78, sura III, du Khoran, déjà mentionné. R*. Au milieu, en cinq lignes, EL-IMAM ABDOLLAH. ÉMIR AL-MOUMENIN. EL-ABBASI; autour, en légende circulaire, AU NOM DE DIEU CLÉMENT ET MISÉRICORDIEUX A ÉTÉ FRAPPÉ CE DINAR À ISCHBILIA L'AN 539, Hégire. Dinar d'or, maltraité.

4718 Kérate incertain des Almoravides; électrum d'or et cuivre.
4719 Dinar incertain des mêmes émirs, frappé à *Baeza?* l'an 348, Hégire.
Poids gr. 3,83.

KHALIFES ALMOHADES.

ABOU JACOUB JOUSSEF.

(558—580 de l'Hégire.)

4720 Au milieu d'un carré, en cinq lignes horizontales, AU NOM DE DIEU CLÉ-
MENT ET MISÉRICORDIEUX. IL N'Y A DE DIEU QUE DIEU. MOHAMMED EST L'A-
PÔTRE DE DIEU. EL-MAHDY EST L'IMAM DU PEUPLE. ISCHBILIA ; autour, en
segments de cercle, ET VOTRE DIEU EST UN DIEU UNIQUE, IL N'Y A DE DIEU
QUE LUI, IL EST CLÉMENT ET MISÉRICORDIEUX. R*. Au milieu d'un carré
en quatre lignes, CELUI QUI FAIT EXÉCUTER LES COMMANDEMENTS DE DIEU,
LE KHALIFE ABOU-MOHAMMED ABD-EL-MOUMEN, EBN-ALY, ÉMIR-AL-MOUME-
NIN ; autour, en segments de cercle, ÉMIR-AL-MOUMENIN ABOU JACOUB
JOUSSEF, EBN ÉMIR-AL-MOUMENIN.
Demi-dobla. Poids gr. 2,33.

4721 Autre demi-dobla semblable, sans désignation d'atelier.

ABOU ABDALLAH MOHAMMED. (*Le Vert.*)

4722 Au milieu d'un carré, en cinq lignes, AU NOM DE DIEU CLÉMENT ET MISÉ-
RICORDIEUX ; ET LA LOUANGE EST Á DIEU, UNIQUE. IL N'Y A DE DIEU QUE
DIEU. MOHAMMED EST L'APÔTRE DE DIEU. EL-MAHDY EST L'IMAM DU PEUPLE ;
autour, en segments de cercle, ÉMIR-AL-MOUMENIN. ABOU-ABDALLAH
MOHAMMED, FILS DES KHALIFES LÉGITIMES. R*. Au milieu d'un autre carré,
en cinq lignes, LE MAHDY EST L'IMAM DU PEUPLE. CELUI QUI FAIT EXÉCU-
TER LES COMMANDEMENTS DE DIEU, LE KHALIFE IMAM ABOU-MOHAMMED
ABD-EL-MOUMEN, EBN-ALY, ÉMIR-AL-MOUMENIN ; autour, en segments de
cercle, ÉMIR AL-MOUMENIN ABOU JACOUB JOUSSEF, FILS DU KHALIFE.
Dobla d'or. Poids gr. 4,55.

ABOU HAFS OMAR, ALMORTHADA.

(640 — 665 de l'Hégire.)

4723 Au milieu d'un carré la légende, en cinq lignes, AU NOM DE DIEU CLÉMENT
ET MISÉRICORDIEUX, QUE DIEU SOIT PROPICE Á MOHAMMED ET Á SA FAMILLE.
LA LOUANGE Á DIEU UNIQUE. IL N'Y A DE DIEU QUE DIEU. MOHAMMED APÔTRE
DE DIEU ; autour, légende en segments de cercle, ÉMIR-AL-MOUMENIN
AL-MOUMEN-BILLAH AL-MORTHADA ABOU HAFS, EBN EL-ÉMIR ALTHAHER
ABOU-IBRAHIM, FILS DES DEUX KHALIFES. R*. Au milieu d'un carré on lit,
en cinq lignes, EL-MAHDY EST IMAM DU PEUPLE. CELUI QUI FAIT EXÉCUTER
LES COMMANDEMENTS DE DIEU, EL-KHALIFE IMAM ABOU-MOHAMMED ABD-
EL-MOUMEN, EBN-ALY, ÉMIR-AL-MOUMENIN ; autour, légende en segments
de cercle, ÉMIR-AL-MOUMENIN ABOU JACOUB JOUSSEF, EBN EL-KHALIFE.
Dobla d'or. Poids gr. 4,66.

MOHAMMED IX, EBN-NAÇR, ROI DE GRENADE.

(820 de l'Hégire.)

4724 Au milieu d'un carré, légende en cinq lignes, AU NOM DE DIEU CLÉMENT ET MISÉRICORDIEUX; IL N'Y A DE SECOURS QUE DE LA PART DE DIEU, LE GRAND, LE JUST, QUI PÉNÈTRE LES COEURS HUMAINS, PARCE QU'IL EST OMNIPOTENT; autour, répétée en segments de cercle, ET IL N'Y A DE VAINQUEUR QUE DIEU. R*. Au milieu d'un autre carré, legende en cinq lignes, ABDALLAH, LE VAINQUEUR POUR DIEU, MOHAMMED EBN-NAÇR, EBN-MOHAMMED, EBN-JOUSSEF, EBN-ISMAIL, EBN-NAÇR. DIEU L'AIDE ET LE PROTÉGE; autour, écrit en segments de cercle, A ÉTÉ FRAPPÉ À MEDINA GARNATA, DIEU LA GARDE.
Dobla d'or. Poids gr. 4,66.

ALMOTWAKKEL ALA-L-LAH, EBN-HAMMOUD, ROI DE TAMLENSEN.

4725 Au milieu d'un carré, en cinq lignes, ET CELUI QUI REPOSE EN DIEU, DIEU L'AIDE, PARCE QUE DIEU EST LE PRINCIPE DE TOUTE CHOSE ET TOUT PUISSANT; autour en segments de cercle, AU NOM DE DIEU CLÉMENT ET MISÉRICORDIEUX. QUE DIEU SOIT PROPICE À MOHAMMED ET À SA FAMILLE. R*. Au milieu d'un autre carré, en cinq lignes, POUR ORDRE DU SERVITEUR DE DIEU, ÉMIR-AL-MOUSLEMIN ALMOTA WAKKEL ALA-L-LAH, EBN-HAMMOUD, DIEU L'AIDE ET LE PROTEGE; autour, en segments de cercle, AU NOM DE DIEU A ÉTÉ FRAPPÉ À MEDINA TAMLENSEN.
Dobla d'or. Poids gr. 4,23.

ALPHONSE VIII, ROI DE CASTILLE.

(1158 — 1214 J.-C.)

4726 Au milieu, en trois lignes, placées au-dessous d'une croix, EL-IMAM DE L'ÉGLISE DU MESSIE EST LE PAPE ROMAIN. ALF.; autour, en légende circulaire, AU NOM DU PÉRE, DU FILS ET DU SAINT ESPRIT, DIEU UNIQUE. CELUI QUI CROIT ET QUI A ÉTÉ BAPTISÉ, SERA SAUVÉ. (Evang. de St. Marc, chap. XVI, v. 16.) R*. Dans le champ, en cinq lignes, L'ÉMIR DES CATHOLIQUES ALFONS BEN-SANCH, DIEU L'AIDE ET LE PROTÉGE; autour, lég. circulaire, A ÉTÉ FRAPPÉ CE DINAR À TOLÉDE L'AN 1236 DE L'ÉRE SAPHAR.
Dinar d'or. Poids gr. 3,85.

4727 Dobla d'or, incertaine; peut-être des hafsites de Tunez.
Poids gr. 4,71, maltraitée.

4728 à 4731 Quatre kérates d'or, incertains, d'Afrique, frappés au moyen âge.

4732 Autre kérate, incertain, d'électrum d'or et de cuivre; peut-être des almoravides.

ARABES MODERNES D'OR.

4733   Petite monnaie d'or, frappée à Alger, avec le nom du sultan Mohamoud I, l'an 1147, Hégire.
4734   Autre, frappée à Tunis l'an 1152, Hégire, avec le nom du même sultan.
4735   Dinar, frappé à Fez l'an 1211, Hégire.
4736   Autre, frappé à Alger, avec le nom du sultan Mahamoud II, l'an 1234, Hégire.

4737   Quart de dinar, avec le nom de DAHER-LEÏZAZ DIN ALLAH, khalife des Fatimides.

MONNAIES ARABES D'ARGENT ET DE CUIVRE.

ARABES ESPAGNOLES DES OUALIS.

4738   Félus de cuivre, frappé dans l'Andalous l'an 108, Hégire. C. O.
4739   Deux félus, frappés aussi dans l'Andalous l'an 110, Hégire. C. O.

KHALIFES OMMAIYADES DE L'ANDALOUS.

ABDO-R-RAHMAN I.

(138 — 171 de l'Hégire.)

4740   Au milieu, en trois lignes, IL N'Y A PAS D'AUTRE DIEU QUE DIEU, L'UNIQUE; PERSONNE N'EST DE PAIR AVEC LUI; autour, en légende circulaire, AU NOM DE DIEU ON A FRAPPÉ CE DIRHEM À L'ANDALOUS L'AN 150, Hégire. R*. Au milieu, en quatre lignes, DIEU UNIQUE, DIEU L'ÉTERNEL, N'ENGENDRE PAS, IL N'EST PAS ENGENDRÉ, ET N'A POINT DE SEMBLABLE; autour, en légende circulaire, MOHAMMED EST L'APÔTRE DE DIEU, ET L'A ENVOYÉ AVEC LA DIRECTION ET LA LOI DE LA VERITÉ POUR LA MONTRER SUR TOUTE LOI, MALGRÉ LES ASSOCIANTS. Dirhem d'argent. B. C.
4741   Autre de l'an 151, Hégire. B. C.
4742   Autre de l'an 152, Hégire. B. C.
4743   Autre de l'an 157, Hégire. B. C.
4744   Autre de l'an 161, Hégire. B. C.
4745   Deux autres de l'an 162, Hégire. B. C.
4746   Autre de l'an 163, Hégire. B. C.
4747   Autre de l'an 164, Hégire. B. C.
4748   Autre de l'an 167, Hégire. B. C.
4749   Autre de l'an 168, Hégire. B. C.
4750   Autre de l'an 169, Hégire. B. C.

HESCHAM I.

(171 — 180 de l'Hégire.)

4751 Autre dirhem, dont les types et les légendes sont absolument semblables aux dirhems d'Abdo-r-rahman I, décrits ci-dessous; frappé à l'Andalous l'an 173, Hégire. B. C.
4752 Autre dirhem, frappé l'an 179, Hégire. B. C.

AL-HAKAM I.

(180 — 206 de l'Hégire.)

4753 Dirhem semblable pour le type et les inscriptions aux antérieures; frappé à l'Andalous l'an 183, Hégire. B. C.
4754 Deux de l'an 185, Hégire. B. C.
4755 Un de l'an 186, Hégire. B. C.
4756 Trois des années 190 et 192, Hégire. B. C.
4757 Deux des années 195 et 196, Hégire. B. C.
4758 Deux de l'an 196, Hégire. B. C.
4759 Trois de l'an 197, Hégire. B. C.
4760 Trois des années 200 et 201. B. C.
4761 Quatre des années 203 et 204.
4762 Deux des années 205 et 206.

ABDO-R-RAHMAN II.

(206 — 238 de l'Hégire.)

4763 Trois des années 207 et 208.
4764 Trois des années 210 et 217.
4765 Trois de l'an 219.
4766 Quatre des années 220, 221 et 222.
4767 Six des années 224, 227 et 231.
4768 Huit des années 233, 235 et 236.

MOHAMMAD I.

(238 — 273 de l'Hégire.)

4769 Cinq des années 238, 239 et 241.
4770 Quatre des années 243, 244, 245 et 246, Hégire.
4771 Félus de l'an 268.
4772 Dirhem de l'an 270.

ABDO-R-RAHMAN III.

4773 Dirhem de l'an 324, avec le nom du khalife et du préfet Saïd, frappé à l'Andalous. T. B. C.

4774 Quatre avec le nom du préfet Casem de l'an 331, frappé aussi à l'Andalous.
4775 Deux de l'an 332, avec le nom du même préfet.
4776 Quatre de l'an 333, avec le nom du préfet Mohammad, frappé à l'Andalous.
4777 Quatre de l'an 334, avec les noms du même préfet et atelier.
4778 Deux du même an, avec le nom du préfet Hixem, aussi frappé à l'Andalous.
4779 Autre de l'an 335, avec le nom du prefet Abdalla, atelier de l'Andalous.
4780 Trois de l'an 337, avec le nom de Mohammad; frappé à Medina Zahra.
4781 Trois de l'an 338, frappé aussi à Zahra.
4782 Une de l'an 339, de Zahra.
4783 Trois de l'an 341.
4784 Trois de l'an 342.
4785 Quatre de l'an 343, avec le nom de Mohammad et le même atelier de Zahra.
4786 Trois de l'an 344.
4787 Deux de l'an 345.
4788 Quatre de l'an 346.
4789 Quatre de l'an 347, avec le nom du préfet Ahmad, frappé aussi à Zahra.
4790 Trois semblables de l'an 348.
4791 Quatre semblables de l'an 349.
4792 Une de l'an 450, dernière du khalife d'Abdo-r-rahman, avec le nom du même Ahmed, et atelier de Zahra.

AL-HAKAM II.

(350—366 de l'Hégire.)

4793 Quatre de l'an 351, avec le nom du même khalife, et du hadjib Abdo-r-rahman; atelier de Zahra.
4794 Trois de l'an 352.
4795 Cinq de l'an 353.
4796 Cinq de l'an 354. } Toutes ces monnaies sont semblables à celle du n.° 4793.
4797 Cinq de l'an 355.
4798 Cinq de l'an 356.
4799 Autre de la même année, mais sans le nom du hadjib.
4800 Sept avec le nom du préfet Amer, de l'an 357, frappés à Zahra.
4801 Quatre du même préfet Amer, de l'an 358.
4802 Autre de l'an 359.
4803 Cinq de l'an 360.
4804 Autre de l'an 361, sans le nom du hadjib ni du préfet.
4805 Autre de l'an 352, sans le nom du hadjib ni du prefet.

4806 Autre du même an 362, avec le nom du hadjib Amer, frappé à l'Andalous.
4807 Autre de l'an 364, avec le nom du hadjib Amer, frappé à Zahra.
4808 Autre de l'an 365, avec le nom du hadjib Amer; atelier l'Andalous.
4809 Autre de l'an 366, dernière d'Alhakem, avec le nom du hadjib Amer, et atelier l'Andalous.

HESCHAM II.
(366 — 399 de l'Hégire.)

4810 Dirhem avec le nom du même khalife, et du hadjib Amer, frappé à l'Andalous l'an 366, Hégire.
4811 Quatre exemplaires de l'an 367.
4812 Autre de l'an 368.
4813 Deux de l'an 370.
4814 Deux de l'an 378.
4815 Trois de l'an 379.
4816 Une de l'an 380.
4817 Deux de l'an 381.
4818 Deux de l'an 382.
4819 Une de l'an 383.
4820 Autre de l'an 384.
4821 Deux de l'an 385.
4822 Autre de l'an 386; il y a dessous de la profesion de foi le nom du préfet Mofaradj.
4823 Autre de l'an 388, avec le nom du hadjib Amer et du préfet Mohammad.
4824 Deux de l'an 389.
4825 Deux de l'an 390.
4826 Une de l'an 391.
4827 Deux de l'an 393, avec le nom du hadjib Abdo-l-Melik et d'un préfet du même nom.
4828 Deux de l'an 395.
4829 Une de l'an 396.
4830 Autre de l'an 398, avec le nom du hadjib Abdo-r-rahman et du préfet Soheid. Cassée.
4831 Cinq dirhems d'Hescham II, frappés à Fez, de differents ans.

MOHAMMAD II.
(399 — 400 de l'Hégire.)

4832 Deux dirhems frappés à l'Andalous l'an 399, avec son nom et celui du préfet Soheid.
4833 Autre du même Mohammad, de l'an 400, avec le nom du préfet Mohammed.

SOLEIMAN.

(400 — 407 de l'Hégire.)

4834 Douze dirhems frappés à l'Andalous l'an 400, avec son nom et celui du hadjib Ebn-Moslema. T. B. C.

4835 Huit dirhems du même khalife, frappés à Zahra l'an 400, avec son nom, celui du prince héritier Mohammad, et celui du préfet Ebn-Soheid.

KHALIFES BENOU-HAMMAUD.

ALCASEM ALMAMOUN, EBN-HAMMOUD.

(410 — 414 de l'Hégire.)

4836 Dirhem de billon, frappé à Ceuta l'an 409, avec son nom et celui du prince héritier Jahie.

IAHIE, BEN ALY, EBN—HAMMOUD.

(410 — 417 de l'Hégire.)

4837 Dirhem d'argent, frappé à Ceuta l'an 417, avec son nom, celui du prince héritier Edris, et celui du préfet Cassem.

EDRIS, BEN—EDRIS, ALALY—BILLAH.

(434 — 438 de l'Hégire.)

4838 Dirhem de billon, irrégulier, frappé à Grenade.

MOHAMMAD EL-MUHDI, EBN—HAMMOUD.

(438 — 446 de l'Hégire.)

4839 Huit dirhems de billon, frappés à l'Andalous, depuis l'an 440 jusqu'au 444, avec son nom et quelques uns, avec celui de l'émir Yahie.

ÉMIRS INDÉPENDANTS.

ALMAMOUN BEN—DIHNOUN.

4840 Dirhem de billon, frappé à Tolède. T. B. C.

4841 Vingt et un dirhems de billon frappés à Saragosse, Dénia, et autres lieux avec les noms des princes indépendants du siècle v. de l'Hégire; quelques uns sont en T. B. C.

ÉMIRS ALMORAVIDES.

EBN—TIOUSSEFIN.

4842 Deux kérates d'argent avec le nom de cet émir, sans la date ni l'endroit de l'atelier.

ALY, BEN-JOUSSEF.

4843 Cinq kérates d'argent de ce prince, variés.

ALY, ET SON FILS SAÏR.

4844 Six kérates de ce prince, variés.

ALY, AVEC SON FILS TASCHFIN.

4845 Quatre kérates de ce prince, variés.

TASCHFIN, EBN ALY.
(537 — 539 de l'Hégire.)

4846 Kérate d'argent, avec caractères neschi. B. C.

ISCHAHAK, EBN ALY.

4847 Deux kérates d'argent, variés.

KHALIFES ALMOHADES.
INCERTAINES DE CES ÉMIRS.

4848 Douze dirhems d'argent, de forme carrée.
4849 Autre semblable, frappé à Mayorca.
4850 Deux autres semblables, frappées à Fez.

ÉMIRS NASSARITAS DE GRENADE.

4851 Quatre dirhems incertains de ces émirs.
4852 Quatre félus de cuivre des derniers années de la domination de ces émirs.

INCERTAINES.

4853 Trente monnaies de cuivre incertaines; la plupart sont des premiers années de la domination des arabes en Espagne, et entre eux il y en a deux qui ont été dorées modernement.

ARABES FRAPPPÉES HORS DE L'ESPAGNE.

4854 Dirhem sausse, frappée à Waseth l'an 417 de l'Hégire, avec les mêmes légendes que celles des premiers omeiyades d'Espagne.
4855 Buste byzantin, de face, avec globe surmonté d'une croix; aux côtés, ΚΑΛΟΝ, et en caractères arabes, Á HAMS. R*. M, au milieu; dessous, en arabe, ON A FRAPPÉ; aux côtés, EMICHC. (*Emesa dans la Mesopotamie*). P. Br., argenté.
4856 Dirhem d'argent, des fatimides.
4857 Une monnaie en verre, des mêmes princes fatimides, qu'on ne peut pas lire.

ARABES MODERNES.

TURQUIE.

4858 Piastre d'argent de l'an 1187, Hégire.
4859 Six monnaies d'argent, turques.
4860 Monnaie de cuivre, module de piastre, avec le nom de Mustafa-ben-Mohammad, de l'an 1106, Hégire. B. C.
4861 Deux antiques et petites monnaies turques, de cuivre.

TRIPOLI.

4862 Monnaie d'argent, module de franc, frappée à Tripoli l'an 1187, Hégire.
4863 Huit monnaies turques de cuivre, frappées à Tripoli en différentes années. Une de ces huit monnaies est dorée.

TUNEZ.

4864 Piastre du sultan Abdo-l-Medjid, de l'an 1199.
4865 Monnaie d'argent, module de franc, du même sultan, de l'an 1197.
4866 Six monnaies d'argent, frappées à Tunez, de différentes années.
4867 Onze monnaies de cuivre, frappées aussi à Tunez, de différentes annees.

ALGER.

4868 Piastre du sultan Mahamoud II, frappé l'an 1249.
4869 Un autre de l'an 1247.
4870 Six petites monnaies d'argent, de différentes années.

PERSE.

4871 Dix monnaies de cuivre, modernes; la plupart avec les signes du Zodiaque.

MARROK.

4872 Quatre monnaies d'argent.
4873 Treize monnaies de cuivre, modernes.

4874 Quarante dirhems d'argent, de différents princes. Omaiyades d'Espagne, et quelques uns des Almohades.
4875 Quarante autres semblables.
4876 Quarante autres.
4877 Quarante autres.
4878 Quarante autres.
4879 Quarante autres.
4880 Quarante autres.
4881 Quarante autres.
4882 Cent monnaies de cuivre.

SEPTIÈME SÉRIE.

MONNAIES D'OR LATINES DU MOYEN AGE ET MODERNES.

PORTUGAL.

4883 IOANES. SECVDO. REGIS. PORT. Écusson d'armes. R*. IOANIS. SE-CVNDVS. DEI. GRAC. Croix.
Cruzado. Mod. 22 milim.

4884 IEMANVEL. R. P. ET. A. D. GVIN. Écusson d'armes. R*. IEMANVEL. R*. P. ET. A. D. G. Croix.
Cruzado. Mod. 22 milim.

4885 Petite monnaie d'argent dorée de Jean V, frappée l'an 1720.
4886 Autre semblable d'or de 1731. Cruzado novo.
4887 Autre semblable, avec buste, de 1740. Huitième de portugaise.
4888 Autre semblable de 1743.
4889 Demi-once d'or portugaise de Marie I et de Pierre III, de l'an 1779. Portugaise de 6,400 reis.
4890 Autre demi-once de la même reine Marie, de l'an 1796.
4891 Autre semblable de l'an 1799.

ARAGON.

PIERRE IV.

4892 Florin, ayant pour symbole un château.
4893 Demi-florin, ayant pour symbole le même château.
4894 Demi-florin, avec un symbole douteux.
4895 Demi-florin, ayant pour symbole la lettre m. (Mallorca.)
4896 Florin, ayant pour symbole une rose.
4897 Demi-florin, avec le même symbole.
4898 Florin, avec le même symbole.
4899 Florin, avec une epée pour symbole.
4900 Florin, avec un puig (*monticulum*) pour symbole.
4901 Florin, avec le même symbole.

JEAN I.

4902 Florin, ayant pour symbole la lettre m.
4903 Florin, ayant pour symbole un quadrupède en course.

4904 Florin, ayant pour symbole une couronne.
4905 Florin, ayant pour symbole la même couronne.

MARTIN I.

4906 Florin, avec le même symbole de la couronne.
4907 Florin, ayant pour symbole un puig.
4908 Florin, ayant pour symbole une couronne.
4909 Florin, ayant pour symbole la lettre m, et aux côtés de St.-Jean, deux vaches.
4910 Florin, avec la lettre m pour symbole, et aux côtés de St.-Jean, deux vaches.
4911 Demi-florin, avec une rose pour symbole.
4912 Florin, avec une couronne pour symbole.
4913 Florin, avec la lettre m pour symbole, et aux côtés, deux coquilles.
4914 Florin, avec la lettre m, aux côtés deux vaches.
4915 Florin, avec les armes d'Urgel (*un échiquier*) pour symbole.
4916 Florin, avec les mêmes armes d'Urgel.
4917 Florin, avec la lettre m pour symbole, et deux chiens aux côtés.
4918 Demi-florin, avec la lettre m pour symbole, et deux chiens aux côtés.
4919 Florin, avec la lettre m pour symbole; aux côtés, l'écusson de Minorque et un lion.

ALPHONSE V.

4920 Florin, avec une couronne pour symbole; et aux côtés, une rose et une étoile.
4921 Demi-florin, avec une couronne pour symbole.
4922 Florin, semblable au n.° 4920.
4923 Florin, sans symbole.

FERDINAND.

4924 Florin, avec une couronne pour symbole.

ALPHONSE.

4925 Florin, avec une couronne pour symbole.
4926 Florin, avec une couronne pour symbole.
4927 AR. DI. G-P. ĀURĀ. Fleur de lys. R*. S. IONANNES. B. Figure de Saint-Jean Baptiste, debout. (Ce florin doit appartenir à un prince allemand.)

CASTILLE.

PIERRE I.

4928 PETRVS. DEI. GRACIA. REX. CASTELLE. E. LEGIONI. Buste couronné, à gauche. R*. PETRS. DEI. GRACIA. REX. CASTELLE.

E. LEGIONIS. Écusson de Castille et de Lion; signe, S. (Séville).
Dobla castellana. Poids gr. 4,55. T. B. C.

4929 Autre semblable.
Poids gr. 4,55.

HENRI I

4930 ENRICVS. DEI. GRATIA. REX. CASTELLE. Château; dessous, un calice (*Cuenca*). R*. XPS. VINCIT. XPS. RENAT. XPS. IMPERAT. Lion.
Castellano. Poids gr. 4,91.

JEAN I.

4931 IOHANES. DEI. GRACIA. REX. CASTELLE. LEGI. Écusson avec une bande terminée par deux têtes de dragon. R*. IOHANES. DEI. GRACIA. REX. CASTELLE. LEGIO. Armes de Castille et de Léon, écartelées.
Double de la bande. Poids gr. 4,61.

4932 Autre semblable.
Poids gr. 4,58.

4933 Autre semblable.
Poids gr. 4,60.

HENRI IV.

4934 ENRICVS. CVARTVS. REX. CAST. Le Roi assis sur une chaise, tenant un sceptre. R*. ENRICVS. DEI. GRACIA. REX CAST. Armes de Castille et de Léon, écartelées.
Castellano d'or. Poids gr. 4,41.

FERDINAND V ET ÉLISABETH.

4935 FERDINANDVS. ET. ELISABET. REGES. Bustes couronnés et affrontés; dans le champ, en contre-marque, écusson avec les armes de la diputation de Barcelonne. R*. SVB. VMBRA. ALARVM. TVARVM. Écusson écartelé des armes de Castille, Léon, Aragon et Sicile.
Excellente. Poids gr. 6,06.

4936 Y. et F. couronnées. R*. VALENCIE. MA. Écusson d'armes de Valence.
Petite monnaie d'or. Mod. 18 milim.

4937 FERDINANDVS. ELISABET. REX. ARG. Bustes d'Elisabeth et de Ferdinand, avec une couronne; au milieu, S. S. R*. VALENCIAE. MAIORICARVM. C. Armes de Castille, de Léon et d'Aragon. Ducado d'or.

4938 QVOS. DEVS. CONIVGIT. HOMO. NON. Bustes d'Elisabeth et de Ferdinand. R*. FERDINAND. ET ELISABETH. Armes de Castille et de Léon; dans le champ, T.-T.
Poids gr. 4,42.

4939 Comme celle du n.° 4937. Ducado.

4940 Autre semblable à l'excellent du n.° 4935, sans la contre-marque, frappée à Ségovie.
Poids gr. 6,03.

4941 Autre semblable, ayant pour symbole une S. (Séville).
4942 Autre semblable, variée.
4943 Autre, variée.
4944 Autre, variée.
4945 Autre, variée.
4946 Autre, variée.
4947 Autre semblable, ayant pour symbole une T. (Tolède).
Poids gr. 5,98.

4948 QVOS. DEVS. CONIVGIT. OMO. NON. S. Bustes de Ferdinand et d'Elisabeth. R'. Comme celui du n.° 4958, étant de la moitié de son poids.
4949 Autre semblable.

JEANNE ET CHARLES V, D'AUTRICHE.

4950 IONA. ET. KAROLVS. Armes de Castille et d'Aragon. R'. HISPANIARVM. REGES. SICILIE. Croix. Cruzado d'or.
4951 Autre semblable.

4952 Doublon d'or d'un des Philippes d'Autriche.
4953 Monnaie coupée, de la même époque.

PHILIPPE II D'AUTRICHE.

4954 Doublon S. (Séville).

CHARLES II.

4955 Monnaies de deux pesos fuertes frappées à Valence.

PHILIPPE IV.

4956 Demi-once d'or, frappée en Flandes l'an 1643, avec le buste du Roi. Belle.

CHARLES II.

4957 Once d'or, frappée à Ségovie l'an 1687.
Poids gr. 26,80.

PHILIPPE V.

4958 Once d'or, coupée. (Cabo de Barra.)
4959 Petite monnaie de vingt réaux avec buste.

FERDINAND VI.

4960 Petite monnaie de vingt réaux avec buste.

CHARLES III.

4961 Avec le buste de Ferdinand VI. Doublon de quatre-vingt réaux.

ÉLISABETH II.

4962 Doublon de quatre-vingt réaux, de l'an 1837.
4963 Petite monnaie de vingt réaux, de Charles III, de l'an 1788.

FRANCE.

PHILIPPE DE VALOIS.

4964 Denier d'or de l'écu. (Le Blanc, page 206.)

JEAN.

4965 Agneau ou mouton d'or. (Le Blanc, page 216.)

CHARLES. VII.

4966 Ecu à la couronne. (Le Blanc, page 246.)

LOUIS XIII.

4967 Demi-louis de l'an 1643. (Le Blanc, page 296.)

LOUIS XVI.

4968 Louis d'or de l'an 1790.

PAIS-BAS.

4969 Ducat de l'an 1818, ayant pour symbole un caducée.

ANGLETERRE.

HENRI VI.

4970 Noble d'or, frappé en France depuis 1422 jusqu'à 1436. (Le Blanc, p. 244.)
4971 Autre du même roi, de dix livres esterlines.
4972 Demi-noble d'Henri IV, V ou VI.

HENRI VIII.

4973 Rose noble, frappée depuis 1509 jusqu'à 1547.

MARIE.

4974 Pièce d'or appellée Portcullis, frappée en 1553.
Gran mod. 44 milim.

ÉLISABETH.

4975 Monnaie d'or. *Scutum fidei.*
4976 Angelot.

JACOB.

4977 IACOBVS. D. G. MAC. BRI. FRA. ET. HIB. REX. Buste couronnée, avec globe surmonté de croix et sceptre. R*. FACIAM. EOS. IN. GENTEM. VNAM. Écusson d'armes d'Angleterre. Module d'once d'or espagnole.

4978 Autre monnaie d'Écosse de l'an 1602, modulé de demi-once espagnole; lème, SALVS. POPVLI. SVPREMA. LEX. Epée et sceptre.

CHARLES I.

4979 Lème HIS. PRAESVM. VT. PROSIM. Module d'once d'or espagnole.

JEORGE III.

4980 Livre esterline.

JEORGE IV.

4981 Autre livre esterline.
4982 Autre.

SUÈDE.

CHARLES XIV.

4983 Pièce de quatre ducats d'or.

ALLEMANDES.

4984 MONETA. NOVA. AVREA. NORIBERGENGIS. Aigle imperial. R*. SCS. STEPHAN. ... THOM. Module de franc.

FRANÇOIS I D'AUTRICHE.

4985 Ducat d'or de l'an 1832.

SIGISMOND, ROI DE HONGRIE.

4986 Ducat d'or.
4987 Autre.

MATHÉE, ROI DE HONGRIE.

4988 Ducat d'or.
4989 Autre.
4990 Autre.
4991 Autre.

FERDINAND III.

4992 Écu d'or, avec le lème FECIT. MAGNA. POTENS., de l'an 1650.

VÉNISE.

4993 Zéquin d'or del doge François Foscari, frappé depuis 1443 jusqu'à 1457.
4994 Autre zéquin d'or de Marc Barbarigo, de 1485.
4995 Autre de Paul Rayniero, de 1473.

4996 Autre semblable.
4997 Demi-zéquin du même doge.
4998 Autre zéquin de Ludovico Manini.

PARME.

4999 Pièce de quarante lires, de l'an 1815, de Marie Louise, archiduchesse.

GÊNES.

5000 I. P. CA. XXX. doge de Gênes. Zéquin.

LUCA.

5001 S. MARTINVS. R*. S. VVLTVS. LVCA. Zéquin.

FLORENCE.

5002 Florin d'or.
5003 Florin de Jean Castor I, de l'an 1731.

ROME.

5004 Zéquin du pape Eugène IV, frappé à Boulogne.
5005 Autre d'Innocence VIII, frappé à Rome.

GRÈCE.

5006 Othon I. Pièce de vingt drachmes.

AMÉRIQUE.

5007 Pièce de dix dollars, des États-Unis.
5008 Autre pièce d'or de la Caliphorne, de cinquante dollars.
5009 Petit monnaie de vingt réaux, de la république centrale d'Amérique.
5010 Autre.
5011 Autre.
5012 Pièce de deux pessos fuertes, de Colombie.
5013 Petit monnaie de vingt réaux, de la même république.

5014 Pièce incertaine des Indes orientales. Poids cent réaux.
5015 Autre semblable.

MONNAIES INCERTAINES DU MOYEN AGE.

5016 DECIVS.-IMPRATOR. Tête byzantine couronnée. R*. CESAR, cavalier avec épée. Poids quarante réaux.

MONNAIES D'ARGENT, DE BILLON ET DE CUIVRE.
LÉON.

5017 MONETA. LEGIONIS. Croix, avec quatre fleurs entre les angles. R*. Croix sur un arbre. Denier de billon, deux exemplaires.

ALPHONSE VI.

5018 ANFVS. REX. Croix équilatère. R*. LEO. CIVITAS.; monogramme de Christ, entre A et ⲱ. Denier d'argent. Trois exemplaires.

ALPHONSE VII.

5019 LEGIONIS. Tête d'un lion, de face. R*. INPERA. Au milieu, une croix; et aux côtés, IN-PE. Denier de billon.

5020 REX. ANFVS. INPATOR. (sic). Buste couronné, de face, avec longue barbe. R*. LEGIO. CIVITAS. Croix sur un arbre fleuri. Denier d'Ar.

5021 ALFONS. REX. Croix équilatère, dont les bras terminent en cercles fleuris. R*. Croix. LEO. Lion rampant. Denier de billon. Deux exempl.

CASTILLE.

ALPHONSE VII.

5022 ANFVS.-REX. Buste couronné, à gauche. R*. CASTELE. Château. Denier de billon. Six exemplaires.

TOLÈDE.

ALPHONSE VI.

5023 ANFVS. REX. Croix équilatère. R*. TOLETVO. Monogramme de Jesus-Christ. Denier d'Ar. de billon.

5024 ANFVS. REX. Croix équilatère. R*. TOLETVM. Deux cercles et deux étoiles, en sautoir. Denier d'Ar. de billon.

ALPHONSE VIII.

5025 ANFVS. REX. Tête nue, regardant à gauche. R*. TOLLETA. Croix équilatère, couronnée avec des étoiles. Denier de billon. Treize exemplaires.

CASTILLE ET LÉON.

5026 MONETA. CASTELLE. Château. R*. ET. LEGIONIS. Leon. Denier de billon. Quatre exemplaires.

5027 Trois demi-deniers.

ALPHONSE X, LE SAGE.

5028 ALFONSVS. REX. CASTELLE. ET. LEGIONIS. Écrit en six lignes. R*. Deux lions et deux châteaux écartélés. Denier d'argent. B. C. Deux exemplaires.

5029 Autres quatre, aussi de billon.

5030 ALFONS. REX. Buste couronné, à gauche. R*. CASTELLE. LEGIONIS. Château. Denier de billon. Six exemplaires.

SANCHE IV.

5031 SANCII. REX. Buste couronné, à gauche. R*. CASTELLE. LEGIONIS. Château. Denier de billon. Huit exemplaires.

5032 SANCII. REX. Tête couronnée, à gauche. R*. CASTELLE LEGIONIS. Croix équilatère, cantonnée avec une étoile et une lettre initiale de l'attelier. Demi-denier de billon. Quatre exemplaires.

FERDINAND IV.

5033 F. REX. CASTELLE. Château. R*. ET. LEGIONIS. Lion. Denier de billon. Six exemplaires.

ALPHONSE XI.

5034 ALF. REX. CASTELLE. Château. R*. ET. LEGIONIS. Lion. Denier de billon. Huit exemplaires.

5035 DOMINVS. MICHI. ADIVTOR. Buste couronné, de face. R*. ALFONSVS. DEI. GRACIA. Château; dessous, A. (Avila).
Billon. Mod. 24 milim.

5036 ALPHONSVS. REX. Tête couronnée, de face. R*. ALFONSVS. REX. CASTE. Château. Denier. d'Ar.

PIERRE I, SURNOMMÉ LE CRUEL.

5037 DOMINVS. MICH. ADIVTOR. ET. EGO. DISPICIAM. INIMICOS. MEOS. Écrit en deux cercles; au milieu, la lettre P, couronnée. R*. PETRVS. REX. CASTELLE. E. LEGIONIS. Armes de Castille et de Léon, écartelées. Variées les lettres initiales de l'attelier. Ar. Réal.
Mod. 26 milim. Cinq exemplaires.

5038 Demi-réal du même type. Trois exemplaires. Ar.

HENRI II.

5039 Réal d'argent du même type que celles de Don Pedro, avec la variation néanmoins d'avoir au milieu de l'anvers les lettres E N, couronnées. Six exemplaires.

5040 Deux autres semblables de billon.

5041 Demi-réal d'argent du même type. Deux exemplaires.

5042 Dix-huit monnaies de cuivre et de billon, de celles qu'on a attribuées à Henri II et à Henri III.

JEAN I.

5043 DOMINVS. MICHI. ADIVTOR. ET EGO. DISPICIAM. INIMICOS. MEOS., écrit en deux cercles; au milieu, IOHN couronné. R*. IOHANNES. DEI.

GRACIA. REX. CASTELLE. Armes de Castille et de Léon ; dessous, S. (Séville). Réal d'argent.

5044 Quart de réal d'argent, du même type. B. C.

5045 Onze monnaies de billon et de cuivre, de celles qu'on a attribuées à Don Jean I et à Don Jean II ; ordinaires.

HENRI III.

5046 XPS. VINCIT. XPS. REGNAT. XPS. IM.; au milieu, HEN., couronné. R*. ENRICVS. DEI. GRACIA. REX. Armes de Castille et de Léon, écartelées. Réal d'argent. Neuf exemplaires.

5047 Trois demi-réales d'argent, du même type.

5048 Seize monnaies de cuivre et de billon, de celles qu'on a attribuées à Henri III.

JEAN II.

5049 Six monnaies de cuivre, de celles qu'on a attribuées à ce roi.

HENRI IV.

5050 ENRICVS. CVARTVS. DEI. GRACIA. REX. Buste couronné, regardant à gauche. R*. ENRICVS. REX. CASTELLE. ET LEGIONIS. Armes de Castille et de Léon, écartelées. Réal d'argent. Cinq exemplaires. Variées les lettres initiales des ateliers.

5051 XPS. VINCIT. XPS. REGNAT. XPS. IM.; au milieu, HEN., couronné. R*. ENRICVS. CVARTVS. DEI. GRACIA. Armes écartelées de Castille et de Léon. Réal d'argent. Cinq exemplaires.

5052 Demi-réal d'argent du même roi. Quatre exemplaires.

5053 Vingt-huit monnaies de cuivre et de billon.

FERDINAND V ET ÉLISABETH.

5054 QVOD. DEVS. CONIVNGIT.; au milieu, F et Y, couronnées. R*. FERNANDVS. ET ELISABETH. Armes de Castille et de Léon, écartelées. Demi-réal d'argent. B. C.

5055 QVOD. DEVS. CONIVNGIT. Au milieu, F couronnée. R*. OMO. NON. SEPARAT. Y. couronnée. Quart de réal d'argent. B. C.

5056 FERNANDVS. ET. ELISABETH. DEI. G. Écu d'armes en quatre quartiers, de Castille et de Léon, Aragon et Sicile ; dessous, la grenade ; dans le champ, S. (Séville), et la marque numérale IIII. R*. REX. ET. REGINA. CAST. LEGION. ARAGON. SC. Arc et tas de flèches.
Pièce de quatre réales d'argent. Mod. 38 milim. B. C.

5057 Deux autres pièces d'argent, variées, de quatre réales.

5058 Deux autres pièces d'argent, variées, de quatre réales.

5059 Trois pièces de deux réales d'argent, du même type.

5060 Dix pièces d'un réal, variées.
5061 Dix autres.
5062 Six de demi-réal d'argent.
5063 Six autres semblables.
5064 Vingt-huit monnaies de cuivre, des mêmes rois, de types communs; toutes variées.

CHARLES I, ET DOÑA JUANA.

5065 CAROLUS. ET. IOANA. REGES. Écusson d'armes de Castille et de Léon, écartelées; dessous, la grenade; aux côtés, M. (Méxique.) R*. HISPANIARVM. ET INDIARVM. Deux colonnes couronnées à fleur d'eau; dans le champ, PLVS-VLTRA, et le n.° 4. Pièce de quatre réales d'argent.
5066 Deux autres de quatre réales, variées.
5067 Six pièces de réal d'argent, du même type; variées.
5068 Pièce de demi-réal avec les lettres K et I, couronnées.
5069 Cinq pièces de cuivre, de type commun; entre ces monnaies il y en a deux qui ont le nom de CAROLVS. QVINTVS.

PHILIPPUS II.

5070 PHILIPPVS. D. G. HISPANIARVM. Écusson d'armes de Castille, de Léon, d'Aragon, de Sicile, des états d'Autriche et celles de Portugal; dans le champ il y a pour signes l'aquéduc de Ségovie et le n.° VIII. R*. ET. INDIARVM. REX. 1589; armes de Castille et de Léon écartelées. Peso fuerte de huit réales d'argent. T. B. C.
5071 Deux pesos fuertes du même roi, sans les armes de Portugal.
5072 Deux autres semblables.
5073 Quatre pièces de quatre réales d'argent, variées.
5074 Trois pièces de deux réales d'argent, variées.
5075 Autre pièce de deux réales, mais ayant le type des colonnes. B. C.
5076 Huit monnaies d'argent du même roi, variées.
5077 Vingt tarjas en billon, type ordinaire.
5078 Quatorze monnaies de cuivre du même roi, type ordinaire.

PHILIPPUS III.

5079 PHILIPPVS. III. D. C. Écusson d'armes de Castille, de Léon, d'Aragon, de Sicile, des états autrichiens et de Portugal; dans le champ, symbole de Ségovie, et le n.° VIII. R*. HISPANIARVM. REX. 1614. Écusson de Castille et de Léon écartelés. B. C. Peso fuerte.
5080 Deux pièces de quatre réales, du même type.
5081 Deux autres de à deux réales.

5082 Trois petites pièces d'argent du même roi.
5083 Cinquante-cinq monnaies de cuivre, du même roi, variées.

PHILIPPUS IV.

5084 PHILIPPVS IIII. D. G. Écusson d'armes d'Espagne; aux côtés, signes de Ségovie et n.° 50. R*. HISPANIARVM. REX. 1652. Écusson de Castille et de Léon. Tejo de cinquante réales d'argent (120 réales de vellon). T. B. C.
5085 Peso fuerte de huit réales du même type que celui de l'antérieur, frappé à Ségovie en 1636. T. B. C.
5086 Deux pesos fuertes d'argent, de huit réales chacun, frappés en 1559 et 1660.
5087 Vingt pièces de petites monnaies d'argent du même roi, avec différents types.
5088 Cent quatre-vingt-huit monnaies de cuivre du même roi; presque toutes variées dans les types, valeurs ou atteliers monétaires. B. C.

CHARLES II.

5089 Peso fuerte du même type que celui des antérieurs, frappé à Ségovie en 1697. B. C.
5090 CAROLVS. II. D. G. ISPANIA. Croix couronnée, et entre les bras, deux châteaux et deux lions. R*. POTOSI. DEI. PERV. AÑO 1679. Deux colonnes couronnées, et entre elles, PLVS-VLTRA. Peso fuerte de huit réales d'argent.
5091 Peso de seize réales de vellon, frappé à Ségovie en 1687, ayant pour lème PROTECTIONE. VIRTVTE., et le type monogramme de Marie, surmonté d'une croix.
5092 Autre semblable. M. B. C.
5093 Autre informe de bas titre.
5094 Pièce de quatre réales d'argent de l'an 1684; attelier de Ségovie; type ordinaire. B. C.
5095 Deux pièces de quatre réales de vellon chacune, ayant pour type le monogramme de CARLOS. II., couronné.
5096 Pièce de huit réales, de bas titre, avec le monogramme de Marie.
5097 Sept petites pièces, dont six sont en argent et une en cuivre. B. C.

PHILIPPUS V.

5098 Peso fuerte, frappé à Madrid en 1728. Type ordinaire.
5099 Autre du Potosi du Pérou, de 1726.
5100 PHILIP. V. D. G. HISP. ET IND. R. 1709. Tête de Philippe V, à droite. R*. DEXTERA. DOMINI. EXALTAVIT. ME. Écusson de Castille et de

Léon, au centre duquel il y a les trois fleurs de lys; atteliers de Madrid; valeur de huit réales de vellon. B. C.
5101 Demi-peso fuerte; type ordinaire, frappé à Ségovie en 1728. B. C.
5102 Deux demi-pesos de huit réales de vellon, frappés en 1718. B. C.
5103 Quatre pièces de quatre réales de vellon chacune, variées.
5104 Six petites monnaies d'argent du même roi.
5105 Onze monnaies de cuivre du même roi; quelqu'une trés-rare.

LUDOVICUS I.

5106 Trois pièces de quatre réales de vellon chacune, de ce roi; type ordinaire, frappées à Madrid, Séville et Ségovie.

FERDINAND VI.

5107 Peso fuerte columnario, de l'an 1753, frappé à Méxique. T. B. C.
5108 Autre de l'an 1760.
5109 Deux pièces; une de deux réales d'argent et autre de quatre.
5110 Trois petites pièces d'argent du même roi.
5111 Vingt maravédis de cuivre, du même roi.

CHARLES III.

5112 Peso fuerte columnario, avec la tête du roi, frappé à Méxique en 1772.
5113 Autre de l'an 1799, frappé aussi à Méxique.
5114 Peso fuerte de cabo de barra, informe, 1766.
5115 Deux autres semblables.
5116 Demi-peso fuerte avec colonnes et tête, frappée au Potosi l'an 1773.
5117 Autre péninsulaire, frappée à Séville en 1788.
5118 Autre méxicain, sans tête, de l'an 1761.
5119 Deux demi-pesos fuertes informes (cabo de barra).
5120 Deux pièces de deux réales d'argent; une des deux est coupée.
5121 Deux autres de quatre réales de vellon, péninsulaire; 1781 et 1788.
5122 Six petites pièces d'argent et cinq de cuivre.

CHARLES IV.

5123 Peso fuerte du Potosi, de l'an 1789.
5124 Autre de Méxique.
5125 Pièce de deux réales d'argent.
5126 Cinq petites pièces d'argent et quatre en cuivre.

JOSEPH I BUONAPARTE.

5127 Peso fuerte frappé à Madrid l'an 1809.
5128 Autre frappé en 1810.

5129 Autre frappé en 1811.
5130 Autre frappé en 1812.
5131 Autre de la même année, frappée à Séville.
5132 Autre, frappée à Madrid en 1813.
5133 Demi-peso fuerte, frappé aussi à Madrid en 1812.
5134 Cinq pièces de quatre réales de vellon, de différentes années.
5135 Deux petites pièces d'argent et six de cuivre.

FERDINAND VII.

5136 Peso fuerte frappé à Séville l'an 1808.
5137 Autre méxicain de 1808.
5138 Autre de Séville de 1809, avec les armes de Cadix en contre-marque.
5139 Deux pesos fuertes péninsulaires de l'an 1809.
5140 Deux columnarios de 1810.
5141 Trois péninsulaires des années 1810 et 1811.
5142 $^{1.°}$ Deux columnarios de l'an 1811.
5142 $^{2.°}$ PROV. D. OAXACA. 1812.-8-RS. Croix; aux angles, château, lion, et le monogramme F.°-7.°R°. Écusson d'armes tenant un lion à droite. Ar. Peso fuerte.
5143 Trois péninsulaires des années 1813 et 1814.
5144 Peso fuerte de l'an 1814, de Santiago de Chile.
5145 Autre péninsulaire de l'an 1816, avec les armes de Portugal en contre-marque.
5146 Peso fuerte péninsulaire de l'an 1816, frappé à Madrid.
5147 Autre de Guatemala, de 1821.
5148 Peso fuerte constitutionnel de l'an 1821, frappé à Madrid.
5149 Peso fuerte de Zacatecas, de 1822.
5150 Deux pesos fuertes constitutionnels de l'an 1822, frappés à Séville et à Madrid.
5151 Autre de Séville de la même année, ayant en contre-marque les armes de Portugal.
5152 Peso fuerte du Potosi de 1823.
5153 Deux constitutionnels de 1823, frappés à Séville et à Madrid.
5154 Peso fuerte du Potosi, de 1824.
5155 Autre de Madrid, de 1824.
5156 Peso fuerte de Madrid, de 1833, avec une légende autour du flanc qui dit DIOS ES EL REY DE LOS REYES. Belle fabrique.
5157 Autre semblable. B. C.
5158 Sept demi-pesos, de différentes années; types ordinaires, américain et péninsulaire.

5159 Autres quatre, surfrappés sur monnaie française en 1821, à Burgos, Santander et Madrid. (*Resellados ou torenos.*)
5160 Cinq pièces de deux réales d'argent (cinco reales de vellon) chacune.
5161 Douze pièces de quatre réales péninsulaires, de différentes années.
5162 Onze petites monnaies de deux réales de vellon et une de réal de vellon.
5163 Vingt-quatre pièces de cuivre, variées; type ordinaire.

CHARLES V, LE PRÉTENDANT.

5164 Pièce de deux quarts, frappée à Ségovie en 1837, avec le coin de Ferdinand VII; la légende variée, et ayant moustache le buste. T. B. C. Très-rare.
5165 Autre brûlée.

ÉLISABETH II.

5166 Trois pesos fuertes de 1834, 1835 et 1836, avec le 1ème, dans le flanc, DIOS ES EL REY DE LOS REYES.
5167 Autre de l'an 1837, ayant pour 1ème, aussi dans le flanc, LEY, PATRIA, REY.
5168 Demi-peso fuerte de 1840, avec le même 1ème.
5169 Six pièces de quatre réales de vellon, variées.
5170 Neuf petites monnaies d'argent. B. C.
5171 Vingt autres de cuivre, variées; quelques-unes rares.

PROVINCES ESPAGNOLES.

ARAGON.

SANCHO RAMIREZ.

5172 SANCIVS. REX. Tête à gauche. R*. ARAGON. Croix de Sobrarbe sur un arbre. Denier d'argent. Quatre exemplaires, variés.
5173 Deux autres avec la tête à droite. B. C.
5174 Demi-denier, type semblable.

ALPHONSE LE BATAILLEUR.

5175 ANFVS. REX. Tête à gauche. R*. ARAGON. Croix sur arbre. Deux deniers d'argent.
5176 ANFVS. SAN. F. REX. Tête à gauche. R*. ARAGONENSIS. Croix. Denier d'argent.

JACQUES I.

5177 ARAGON. Buste couronné du roi, à gauche. R*. IACOBVS. REX. Croix à quatre bras. Denier de billon. Six exemplaires.

PIERRE III.

5178 ARAGON. Buste couronné à gauche. R*. PETRVS. DI. GRAC. Croix à quatre bras. Denier de billon.

FERDINAND II, LE CATHOLIQUE.

5179 Réal d'argent, avec son buste, et l'écusson des armes de Castille, Léon, Aragon et Sicile. B. C.
5180 Demi-réal, frappé à Jaca, avec le buste de face.
5181 Réal d'argent, avec l'écusson des armes de Castille et Léon, d'un côté, et à l'anverse celle d'Aragon et de Sicile. Trois exemplaires.

JEANNE ET CHARLES V, D'AUTRICHE.

5182 IOANA. ET CAROLVS. ARAGONVM. Écusson d'armes d'Aragon; au côté, C. A. (Saragosse). R*. TROPEA..RENVM. (sic). ARAGONVM. Armes écartelées, avec quatre têtes de rois maures; dessus, croix de Sobrarbe. Réal d'argent. Deux exemplaires.
5183 Six petites monnaies d'argent, d'Aragon, des rois de la maison d'Autriche.
5184 Seize petites monnaies de billon, appelées *dinerillos de Aragon*, de différents rois de la maison d'Autriche.

CATALOGNE.
BARCELONNE.
JACQUES I.

5185 IACOBVS. REX. Croix équilatère. R*. BARQVINONA. Écusson d'armes d'Aragon. Denier de billon. Deux exemplaires.
5186 BARQVINONA. Tête couronnée, à gauche. R*. IACOB. REX. Croix, cantonnée de points et de bésants. Denier de billon. Sept exemplaires.
5187 Deux demi-deniers de billon.

JACQUES II.

5188 IACOBVS. DEI. GRACIA. REX. Buste couronné, à gauche. R*. CIVITAS. BARCINONA. Croix cantonnée de points et de bésants. Cruzado d'argent ou réal. Sept exemplaires.
5189 Deux autres exemplaires. M. B. C.
5190 Quatre deniers de billon, du même roi.

ALPHONSE IV.

5191 ALFONSVS. REX. Tête couronnée, à gauche. R*. BARQVINONA. Croix cantonnée de points et de bésants. Denier de billon.

PIERRE IV, LE CÉRÉMONIEUX.

5192 PETRVS. DEI. GRACIA. REX. Buste couronné, à gauche. R*. CIVITAS. BARCINONA. Croix cantonnée de points et de bésants. Cruzado d'argent ou réal.

5193 Denier de billon, du même roi.

FERDINAND II, LE CATHOLIQUE.

5194 Trois petites monnaies d'argent, de ce roi.

PHILIPPE II.

5195 Deux petites monnaies d'argent.

PHILIPPE III.

5196 Deux petites monnaies d'argent.

LOUIS XIV.

5197 LVD. XIIII. D. G. R. F. C. B. 1652. Tête juvenil, à droite; aux côtés, X-R. R*. BARCINO. CIVIT. OBSESSA. Croix avec les armes de Barcelonne; entre les bras de la croix, points et bésants. Mod. de deux réales de billon. Très-rare.

5198 Dix-sept petites monnaies de cuivre, barcelonnaises, de la maison d'Autriche, et de la domination française du siècle XVII.

PHILIPPE IV.

5199 Deux pièces, une de deux réales de vellon, et autre de réal, frappés à Barcelonne, avec le type ordinaire de cette ville.

5200 Huit petites pièces de cuivre, du même roi, appellées *ardites et demi-ardites*.

CHARLES II.

5201 Six pièces d'argent variées, de deux réaux de billon.

CHARLES VI, D'AUTRICHE.

5202 CAROLVS. III. D. G. HISP. REX. Son buste à gauche. R*. BARCINO. CIVI. 1706. Croix avec points et bésants. Pièce de deux réales de vellon.

5203 Dix-huit petites monnaies en cuivre du même pretendant.

PHILIPPE V.

5204 Pièce de deux réales de vellon, du même type, frappé en 1705.

FERDINAND VI.

5205 Six petites pièces ou *ardites*, en cuivre.

DOMINATION FRANÇAISE DEPUIS 1808 JUSQU'À 1814.

5206 Peso fuerte de cinq pesetas, frappé en 1808.
5207 Autre frappé en 1809.
5208 Pièce d'argent de deux pesetas et demie, 1808.
5209 Six pièces de peseta du même type, de différentes années.
5210 Six pièces en cuivre de différents valeurs, de la même époque.

FERDINAND VII.

5211 Six monnaies en cuivre de six, quatre, troix, deux, un et demi, un, et demi quartos variées.

ÉLISABETH II.

5212 Deux pièces de peseta, et une en cuivre de trois quartos.

CASTELLON DE AMPURIAS.

5213 F.-A. Écu avec un château. R*. Blason de Catalogne. Cuivre.

BELLUCH.

5214 LVD. XIII. D. G. R. F. CO. B. Tête laurée, à droite. R*. VILL. PVLCRI. Écusson d'armes de la ville. Æ. Deux petits exemplaires.

GIRONNE.

5215 Cinq petites monnaies en cuivre et de billon, de différents rois, frappées dans cette ville.
5216 Trois pesos fuertes sans coin, mais surfrappées; d'un côté FER. VII., et de l'autre GNA, 1809. VN DVRO. (Obsidionaire.)

LÉRIDA.

5217 Six petites monnaies en cuivre, appellées puyesas de Lérida, variées.

PERPIGNAN.

5218 Six pièces en cuivre de différents rois; types connus.

PUIGCERDÁ.

5219 PVG. CERITAN. Croix. R*. Figure de la Vierge du Puig. Petit denier de billon. C. O.

TARRAGONE.

5220 Trois pièces en cuivre avec le Tau de Sainte Tècle, patronne de la ville; module et type variés.

5221 Peso fuerte, frappé à l'époque de la guerre de l'indépendance, ayant en marque 5. PS.-FER.-VII.-1809. R*. Armes de Catalogne.
5222 Deux pesos fuertes semblables.

TÁRREGA.

5223 PRINC. CATAL. Armes du Principaute. R*. VILLA.-TARREG. 1644. Armes de la ville. Æ. Petit module.

VICH.

5224 Six petites pièces de cuivre, de cette ville ; variées.

URGEL.

HERMENGAUDE, COMTE.

5225 ERMENGAVDVS. Crosse d'évêque sur branche. R*. COMES. VRGELLI. Croix cantonnée avec points. Denier de billon.

PIERRE, COMTE.

5226 PETRVS. DEI. GRACI. Crosse d'évêque sur branche. R*. COMES. VRGELLI. Croix comme celle de l'antérieure. Denier de billon. Deux exemplaires.

INCERTAINES DE CATALOGNE.

5227 Cinq monnaies de cuivre sans attribution.

VALENCE.

JACQUES II.

5228 IACOBVS. RES. Tête couronnée, à gauche. R*. VALENCIE. Croix sur une fleur. Denier en billon. Six exemplaires.

ALPHONSE V.

5229 ALFONSVS. DI. GRA. REX. ARAGO. Buste de face, couronnée. R*. VALENCIE. MAIORICARVM. Écusson couronné de Valence. Réal d'argent. Deux exemplaires.
5230 Denier du même roi. Billon.

MARTIN.

5231 MARTINVS. DEI. GRACIA. REX. Buste couronné de face. R*. VALEN-CIE. MAIORICARVM. SARD. Écusson couronné. Réal d'argent.

FERDINAND II, LE CATHOLIQUE.

5232 Deux deniers en billon de ce roi.

CHARLES 1 (V D'AUTRICHE).

5233 CAROLVS. DEI. GRACIA. REX. ARA. Buste de face couronné. R'. VALENCIE. MAIORICARVM. SARD. Écusson couronné, de Valence. Réal d'argent.

PHILIPPE III ET PHILIPPE IV.

5234 Onze réales en argent, de ces rois, de différentes années, avec les types ordinaires.
5235 Six petits deniers en billon.

CHARLES II.

5236 Un réal d'argent et un denier de ce roi.

CHARLES VI, D'AUTRICHE.

5237 Réal d'argent, frappé en 1707. Type ordinaire.

PHILIPPE V.

5238 Onze sisénas, et demi-sisénas de ce roi. Æ.

FERDINAND VII.

5239 Pesetas, ou pièces de quatre réales de vellon, frappées à Valence en 1825.
5240 Quatre pièces en argent, de la même valeur, frappées aussi en 1823, ayant pour lème, VAL. SITIADA POR LOS ENEMIGOS DE LA LIBERTAD.

MALLORCA.

SANCHE.

5241 REX. MAIORICARVM. Buste couronné, de face. R*. SACIVS. DEI. GRA. Croix longue de Mallorque. Huit deniers en billon et un demi.

JACQUES.

5242 REX. MAIORICARVM. Buste couronné, de face. R*. IACOBVS. DEI. GRACIA. Croix longue de Mallorque. Denier en argent, un demi et un quart; total trois.

PIERRE IV.

5243 P. DEI. GRA. ARAGO. Buste couronné, de face. R*. REX. MAIORICAR. Croix longue de Mallorque. Denier en billon.

ALPHONSE V.

5244 ALFONSVS. DEI. GRACIA. REX. Buste couronné, de face. R*. ARA-GONVM. MAIORICARVM. Croix longue de Mallorque, cantonnée avec quatre fleurs aux angles. Réal d'argent. T. B. C.

5245 Treize petits deniers en billon de différents rois de l'ancienne maison d'Aragon.

FERDINAND V, LE CATHOLIQUE.

5246 FERDINANDVS. REX. ARAGO. Tête couronnée, à gauche. R*. MAIO-RICARVM. CATOLICVS. Croix longue sur l'écu de Mallorque. Sept réales d'argent, et trois demi-réales; variés; total dix.

PHILIPPES, D'AUTRICHE.

5247 Trois pièces de quatre réales de vellon chacune, de ces rois. Types ordinaires.
5248 Trois autres pièces de deux réales de vellon.
5249 Treize autres petites d'argent, de ces mêmes rois.
5250 Trente-quatre petites monnaies en billon, des mêmes Philippes, et quelques autres de la maison d'Autriche.

PHILIPPE V.

5251 Quatre sisénas en billon, de ce roi; type ordinaire.

LOUIS I.

5252 Quatre autres sisénas en billon, de ce roi; types ordinaires.

FERDINAND VII.

5253 Tejuelo carré avec les angles coupés, et les lèmes en contre-marque: 30-S.—FER. VII.-1808, et au revers l'écusson des Baléars. Peso fuerte d'argent. Deux exemplaires.
5254 Deux autres pesos fuertes, circulaires, avec les mêmes légendes en contre-marques.
5255 Deux autres de l'an 1821, avec les mêmes légendes en contre-marques, ajoutant dessous de l'écusson, SALVS. POPVLI.
5256 Deux autres pesos fuertes de 1823, ayant les lèmes FERN. 7.° P. LA. G. D. DIOS Y LA CONSTITV. R*. ISLAS BALEARES. 1823.
5257 Deux autres pesos fuertes, FERN. 7. P.LA. G. D. DIOS. REI. D. ESPAÑ. E INDIAS.
5258 Sept pièces de cuivre de différents types, de ce roi, frappées pour l'usage de ces îles.

MÉNORQUE.

ALPHONSE IV OU V.

5259 ALFONSVS. REX. Tête couronnée, à gauche. R*. MINORICA. Écusson de Ménorque. Sept petits deniers en billon.

IBIZA.

5260 Quinze monnaies en cuivre de cette île, frappées pendant la domination de la maison d'Autriche. Type ordinaire.

NAVARRE.

TRIBAUT.

5261 TIOBALDVS. REX. Croix équilatère. R*. DE NABARRE. Symbole de Champagne. Denier d'argent. Deux autres exemplaires; total trois. M. C.

JEAN II ET DOÑA BLANCA.

5262 I.-ET. B. REX. ET. REG. NAB. Au milieu, Y et B, couronnées. R*. SIT. NOMEN. DOMINI. BENEDICTVM. Croix cantonnée de couronnes. Denier de billon. Trois autres des mêmes rois et un de Charles le Mauvais; total quatre.

FERDINAND V, LE CATHOLIQUE.

5263 FERNANDVS. D. G. R. NAVA. Armes couronnées de Navarre. R*. SIT. NOMEN. DOMINI. BENEDICTVM. Croix cantonnée avec deux couronnes et deux F. Réal d'argent, et autre demi-réal. Quatre exemplaires.

5264 Deux monnaies en argent de la maison d'Autriche, frappées à Navarre. Informes.

5265 Cinquante-sept monnaies en cuivre, de Navarre, modernes. Toutes sont variées.

ORAN.

5266 Huit pièces en cuivre, frappées pour l'usage de cette place pendant la domination des rois de la maison d'Autriche, variées.

AMÉRICAINES.

5267 PROVISIONAL POR LA SVPREMA IVNTA DE AMERICA. Monceau d'armes américaines. R*. FERDIN. VII. DEI. GRACIA. 1811. Aigle sur nopal, posée sur un pont. Peso fuerte d'argent, fondu.

5268 FERDIN. VII. DEI. GRATIA. 8. R. Armes de Castille et de Léon avec colonnes. R*. MONEDA PROVISIONAL DE ZACATECAS. Montagne avec une croix en dessus, et les lettres L, V, G dessous. Peso fuerte. Trois exemplaires.

5269 Réal de plata du même type, de 1811.
5270 Six monnaies de cuivre pour l'usage du Méxique, frappées sous les règnes de Charles III et de Ferdinand VII. Quelques unes très-rares.
5271 Arc avec une flèche; dessous, SVR. R*. 8-R. 18-12. entre les colonnes flottantes sur les eaux. Peso fuerte d'argent.
5272 Deux monnaies en cuivre qui semblent être du même module et du même type, frappées par les circonstances de la guerre.
5273 Trois petites pièces d'argent, appellées macuquines.
5274 Onze quarts de réal americains de différents atteliers monétaires, frappés pendant la domination espagnole.
5275 Dix-huit monnaies de cuivre, américaines et des îles Filippines, frappées pour l'usage de ces provinces pendant la domination espagnole.

PORTUGAL.

FERDINAND.

5276 AVXILIVM. MEVM. A. DOMINO. QVI. FECIT. CELVM. E. TERRAM. Au milieu, F. R. couronnées. R*. F. D. G. REX. PORTVGALIE. ALGARBIA. Écusson d'armes avec les cinq quinas. Réal d'argent.
5277 Six petites monnaies en argent des rois Don Alphonse IV, Don Jean II, Don Jean III et don Emmanuel; quelques unes rares.
5278 Dix-huit monnaies en cuivre et en billon des rois Don Duarte, Jean I, d'Avis, Alphonse IV et Alphonse V, Jean III et Emmanuel; quelques unes très-rares.

SEBASTIEN.

5279 SEBASTIANVS. I. REX. PORTVGAL. ALG. Armes couronnées de Portugal. R*. IN. HOC. SIGNO. VINCES. Croix de Avis. Pièce de quatre réales d'argent (cruzado).
5280 Autre petit en argent et dix en cuivre, du même roi.

ANTOINE, PRIEUR D'OCRATO.

5281 Trois monnaies en cuivre de ce prétendant; type ordinaire.

PHILIPPE IV, D'ESPAGNE.

5282 PHILIPPVS. IIII. D. G. Buste à droite. R*. XXIIII. P. 1643.; dessous, une couronne. Petite monnaie d'argent.
5283 Deux pièces de 960 reis chacune; les deux du prince régent Don Jean, 1815 et 1816.

5284 Six cruzados de douze réales de vellon de différents rois de la maison de Bragance.
5285 Seize monnaies en argent du même royaume et de la même époque.
5286 Cinquante-neuf monnaies en cuivre, portugaises, et de ses colonnies; modernes, variées.
5287 Pièce en argent de Doña Maria II, valeur de 1,000 reis, frappée en 1845.

FRANCE.

CHARLES LE CHAUVE.

5288 K.-R.-L.-S.-RX. en chifre. R*. METVLLO. Croix équilatère. Denier en argent.

LOUIS IX, LE SAINT.

5289 Deux deniers tournais d'argent, module de franc.

PHILIPPE LE BEAU.

5290 Six monnaies du même type que l'anterieur. Ar. Un petit denier en billon ; total sept.

CHARLES VI.

5291 Deux monnaies en billon.

CHARLES VII.

5292 Trois monnaies en billon, module de franc.

LOUIS XI.

5293 Deux autres monnaies en billon, même module.

HENRI II.

5294 Deux autres.

HENRI III.

5295 Une monnaie en argent et trois autres en cuivre.

5296 Treize grands monnaies en argent, des rois de la maison de Bourbon, de la république et de la maison de Buonaparte de six, livres et de cinq francs.
5297 Dix-neuf petites monnaies en argent, de la même époque que les antérieures.
5298 Quarante-huit monnaies en cuivre, même époque, variées; quelques unes rares.
5299 Vingt-sept monnaies en cuivre et en billon, des baronnies et des provinces de France, à savoir: Avignon, Béarn, Poitiers, Bouillon, Hery-

mont, Dombais, Strasbourg, Lorraine, Saint-Martin de Tours, Narbonne, et des colonnies des Indes.

ITALIE.

AQUILA.

5300 Deux petites monnaies en cuivre du pape Innocence VIII.

ANCONE.

5301 PR. S. QVIRIA.; au milieu, CVS. R*. DE. ANCONA. Croix équilatère. Denier de billon.

5302 PAVLVS IIII. PON. MAX. Armes du pape Carrafa. R*. S. PAVLVS. ANCONA. Image de Saint-Pierre.
Mod. de réal d'argent.

BOLOGNE.

5303 ENRICVS.; au milieu, IPRT. R*. BONONI.; au milieu, A. Denier en billon.

5304 Écu ou piastre de 1797. Ar.

5305 Trois monnaies d'argent et cinq en cuivre et en billon de cette ville, frappées sous les papes. Total huit.

SARDAIGNE.

5306 Trois deniers en billon des rois Don Jean II et Don Ferdinand le Catholique, d'Aragon.

5307 Trois petites monnaies d'argent des rois de la maison d'Autriche, frappées pour l'usage de cette île, et quatre en cuivre. Total sept.

CORSE.

5308 Deux monnaies en billon, frappées sous la domination de Pascal Paoli, l'an 1765.

FLORENCE.

5309 E. TIBI. FLORERET. XPS. E. FLORENCIA. D. Fleur de lys. R*. S. IOHANNES. BATISTA. Saint-Jean, assis.
Ar. Mod. de réal d'argent antique.

5310 COSMVS. M. R. P. FLORENTIÆ. DVX. II. Sa tête à droite. R*. S. IANNESS. BATISTA. Saint-Jean, assis. Ar. Toston ancienne.

5311 Pièce de dix lyres de Marie Louise et de Charles Louis d'Etrurie. Ar.

5312 Trois franceschones de Ferdinand III, et de P. Léopolde. Ar.

5313 Quatre pièces de cinq lyres chacune, variées. Ar.

5314 Onze petites monnaies en argent de Toscane de différents princes, et huit en billon. Total dix-neuf.

FERRARE.

5315 Huit monnaies en cuivre et en billon frappées à cette ville, sous les papes.

GENES.

5316 Pièce de quatre lyres de la république. Ar.
5317 Sept petites monnaies en argent et douze en cuivre ou en billon. Total dix-neuf.

LUCCA.

5318 Pièce d'une piastre de 1749. Ar.
5319 Autre de cinq francs de Félix et d'Elise de 1808.
5320 Deux monnaies en argent et une en billon de cette république.

MALTE.

5321 Quatre monnaies en argent, et vingt-sept en cuivre; total trente et une de différents grands maîtres de l'ordre de Saint Jean; il y a, en outre, une piastre du chevalier Emmanuel de Villena.

MILAN.

5322 GALEAZO. M. SF. VICECOS. DVX. MLI. Tête à droite. R*. PP. ANGLE. AC. IANVE. D. Écu d'Armes.
   Ar. Mod. de réal d'argent.
5323 CAROLVS. II. HISP. REX. ET. MARIA. ANNA. MAT. ET. G. Buste de Marie Anne d'Autriche, ayant sur sa poitrine celui du petit roi Charles II; dessous, 1666. R*. MEDIOLANI. DVX. ET. GVB. Écu d'armes. Ar. Piastre.
5324 Pièce de cinq francs de l'Eridanie ou république subalpine; autre de valeur de trente sous.
5325 Cinq petites monnaies en argent, et dix-sept en cuivre, modernes, de ces états. Total vingt-deux.

MODENE.

5326 Pièce de demi-piastre d'Hercule III, frappé en 1782. Ar.

PADOUE.

5327 FRANCISSCHVS. DEI. GRATIA. Charriot à quatre roues. R*. SEPTIMVS. DVX. PATVE. Deux branches entrelacées. Ar. de billon. Rare.

PARME.

5328 ALEX. PAR. ET. PLA. DVX. VIII. Tête à droite. R*. Lion. Petite monnaie en argent.

5329 Pièce de cinq lyres de Marie Louise, archiduchesse, 1832.
5330 Huit monnaies en argent et six en billon modernes. Total quatorze.

RAGUSE.

5331 Quatre monnaies en cuivre et en billon, de cette république.

ROMA.

5332 1.' Piastre du pape Innocence XI, an de 1684, ayant pour 1ème, DESTE-RA. TVA. DOMINE. PERCVSSIT. INIMICVM.
5332 2.' Piastre ou écu de la république romaine, de l'an 1799.
5332 3.' Piastre du pape Léon XII, avec son buste, de l'an 1825.
5333 Autre du pape Grégoire XVI, de l'an 1833.
5334 Trois demi-piastres des papes Pie VI et Grégoire XVI. Ar.
5335 Cinq testons des papes Alexandre VIII, Innocence XI, Clement XI et Clement XII. Ar.
5336 Quarante-quatre petites monnaies en argent de différents papes.
5337 Quarante huit monnaies en cuivre et en billon de différents papes.

SAVOIE ET PIÉMONT.

5338 CHR. FRAN. CAR. EM. DVCES. SAB. SOL. 5. Buste de Christine et de Charles Emmanuel. R*. 1648. Écusson d'armes de Savoye.
5339 Deux pièces de cinq francs de Victor Emmanuel et de Charles Albert. Ar.
5340 Huit petites monnaies en argent et vingt-trois en billon et en cuivre, de ces princes. Total trente et une.

DEUX SICILES.

ROGERIUS.

5341 MARIA. MATER. DOMINI. Image de la Vierge avec l'enfant Jésus aux bras. R*. ROGERIVS. COMES. Rogerius à cheval, à gauche.
Æ. Mod. 26 milim.

5342 Légende circulaire en arabe, se frappa l'an 586 Hégire; au milieu, croix. R*. Trois lignes de caractères arabes. Monnaie concave en cuivre.
Mod. 16 milim.

GUILLAUME I.

5343 Buste de Lion, de face. R*. Palmier.
Æ. Mod. 22 milim. Informe.

5344 Tête de lion, de face. R*. le roi guillaume, en trois lignes de caractères arabes.
Æ. Mod. 13 milim.

GUILLAUME II.

5345 MONETA. SAN. OFER. Au milieu REX. W. SCLS. R*. le roi guillaume,

en trois lignes de caractères arabes; autour, légende aussi en arabe.
Æ. Mod. 17 milim.

5346 Type inconnu. R*. Croix; entre les angles, W.-REX.-DVX.-AP.
Æ. Mod. 16 milim.

ROBERT D'ANJOU.

5347 ROBERT. DEI. GRA. IERV. ET. SICIL. R. Le Roi, de face, couronné, assis sur une chaise. R*. HONOR. REGIS. IVDICIV. DILIGIT. Croix fleurée. Ar. Mod. de réal d'argent.

RÉBÉLION DE NASANIELLO.

5348 Quatre monnaies en cuivre de cette époque révolutionnaire, avec le nom d'Henri, duc de Lorraine, et les lettres S, P, Q, N, écrit dans un écu. Æ. Variées.

5349 Huit pièces de piastres de différents rois, entre lesquels se trouvent Joachim Murat.

5350 Vingt-trois petites et moyennes monnaies en argent, de différents princes.

5351 Soixante-quatorze monnaies en cuivre et en billon, du moyen âge et modernes, de ce royaume; il y en a entre elles quelques unes très-rares.

VÉNISE.

5352 Deux piastres; une du doge Dominico Contarini, et autre de Louis Mocenigo. Ar.

5353 Autre piastre de la république veneta, avec le nom du doge Ludovico Manini; 1790.

5354 Deux monnaies d'argent et vingt et une en cuivre de la même république; quelques-unes rares.

5355 Quatre en argent et vingt-sept en cuivre de différents états d'Italie. Modernes.

SERVIE.

OROSIUS.

5356 VROSIVS. REX. S. STEPHAN. Deux figures debout, tenant un étendart. Jésus-Christ, assis, aux côtés, $\overline{IC}$.-$\overline{\Theta E}$.
Ar. Mod. 20 milim.

JÉRUSALEM.

PHILIPPE.

5357 FILIPP. REX. Croix équilatère. R*. DE. IERVSALEM.; au milieu, C. I. R. C. en monogramme. Denier de billon.

ANGLETERRE.

ETELVEDUS II.

5358 AEDELRAED. REX. ANGL. Tête nue, à droite. R*. PVL. FATANII-OP. IN. Main étendue; aux côtés, A - ω. Denier en argent.
5359 Deux monnaies d'argent, module de réal d'argent, de la reine Élisabeth; autre petite d'argent aussi.
5360 Deux dollars de Guillaume III et de George III.
5361 Trois demi-dollars de Jeorge II, Jeorge III et de la reine Victoire.
5362 Vingt-deux petites monnaies en argent, de différents rois. Modernes. B. C.
5363 Quarante-six monnaies en cuivre, modernes, de différents rois, pour l'usage de la Grande Bretagne et ses colonies.
5364 Deux monnaies d'argent, de confiance ou d'échange.
5365 Trente et une autres en cuivre, aussi de confiance.

BELGIQUE ET PAIS-BAS.

5366 Quatre monnaies en billon de la maison d'Autriche, antérieures à la domination espagnole.
5367 Demi-piastre de Philippe II, de 1563, avec le lème DOMINVS. MICHI. ADIVTOR. et sa tête. PHS. D. G. HISP. REX. D. TRS. ISSV.
5368 Piastre de Philippe IV, de 1653.
5369 Quatre monnaies de Philippe II, de différents états, en cuivre et en billon.
5370 Trois en argent et onze en cuivre, de l'époque de la domination autrichienne. Total quatorze.
5371 Pièce de cinq francs, de Léopolde I, roi de Belgique.
5372 MONO. ARGEN. ORD. TRANS. IS. Écusson d'armes. R*. DA. PAC. DOM. IN. DIEBVS. NOSTRIS. Aigle impérial; au milieu, 28. Ar. Module de piastre.
5373 Piastre du comté de Zélande, de 1776.
5374 Onze pièces en billon, module de franc, de différentes villes de la Confédération, frappées dans le siècle XVII.
5375 Monnaie en argent, module de franc de l'Inde holandaise, avec le buste du roi Guillaume, de l'an 1826; et trente-sept de cuivre, hollandaises, de différentes provinces.
5376 Monnaie en argent, module de demi-peso, frappée à Maestrich en 1686, avec le lème, CONCORDIA. RES. PARVAE. CRAESCVNT.

SUISSE.

5377 Soixante douze monnaies en billon et en argent, des cantons d'Appencel, Basilée, Lucerne, Berne, Grissons, Neufchattel; Fribourg, Saint

Gall, Ginèbre, Schwitz, Soleure, Ticino, Thurgaud; les Valles, Vaud, Zurich et Zug.

ALLEMAGNE.

5378 Trois cents cinquante-cinq monnaies en argent, billon et cuivre, quelques unes antiques bracteades, de différents états et villes d'Allemagne, à savoir : Autriche, Bavière, Baden, Bohémie, Brandembourg, Berg, Ausbourg, Brunswick, Bamberg, Corbach, Clèves, Colonnie, Cosweldt, Dantzich, Dormund, Fulda, Francfort, Goslar, Hesse, Hesse-Darmstadt, Hesse-Cassel, Hambourg, Hildensheim, Hannover, Hongrie, Hamms, Juliers, Lubeck, Lobwestein, Mansfeld, Munster, Mayence, Nassau, Nordlingan, Nuremberg, Osnabruck, Olmundz, Electorat palatin, Paderborn, Prusse, Rostoch, Saltzbourg, Saxe, Mecklembourg, Saxe-Meiningem, Saxe-Wismar, Saxe-Cobourg, Silésie, Spira, Tirol, Trévéris, Wurtemberg, Waldek, Soeste, Wurburg, Westphalie et autres.

5379 Quarante-six pièces en argent, de module un peu plus grand de peso fuerte espagnol, appartenant à plusieurs des états mentionnés dans le numéro antérieur; très-curieuses.

5380 Dix-sept monnaies autrichiennes et allemandes, en argent, de module de demi-peso fuerte et de franc.

POLOGNE.

5381 Dix-huit monnaies en billon et en cuivre, des derniers princes de ce royaume.

DINAMARQUE.

5382 Cinquante-sept monnaies des derniers rois de cet état; quelques unes de billon, et autres d'argent; curieuses.

SUÈDE.

5383 Onze petites monnaies en billon des anciens rois de Suède. B. C.
5384 Quatre monnaies en argent des rois Charles XI, Charles XII, Gustave III et Charles XIV. Modules variés.
5385 Quatre grandes monnaies en cuivre, une de la reine Christine, et trois de Charles XI.
5386 Quarante-huit monnaies de cuivre, de différents modules, appartenant à rois modernes; quelques unes curieuses.

RUSSIE.

5387 Dix monnaies en argent, une d'elles petite et antique, les autres modernes.
5388 Dix-neuf monnaies en cuivre, modernes.

GRÈCE.

5389 Cinq monnaies en argent et neuf en cuivre de ce nouveau royaume; il y en a entre elles quelques unes frappées sous la présidence de Capo de Istria. Total treize.

AMÉRIQUE.

5390 Sept monnaies en argent et douze en cuivre, des États-Unis d'Amérique; variées.
5391 Deux d'argent, de la république de Haïti, l'une avec la tête du président Boyer.
5392 Peso fuerte du Brésil, frappé en 1824.
5393 Deux pesos fuertes du Méxique, avec le buste d'Augustin Iturbide, frappés en 1822.
5394 Deux de la république de Méxique.
5395 Deux de la province de Rio de la Plata.
5396 Un de la Confédération argentine, frappé en 1858.
5397 Deux de la république de Bolivie, avec le buste de Bolivar.
5398 Deux du centre d'Amérique.
5399 Quatre du Pérou.
5400 Deux de la république du Chili.
5401 Neuf petites pièces d'argent et deux de cuivre des mêmes républiques, quelques unes rares.

OBSIDIONELLES.

5402 Trois monnaies du siège de Maestrich en 1708, et une du siège d'Anvers, en 1831. Total quatre.

5403 Dix-huit monnaies en cuivre de grand module, de divers états, quelques unes rares, de la révolution française.

INDE.

5404 Quatre monnaies en argent, de l'Inde anglaise, et l'une d'elles avec le lème, QVARTER PAGODA.
5405 Vingt-huit monnaies en cuivre, de l'Inde aussi, et quelques unes de Pondichery.

CHINE.

5406 Six monnaies en cuivre; une de module de 50 milim.

HUITIÈME SÉRIE.

MÉDAILLES ET MÉDAILLONS D'OR FRAPPÉS EN MÉMOIRE
DE QUELQUES ÉVENEMENTS.

ESPAGNE.

5407 Jure de Ferdinand VI, à Cervera, en Catalogne.
Poids gr. 3,66. Mod. 20 milim.

5408 Prix de seconde classe de l'Académie de Saint Ferdinand, avec le buste du Saint. (Prieto.) 1760.
Poids gr. 29,00. Mod. 37 milim.

5409 TRIBVTO DE LA FIEL Y NVNCA VENCIDA. Buste de D. Manuel Godoy, prince de la Paix. R*. A. S. PACIS. PRINC. HISP. ET IND. ARCHIT. EXC. 17. IVN. 1806. — OSM., écrit en six lignes.
Poids gr. 24,00. Mod. 26 milim.

5410 Proclamation de Ferdinand VII à la ville de los Angeles, en Amérique.
Médaillon ovalé. Poids gr. 30,00. Mod. 43 milim.

5411 A son advènement au trône la ville de Méxique en 1814.
Gr. médaillon. Poids gr. 70,85.

5412 Proclamation de la Constitution de 1812, à Guatémala; sans buste.
Poids gr. 11,00. Mod. 28 milim.

5413 Mariage de Ferdinand avec Élisabeth de Bragance. Cadix, 1816.
Poids gr. 24,00. Mod. 34 milim.

5414 Municipalité et consulat de Cadix en reconnaissance de la déclaration de port franc, faite en 1829. (Sagau.)
Poids gr. 62,00.

5415 Séville à la restitution de toute la souveraineté du roi, en 1823.
Mod. 38 milim.

5416 Jure d'Élisabeth II, à Algéciras, en 1833.
Poids gr. 11,00. Mod. 29 milim.

5417 Jure à l'Havane, en 1834.
Poids gr. 14,00. Mod. 30 milim.

5418 Autre semblable, plus petite.
Poids gr. 5,00. Mod. 20 milim.

5419 Jure à Mallorque, 1843.
Poids gr. 7,2. Mod. 22 milim.

5420 Grand médaillon de Louis XVIII, avec le lème, AUX ARTS UTILES, (Gayrard.) Médaille de prix, qui paraît fut gagnée par un anglais.
Poids gr. 154,8. Mod. 53 milim.

5421 Proclamation de George IV, roi d'Angleterre, le 19 juillet 1821, avec le lème, PROPIO JAM JURE ANIMO PATERNO.
Poids gr. 32,4. Mod. 55 milim. Très-belle fabrique.

5422 Au mariage de Maximilien V, de Saxe, avec la princesse Caroline, de Parme, en 1792. (Hœckner.)
Poids gr. 14,4. Mod. 28 milim.

5423 A Frédérique Auguste, roi de Saxe, né le 23 décembre 1750, et mort le 5 mai 1827; lème, AETERNITATI. Oiseau phénix sur un globe. (A. Thomas.)
Poids gr. 10,8. Mod. 28 milim.

5424 Médaille d'Élisabeth, impératrix de Russie, en 1761; apothéose en langue russe.
Poids gr. 45,2. Mod. 41 milim.

5425 Médaille de Marie Thérèse d'Autriche, avec le lème, IVSTITIA ET CLEMENTIA. (G. Toda.)
Poids gr. 56,0. Mod. 40 milim.

5426 Médaille de dévotion, avec une anse; type du Sauveur du monde et de la Vierge.
Poids gr. 5,40. Mod. 18 milim.

5427 Médaille de Léon XII, l'an v, avec le lème, DOMINVS. ET. MAGISTER. EXEMP. DEDI. VOBIS. Le Sauveur lavant les pieds à Saint Pierre. (C. Cerbara.)
Poids gr. 23,4. Mod. 52 milim.

5428 Médaille de Grégoire XVI, avec le même lème et type que celui de l'antérieure. (Anvers de Girometti et le revers de Cerbara.)
Poids gr. 21,6. Mod. 35 milim.

5429 Pièces de six ducats de François I, roi de Naples. (Mon. usuelle à Naples.)
Poids gr. 7,20.

5430 Médaille d'Alcmeon: QVI. DE NATVRAE RATIONE SCRIPSIT.; lème du revers, COTRONE-NAT. FLORVIT. AN. A. C. DXXXIX. Coq portant une bande au bec qui dit: NOSCE TE IPSVM. (Catenacci.)
Poids gr. 81,0. Mod. 40 milim.

5431 M. VITRVVIVS. POLLIO. ARCHITECTONVM. ANTESIGNANVS. Tête à droite. R*. NATVS. FORMIIS. SVB. AVGVSTO. EMINVIT. Temple tétrastyle. (Catenacci.)
Poids gr. 91,8. Mod. 40 milim.

5432 FRAN. MAVROLYCVS. ARCHIMEDES. ALTER. Tête à droite. R*. MESSANAE. NAT. ANN. A. C. (sic) CIƆCIƆXCIV (sic) IBIQVE. OBIIT. CIƆIƆLXXV. Piédestal avec l'inscription TE QVOQVE ZANCLA. TVLIT. MAVROLYCE. NE. SIT. IN. VNO. CLARA. SIRACOSIO. SICELIS. ORA. SENE. (Catenacci et Arnaud.)
Poids gr. 91,8. Mod. 40 milim.

MÉDAILLES D'ARGENT ET DE CUIVRE.

ESPAGNOLES.

PHILIPPE II.

5433 PHILIPPVS. II. HISPAN. ET. NOVI. ORBIS. OCCIDVT. REX. Tête de Philippe II, à gauche. R*. IOHANNA. CAROLI. V. AVG. LVSITAN. PRINC. Tête de la reine doña Juana, à droite.
Æ. Mod. 39 milim. B. C.

5434 Anvers comme celui de l'antérieure. R*. ISABELLA. REGINA. PHILIPPI. II. HISPAN. REGIS. Tête d'Élisabeth de Valois, à droite.
Æ. Mod. 39 milim. C. O.

5435 Autre, ayant seulement le revers semblable à celui de l'antérieure, mais mieux conservée la légende; dessous la tête de la Reine on lit le nom du graveur, I. Paul Pog.
Æ. Mod. 39 milim. B. C.

5436 PHILIPPVS. S. D. G. HISP. REX. Tête de Philippe II, à droite. R*. SIC. ERAT. IN. FATIS. Joug sur globe. (Jac. Trici.)
Æ. Mod. 31 milim. Quatre exemplaires.

5437 MARGARETA. AB. AVSTRIA. D. P. ET. P. GERMA. AET. 45. Buste de l'Infante, à droite. R*. A. DOMINO. TVM. EST. ISTVD. 1567. Victoire avec le pied posé sur un rocher, élevé sur la mer, portant dans les mains une épée, une palme et une branche de laurier; et à la vue un mont avec un édifice sur le sommet et autres emblèmes.
Ar. Mod. 33 milim. B. C.

5438 IOANNES. AVSTRIAE. CAROLI. V. FIL. AET. SV. ANN. XXIIII. Buste de Don Juan d'Autriche, armé, à gauche; dessous, incuse le nom du graveur Jo. Umelon, 1571. R*. CLASSE. TVRCICA. AD. NEVPACTVM. DELETA. Statue de Don Juan d'Autriche sur colonne rostrale, couronné par la Victoire; on voit au lointain les escadres chrétiennes et turques qui se livrent le combat à la vue du port de Lépante; dessous, DIE 7 OCTOBRE 1571.
Æ. Mod. 42 milim. T. B. C.

PHILIPPE III.

5439 Jure de Philippe III, à Grenade, en 1599; lème, REX. VERO. LETABI-TVR. IN. DEO.
Æ. Mod. 36 milim.

CHARLES II.

5440 Jure de Charles II, à Grenade, en 1666.
Æ. Mod. 33 milim.

PHILIPPE V.

5441 Petite médaille, frappée à Naples en 1709, à l'entrée du roi Philippe V d'Espagne.
Ar. Mod. 22 milim.

LOUIS I.

5442 Jure à Méxique, en 1724.
Ar. Mod. 39 milim. B. C.

5443 Jure au Panama, en 1724; lème, N. C. PANAMENSIS. TE. AMAT. CORDE. TE. CLAMAT. ORE.
Ar. Mod. 36 milim. B. C.

5444 Jure à Carmone d'Andalousie, en 1724, avec le lème, SICVT. LVCI-FER. LVCET. IN. AVRORA. ITA. IN. VANDAL. CARMONA.
Ar. Mod. 33 milim. B. C.

5445 Jure à Barcelonne, en 1724.
Ar. Mod. 21 milim. Deux exemplaires.

5446 Jure à Séville, en 1724.
Æ. Mod. 24 milim. Deux exemplaires.

5447 Jure à Grenade, en 1724.
Æ. Mod. 30 milim. Deux exemplaires.

5448 Jure à un lieu ignoré, avec les armes d'un château et deux drapeaux.
Æ. Mod. 30 milim. B. C.

FERDINAND VI.

5449 Jure à Madrid; lème, CAPESSENTE. IX. IVL. M. DCC. XLVI. REM. HISPANAM. Le soleil, passant le Zodiaque, et dessous, le globe terrestre.
Ar. Mod. 36 milim. B. C. Deux exemplaires.

5450 Jure à Méxique, en 1747.
Ar. Mod. 39 milim. Deux exemplaires.

5451 Jure à Nouvelle Vera-Cruz (Nouvelle-Espagne), an de 1747; lème, NOV. VER. CRVC. PROCLAM. Croix sur un château.
Ar. Mod. 36 milim. B. C.

5452 Jure du Consulat, au Méxique, en 1747.
Ar. Mod. 57 milim.

5453 Jure à Séville, en 1746.
Ar. Mod. 33 milim. Trois exemplaires de plus en cuivre. Total quatre.

5454 Jure à Barcelonne, en 1746; lème, AMORE. REVINCIT.
Ar. Mod. 27 milim. Trois exemplaires.

5455 Jure à Saragosse, en 1746; lème, FIDELI. FIRMITAS. AVGVSTA. IN. PROCLAMA. CAESAR. AVGV.
Ar. Mod. 29 milim. B. C. Autre. Ar. Mod. 20 milim.

5456 Jure à Jaen, en 1746; lème, VIVA DON FERNANDO VI.
Ar. Mod. 27 milim. Un exemplaire en argent et deux en cuivre; modules variés.

5457 Jure à Grenade, en 1747.
Ar. Mod. 27 milim.

5458 Jure à Mallorque, en 1747; lème, BALE. FIDES. AMORIS. FVNDA. VINCET.
Ar. Mod. 24 milim.

5459 Proclamation de l'art d'argenterie à Saragosse, en 1746.
Ar. Mod. 21 milim. Deux exemplaires.

5460 Proclamation à l'Havane par l'alferez mayor Gonzalo Recio de Oquendo, en 1747.
Ar. dorée. Mod. 50 milim. B. C.

5461 Jure à Honda, en 1747.
Ar. vidé. Fabrique barbare.

5462 Jure en 1746, sans le nom de la ville.
Ar. Mod. 16 milim. B. C.

5463 Autre avec le lème, SEMPER. ARMATA. REG. Écussons écartelés; deux avec trois barres, et deux avec châteaux.
Ar. Mod. 13 milim. Deux exemplaires.

5464 Jure à Algeciras, en 1746.
Æ. Mod. 57 milim.

5465 Médaille de prix de l'Académie de Barcelonne, avec le lème, NVNC. MINERVA. POSTEA. PALAS.
Æ. Mod. 59 milim. Deux exemplaires.

5466 Proclamation de Ferdinand VI à Madrid; lème, REGNORVM. SVSCEPTO. REGIMINE. 19. IVL. MDCC.XLVI. (Dassier et fils.)
Æ. Mod. 40 milim. B. C.

5467 A l'installation du Collège d'Artillerie; lème, RECTE. Canon visé. (Prieto.)
Æ. Mod. 35 milim.

CHARLES III.

5468 Jure à Séville, en 1759.
Ar. Mod. 35 milim. B. C. Trois exemplaires.

5469 Trois autres semblables. Æ. B. C.

5470 Jure de l'Évêque de Guadalajara (Nouvelle-Espagne), en 1760.
Cuivre doré. Mod. 38 milim. Deux exemplaires.

5471 Jure à Lima en 1760.
Ar. Mod. 39 milim. Deux exemplaires.

5472 Proclamation à Valence, en 1759.
Ar. Mod. 33 milim.

5473 Proclamation du Consulat à Méxique, en 1760.
Ar. Mod. 40 milim. B. C.

5474 Proclamation à Taschi, en 1761; lème, CAROLI. III. ACLAMATIO. AVGVSTA. TASCHI. IN. NOVA. HISPAN. ARGENTI. POSORVM. P. Q. CONSENSV. ET. LAETITIA. A. IOSEPHO. MARTINI. VIEDMA. ANN. M.DCC.LXI. (Casanova.)
Ar. Mod. 36 milim.

5475 Proclamation à Vera-Cruz, en 1760.
Ar. Mod. 35 milim. B. C. Deux exemplaires.

5476 Proclamation à la ville de los Angeles, avec le type du soleil dans le Zodiaque, sur le globe.
Ar. Mod. 34 milim.

5477 Proclamation au Méxique; lème, INSIGN. FIDELIT. ET. PVBLIC. LAETITIAE, en 1760. Dans la légende de l'anvers le roi s'appelle XI roi du Méxique.
Deux exemplaires; un en argent et autre en cuivre. Mod. 35 milim.

5478 Jure, sans le nom de la ville, faisant mention seulement de l'alférez IVAN. DE DIOS. MOREJON, 1760; type, un château.
Ar. Mod. 30 milim.

5479 Jure des négotiants de l'Havane en 1760, avec le lème, CAROLO. HISP. ET. IND. IMPERIVM. AVSPICANTE. (sic).
Ar. Mod. 32 milim.

5480 Proclamation à Cadix, en 1759.
Ar. Mod. 30 milim. T. B. C.

5481 Proclamation à Barcelonne, en 1759.
Ar. Mod. 30 milim. Deux exemplaires. B. C.

5482 Proclamation à Carmone, en 1759.
Ar. Mod. 30 milim.

5483 Proclamation à Mancha la Real, en 1759.
Ar. Mod. 28 milim.

5484 Proclamation à Saragosse, en 1759.
Ar. Mod. 27 milim. Deux autres exemplaires plus petits.

5485 Proclamation à Burgos, en 1759.
Ar. Mod. 27 milim.

5486 Proclamation à Palme, en 1759; lème, EL NVEVO SOL QVE LA ADO-
RA MAS LA DORA.
Ar. Mod. 25 milim.

5487 Autre proclamation, avec une aigle couronnée, ayant une épée entre les serres.
Ar. Mod. 24 milim.

5488 Proclamation à Valence.
Ar. Mod. 21 milim. Deux exemplaires.

5489 Proclamation à Cervère (Catalogne).
Ar. Mod. 20 milim. Deux exemplaires.

5490 Proclamation par les argentiers de Málaga.
Ar. Mod. 19 milim.

5491 G. IN. EIVS. PROCLAMATIONE. Cavalier sautant à la course deux montagnes.
Ar. Mod. 16 milim.

5492 Autre petite de proclamation, sans nom de ville, 1759, qui paraît être de Catalogne.

5493 Pour l'établissement de la maison des Postes à Madrid, en 1761. (Prieto.)
Mod. 58 milim. Trois exemplaires en cuivre.

5494 Médaille de prix de la Société économique de Séville, en 1778. (Prieto.)
Trois exemplaires : un en argent et deux en cuivre.

5495 Quatre médailles de prix en cuivre, variées. Toutes sont de Prieto.

5496 CAROLVS. III. HISP. REX. Buste à droite. R*. OB. PRIMAM. REG. PROLEM. GRATVLATIO. MISSILIA. POP. NEAPOL. MDCCLXXII.
Ar. Mod. 27 milim.

CHARLES IV.

5497 Proclamation de Charles IV à Madrid; lème, REGNORVM. REGIMINE. SVSCEPTO. MATRITI. XVI. KAL. FEBRVARIVS. M.DCC.LXXXIIII. (Sepulveda.)
Ar. Mod. 49 milim. T. B. C.

5498 Cinq petites médailles en argent, de la jure à Madrid. Module de quatre réaux de vellon, et un de réal, aussi de vellon.

5499 Jure à la ville de los Angeles, dans la Nouvelle-Espagne. Argent. Module de peso fuerte, sans buste.

5500 Proclamation à Alicante (ALONA), en 1789, sans buste.
Ar. Mod. 29 milim. Deux exemplaires.

5501 Proclamation à Antequera (Andalousie); lème, SINGILIA. LVBENS.
Mod. 27 milim. Deux exemplaires; un en argent et autre en cuivre.

5502 Proclamation à Alcalá la Real, avec les bustes accolés de Charles IV et de Marie Louise, en 1789.
Ar. Mod. 26 milim.

5503 Proclamation à Barcelonne. NOVA.REGNVM.FAVST. FEL.REGI.SVO.
Mod. 32 milim. Trois exemplaires : un en argent et deux en cuivre.

5504 Proclamation à Baza, en 1789, sans buste; fondue et cincelée.
Ar. Mod. 26 milim.

5505 Proclamation de Borja (Aragon), sans buste.
Mod. 23 milim. Deux exemplaires argentés.

5506 Proclamation à Burgos, sans buste.
Ar. Mod. 28 milim.

5507 Proclamation à Carmone. Deux exemplaires : un en argent et autre en cuivre argenté.

5508 Proclamation à Cadix.
Ar. Trois exemplaires Mod. 28 milim. et un de 19 milim. Total quatre.

5509 Proclamation à Calatayud (AVGVSTA. BILBILIS).
Ar. Mod. 28 milim. Deux exemplaires.

5510 Proclamation à Carthagène (Murcie), sans buste.
Ar. Mod. 20 milim.

5511 Proclamation à Cervère (Catalogne).
Ar. Mod. 23 milim.

5512 Proclamation à Campeche, en 1790. Argent. Module de peso fuerte; autre de deux réaux d'argent.

5513 Six en cuivre, aussi des deux modules.

5514 Proclamation à Ècija (Andalousie). Deux exemplaires : un en argent et autre en cuivre.

5515 Proclamation par l'évêque et le chapitre de Guadalajara (Méxique). Un exemplaire en argent et deux en cuivre.

5516 Proclamation à Guadix.
Ar. Mod. 30 et 25 milim. Deux exemplaires.

5517 Proclamation à Grenade.
Ar. Mod. 30 milim.

5518 Proclamation à Guancavelica, en 1790.
Ar. Mod. 37 milim.

5519 Proclamation à l'Havane par l'alferez Miguel Ciriaco Arango, en 1789.
Ar. Mod. 28 milim.

5520 Proclamation à Jerez de la Frontera, en 1789.
Ar. Mod. 32 milim.

5521 Deux autres semblables en cuivre.
Mod. 27 milim.

5522 Un autre en argent, avec le type d'un cavalier dans le revers.
Mod. 23 milim.

5523 Proclamation à Jaen, en 1789.
Ar. Mod. 19 milim.

5524 Proclamation à Lima, en 1789.
Ar. Mod. 38 milim. Deux exemplaires sans buste.

5525 Proclamation à Lorca (Murcie), en 1789.
Ar. Mod. 22 milim.

5526 Proclamation à Saint Louis du Potosi (Méxique). Cinq exemplaires : deux en argent et trois en cuivre, de différents modules.

5527 Proclamation à Málaga (Andalousie). Cinq exemplaires: deux en argent et trois en cuivre, de différents modules.

5528 Proclamation à Mallorque. Sans buste.
Ar. Mod. 18 milim.

5529 Proclamation au Méxique. Sans buste. Douze exemplaires: six en argent et six en cuivre.

5530 Proclamation à Menorca.
Ar. Mod. 28 milim.

5531 Proclamation à Murcie.
Ar. Mod. 24 milim.

5532 Proclamation à Orizaba (Nouvelle-Espagne). Un exemplaire en argent et quatre en cuivre, de différents modules. Total cinq exemplaires.

5533 Proclamation à Oajaca.
Mod. 29 milim. Deux exemplaires ; un en argent et autre en cuivre.

5534 Proclamation au Puerto de Santa María.
Ar. Mod. 23 milim. Trois exemplaires.

5535 Proclamation à Puerto Real.
Ar. Mod. 28 milim. Deux exemplaires.

5536 Proclamation au Real de Minas del Catorce.
Trois exemplaires : deux en argent, sans buste, Mod. 35 et 28 milim.; et autre en cuivre, avec le buste du Roi. Mod. 40 milim.

5537 Proclamation à Ronda (Andalousie).
Ar. Mod. 27 milim.

5538 Proclamation à Sanlúcar de Barrameda (Andalousie).
Mod. 32 milim. Quatre exemplaires : deux en argent et deux en cuivre.

5539 Proclamation au couvent de Saint Thomas, dominiquains de la même ville. Sans buste.
Æ. Mod. 21 milim.

5540 Proclamation à Santander. Sans buste.
Ar. Mod. 33 milim.

5541 Proclamation à Séville.
Ar. Mod. 36 milim.

5542 Proclamation au couvent de Saint Thomas, dominiquains, de Séville.
Ar. Mod. 26 milim.

5543 Médaille en cuivre de l'Académie de Beaux Arts de la même ville, et autre en argent de l'art d'argenterie.

5544 Proclamation à Sombrerete. Avec buste.
Ar. Mod. 40 milim.

5545 Proclamation à Soria; lème, NVMANTIN. ACLAMATIO.
Ar. Mod. 30 et 20 milim. Six exemplaires.

5546 Proclamation à Tabasco. Sans buste.
Ar. Mod. 28 milim.

5547 Proclamation à Valladolid de Michoacan. Sans buste.
Ar. Mod. 28 milim.

5548 Proclamation à Vera-Cruz (Méxique).
Ar. Mod. 40 millm. Deux exemplaires, et un autre en cuivre.

5549 Proclamation à Nueva-Vizcaya (Méxique).
Ar. Mod. 39 milim., et deux autres en cuivre.

5550 Proclamation à Valence.
Æ. Mod. 36 milim.

5551 Proclamation par l'art d'argenterie, à Valence. Sans buste.
Ar. Mod. 22 milim.

5552 Proclamation à Saragosse.
Ar. Mod. 28 et 20 milim. Trois exemplaires variés.

5553 Cinq médailles en argent de proclamations, pour étudier.

5554 En mémoire de l'introduction en Espagne de la méthode de Droc pour le frappement de la monnaie. Æ. Six exemplaires variés.

5555 En mémoire de la naissance des fils jumeaux de Charles IV, la ville de Valence. (Peleguer.)
Ar. Mod. 32 milim. Deux exemplaires.

5556 Le marquis de Branchiforte à l'érection d'une statue à Charles IV, au Méxique.
Mod. 54 milim. Deux exemplaires; un en argent et autre en cuivre.

5557 Au prince de la Paix, la ville d'Osma. Semblable à la même médaille d'or.
Ar. Mod. 27 milim. Autre en cuivre.

JOSEPH NAPOLÉON.

5558 A l'établissement de l'ordre de la Vertu et du Mérite, le 20 octobre 1808.
Ar. Mod. 40 milim.

5559 Deux médailles en plomb, avec le lème, VIVA LARGO. TIEMPO. LA RAZA DE LOS BORBONES; frappées pour les troupes royales de Catalogne, dans le temps des guerres entre France et Espagne, en 1794.

5560 Autre en argent, avec le même lème, frappée pour les troupes royales de Catalogne pendant la guerre de l'indépendance, en 1808. Cette médaille porte le buste de Ferdinand VII.

FERDINAND VII.

5561 Proclamation à Madrid, en 1808.
Ar. Mod. de quatre, deux et un réal de billon (26, 20 et 15 milim.). Huit exemplaires.

5562 Jure au Real de Agangueo (Nouvelle-Espagne), 1809.
Æ. Mod. 38 milim.

5563 Proclamation par le chapitre ecclésiastique de la ville de los Angeles.
Médaille ovalée. Mod. 42 milim. Une en argent et autre en cuivre.

5564 Proclamation à Saint François Ixtlahuacana, en 1809.
Æ. Mod. de peso fuerte.

5565 Trois autres semblables, en argent.
Mod. 29 milim.

5566 Proclamation au nouveau royaume de Grenade, en 1808.
Ar. Mod. 28 milim. Deux exemplaires.

5567 Proclamation au collège tridentino de Guadalajara (dans la Nouvelle-Espagne).
Æ. ovalée. Mod. 42 milim.

5568 Proclamation à Honda (Amérique), en 1809. Sans buste.
Mod. 37 milim.

5569 Proclamation à Jalapa (Amérique), en 1808.
Ar. Mod. 27 milim.

5570 Proclamation à Lima, en 1808.
Ar. Mod. 39 milim.

5571 Proclamation au Méxique, en 1808.
Ar. Mod. 41, 35 et 28 milim. Trois exemplaires.

5572 Proclamation à San Mateo de Huichapan, en 1808.
Ar. Mod. 28 milim.

5573 Proclamation à San Miguel el Grande (Nouvelle-Espagne).
Æ. Mod. 41 milim.

5574 Proclamation a Léon de Nicaragua, en 1808.
Ar. Mod. 21 milim.

5575 Proclamation à Parras (Nouvelle-Espagne), en 1809.
Æ. Mod. 40 milim.

5576 Proclamation à San Nicolás Actopan, en 1808. Sans buste.
Ar. Mod. 40 et 27 milim. Deux exemplaires.

5577 Proclamation à Oajaca, en 1808.
Ar. Mod. 27 milim.

5578 Proclamation à Popayan, en 1808.
Ar. Mod. 32 milim. Trois exemplaires.

5579 Proclamation à Tacuba, en 1808.
Ar. Mod. 27 milim. Deux exemplaires.

5580 Proclamation à San Salvador de Guatemala.
Ar. Mod. 27 milim.

5581 Proclamation à Valence, en 1809. R". RENVEBA VALENCIA SV JVRAMENTO SELLADO CON SV SANGRE.
Ar. Mod. 27 milim. Deux exemplaires.

5582 Proclamation à Veracruz en 1808.
Æ. Mod. 40 milim.

5583 Proclamation à Zacatecas, en 1808.
Æ. Mod. 42 milim.

5584 Jure de la Constitution de 1812, à Guatemala, en 1812.
Ar. Mod. 27 milim. Quatre exemplaires.

5585 Jure de la Constitution faite par Antoine Bergosa, archevêque élu de Méxique.
Ar. Mod. 27 milim. Trois exemplaires.

5586 Jure de la Constitution de 1812, à Gijon (Asturias).
Ar. Mod. 26 milim.

5587 Jure de la Constitution de 1812, à Ségovie.
Æ. Mod. 27 milim. Quatre exemplaires, un desquels est doré.

5588 Jure de la Constitution par l'Académie de San Carlos de Valence, en 1813.
Pl. Mod. 58 milim.

5589 La ville de Zafra (Extremadura), à son roi Ferdinand VII, en 1814.
Ar. Mod. 34 milim., gravé.

5590 La fabrique d'argenterie de Martinez, à Madrid, au retour du roi Ferdinand VII, en 1814.
Ar. Mod. 40 milim.

5591 La ville de Cadix, au mariage de Ferdinand VII avec Élisabeth de Braganza, en 1816. Quatre exemplaires; un en argent et trois en cuivre.

5592 L'Académie des Nobles Arts de Valence au mariage de Ferdinand VII avec Élisabeth, 1816. (Peleguer.)
Ar. Mod. 39 milim. Deux exemplaires.

5593 La Royale Société Aragonaise au même mariage; 1ème, FLORECE FOMENTANDO. (Sagau.)
Æ. Mod. 40 milim.

5594 Attelier de monnaie de Ségovie au roi, en 1817.
Ar. Mod. 35 milim. Deux exemplaires.

5595 La Diputacion de los Reinos au mariage de Ferdinand VII avec Marie Amélie, en 1819.
Ar. argenté. Mod. 42 milim.

5596 La ville de Séville, en 1823, en mémoire de la restitution à la soberanie du roi Ferdinand VII.
Ar. Trois exemplaires de Mod. 38 milim.; deux de 25 milim., et deux de 20 milim.

5597 Prix de mérite aux arts, en 1827.
Mod. 40 milim. Cinq exemplaires ; un en argent et quatre en cuivre.

5598 Ségovie à la sainte alliance, pour avoir rendu au roi toute sa souveraineté, en 1823.
Æ. Mod. 40 milim. Deux exemplaires.

5599 Les rois François et Elisabeth des Deux Siciles, au mariage de Marie Christine avec Ferdinand VII, en 1829. Sans bustes.
Mod. 40 milim. Deux exemplaires en argent et deux en cuivre.

5600 A l'établissement du système de birole de Gemjibre, en 1823.
Mod. 35 milim. Deux exemplaires : un en argent et autre en cuivre.

5601 A l'établissement du port franc à Cadix, en 1829. Statue du roi à cheval.
Ar. Mod. 42 milim.

5602 Au Conservatoire de musique de Marie Christine, en 1832. Médaille de prix, sans buste.
Mod. 40 milim. Deux exemplaires: un en argent et autre en cuivre.

5603 L'attelier de monnaie et l'établissement de gravure de Madrid au roi Ferdinand VII, en 1826. Sans buste.
Mod. 33 milim. Trois exemplaires: un en argent et deux en cuivre.

5604 A l'infant Don Cárlos, en 1828; le graveur Macazaga.
Æ. Mod. 40 milim.

5605 L'Université littéraire de Santiago de Galicia à l'infant Don Cárlos.
Ar. Médaille ovalée. Mod. 29 milim.

ÉLISABETH II.

5606 Jure à Madrid, en 1833.
Ar. Mod. de quatre, deux et un réal de vellon. Quinze exemplaires.

5607 Jure à Algéciras, en 1834.
Ar. Mod. 27 milim.

5608 Jure à Antequera, en 1833.
Ar. Mod. 33 milim.

5609 Jure à Barcelonne, en 1833.
Mod. de quatre et deux réales de vellon. Huit exemplaires.

5610 Jure à Betanzos, en 1833.
Ar. Mod. 26 milim.

5611 Jure à Cadix, en 1833.
Ar. Mod. 24 milim.

5612 Jure de la majorité à Cadix, en 1844.
Mod. 24 milim. Deux exemplaires : un en argent et autre en cuivre.

5613 Jure à Ecija, en 1834.
Æ. Mod. 37 milim.

5614 Jure à Grenade, en 1834.
Ar. Mod. de quatre, cinq et un réal de vellon. Cinq exemplaires.

5615 Jure à Jaen, en 1833. Ar. Réal de vellon.

5616 Jure à la Havane, en 1834.
Ar. Mod. 31 et 22 milim. Trois exemplaires.

5617 Jure à Jerez de la Frontera, en 1833.
Ar. Mod. 26 milim.

5618 Jure de la majorité d'Élisabeth II, à Jerez de la Frontera.
Ar. Mod. 23 milim.

5619 Jure à Mallorque, en 1833.
Ar. Mod. 22 milim.

5620 Jure à Santa María del Rosario (Cuba), en 1834. Plomb fondu.

5621 Jure à San Roque, en 1833.
Ar. Mod. 29 milim. Deux exemplaires.

5622 Jure à Mahon, en 1833.
Ar. Mod. 21 milim.

5623 Jure à Santiago de las Vegas (Cuba), en 1834.
Ar. Mod. 26 milim.

5624 Jure à Ségovie.
Æ. Mod. 25 milim. Cinq exemplaires.

5625 Jure de la majorité à Séville, en 1845. Ar. Deux exemplaires.

5626 Jure à Trinidad de Cuba, en 1834.
Ar. Mod. 38 et 34 milim. Deux exemplaires.

5627 Jure à Ténérife, en 1833.
Ar. Mod. 30 milim.

5628 Jure à Valence, en 1833.
Ar. Mod. 20 milim.

5629 Jure à Saragosse, en 1833.
Ar. Mod. 26 et 20 milim. Quatre exemplaires.

5630 Proclamation de la Constitution de 1837 à Barcelonne.
Mod. 23 milim. Deux exemplaires en argent et un en cuivre.

5631 A l'invincible ville de Bilbao, en 1836.
Æ. Mod. 40 milim.

5632 Barcelonne au mariage de la Reine et de l'infante Marie Louise, en 1846.
Ar. Mod. 23 milim.

5633 Autre semblable, en cuivre.
Mod. 38 milim.

5634 Monnaie de prix, en argent, avec le chiffre Y. 2.ª
Mod. 27 milim.

5635 Médaille avec le buste de Bernard, archevêque de Tolède, premier inquisiteur, frappée en 1616.
Æ. Mod. 40 milim..

5636 Au cardinal Solis, en 1769. Sans buste.
Ar. Mod. 36 milim. Deux exemplaires.

5637 A l'infant Don Louis, cardinal et archevêque élu de Tolède, en 1740. Sans buste.
Æ. Mod. 36 milim.

5638 A Don Antonio Raf. Mengs, peintre ; à sa mort, en 1779. (S. Schwendimann.)
Mod. 38 milim.

5639 Médaille de prix de l'Académie de Saint Ferdinand. (Prieto.)
Ar. Mod. 37 milim.

5640 Médaille à l'établissement de la congregation de l'Ave Maria, à Madrid. (Gil.)
Æ. Mod. 40 milim.

5641 Cinq médailles de prix, variées.

5642 Médailles frappées à Valence en mémoire de Nicolás Factor, San Vicente Ferrer, Patriarche Juan de Rivera et autres. Cinq exemplaires en argent et un en cuivre.

MEDAILLES FRAPPÉES HORS D'ESPAGNE.

ROME.

5643 Dix-huit médailles en cuivre des papes Martin V, Calixte III, Pie II, Paul II, Sixte IV, Innocence VIII, Jules II et Léon X. Dix-sept en cuivre et une en plomb, variées et curieuses.

5644 Vingt-quatre monnaies en cuivre et deux en plomb des papes Clément VII, Paul III, Jules III, Paul IV, Pie IV, Pie V et Grégoire XIII. Total vingt-six.

5645 Vingt-cinq médailles en cuivre et une en plomb des papes Sixte V, Grégoire XIII, Grégoire XIV, Innocence IX, Clément VIII, Léon XI, Paul V, Grégoire XIV, Grégoire XV et Urbain VIII. Total vingt-six.

5646 Vingt-sept en cuivre et trois en plomb des papes Urbain VIII, Innocence X, Aléxandre VII, Clément IX, Clément X, Innocence X, Innocence XI. Total trente.

5647 Dix-neuf médailles en cuivre des papes Innocence XI, Aléxandre VIII, Clément XI, Innocence XIII, Benoit XIII, Benoit XIV, Clément XIII, Clément XIV et Pie VI.

5648 Sept médailles d'argent des papes Clément XI, Clément XII, Clément XIII,

Benoit XIII, Benoit XIV, Pie VI et Clément XIV ; cette dernière est relative à l'extinction des jésuites, en 1773.

5649 Douze médailles en cuivre et une en plomb des papes Pie VI et Pie VII. Total treize.

5650 Six en argent des papes Pie VI, Pie VII et Pie VIII.

5651 Deux en cuivre et quatre en plomb en commémoration de différents papes.

PORTUGAL.

5652 Médaille dédiée au Sacré Cœur de Jésus, pour avoir donné succession aux rois, en 1779.
Ar. Mod. 40 milim.

5653 Marie II, reine de Portugal; avec le lème, GLORIA. SALVS. PATRIA. LIBERTAS. (Carré), 1833.
Mod. 36 milim.

FRANCE.

5654 Médaille de François I, avec son buste, de face.
Æ. Mod. 41 milim.

5655 Autre médaille d'Henri IV, avec le lème, DVO. PROTEGIT. VNVS. 1598.
Æ. Mod. 42 milim.

5656 Autre de Louis XIII, de l'an 1629; lème, NON. MARE. NON. MONTES. FAMAM. SED. TERMINAT. ORBEM.
Æ. Mod. 40 milim.

LOUIS XIV.

5657 Six médailles de la collection de Manger, et une de Leblanc.
Æ. Mod. 40 milim.

LOUIS XV.

5658 Sept médailles variées de Duvivier.
Mod. 40 milim. Autre du même. Mod. 35 milim. Total huit.

LOUIS XVI.

5659 Deux de la collection de Duvivier.
Mod. 40 milim.

5660 Deux de plomb commémoratives de Marie Antoinette et de Louis XVI.
Mod. 35 milim.

5661 Deux de la révolution française : une de 1790 et autre de 1793.
Mod. 40 milim.

NAPOLÉON BONAPARTE.

5662 Quatre médailles en argent, à la conquête du haut et du bas Égypte, à l'établissement du musée Napoléon et à son arrivée à Fréjus.
Ar. Mod. 34 milim.

5663 Quatre autres monnaies d'argent, de Napoléon, relatives à évènements de sa vie.
Ar. Mod. 27 milim.

5664 Autre d'argent, avec le lème, TRIA. LAMINA. PANDIT.
Mod. 30 milim.

5665 Douze médailles en cuivre de Napoléon, relatives à quelques uns de ses faits; de différents modules; et deux autres en plomb. Total quinze.

5666 Une en argent en commémoration de la bataille de Marengo.
Mod. 40 milim.

5667 Quinze médailles en argent de la collection de Denou, en 1806, relatives à la campagne de l'empereur Napoléon, et à l'expédition de la grande armée, à savoir: 1.re lève du Champ de Boulogne; 2.e le pont du Lech; 3.e Ulon et Memmingen; 4.e drapeaux repris; 5.e Vienne et Presbourg; 6.e bataille d'Austerlitz; 7.e entrevue des deux empereurs; 8.e temple de Janus, ou paix de Presbourg; 9.e cathédrale de Vienne; 10.e pont de Vénise; 11.e temple d'Auguste; 12.e temple de Jupiter; 13.e conquête de Naples; 14.e mariage du prince de Bade; 15.e souverainetés données. Toutes ces médailles se trouvent dans une boite.
Ar. Mod. 41 milim. Belle fabrique.

5668 Quatre médailles avec les effigies des reines Hortense, Caroline de Naples, et des sœurs de Napoléon, Élise et Pauline, avec lèmes grecques.
Ar. Mod. 23 milim. Très-belle fabrique.

5669 Six médailles en argent, très-petites et épaisses, allusives à Napoléon et à sa famille.
Mod. 15 milim. Très-belle fabrique.

LOUIS XVIII.

5670 Médaille octogone d'argent, de ce roi, avec le port du Hâvre de Grâce.
Ar. Mod. 33 milim.

5671 A la naissance du fils du duc de Berry, le 29 septembre 1820.
Ar. Mod. 39 milim. Trois exemplaires.

5672 Au rétablissement de la statue d'Henri IV.
Æ. Mod. 33 milim.

5673 A la mort du duc de Berry, avec l'éffigie de ce prince.
Æ. Mod. 21 milim. Autre plus petite. Total deux.

CHARLES X.

5674 Une médaille en argent et autre en cuivre, de ce roi, allusive à son couronnement.
Mod. 36 et 40 milim.

5675 A l'établissement du chemin de fer de Saint Étienne à Lyon, en 1826.
Ar. Mod. 38 milim. Deux exemplaires.

LOUIS PHILIPPE D'ORLÉANS.

5676 Lème, NECTVNT. CHARITES. CORONAS. DIE. AVG. IX. M.DCCCXXXII.
Ar. Mod. 44 milim.

5677 Autre médaille à la prise et destruction de Mascara, en 1835.
Ar. Mod. 37 milim.

5678 Trois petites monnaies avec la tête de Louis Philippe et de Marie Amélie.
Ar. Mod. 19 milim.

5679 Deux médailles en cuivre, avec les bustes du prince d'Orléans et de son épouse Hélène.
Mod. 25 et 40 milim.

5680 Deux médailles en argent de Louis XVIII et Charles X. Autre en cuivre en commémoration de l'érection de l'arc de l'Étoile.
Celles en Ar. Mod. 15 milim. Celle en cuivre Mod. 25 milim.

5681 Médaille en argent, avec la tête de Pallas à l'anvers, et au revers, CORPS LÉGISLATIF, SESION DE L'AN XII. Il y a dans le centre, gravé au buril, le nom du député *Reibaud*. *Var.* (Jenefroi.)
Ar. Mod. 39 milim.

5682 Médaille avec le buste du ministre des Finances Necker.
Ar. Mod. 40 milim.

5683 Deux médaillons en argent, avec la tête du général Lafayette.
Mod. 22 milim.

5684 Médaille frappée en mémoire d'avoir visité le prince et la princesse du Danemark, le cabinet de Médailles, en 1822.
Ar. Mod. 40 milim.

5685 A l'entrée de l'impératrice Marie Louise, en 1810.
Mod. 33 milim.

5686 Cinq médailles françaises, avec les bustes de Le-Brun, Lautrec, Saunay, Pujet et Ledru-Rollin.
Æ. Mod. de 40 à 25 milim., variées.

5687 Médaille en cuivre, pour avoir visité l'infant Don Miguel de Portugal le cabinet de Médailles, en juillet 1824.

5688 Collection de Dassier de trente-deux médailles, avec les bustes d'autre numéro égal des rois d'Angleterre.
Æ. Mod. 40 milim.

5689 Médaille au mariage de Charles Louis de Bourbon avec Marie Thérèse de Savoye, en 1820.
Ar. Mod. 40 milim.

5690 Autre à la naissance, en 1772, de Marie Thérèse, fille de Ferdinand IV, roi des Deux Siciles.
Ar. Mod. 40 milim.

5691 Autre à la capitulation de Mantoue, le 30 janvier 1797, avec le buste de Virgile.
Ar. Mod. 36 milim. Très-belle fabrique.

5692 Deux petites médailles en argent; une en commémoration d'avoir visité le cabinet de Médailles de Paris l'impératrice Marie Louise, en 1813; et l'autre à la mémoire de Marie Caroline, reine de Naples.

5693 Médaille de Sigismond Malatesta. M.CCCC.XLVI.
Mod. 40 milim.

5694 L. Patriarche d'Aquileya; avec le lème, ECCLESIA. RESTITVTA.
Æ. Mod. 40 milim.

5695 Cosme de Médicis II, duc de Florence, avec le lème, THVSCORVM. ET. LIGVRVM. SECVRITATI. ILVA. RENASCENS.
Æ. Mod. 40 milim.

5696 Aléxandre Farnesio. INVICTVS. INVICTOS.
Æ. Mod. 40 milim.

5697 Louis Marie Sforcia Viscomti; lème, OPTIMO. CONSCILIO. (sic) SINE. ARMIS. RESTITVTA.
Æ. Mod. 40 milim.

5698 Thomas Philologus Ravennas, avec le lème, IOVE. ET. SOROR. E. GENITA.

5699 Marquis Rodrigo de Bivar; lème, QVORVM. OPVS. AD EST. AETATIS. ANNO. XXVI.
Æ. Mod. 37 milim.

5700 Cosme II de Médicis; ANIMI. CONSCIENTIA. ET. FIDVCIA. FATI.
Æ. Mod. 35 milim.

5701 Philibert, duc de Savoye; Q. NON. PAT. PATR. PHILIP. CONCTANDO.
Æ. Mod. 40 milim.

5702 Nicolas Cotoner, grand maître de l'ordre de Malte. Buste de face.
Æ. doré. Mod. 36 milim.

5703 Juan Gonzaga, MARCHIO. AR. R*. Navire prétorien.
Æ. Mod. 36 milim.

5704 Dominico Fontana, architecte, à l'érection de l'obélisque, à Saint Jean de Létran.
Æ. fondu. Mod. 36 milim.

5705 Cardinal Cæsio, à la fondation du temple de Sainte Catherine, en 1561.
Æ. Mod. 35 milim. Deux exemplaires.

5706 Trois pièces gravées par les Padouans, avec les bustes de Marc Mantua, Gaquino Gonzaga, et Jean Vincent Dulcius, jurisconsulte.
Æ. Mod. 35 milim.

5707 Deux médailles de cuivre de Victor Amédée de Savoye, et autre de Charles Albert, prince de Carignan, pour la prise du Trocadero.
Æ. Mod. 40 milim.

5708 Quatre médailles, à savoir : cardinal Noris; Franchesco Voola, Mario Aequicola, et une autre, imitation d'une ancienne médaille grecque.
Æ. Mod. variés.

5709 Au mariage de Léopolde d'Autriche avec Marie Louise, infante d'Espagne.
Métal blanc. Mod. 40 milim.

5710 Huit médailles italiennes, sans buste, et trois françaises ou sardes. Total onze.

5711 Médaille d'argent frappée en mémoire du couronnement de George IV, en 1821, semblable à la médaille d'or du même motif, n.° 5421.

5712 Onze monnaies anglaises frappées en commémoration de la prise de Portobello et de Carthagène des Indes, en 1740, par l'amiral Vernon.

5713 Deux médailles de prix de l'Académie de Musique de Berne (Suisse).
Ar. Mod. 40 milim.

5714 Gustave Adolphe IV, roi de Suède, 1790.
Ar. Mod. 40 milim.

5715 Trois médailles de la reine Christine de Suède.
Æ. Mod. 40 milim.

5716 Médaille d'argent, avec la tête du prince de Metternich.
Mod. 35 milim.

5717 Deux autres en mémoire de la mort de Christiern VII de Danemarch, et une autre à un mariage.

5718 Six médailles en cuivre, à la guerre entre la Russie et la Turquie.

5719 Trente-deux médailles en cuivre de différents princes européens, modernes, ou frappées à propos de quelques évènements ; il y en a quelques unes rares et très-belles.

5720 Cinq autres de métal blanc ou de plomb.

5721 Six en argent et une en cuivre, frappées par les républiques espagnoles d'Amérique, en commémoration de son indépendance.

5722 Vingt-trois médailles avec bustes d'empereurs romains ; toutes sont en cuivre, argentées; fabrique ordinaire.

MÉDAILLONS D'ARGÉNT (1).

CHARLES V.

5723 CAROLVS. V. DEI. GRATIA. ROMAN. IMPERATOR. SEMPER. AV-GVSTVS. REX. HIS. ANNO. SAL. M. D. XLIIII. AETATIS. SVÆ. XLIIII. Buste de Charles V, à droite, tenant un globe et un sceptre à la main. R*. Aigle impérial avec l'écusson de Castille, d'Aragon, de Sicile et de l'archiducat; aux côtés, PLVS VLTRA. Dans le flanc il y a écrit, en caractères de notre époque, ORBE.
Mod. 64 milim. B. C. Belle fabrique.

CHARLES VI D'AUTRICHE (*prétendant d'Espagne*).

5724 CAROLVS. III. REX. HISPAN. ARCH. AVST. Buste de l'Archiduc, de face. R*. NON. INDEVITA. POSCO. REGNA. MEIS. FATIS. Plusieurs guerriers débarquant protègent l'Espagne et font fuir à un autre guerrier qui a un bouclier avec de fleurs de lys; exergue, A. PATR. ET. FRAT. AA. CESSIONE. FACTA. XII. SEPT. HISP. PETIT. 1703; dans le flanc, autre légende.
Mod. 44 milim.

FERDINAND VI.

5725 Jure de Madrid; lème, REGNORVM. SVSCEPTO. REGIMINE. 18. IVL. M.D.CCXLVI.
Mod. 51 milim.

CHARLES III.

5726 Proclamation par le consulat du Méxique. (Madera.)
Mod. 44 milim.

5727 Jure à Pachuca et à Réal del Monte (Nouvelle-Espagne), en 1761. (Casanova.)
Mod. 46 milim.

5728 Jure au Méxique, en 1760. (Madera.)
Mod. 44 milim.

5729 Jure à Madrid, en 1759. (Prieto.)
Mod. 55 milim.

5730 Jure par le consulat du Méxique, en 1760. (Madera.)
Mod. 45 milim.

(1) Dans le but de rendre plus facile l'arrangement des médailles frappées comme souvenir d'évènements remarquables, ou en mémoire de personajes célèbres, dont le module est très-variable, nous avons fait une subdivision entre médailles et médaillons, en donnant cette dénomination à tous ceux qui excèderont d'un diamètre de 44 millimètres; c'est-à-dire, de celui d'une pièce de *peso fuerte colunario* espagnol.

5731 Proclamation par Emmanuel, archevêque du Méxique, en 1760. (Casanova.)
Mod. 44 milim.

5732 Jure par la Royale Académie pontificienne du Méxique. (Madera.)
Mod. 45 milim.

5733 Autre au Méxique, en 1760, avec le lème, INSIGNI. FIDEI. ET. PVBLIC. LAETITIAE.
Mod. 42 milim.

5734 La Royale Académie de Beaux Arts du Méxique en commémoration de la mort de Charles III. (G. A. Gil.)
Mod. 68 milim.

5735 Autre à la naissance des jumeaux, avec les bustes de Charles III, Charles IV et Marie Louise, accolés, et des jumeaux. (G. A. Gil.)
Mod. 61 milim.

5736 Autre à la naissance d'un Charles, fils de Charles et de Marie Louise, en 1780. (Gil.)
Mod. 53 milim.

5737 Au mariage de Charles et de Marie Louise, en 1765. (Prieto.)
Mod. 50 milim.

5738 Autre semblable.

CHARLES IV.

5739 Jure au Méxique, en 1789. (Gil.)
Mod. 46 milim.

5740 Jure à Madrid, en 1789. (Sepulveda.)
Mod. 56 milim.

5741 Autre du consulat du Méxique, en 1789. (Gil.)
Mod. 43 milim. Deux exemplaires.

5742 Autre de Queretaro, en 1790. (Gil.)
Mod. 45 milim.

5743 A l'arrivé de Charles IV et de Marie Louise à Barcelonne, en 1802, dédiée par les commerçants et les fabricants de la même ville. (Sellent.)
Mod. 47 milim.

5744 Autre semblable.

5745 La ville et les mineurs de Guanajuato à la proclamation, en 1790. (Gil.)
Mod. 47 milim. Deux exemplaires.

5746 Proclamation à Soria, en 1789. (Martinez.)
Mod. 46 milim.

5747 Le marquis de Branchiforte à l'érection de la statue équestre du Méxique.
Mod. 60 milim.

5748 Autre semblable.

5749 L'Académie du Méxique à son inauguration, en 1790, avec les bustes de Charles IV et de Marie Louise. (Gil.)
Mod. 50 milim.

5750 Proclamation à Guanajuato et par le marquis de Saint Jean de Rayas, en 1790. (Gil.)
Mod. 47 milim.

5751 Proclamation de la ville de San Miguel el Grande, en 1791. (Gil.)
Mod. 47 milim.

5752 La ville de los Angeles, en 1790. (Gil.)
Mod. 48 milim.

5753 Autre de la ville de Guanajuato, en 1790. (Gil.)
Mod. 47 milim.

5754 La ville de Saint Louis du Potosi, en 1790. (Gil.)
Mod. 43 milim.

5755 Autre d'Alphonse, archevêque du Méxique, en 1790. (Gil.)
Mod. 43 milim.

5756 Autre de Valladolid de Mechoacan, en 1791. (Gil.)
Mod. 45 milim.

5757 Autre du Real de Minas del Catorce. (Gil.)
Mod. 43 milim.

5758 Autre de l'Église, sede vacante, de la ville de los Angeles.
Mod. 43 milim.

5759 Autre de l'intendant de Nouvelle-Espagne, en 1789.
Mod. 43 milim.

5760 Autre de Veracruz, en 1789.
Mod. 42 milim.

5761 Autre de Zacatecas, en 1790.
Mod. 43 milim.

5762 Autre du Chili, en 1789.
Mod. 42 milim.

5763 A l'arrivée des rois à Séville pour visiter le sépulcre du roi Saint Ferdinand, en 1796. (Pardo.)

5764 Autre semblable.

5765 Voyage des rois à Valence, en 1802. Sans buste. (Peleguer.)

5766 A la mort de l'infant don Antonio, en 1817. (Sagau.)
Mod. 43 milim.

FERDINAND VII.

5767 Médaillon dédié par Bustamante, en 1808. Méxique. Lème, SIEMPRE FIELES, Y SIEMPRE VNIDOS.
Mod. 50 milim.

5768 Un امériquain à l'établissement de la Junte Centrale, 1808. Sans buste.
Mod. 52 milim.

5769 Proclamation au Méxique, en 1808.
Mod. 45 milim. Deux exemplaires, variés.

5770 Proclamation à Guatemala, en 1808.
Mod. 45 milim.

5771 Proclamation à Zacatecas, en 1808.
Mod. 42 milim.

5772 Proclamation à San Miguel el Grande, en 1808.
Mod. 45 milim.

5773 Proclamation à Valladolid de Mechoacan, en 1809.
Mod. 44 milim. Deux exemplaires.

5774 Grand collège de San Ildefonso au Méxique, en 1808. Médaillon ovalé, avec une anse ornée d'un floron.

5775 L'Académie du Méxique, en 1809.
Mod. 50 milim.

5776 Le collège de Grade Major, au Méxique, en 1809; 1ème, FERDINANDO. VII. CAPTIVO. REGNANTI.; ovalé.

5777 Le collège d'Antequera, en 1809; ovalé.

5778 Le Séminaire Tridentino au Méxique, en 1809.
Mod. 48 milim.

5779 Le collège de Pallafox, avec le buste du roi sur un cœur. Ovalé et une anse ornée d'un floron.

5780 Proclamation à Saint Louis du Potosi, en 1809.
Mod. 42 milim.

5781 Proclamation à Saint François d'Ixtlahuacana, en 1809.
Mod. 45 milim.

5782 Collège Carolino de la ville de los Angeles, en 1809; avec une anse.
Mod. 45 milim.

5783 Jure de la Constitution, en 1812, à Cadix. (Sagau.)
Mod. 56 milim.

5784 Autre semblable.

5785 Autre semblable.

5786 Le consulat du Méxique, au retour de France de Ferdinand VII, en 1814.

5787 Le chapitre de l'église méxiquaine, en 1814. Sans buste.
Mod. 53 milim.

5788 Le graveur François Gordillo à la restauration du trône de Ferdinand VII, en 1814.
Mod. 52 milim.

5789 Antoine, archevêque élu du Méxique, 1814.
Mod. 45 milim. Deux exemplaires.

5790 A la reconquête de Santiago, en 1814, par différents corps de troupes.
Mod. 45 milim. Deux exemplaires.

5791 Méxique au mariage de Ferdinand VII, avec Élisabeth de Bragance, en 1817.
Mod. 44 milim.

5792 La Municipalité de Madrid au mariage de Ferdinand VII avec Marie Amélie, en 1819.
Mod. 50 milim.

5793 Les provinces vasques au mariage de Ferdinand VII avec la même reine Amélie, en 1819.
Mod. 43 milim.

5794 Le citoyen Rafael del Riego, pour avoir juré le roi la Constitution de 1812, en 1820.
Mod. 59 milim.

5795 A la sortie du roi de Cadix, en 1823, avec le buste de Louis XIV, et la vue de ce port.
Mod. 50 milim.

5796 Au retour de Marie Christine en Espagne, en 1844, la Diputacion de la province de Barcelonne.
Mod. 52 milim.

5797 La Diputacion de los Reinos en mémoire du mariage de Ferdinand VII avec Marie Amélie, en 1819.
Ar. doré. Mod. 45 milim.

5798 A Louis de Velasco et Vincent Gonzalez, officiers de Marine, pour avoir défendu jusqu'à la mort le château du Morro de la Havane, attaqué par les anglais, en 1763. (Prieto.)
Mod. 50 milim.

5799 Autre semblable.

5800 Autre semblable.

5801 La province de Charcas à Wellington, duc de Ciudad-Rodrigo, pour la bataille de Vitoria, en 1813. (Sagau.)
Mod. 47 milim. Deux exemplaires.

5802 Autre du député de Charcas, au nom des Cortès, pour le même motif.
Mod. 47 milim. Deux exemplaires.

5803 Au général Vénégas et à ses troupes pour la bataille du Monte de las Cruces, dans la Nouvelle-Espagne, en 1810. Sans buste.
Mod. 55 milim.

5804 A D. José Manuel de Goyeneche, virey du Pérou.
Mod. 45 milim.

5805 Prix de la Société économique de Madrid, avec le buste de Ferdinand VII. (Sagau.)
Mod. 50 milim.

5806 Prix de l'Académie de Saint Ferdinand. Sans buste, mais avec l'image de Saint-Ferdinand. (Prieto.)
Mod. 50 milim.

5807 Autre semblable.
Mod. 58 milim., variée.

MÉDAILLONS D'ARGENT FRAPPÉS HORS D'ESPAGNE.

5808 Clément XIII, pape. Prix de l'Académie de Saint Lúcas. Argent, avec un cercle doré.
Mod. 65 milim.

5809 Pie VII. MONVMENTORVM. VETERVM. RESTITVTORI. Groupe de Laoconte.
Ar. Mod. 42 milim. Deux exemplaires.

5810 Aléxandre VIII. A sa mort, et en mémoire de l'érection de son tombeau, par Pierre, son neveu, cardinal d'Othobone.
Ar. Mod. 64 milim.

5811 Innocence XIII. RENOVABIS. FACIEM. TERRAE. M.DCC.XXI.
Mod. 48 milim.

5812 Pie VII. LEGES. LATAE. M.DCCCXVIII. (Passamonti.)
Mod. 42 milim.

5813 Dédié à Marie Françoise, épouse de Philippe d'Orléans, reine de France, pour avoir posé la première pierre à la basilique du Page Balmoleuse. Sans buste.
Ar. Mod. 42 milim.

5814 Louis XV de France. FIRMATA. CONSILIO. COMERCIA., 1752. (Duvivier.)
Ar. Mod. 42 milim.

5815 Pie VII. VIS. ALBEIS. ET. OP. PVBL. CONLEGIO. CONSTITVTO. (Passamonti.)
Mod. 42 milim.

5816 Louis XVI. FVRORE. CIVIVM. SVPPLICIO. AFFECTI.
Ar. Mod. 47 milim.

5817 Napoléon et Louis-Philippe. A la conclusion de l'arc de l'Étoile.
Ar. Mod. 52 milim.

5818 Charles, roi des Deux-Siciles, après III d'Espagne. PORRECTA. MAIESTAS. 1735.
Mod. 47 milim.

5819 François, Marie Élisabeth et François de Paul, comte de Trapani. R˙.
Huit têtes figurées, au milieu de petits cercles. (Barré.)
Mod. 51 milim.

5820 François, roi des Deux-Siciles. Exposition des beaux arts, 1826 ; gravé le nom de Mariano Alcaide. (Catenacci.)
Mod. 54 milim.

5821 Eugène, duc de Savoie, généralissime de l'armée d'Autriche. R˙. ALTER. GRADIVI. BELLVS. GRADVS. BELGRADO. OBTENTO.

5822 Pierre II, empereur du Brésil. ORDO. ET. FELICITAS. (Acevedo.)
Mod. 60 milim.

5823 Clémentine, reine d'Angleterre. FORTVNAM. CAVSAMQVE. SEQVOR. M.DCC.XIX.
Mod. 49 milim.

5824 Christine de Suède. R˙. AVITAM. ET. AVCTAM. Bras avec couronne.
Mod. 42 milim.

5825 Christiern III, roi du Danemarck. R˙. EVANGELII. VERITAS. RESTITVTA. 3.ᵉ séculier en 1836. (Cristensen.)
Ar. Mod. 65 milim.

5826 Christiern VI, roi du Danemarck. LVCTVS. PVBLICVS. 1746. (Arbias.)

5827 Frédéric VI. AEQVITAS. AVGVSTI. 1831. (Khrohn.)
Mod. 52 milim.

5828 Autre, FREDERICVS. IVVENIS. PATRIAE. SPES. 1784, dédié par l'université de Copenhague, en 1834.
Mod. 57 milim.

5829 Autre, PIE. MEMOR. 3.ᵉ séculier de la religion réformée.
Mod. 55 milim.

5830 A la mort du même prince.
Mod. 43 milim.

5831 Christiern VIII, et Caroline Amélie. VI. NEREDE. FLAMMEN. FORYNGEDE. KRANDSEN.-22. MAI. 1815.-22. MAI. 1840. (Thorvaldsen inv. Khrohn fec.)
Ar. Mod. 48 milim.

5832 Autre, CVD. OG. FAEDRELANDET. MDCCCXL.
Mod. 47 milim.

5833 Autre, GVD. VELSIGNE. KONGEN.-3. DIC. 1839. (Thorvaldsen, inv.)
Mod. 45 milim.

5834 Jean Guillaume de G. E. P. R. S. R. I. elect. et archidap. R˙. INVICTO. RELIGIONIS. RESTITVTORI.
Mod. 46 milim.

5835 A l'exaltation au trône impérial du Méxique d'Augustin Iturbide et de son épouse Anne, en 1823. (Gordillo.)
Ar. Mod. 23 milim.

5836 Pierre Metastasio (J. N. Wirt.) SOFNOCLI. ITALO. VINDOBONA.
Ar. Mod. 23 milim.

5837 Au mariage du prince de Prusse Frédérick Guillaume avec Marie Anne d'Hesse-Hambourg, en 1804. Sans buste.
Mod. 45 milim.

5838 A J. Silvain Bailly.
Ar. Mod. 42 milim.

5839 Io. Jac. Berzelius (Kirchner). PONDERA. ET. NVMEROS. INVESTIGAVIT.
Ar. Mod. 42 milim.

5840 Albert Hallerus. PATRIAE. NOVA. SERTA. PARAVIT.
Mod. 53 milim.

5841 Christ. Rauch. Ω. ΜΕΓΑ. ΣΕΜΝΑ. ΝΙΚΑ. ΟΥ. ΛΕΓΕΙΣ. ΑΥΤΟΝ. ΕΤΕΦΑΝΟΥΣΑ. (Koning f.)
Mod. 45 milim.

5842 Jo. W. de Goethe, à sa mort, en 1832. (Koning.)
Mod. 45 milim.

5843 Th. Jefferson, président des États-Unis d'Amérique.
Médaillon avec anse. Mod. 27 milim. Creux.

MÉDAILLONS EN CUIVRE, ESPAGNOLS.

5844[1.] IMP. CAES. CAROLO. V. CRIST. REIP. INSTAVRAT. AVG. Buste coiffé avec un bonnet, à droite. R*. SALVS. PVBLICA. Higya sacrifiant sur un autel, avec serpent, posé dans un temple de deux colonnes.
Æ. Mod. 50 milim.

MARGUÉRITE D'AUTRICHE, FILLE DE CHARLES V.

5844[2.] MARGARITA DE AVSTRIA. R*. FAVENTE. DEO. Femme debout, avec épée à la main, sur un rocher, à la vue d'un golphe; au lointain une église sur une montagne.
Æ. Mod. 59 milim.

5844[3.] Autre. Sans revers. (Jac. Trici.)
Æ. Mod. 64 milim.

PHILIPPE II.

5845[1.] IAM. ILVSTRAVIT. OMNIA. (Jac. Trici.)
Plomb. Mod. 28 milim.

5845²·⁺ PHILIPPVS. AVSTR. CAROLI. V. CAES. F. PRINC. HISP. ET. ANGL. R. Buste armé, à gauche. R*. VIRTVS. Femme debout, de face, avec une urne sur la tête, soutenue avec les mains, de l'eau sortant de l'urne par les gueules de plusieurs dragons, et la recevant différentes figures; exergue, NVNQ. DEFICIT.
   Mod. 78 milim.

PHILIPPE III.

5846   R*. AD VTRVMQVE. Lion. (Rutilo.)
   Æ. Doré mod. 54 milim.

PHILIPPE IV.

5847   R*. LVSTRAT. ET. FOVET. Soleil dans un quadrige. (Rutilo.)
   Æ. Mod. 55 milim.

DON JUAN D'AUTRICHE, FILS DE PHILIPPE IV.

5848   R*. MIRACVLOSO FESTO ADOREA.
   Mod. 45 milim. Maltraitée.

PHILIPPE V.

5849   FRATERNA VNANIMITATE. M. DCC.
   Mod. 67 milim. Deux métaux.

5850   Autre. ADVENTVS PRINCIPIS. FELICISSIMO. NEAPOLIS. 1702. Sans buste. (Januario.)
   Mod. 60 milim.

5851¹·⁺ PHILIPPVS. HISPANIAR. REX. Buste armé, à droite. R*. D. MARIA. LVDOVICA. D. G. HISPANIAR. R. Buste à gauche. (Isidro Parraga.) Autre sans revers.
   Æ. Mod. 50 milim.

5851²·⁺ Marie Louisse de Savoie, reine d'Espagne. Sans revers.
   Æ. Mod. 52 milim.

FERDINAND VI.

5852   VNIFORMITAS. Mortier lançant une bombe. (Prieto.)
   Æ. Mod. 45 milim.

CHARLES III.

5853   Institution de l'ordre de Charles III. Sans buste. REGIVS. INSIGNIS. HISPANIS. FOVENTER. ORDO. CAROLI. III.
   Æ. Mod. 59 milim.

5854   Autre. Création de la Royale Académie de Droit espagnol et publique, 1778. (Gil.)
   Mod. 59 milim. Deux exemplaires.

5855   Autre. Fondation des colonnies gemeles de Sierra Morena. M. DCC. LXXIV. (Anvers, Prieto; Revers, Gil.)
   Mod. 56 milim. Trois exemplaires.

5856 Autre. Monte-Pio des laboureurs de l'évêché de Malaga, en 1776. (Gil.)
Mod. 62 milim. Cinq exemplaires.

5857 Prix de la Société Économique de Madrid.
Mod. 42 milim.

5858 Société Économique de Séville, 1778. DIES ET INGENVA. R*. Le fleuve Bétis couché. Sans buste. (Saa.)
Æ. Mod. 70 milim. Trois exemplaires.

5859 Prix de l'Académie Espagnole, 1777. (Gil.)
Mod. 45 milim. Deux exemplaires.

5860 Académie des Beaux Arts de Séville (Saa), 1778. TRINO. RAPTA LABORE.
Mod. 43 milim. Trois exemplaires.

5861 A la naissance de Ferdinand VII, en 1785, Méxique; variée du n.° 5739. Trois exemplaires.

5862 Prix de l'Académie de Beaux Arts de Séville, 1789. SACRA. REDIMITE. TEMPORA. LAVRO. (Saa.)
Æ. Mod. 43 milim. Trois exemplaires.

CHARLES IV.

5863 Proclamation au Chili, en 1789. (Nazabal.)
Mod. 45 milim.

5864 Proclamation par l'abbé et le clergé de Chihuahu (Nouvelle-Espagne), en 1790. (Gil.)
Mod. 48 milim.

5865 L'Académie du Méxique, en 1790, à la proclamation de Charles IV.
Mod. 50 milim. Trois exemplaires.

MARIE LOUISE, REINE.

5866 A l'institution de l'ordre de son nom, 1797.
Mod. 57 milim. Trois exemplaires.

5867 Au double mariage de Charlotte avec le prince don Juan de Portugal, et d'une infante de ce royaume avec un prince espagnol, en 1785.
Mod. 45 milim. Deux exemplaires. Un en plomb.

5868 Quarante-neuf médaillons en cuivre, semblables à ceux qu'on a posé entre les médaillons d'argent aux numéros 5734, 5736, 5737, 5739, 5741, 5742, 5745, 5747, 5750, 5751, 5754, 5755, 5758, 5759, 5760, 5761, 5762 et 5763.

FERDINAND VII.

5869 A Ferdinand VII, le Commerce de la Nouvelle-Espagne. LA INDVSTRIA

Y EL VALOR SE VNIRAN EN DEFENSA DEL MONARCA; 1808. Ovalé. (Suria.)

5870 Le Collège de Saint Paul de los Angeles, 1809. Ovalé.

5871 Autre du Méxique, avec l'inscription, PREMIO A LA FIDELIDAD. Ovalé. Deux exemplaires.

5872 Autre avec le lème, FIDELITAS. DOLI. VICTRIX. Ovalé.

5873 Le Collège de Saint Ildéphonse, au Méxique, en 1808. Ovalé, avec anse et floron.

5874 Le Ayuntamiento de Madrid à l'entrée du Gouvernement, en 1814, après la sortie des français. Sans buste.
Mod. 42 milim. Cinq exemplaires.

5875 A la jure de la Constitution de 1820 par le roi Ferdinand VII. (Caqué.) Quatre exemplaires.

5876 Autre, sans l'année, avec le lème, FIELES Y VNIDOS, sur deux globes.
Mod. 54 milim. Trou.

5877 Trente-sept médaillons en cuivre, quelques uns dorés, semblables à ceux qu'on a posé entre les médaillons d'argent avec les numéros 5767, 5768, 5769, 5773, 5776, 5777, 5779, 5782, 5783, 5786, 5787, 5791, 5792, 5793, 5794, 5797, 5798 et 5803.

ÉLISABETH II.

5878 En commémoration des cravates de l'ordre d'Élisabeth II, posées aux drapeaux des régiments du Genie, en 1847. (Pingret.)
Mod. 58 milim.

5879 A l'inauguration du chemin de fer de Barcelonne à Mataró, en 1848.
Mod. 54 milim., doré.

5880 Au duc de Wellington, Don José de Brun, gaditano, 1813. (Sagau.)
Mod. 57 milim.

PERSONNAGES ESPAGNOLS.

5881 Juan de Herrera, architecte. R*. DEO. ET. OPT. PRINC. L'Architecture assise.
Mod. 50 milim. Quatre exemplaires.

5882 Pedro Enriquez, comte de Fuentes, gouverneur de Milan.
Æ. Mod. 45 milim.

5883 Pedro Giron, duc d'Ureña et d'Osuna, virey de Naples. Buste à droite. R*. PRIMVS. ET. IRE. VIAM. Cheval libre, en course, 1618. (V.D.Q.)
Mod. 46 milim.

5884 Don Francisco de Moncada, prince de Paterna, duc de Monte-Alto, 1585.
INVITO. LIVORE.
Mod. 46 milim.

5885 Au virey de Sicile, Louis, duc de Monte-Alto, 1638.
Mod. 60 milim., fondu.

5886 Cardinal Portocarrero, virey de Naples. (Hameranus.)
Mod. 46 milim. Trois exemplaires.

5887 Joseph Nicolas d'Azara. PRAESIDIVM. ET. DECVS. ROMAE. M.DCC.XCVI. (V. Cocchi.)
Mod. 51 milim. Trois exemplaires.

5888 Don Manuel Godoy, amiralt, la Société Économique de Valence, en 1807. (Peleguer.)
Mod. 50 milim. Deux exemplaires, en plomb.

5889 A Iturbide et à son épouse Anne, à l'installation du trône impériale du Méxique, en 1825.
Ar. Mod. 45 milim.

5890 Médaillon avec le buste de Saint Ferdinand, et un écusson d'armes inconnu. Il paraît être du siècle XVII.
Mod. 46 milim.

MÉDAILLONS EN CUIVRE FRAPPES HORS D'ESPAGNE.

PIE II, PAPE.

5891 ENEAS. PIVS. SENENSIS. PAPA. SECVNDVS. Tête à gauche. R*. Pélican.
Æ. Mod. 53 milim.; maltraité.

ALÉXANDRE VI.

5892 R*. MO. AD. VAL. FOS. PROP. COR. Q. C. Château de Saint Angelo.
Mod. 53 milim.

PIE V.

5893 Bataille de Lepanto, 1571.
Mod. 45 milim.

SIXTE V.

5894 QVARTVM. ANNO. QVARTO. EREXIT. Obélisque.
Mod. 45 milim.

PAUL V, BORGHESI.

5895 PORTV. BVRGHESIO. A FVNDAMENTIS. ESTRVCTO. COL. IVL. FANESTRIS.
Mod. 58 milim.

5896 Autre. TEM. D. PETRI. IN. VATICANO. ET. PORTAE. INFERI. NON. PRAEVALEBVNT. Église de Saint Pierre.
Mod. 57 milim.

5897 Autre. BEATISSI. MARIAE. SEMP. VIRGINI. SACELLVM. A FVNDA-MENTIS. EREXIT.
Mod. 57 milim.

ALEXANDRE VII.

5898 FVNDAMENTA. EIVS. IN. MONTIBVS. SANCTIS. La place de Saint Pierre.
Mod. 75 milim.

5899 Autre. OSTENDIT. DOMINVS. MISERICORDIAM. IN. DOMO. MATRIS. SVAE. — ARICIAE. Temple.
Mod. 66 milim.

CLÉMENT X.

5900 Cardinal Portocarrero, pour avoir fermé la sainte porte de la basilique liberiana.
Mod. 43 milim. Quatre exemplaires.

INNOCENCE XII ET CLÉMENT XI.

5901 Cardinal Pamphilis, pour avoir fermé et ouvert la sainte porte Lateranone.
Mod. 45 milim.

BENOIT XIV.

5902 Cardinal Rufo, pour avoir fermé et ouvert la sainte porte, en 1750.

URBAIN VIII.

5903 FERRI. FODINIS. APERTIS. M.DCXXXX. ROMA.
Mod. 46 milim.

CLÉMENT X.

5904 SOLEM. NOVA. SYDERA. MORVNT. (Alex. Hameranus.)
Mod. 42 milim. Plomb.

CLÉMENT XI.

5905 LVCET. IN. VVLTV. EJVS. (Urrani.)
Mod. 55 milim.

CLÉMENT IX.

5906 AMPLIFICATA. BASILICA. LIBERIANA. 1669. R*. DILICIT. DOMI-NVS. DECOREM. DOMVS. GENITRICIS. SVAE.
Mod. 77 milim.

CLÉMENT XI.

5907 Son buste avec thiare, à droite. Sans revers. (Couvent.)
Mod. 112 milim.

ALÉXANDRE VIII.

5908 Deux médaillons en cuivre, semblables à celui d'argent du n.° 5810. Un de ceux-ci est fondu.

CLÉMENT XII.

5909 LONGANIMITAS. ET. FORTITVDO.
Mod. 54 milim., fondu.

BÉNOIT XIII.

5910 CORPORE. SANCTI. FLAVI. CLEMENTIS. EXCONSVLIS. ET. MARTYRIS. ELEVATO, 1727.
Mod. 57 milim.

CLÉMENT XIII.

5911 Deux médaillons variés.
Mod. 44 milim.

PIE VI.

5912 Deux autres médaillons variés.
Mod. 52 milim.

PIE VII.

5913 SCHOLA. PICTORVM. CAPITOLINA. (C. Hameranus.)
Mod. 47 milim.

5914 Pierre, cardinal Othobono. DIVITIAS. NIHIL. ESSE. DVXIT. IN. COMPARATIONE. ILLIVS. (Silvestri.)
Mod. 68 milim.

5915 François Marie, cardinal Brancacio. NEC. IPSA. IN. MORTE. RELINQVAM. (C. Cormani.)
Mod. 78 milim.

5916 Charles Borromée, cardinal, archevêque de Milan. SOLA. GAVDET. HVMILITATE. DEVS.
Mod. 53 milim.

5917 Armand Jean, cardinal de Richelieu. MENS. SIDERA. VOLUIT., 1831; avec anse.
Mod. 51 milim.

5918 Louis, cardinal Ludovicius, 1626. FRAGILEM. ARENAM. JACIMVS. VT. DOMVM. FVNDEMVS. ÆTERNAM.
Mod. 63 milim. Deux exemplaires.

5919 Louis Antoine, cardinal Noailles, archevêque de Paris.
Mod. 60 milim.

5920 Jacinthe, cardinal Gordilius. RELIGIO ET SAPIENTIA. (Mercandetti.)
Mod. 66 milim.

5921 Neuf médaillons des cardinaux Ascanio Marie; cardinal Sforcia; Aléxandre, cardinal Pharnesio; Alphonse, cardinal Litta; Ange Marie, cardinal Quirino; Nicolas, cardinal Coscia, et Hercule Gonsalvi.

5922 Sept médaillons portuguais de Jean V, Marie I, et Pierre III, et du marquis de Pombal.

HENRI II, ROI DE FRANCE.

5923 OB RES IN ITAL., GERM. ET GAL. FORTITER AC FAELIC. GESTAS.
Mod. 55 milim.

HENRI IV ET CHRISTINE MARIE.

5924 PROPAGO IMPERI, 1603.
Mod. 70 milim.

LOUIS XIV.

5925 Deux médaillons, variés.

LOUIS XV.

5926 Trois médaillons, variés; un d'eux de Dassier.

LOUIS XVI.

5927 Trois médaillons, variés, de Duvivier.
5928 Autre de ce roi et de Marie Antoinette, de Duvivier aussi.

LOUIS XVII.

5929 Deux médaillons égaux. QVAM. REDDAT. HEREDI. (Depaulis.)
Mod. 50 milim.

5930 Le Corps législatif aux consuls de la République française, Cambaceres, Buonaparte, et Lebrun. 1802. (Jeoffroy.)
Mod. 69 milim.

NAPOLÉON, EMPEREUR.

5931 Pour la municipalité de Paris. (Galle.)
Mod. 68 milim.

5932 Cinq médaillons en cuivre et un en plomb, dédiés dans différentes époques et en mémoire de divers évènements à l'empereur Napoléon.
5933 Autre à la mort du fils de Napoléon, en 1821. (Bauchery.)
5934 Quatre autres médaillons de Napoléon en commémoration de différents évènements.
5935 Deux médaillons en commémoration des batailles de Castiglione et de Millesimo.
Mod. 44 milim.

LOUIS XVIII ET CHARLES X.

5936 À ces rois pour avoir achevé le palais de la Bourse, en 1825. (Petit.)
Mod. 68 milim.

LOUIS XVIII.

5937 Trois médaillons de la collection *Andrieu.*
5938 Louis Antoine, duc d'Angoulême, pour la première pierre de la caserne du Trocadero.
Mod. 51 milim.

CHARLES X.

5939 Cinq médaillons en mémoire de sa couronnation. Différents modules.
5940 Quatre médailles du même roi, en commémoration de divers évènements.
Mod. 51 milim.

LOUIS-PHILIPPE.

5941 PVBLICAE. CONCORDIAE. PICNVS. (Depaulis.)
Mod. 75 milim.
5942 Autre, avec l'inscription NÉ LE VI OCTOBRE M.DCC.LXXIII. ÉLV ROI DES FRANÇAIS LE IX AOVT M.DCCC.XXX.
Mod. 78 milim.
5943 Autre. Trois médaillons variés de Montagny, Petit, et Gatteaux.

5944 Invasion du choléra, à Paris, en 1832. Cette médaille paraît être de prix.
Mod. 85 milim.
5945 Prise de la Bastille, en 1789. Sans revers; dédiée aux patriotes.
Mod. 79 milim.
5946 Jean Baptiste Colbert. ABSTINET. ET. SERVAT.
Mod. 65 milim.
5947 Combat des Tuilleries, en 1789. Sans buste.
Mod. 45 milim.
5948 Quatre médaillons avec les bustes de Guillaume de la Moignon; C. J. B. des Galois de la Tout; Xavier Bichet, et le général Lessaix.
5949 Léopolde I, duc de Lorraine, 1706. PACI. POPVLORVM. VTRIVSQ. LITAVIT.
Mod. 56 milim.
5950 Claude, duchesse de Lorraine, et Charles I, son mari, duc de Lorraine, avec les deux bustes, chacun dans un côté.
Autre avec le buste de François, duc de Lorraine.
Mod. 45 milim.
5951 Au général Mortier et autres victimes de l'attentat de 1835.
Mod. 60 milim.

5952   Autre de Léopolde I, duc de Lorraine. VITAE. CONSVLIT. ATQVE. VIAE., 1705.
       Mod. 56 milim.

5953   Trois médaillons, à savoir : Prince de Tourenne et Jean Jacob Rousseau.
5954   Général Cavaignac.
       Mod. 45 milim.

5955   Ferdinand I, grand duc de Toscane. Sans revers.
       Mod. 94 milim.

5956   Violante Béatriz, duchesse de Toscane. AETERNITAS. (Mont.)
       Mod. 85 milim.

5957   Cosme III, grand duc de Toscane. Sans revers.
       Mod. 87 milim.

5958   Lucrèce de Médicis, princesse de Ferrara. Sans revers.
       Mod. 70 milim.

5959   Christine Françoise, régente de Savoie. VIRTVS. HINC. MEA., 1638. (Schad.)
       Mod. 58 milim.

5960   Hippolite Gonzague. PAR. VBIQ. POTESTAS.
       Mod. 68 milim.

5961   Autre. VIRTVTIS. FORMAEQ. PRAEVIA. Fondu.
5962   Janellus Turrianus, Cremonense. VIRTVS. NVNQ. DEFICIT.
       Mod. 80 milim.

5963   Jean Gaston I, grand duc de Toscane. VIRTVTES. COMPLECTITVR. OMNES., 1731.
       Mod. 87 milim.

5964   Aléxandre Pharnèse. MAXIMVM. VIRTVTI. PREMIVM.
5965   Élisabeth de Capoue, épouse de Ferdinand Gonzaga. CASTE. ET. SVPLICITER. (Jac. Trici.)
       Mod. 70 milim.

5966   Hic. Priuli, duc de Vénise. ADRIA. REGI. MARIS.
       Mod. 62 milim.

5967   Médaillon à petite anse, avec les portraits de Christine, régente de Savoie, et de son fils Victor Amédée.
       Mod. 57 milim.

5968   Ferdinand II, duc de Toscane. GRATIA. OBVIA. VLTIO. QVESITA.
       Mod. 47 milim.

5969   Octavio Farnesio, duc de Parme. AEQVITAS. PRINCIPIS.
       Mod. 60 milim.

5970   Lionellus Marchio Estensis, et Dominus Ferrarie, Regii et Mutine. R*. PISANI. PICTORIS. OPVS.
       Mod. 68 milim.

5971 Emmanuel Philibert, duc de Savoie. PVGNANDO. CONSTITVIT. REM. S. C.
Mod. 50 milim.

5972 Aléxandre Pharnèse, duc de Plasence et Parme. PLAC. CIV. OPTIMO. PRINCIPI.
Mod. 52 milim.

5973 Jean Cornelio, duc de Vénise. CREAT. A. M.DCC.IX. 22. M. MAII. AET. S. LXII.
Mod. 50 milim.

5974 Fr. Emmanuel Pinto, grand maître de Malte. ORDINIS. ET. POPVLI. FELICITAS. M.DCC.XXXXV.
Mod. 57 milim.

5975 Fr. Emmanuel de Rohan, grand maître de Malte. GLORIA. EIVS. PER. ORBEM. TERRARVM.
Mod. 49 milim.

5976 Charles Fontana, architecte. SVPER. EMIN. ET. OMNES.
Mod. 71 milim.

5977 Antoine Otthobonus, général de l'Église. CIVITATES IMPIORVM DESTRVIT DOMINVS, ET LATOS FACIET TERM. FIDEI. (Ortol. F.)
Mod. 72 milim.; doré.

5978 Jean Vincent Grabine. JVRIS ORIGO ILVSTRATA. (Mercandetti.)
Mod. 67 milim.

5979 François I, duc de Parme. IVNGVNTVR VT IMPERENT. (Hameranus.)
Mod. 75 milim.

5980 Autre. MEDIO TVTISSIMVS IBIS.
Mod. 53 milim.

5981 Trois médaillons, à savoir : Cosme III, et Vincent II, ducs de Toscane, et Victor Emmanuel, de Savoie.

5982 Trois médaillons de Ferdinand, duc de Parme et Plasence, et infant d'Espagne. Modules variés.

5983 Cinq médaillons, variés, de personnages de nos temps.

5984 Autres six antiques, coulés, Bernini, Michel Ange, Machiabelo, Fontana, un chevalier de l'ordre de Saint Jean, et Don Joseph Cervi, médecin.

5985 Fabricie, évêque de Plasence OCVLI. NOSTRI, SEMPER AD DOMINVM. ADIVVA NOS DEVS SALVTARIS NOSTER, 1485.
Mod. 70 milim.

5986 DIVA IVLIA ASTALLIA. Sans revers. Magnifique exécution.
Mod. 65 milim.

5987 S. P. Olive, préposite général de la compagnie de Jésus. PROC HONORIBVS SS. DECESS. F. BORGIAE. (Cheron.)
Mod. 68 milim.; coulée.

5988 Ber. Ru. Go. B. Eps. Tar. le. Bo. vic. gu et prae.
Mod. 66 milim. Très-belle fabrique.

5989 Charles Marattus. ARS. GENIVSQVE SIMVL. (Cheron.)
Mod. 70 milim.; coulée.

5990 F. François Visdominus. VOX. DOMINI IN VIRTVTE, 1564.
Mod. 67 milim.

5991 Pierre Metastase. DOCVIT. MAGNA LOQVI, 1805. (Mercandetti.)
Mod. 68 milim.

5992 Arnald Speronio d'Albarotis. PONTIFICIO AVSPICE ET SORPITI.
Grand médaillon coulé et cincelé. Mod. 75 milim.

5993 Auguste II, roi de Pologne et électeur de Saxe. VTRIQVE INTENTA, 1705. (Wermuth.)
Mod. 70 milim.

5994 Christine de Suède. NEC FALSO NEC ALIENO.
Mod. 69 milim.

5995 Autre. NEC SINIT. ESSE FEROS.-S. D. G.
Mod. 63 milim.

5996 Marie I, reine d'Angleterre. CECIS. VISVS. TIMIDIS. QVIES. (Jac. Trici.)
Mod. 65 milim.

5997 Marie, fille de Charles, duchesse de Bourgogne et de Brabant, comtesse de Flandes; sa tête à droite. R'. MAXIMILIANVS. FR. CAES. F. DVX. AVSTR. BVRGVNDIAE.; sa tête à droite.
Mod. 48 milim.

5998 ANTONINVS PIVS AVGVSTVS. Tête juvenil, laurée, à droite. R'. IO. SON. FINE.-M. CCCC. LXVII. Deux enfants, l'un pleurant et l'autre appuyé sur une tête de mort décharnée.
Æ. Mod. 87 milim.; patine.

5999 VAS. ELECTIONIS. PAVLVS. APOSTOLVS. Tête de Saint Paul, à droite. R'. BENEDICTE IN EXELSIS DEO DOMINO DE FONTIBVS ISRAEL IBI BENI.
Mod. 88 milim.

6000 Soixante-quinze médaillons en cuivre et dix-huit en plomb, presque tous sont modernes; il y en a aussi quelques uns antiques. Sont relatifs à différents empereurs, rois et personnages d'Europe; quelques uns de très-belle fabrique; les modules variés. Total quatre-vingts-treize.

6001 Deux-cents quatre médailles de personnages célèbres de la galérie métalique des grands hommes de France, des collections de Durand et autres.
Mod. 42 milim.

6002 Une boîte avec quatre médaillons de métal blanc, frappés en mémoire de la couronnation de la reine Victoire d'Angleterre, en 1837. Ces médaillons sont très-beaux.
Mod. 60 milim.

6003 Seize médailles, chacune dans une boîte, de la collection Catenacci, dédiées à un numéro égal de personnages siciliens antiques et modernes.
Mod. 40 milim.

MÉLANGE.

6004 Seize jetons d'argent, français et allemands; quelques uns sont frappés en mémoire des proclamations de l'Empire, en Autriche.

6005 Cent soixante-huit jetons de billons, cuivre, et quelques uns en plomb, en commémoration d'évènements, ou frappés pour le change.

6006 Talisman carré plein de caractères cufiques, la plupart illisibles et d'un étude très-difficile.
Æ. diamètre 41.

6007 Talisman hébraïque d'argent.
Mod. 55 milim. B. C.

6008 Buste de Jésus-Christ, à gauche; dans le champ, en caractères hébraïques, IESVS. R*. Dans le champ, écrit en cinq lignes, en caractères hébraïques aussi, MESSIE, ROI, VENU EN PAIX, ET LUMIÈRE DE L'HOMME FAIT VIE.
Ar. Mod. 30 milim. Belle fabrique du siècle xvi.

6009 Un méreau d'argent et neuf en cuivre; la plupart espagnols et très-rares.

6010 Vingt et une pièces pondérales du moyen âge et modernes, presque toutes espagnoles.

6011 Un morceau de semelle frappé par un côté avec différents signes, comme pour avoir servi de monnaie obsidionelle, et selon l'a jugée le feu Mr. de Lorichs.
Mod. 15 milim.

6012 Huit pièces en cuivre, la plupart argentées, avec signes numérales arithmétiques, formant diverses combinaisons.

6013 Vingt-sept pièces de preuves de monnaies ou médailles, en cuivre, et quelques unes en argent ou en plomb.

6014 Six pesos fuertes espagnols, faux, frappés en plomb, et quelques uns avec contre-marque, pour leur donner sa valeur dans des villes d'Amérique pendant la guerre de l'indépendance.

6015 EGO SVM VIA VERITAS ET VITA. Buste du Sauveur. R˙. BENEDICTA SEMPER SANCTA SIT TRINITAS.
<small>Ar. Mod. 40 milim.</small>

6016 Boîte ayant la forme d'un thaler d'argent, avec le coin monétaire de Ferdinand I, empereur d'Autriche.
<small>Mod. 40 milim.</small>

6017 Deux imitations des signes samaritains, avec caractères hébraïques.
<small>Ar. Mod. 33 milim.</small>

IMITATIONS DES MÉDAILLES ET DES MONNAIES ANTIQUES.

6018 Tête d'Hercule couronnée de feuilles de peuplier. R˙. Dujanire présentant à Hercule la chemise empoisonnée; dessous, H. B.
<small>Ar. Mod. 40 milim.</small>

6019 Un grand médaillon en argent de Siracusa, et un autre d'Agrigento. Coulés sur autres antiques. Argent.

6020 Soixante-trois monnaies, fausses, en argent, la plupart fondues sur autres antiques, quelques unes très-bien faites, de têtes plus rares, et autres des rois wisigoths.

6021 Quarante-quatre médaillons et monnaies de grands bronzes des fabriques du Padouonne et autres. T. B. C.

6022 Cent quatre-vingts-dix monnaies grecques et romaines, de grand, moyen et petit bronze, presque toutes coulées sur autres antiques, très-rares.

6023 Cent monnaies en billon et en cuivre des rois antiques de Castille et de Léon.

6024 Autres cent monnaies en billon et en cuivre aussi, des Henris et des Jeans de Castille.

6025 Cent cinquante monnaies en cuivre des rois catholiques.

6026 Deux cents monnaies en cuivre des Philippes.

6027 Autres deux-cents des mêmes Philippes, en cuivre.

6028 Autres deux-cents des mêmes Philippes.

6029 Autres deux-cents monnaies en cuivre des mêmes Philippes.

6030 Cent trente monnaies en cuivre des mêmes Philippes.

6031 Soixante-dix-huit monnaies d'argent, castillanes, des rois catholiques, et quelques unes des Philippes.
<small>Poids 109 réaux de vellon.</small>

6032 Deux-cents monnaies de la couronne d'Aragon et de Navarre. Cuivre et billon.

6033 Deux-cents autres monnaies semblables.

6034 Cent-quarante monnaies semblables.

6035 Quatre-vingts-dix monnaies portugaises modernes. Æ.
6036 Autres quatre-vingts-dix monnaies semblables. Æ.
6037 Cent-vingt monnaies de cuivre et billon, françaises; il y en a quelques unes du moyen âge.
6038 Cent-cinquante monnaies italiennes, modernes. Cuivre et billon.
6039 Autres cent-cinquante monnaies semblables.
6040 Cent-cinquante monnaies anglaises, en cuivre.
6041 Cent-cinquante monnaies allemandes, en cuivre et en billon.
6042 Soixante-quinze monnaies ruses, danoises, et suèdoises, en cuivre.
6043 Autres soixante-quinze monnaies semblables.
6044 Cent-dix monnaies turques et du Marroc. Cuivre.
6045 Cinquante petites monnaies en argent, modernes, étrangères. M. C.
6046 Vingt-sept médaillons et médailles, modernes. Æ.
6047 Autres vingt-sept médaillons et médailles, modernes.
6048 Deux-cents trente jetons ordinaires de Nuremberg.
6049 Un sac avec deux-mil monnaies antiques, frustrées, pour fondre.

CLICHÉS ET AUTRES OBJETS.

6050 Dix clichés en cuivre de médaillons de Napoléon, posés dans deux cartons avec des cristaux, dans une grand boîte.
6051 Cent quatre-vingts-trois clichés en plomb, représentant des anvers et revers de médaillons modernes de la Bibliothèque nationale de Madrid, posés dans des cartons, avec des numéros par livraisons, à mesure que feu Mr. Lorichs les recevait.
6052 Deux grands médaillons en cuivre, avec les portraits de Michel Ange Bonarrote, et du Titien.
Mod. 105 milim.
6053 Cinq grands médaillons en cuivre, pour suspendre, avec les bustes de Christierne, princesse de Lorraine et grande duchesse de Toscane; Cosme II; Marie Magdaleine, archiduchesse et duchesse de Toscane, et François, grand duc de Toscane. Quatre de ces médaillons ont les initiales G. D. R., 1613.
Mod. 95 milim.
6054 Autre, avec anse, de Philippo Pirovane, doyen de la rote romaine.
Mod. 90 milim.
6055 Autre en cuivre, avec le buste du vénérable Jean de Palafox, évêque d'Angelopolis et d'Oxoma.
Mod. 108 milim.

6056 Dix-huit clichés en plomb et en cuivre de médailles ou médaillons, modernes.

6057 Cliché de cuivre argenté, du revers du médaillon de Charles III, en mémoire de l'institution de l'ordre de son nom.

6058 Boîte de métal, en forme de médaillon, avec des emblèmes relatifs à la Constitution de 1812, rétablie en 1820.

6059 Médaillon en cuivre, qui semble être un amulet, avec la légende fatidique P. COCHIE. RS.-P.-TRIBVS COM. RS.
Mod. 42 milim.

C394

www.ingramcontent.com/pod-product-compliance
Lightning Source LLC
Chambersburg PA
CBHW050255170426
43202CB00011B/1701